中国当代文艺学
话语建构丛书

吴子林 主编

『毕达哥拉斯文体』

述学文体的革新与创造

吴子林 著

浙江工商大学出版社 · 杭州

图书在版编目（CIP）数据

"毕达哥拉斯文体"：述学文体的革新与创造 / 吴子林
著. — 杭州：浙江工商大学出版社，2022.10（2023.4重印）
（中国当代文艺学话语建构丛书 / 吴子林主编）
ISBN 978-7-5178-5112-7

Ⅰ.①毕… Ⅱ.①吴… Ⅲ.①文体论 Ⅳ.①H052

中国版本图书馆CIP数据核字（2022）第167665号

"毕达哥拉斯文体"：述学文体的革新与创造

"BIDAGELASI WENTI"：SHUXUE WENTI DE GEXIN YU CHUANGZAO

吴子林 著

出 品 人	鲍观明
策划编辑	任晓燕
责任编辑	任晓燕
责任校对	张春琴　李远东
封面设计	观止堂_未氓
责任印制	包建辉
出版发行	浙江工商大学出版社
	（杭州市教工路198号　邮政编码310012）
	（E-mail：zjgsupress@163.com）
	（网址：http://www.zjgsupress.com）
	电话：0571-88904980，88831806（传真）
排　　版	C点冰橘子
印　　刷	杭州宏雅印刷有限公司
开　　本	710 mm×1000 mm　1/16
印　　张	24.75
字　　数	353千
版 印 次	2022年10月第1版　2023年4月第2次印刷
书　　号	ISBN 978-7-5178-5112-7
定　　价	108.00元

总　序

2016年5月17日，习近平总书记在哲学社会科学工作座谈会上的讲话中指出：哲学社会科学是人们认识世界、改造世界的重要工具，是推动历史发展和社会进步的重要力量，其发展水平反映了一个民族的思维能力、精神品格、文明素质，体现了一个国家的综合国力和国际竞争力；哲学社会科学工作者要按照立足中国、借鉴国外，挖掘历史、把握当代，关怀人类、面向未来的思路，着力构建中国特色哲学社会科学，在指导思想、学科体系、学术体系、话语体系等方面充分体现中国特色、中国风格、中国气派。

2021年12月14日，习近平总书记在中国文学艺术界联合会第十一次全国代表大会、中国作家协会第十次全国代表大会上的讲话中指出：衡量一个时代的文艺成就最终要看作品，衡量文学家、艺术家的人生价值也要看作品；广大文艺工作者要挖掘中华优秀传统文化的思想观念、人文精神、道德规范，把艺术创造力和中华文化价值融合起来，把中华美学精神和当代审美追求结合起来，激活中华文化生命力。

历史表明，社会大变革的时代一定是哲学社会科学大发展的时代。当前，世界出现"百年未有之大变局",我们正经历着历史上最为宏大而深刻的社会变革与实践创新。这种前无古人的伟大实践,给理论创造提供了强大动力和广阔空间。这是一个需要理论且一定能够产生理论的时代,这是一个需要思想且一定能够产生思想的时代。

改革开放之初,当代中国文化曾有一种"文学主义"。文学在整体文化中居于主导地位,深度参与到文化之中,激动人心,滋润人心,维系人心;文学研究随之呈现出锐意进取、多元拓展的局面,取得了丰厚的学术积累与探索成果。进入 21 世纪,资本逻辑、技术理性、权力规则使人遁无可遁,一切被纳入一种千篇一律的"统一形式"之中,格式化、程序化的现实几乎冻结了应有的精神探索和想象力,既定的文化结构令人备感无奈、无如甚或无为。当从"文学的时代"进入"文化的时代",文学在文化中的权重不断下降,在当代知识竞争格局中,文学研究囿于学科话语而一度处于被动状态,丧失了最基本的理论态度和批判意识。

当代著名作家铁凝说得好:"文学是灯,或许它的光亮并不耀眼,但即使灯光如豆,若能照亮人心,照亮思想的表情,它就永远具备着打不倒的价值。而人心的诸多幽暗之处,是需要文学去点亮的。"[1]奔走在劳碌流离的命途,一切纷至沓来,千回百折,纠缠一生;顿挫、婉转、拖延、弥漫,刻画出一条浓酽的、悲欣交集的人生曲线。屏息凝听时代的脉动,真正的作家有本领把现实溶解为话语和熠熠生辉的形象,传达出一个民族最有活力的呼吸,表现出一个时代最本质的情绪;他们讲述人性中最生动的东西,打开曾经沉默的生活,显现这个世界内在的根本秩序,一种不可触犯事物的存在。

在当代中国文学研究领域里,文艺学一直居于执旗领军的地位,具备"预言"的功能与使命,直面现实并指向未来,深刻影响并引领着中国文学研究不断突破既有的格局。"追问乃思之虔诚。"(海德格尔语)与作家一样,当

---

[1] 铁凝:《代序:文学是灯——东西文学经典与我的文学经历》,《隐匿的大师》,译林出版社2021年版,第5—6页。

代文艺学研究者抓住文学的核心价值（追求"更高的心理现实"，即"知人心"），并力图用蕴含着深刻的历史逻辑、理论逻辑和实践逻辑的话语释放这一核心价值，用美的规律修正人们全部的生活方式，引导人们"知善恶""明是非""辨美丑"，帮助人们消除"鄙吝之心"，向往一种高远之境。

新世纪以降，文学创作、文学批评、文学传播乃至整个文学活动方式持续地发生广泛而深刻的嬗变；与之相应，审美经验、媒介生态、理论思维、知识增量等交相迭变，人文学术思想形态发生裂变、重组，各学科既有话语藩篱不断被拆除。"察势者明，趋势者智。"人们深刻体认到：中国作为一个拥有长期连续历史的巨大文化存在，其中的问题意识、思维方式、语言经验、话语模式需要重新发现与阐释，并且必须重新生成一种独立的、完整的、崭新的思想理论及其话语体系；这种话语体系是思想理论体系和知识体系的外在表现形式，与文化环境、传统习惯及社会制度等密切相关，具有深厚的历史积淀与现实根基。

习近平总书记提出，时代是出卷人。进入新时代，文艺学研究者扎根中华大地，勇立时代潮头，与时代同行，发时代先声，积极回应当代知识生产的新要求，通过跨学科领域的研究致力于新文科观念与实践，重构当前各个知识领域的学科意识与现实眼光，有效参与对人类命运共同体的思考，孜孜于文艺学的学科体系、学术体系和话语体系的探索与创构，呈现中国特色、中国风格、中国气派的学术贡献与话语表达，为国家的现代化建设提供强大的精神动力和智力支持。

理论的生命力在于创新。新领域的开辟，新学科的建立，新话语的生成，需要不同见解彼此有争议的砥砺。章太炎先生当年就慨叹孙诒让的学术之所以未能彰显于世，是因为没有人反对："自孙诒让以后，经典大衰。像他这样大有成就的古文学家，因为没有卓异的今文学家和他对抗，竟因此经典一落千丈，这是可叹的。我们更可知学术的进步是靠着争辩，双方反对愈激烈，收效方愈增大。"①本着真理出于争辩及促进学科发展的愿望与责任，遵循问题共享、方法共享、思想共享的学术原则，浙江工商大学出版社邀请本人编选、推出"中国当代文艺学话语建构丛书"。本丛书拟分人分批结集出版相关的代表性研究成果，收录各人具有典范性的、在学界产生较大影响的佳作，以凸显"一家之言"的戛戛独造，为中国当代文艺学话语体系的建构尽一绵薄之力。

"中国当代文艺学话语建构丛书"第一辑共 6 部著作：陈定家《一屏万卷：网络文学理论与媒介文化批评》、赵勇《走向批判诗学：理论与实践》、张永清《马克思主义批评理论的当代阐释》、刘方喜《脑工解放时代来临：人工智能文化生产工艺学批判》、吴子林《"毕达哥拉斯文体"：述学文体的革新与创造》和周兴陆《文士精神与文论传统》。6 位作者都是当代文艺学研究领域的前沿工作者，思维活泼且笔力雄健，是该学科的中坚力量；6 位作者的问题意识、理论观念、研究方法各自不同，学术个性十分鲜明，但他们有一个共同点，那就是基于对文艺学学科的热爱与执着，都在各自领域精耕细作数十年，自信、自主、自为、自强，创构了不无创造性的思想理论及其话语体系。

积小为大，积健为雄。上述 6 部著作的主题涉及马列文论、古代文论、西方文论、网络文学、人工智能和述学文体研究，几乎覆盖了文艺学研究的各个论域；这些著作反抗传统而又批判地继承传统、批判西方而又积极融入世界、干预现实而又持守文学本位；这些著作融思想与学术于一体，具有健全的历史和时间意识，并由此返归当下，有崭新的理论话语、价值体系、思维方式和文化逻辑，而汇入了新世纪的理论创造之中；这些著作都是穷数年之功潜心结撰而成的，可以说是文艺学这个学科不断发展和走向成熟的标志，是中西方学术研究交汇和碰撞的结果，也是文艺学这个学科思想生长、聚合而成的果实，更可能是将来理论创新性发展的努力方向。

---

① 章太炎：《国学概论》，中华书局 2003 年版，第 33 页。

　　此时此刻，春光绚丽，沿了山脉的走向，清风铺展而来，氤氲所及，万物蓬勃；飞翔的事物，燃烧的迷津，隐秘的想象，急骤的阵雨，或深不可测，或骤然浮现，或不惊不乍，或渐渐透亮，一切陌生而真切而鲜明……

　　是为序。

吴子林

2022 年 2 月 28 日

自序：述学文体的革命，是时候了！

维特根斯坦（1889—1951）说过："能够自我革命的人才会成为革命者。"①

自 19 世纪中叶西方文化东渐以来，中国学界对于主要来自西方的逻辑、科学方法与方法论总是过分迷信，犯了形式主义即怀特海说的"错置具体感的谬误"，或只看到事情粗略的表面，或把自己想象出来的意义投射到若干口号、名词术语之上，千篇一律，千人一面，面目可憎，使自己的思想变得很肤浅。"陈词滥调是这个世界上的中心原则。"（哈维尔语）坦白地说，我们是在制造而不是创造着语言，贫乏语言正无限疯长：在西方理论的炫光里，中国语境残缺不全、面目全非，外来词或借用词未能融入母语的血脉，依然保持着"外来入侵者"的身份，"语言不再被经历，语言只被言说"（乔治·斯坦纳语）；我们在技术化的道路上越走越快，深陷于概念的迷宫，从概念分

①　路德维希·维特根斯坦：《文化和价值：维特根斯坦笔记》（修订本），许志强译，浙江大学出版社 2020 年版，第 100 页。

娩概念，从教条分娩真理，从书本分娩书本，修辞代替了文采，行话（"黑话"）替换了思想，灵动的精神生活变成机械的习惯，被概念所主宰——语言滑落显现的是思想的衰微乃至虚无。

遁入西方各种理论学说——包括其思维与言说方式，学院派的文学研究或文学批评业已深陷困境，沦为缺失传统文化根基的"无本之学"，而制造了诸多"美学的谎言"。借用英国当代小说家杰夫·戴尔的话说，大部分研究者、批评家根本不懂也不理解文学，而"在忙着杀戮他们所接触的一切"；成千上万学者所写的书，简直是"对文学的犯罪"！这样的知识的价值何在？有些人戏剧性地度过一生，有些人史诗性地度过一生，还有人非艺术地、稀里糊涂地度过一生。如尼采所诘问的：难道"精英"们可以这样浪费自己、虚掷光阴吗？答案是不言而喻的。

"我们究竟如何才能注重思想呢？"华裔学者林毓生先生提出，"我们要放弃对逻辑与方法论的迷信，……培育视野开阔、见解邃密、内容丰富、敏锐而灵活的思想能力。"①哲学家博兰霓（Michael Polanyi）告诉我们，影响一个人研究与创造的最重要因素，不是他的表面上可以明说的那种"集中意识"（fo-cal awareness），而是他的不能明说的、从他的文化与教育背景中经由潜移默化而得的"支援意识"（subsidiary awareness），这种"支援意识"是隐含的，无法加以明确描述的。也就是说，逻辑与方法论并不能对研究与创作活动中最重要的关键加以界定，更谈不上指导。

事实上，一个真正创造（或发现）的程序不是一个严谨的逻辑行为，我们在解答一个问题时所要应付的困难是一个"逻辑的缺口"（logical gap）②。个别的重大与原创问题的提出，以及如何实质地解答这些问题，绝非逻辑与方法论所能指导的。换言之，在真正的人文世界与科学世界中，研究与创造活动的关键是博兰霓所提出的"未可明言的知识"——如灵感、直觉、审美判

① 林毓生：《中国传统的创造性转化》（增订本），生活·读书·新知三联书店 2011 年版，第 40 页。
② 林毓生：《中国传统的创造性转化》（增订本），第 42 页。

断力等等；这种"未可明言的知识"不是遵循形式的准则可以得到的，也不是学习方法或讨论方法论可以得到的，而是经严格的训练陶冶出来的，包括像学徒一样心悦诚服地服膺师长的看法与言论以求青出于蓝，努力研读文化原典，苦思、关心与自己有关的具体而特殊的问题。这种"未可明言的知识"是否丰富、有效与"支援意识"是否丰富、深邃直接相关，直接影响乃至决定着人文研究是否有生机与活力；而逻辑与方法论的研究仅能帮助人们在思想形式上不自相矛盾，或对论式表面上矛盾的可能提高警觉而已。因此，钱锺书先生斩钉截铁地说："逻辑不配裁判文艺！"

"创造的转化"是一个相当繁复的观念。首先，它必须是创造的、创新性的，是过去没有的东西；其次，这种创造需要精密与深刻地了解西方文化以及我们自己的文化传统，在彼此深刻了解交互影响的过程中，产生了与传统辩证的连续性，继而在这种辩证的连续中产生了对传统的转化，产生我们过去所没有的新东西，同时这种东西辩证地衔接着我们自己的传统。①我们要以开放的心灵与文化传统相接触，如果我们在这种接触中真诚地对某些东西产生具体的亲切感，那么这种亲切感自然会使我们的"支援意识"丰富而活泼，我们文化的创造力也自然随之充沛起来。

所谓"创造性转化"，是按照时代的特点与要求，对那些迄今仍有借鉴价值的思想及其历史悠久、丰富多样的表现形式加以改造，赋予其崭新的时代内涵与现代表达方式，激活其蕴藏的生命力；所谓"创新性发展"，则是要按照时代的新进步与新进展，对中华优秀传统文化的内涵加以补充、拓展、完善，增强其影响力与感召力。就中国文化传统而论，"创造性转化"就是把中国文化传统中的一些符号与价值系统加以改造，使经过创造转化的符号与价值系统，变成有利于变迁的"种子"，同时在变迁过程中保持"文化的认同"②。实现传统文化"创造性转化"与"创新性发展"，既不是文化复古，也

---

① 林毓生：《中国传统的创造性转化》（增订本），第80页。
② 林毓生：《中国传统的创造性转化》（增订本），第328页。

不是现代新儒家的"返本开新",而是将中西古今融会贯通并在此基础上提出新见。

我们已经习惯了主要源自西方的一整套专业性编码语言及其"证明体系"(包括已经证明了的、用来作为证明的和要去证明的三个环节),也就是一个由逻辑关系构成的、从一般到具体的金字塔形的概念体系,其逻辑论证方式则清晰表达了事物之间知识论的从属关系——这种述学方式大致成形于18世纪的近代德国并延续至今,发展成一种语言空转而脆弱不堪的学术风尚。20世纪以降,西方众多现代思想家、理论家早已从中走出,而我们却模仿照搬、泥"洋"不化,乃至奉之为"学术规范"或"国际标准"——时下学术"洋八股"大面积繁殖,专家学者以"工匠"的形象碌碌于复制性的、毫无促进效用的劳作,他们所使用的语言就像被太紧的鞋子挤得变了形的脚。尼采一针见血:"我们无法像事物所是的那样思想事物,因为我们根本就不能思想它们。"[①]

——述学文体的革命,是时候了!

每一位想要有所作为的学者都必须从自我革命做起,努力调整、改变自己的学术实践方式,对我们的述学文体进行一番革命性的改造!

对于中国当代学者而言,首要的任务在于:用汉语而不是术语写作。我们不应让自己的思想受限于那些舶来的术语,而应用另外的词汇来说话,或是丰富我们自己的语词,以寻找到解决问题的方案,或者提出我们自己的问题来。如何摆脱语言书写的"匠气",开启激动人心的语言之旅,是所有学术研究者必须面对的难题。

与时间性的字母文字相比较,空间性的汉字的信息密度更大;在西方逻辑、论证之外,还有非形式逻辑的存在。迥别于西方重概念、重分析、重演绎、重论证的逻辑思维,中国文化确立了重"象"、重直觉、重体验、重体悟

---

① 尼采:《哲学与真理——尼采1872—1876年笔记选》,田立年译,上海社会科学院出版社1993年版,第64页。

的隐喻思维，与之相映成趣的则是"注疏""语录""公案""评点""诗文评"等"断片"式学术书写。

20世纪以降，在西方话语系统的冲击下，汉语逐渐丧失其主体性，从"文言"改造、转换到"白话"，从古代汉语到现代汉语，从综合性语言形式发展到分析性语言形式，汉语逻辑功能得以强化的同时自己的优长也弱化了；在历次不无激进的语言革命中，思想与文化的传统随之断裂，整个传统文化的架构都近乎崩塌了，中国知识分子丧失了理智与价值的基本取向。一个多世纪以来，中国思想界各式各样的意见虽多，但很少有精深、原创且经得起严格检验的思想系统。

维特根斯坦十分敏锐地指出，只要我们的语言没有真正的革新，语言先在的给定性就会迫使我们的思想在既定的路线上活动，根据我们所掌握的技巧自动转向，进入某一个"思想共同体"，被同样的"哲学问题"给绊倒，而丧失了任何进步的可能性。[①]

——述学文体的革命，是时候了！

未来的述学文体必须使语言保持有效，它充分发挥了汉语之人文特性的优势，将隐喻思维与逻辑思维彼此融通，以更细致、深入地呈现人类复杂的心灵世界；

未来的述学文体必须是语言世界的拓荒者，它不断突破既有规范，寻求别样的言说方式，凸显各种保留与限制的认知，其话语作为世界，为世界而开启世界；

未来的述学文体必须确立一个更高的历史整体性思维框架，建立与当代生活、文学实践的内在勾连，细描出与语言问题周旋时当代中国人所特有的生存体验；

未来的述学文体必须把"理论"变成"写作"，激活语言之"物性"，将语言视为理性与启示之母，语言本身即心智的存在，赋予思想强大的穿透力

---

① 路德维希·维特根斯坦：《文化和价值：维特根斯坦笔记》（修订本），第33—34页。

与生命力；

　　未来的述学文体必须正视事物的差异性、偶然性与复杂性，弃绝那种直线式、封闭式的逻辑证明体系，在断片式、开放式的圆形结构中，让一切如其所是；

　　未来的述学文体必须重铸生命的理解力与思想的解释力，重塑一个既有个人内在经验，又致力于理解人类精神的人，从易逝的事物中捕捉、体会永恒之事物；

　　未来的述学文体必须返回内在，是明镜灵台，书写心灵世界的隐秘对谈，倾听亿兆生灵、灾异世界之海潮音，在杂多统一的和谐中，动态呈现个人创见与风格。

　　毕达哥拉斯学派有言，"和谐"起于差异的"对立"，是"杂多的统一"、不协调因素的协调；毕达哥拉斯学派又言，平面之中"圆形"最美，立体之中"球形"最美。未来的述学文体不时深情回望传统，打通人文各个学科，参互各种研究法，由一个个"断片"发展成为一无始无终、无穷无极的整体，最终抵达学贯中西、会通古今之学境——故名之曰"毕达哥拉斯文体"。

　　"毕达哥拉斯文体"的创构可谓"在汉语中出生入死"，其内在机制与传统的书写经验、思维模式、文化范式等一脉相承；众多"断片"及其连缀组合是"毕达哥拉斯文体"显著的"语体"特征，其内在运行机制迥别于通行的述学文体——

　　"断片"凭借隐喻思维而别出心裁，类似钱锺书所谓"具体的鉴赏与评判"，它切断线性的逻辑铺展、抽象论证，具有相对自足性与完整性，又蕴含多种冲突与矛盾，呈现一种理论探索的未完成状态；

　　"断片"是思想之颗粒，属于"正在描述的文字"，处于一种生成状态，具有某种价值的集聚性，是"转识成智"后"以识为主"之"悟证"，即"感性认识—理性认识—感情深入"之后的"本质直观"；

　　诸多"断片"系"悟证"所得，继而环绕某一个方向或统一性中心聚集，由理性思辨之论证予以发展、完善，这是一个"证悟"过程，即演绎思维与隐喻思维协同作用的过程，具现于"断片"的链接组合；

通行的述学文体有大量引文脚注，展现学者的知识范围与学术视野，"毕达哥拉斯文体"则尽可能隐藏学识，称引绝少而融贯实多，许多本来不和谐的力量组成统一音阶和音调，进入了戛戛独造的精神空间；

"毕达哥拉斯文体"由"悟证"到"证悟"，打通"具体的解悟""抽象的解悟"两种思维方式，交融"隐喻型"与"演绎型"两种述学文体，点化出中西两种智慧的内在生命，铸就不愧于时代的新思想。

——这是一种有难度的写作。

"不让一个民族中的伟大的东西默默无闻或浪迹江湖乃是文化的任务所在。"[①] 尼采此言甚好。"毕达哥拉斯文体"是"有我""有渊源"的，是中西文化传统交流互鉴、"创造性转化"与"创新性发展"的宁馨儿：在基本理念与原则上，"毕达哥拉斯文体"返回中国文化之"本源"，接续了中国古代悠远的述学传统（包括五四"文脉"），通过"回向"即"深入历史语境"的"处境分析"，祛除"理障"或"知识障"，在"进—出—进"反复往返的研究过程中，既明"事理"又通"心理"；在意图与智识气象上，"毕达哥拉斯文体"则深受西方现代思想的启迪，充分汲取了尼采、维特根斯坦、海德格尔、布朗肖等人的语言哲学思想，以及西方"Essay"的创造性文体实践成果。

Essay 是在欧洲与主流思想形态相平行的一种思想书写形态，它承袭了从蒙田、帕斯卡尔到卢梭、尼采的传统，经过从本雅明到阿多诺，从柏格森到萨特、罗兰·巴尔特、福柯等思想家的传承，发展成一种富有活力的知性实践，既体现思想者主体性与节奏，又承载着历史文化的积淀与转化，融主观与客观、偶然与必然、感性与理性、物质与精神、认识与意志、直觉与逻辑、信仰与智慧、个性与共性于一炉。"毕达哥拉斯文体"将中西古今的思维与言说方式融会贯通，构建了一种思想求索与书写的"没有体系的体系"，而与永远处于变化之中的思维相汇合，并赋予我们所处的世界以意义，获得一种本真

---

① 尼采：《哲学与真理——尼采 1872—1876 年笔记选》，第 22 页。

思想之安宁与平和。

值得一提的是，区分中西文明或文化差异，不是作茧自缚，而是为了彼此会通；会通绝不是知识的堆砌，而是人文诸学科、文艺诸形式的打通；以此之明启彼之暗，取彼之长补此之短，"化冲突为互补"，使许多本来不和谐的力量组成统一的音阶和音调——这是典型的中国哲学思想。《了不起的盖茨比》的作者菲茨杰拉德有一句脍炙人口的名言："同时保有全然相反的两种观念，还能正常行事，是第一流智慧的标志。"我们中国人是拥有这种智慧的。

"毕达哥拉斯文体"是未来述学文体之"预流"，它力图站到精神领域的最前沿，通过中西古今的会通，回答时代提出的问题；其所揭示的"真理"表现出不确定性和未完成性，这一双重特点同样铭刻在我们的生活结构之中，堪称理智诚实的标志。

时至今日，"毕达哥拉斯文体"的探索与实践仍"在路上"，可能在一个比我认为的还要有限得多的范围里活动——这是一项孤独、艰难而健康的事业，需要一种不断自我革命、孤往独创之勇气；用孟子的话说，"虽千万人，吾往矣"！我们或可援用维特根斯坦的两句话以自勉——

> 我的思考无益于当今时代，我不得不奋力逆流而上。或许一百年后人们会需要我写的东西。①

> 假如某人领先于他的时代，有一天时代就会赶上他的。②

---

① *Recollections of Wittgenstein*, Ed.by Rush Rhees, Oxford University Press, 1984, p.160.
② 路德维希·维特根斯坦：《文化和价值：维特根斯坦笔记》（修订本），第 21 页。

目 录

第一辑 ｜ 东西文化的交流互鉴

| 第一章 |

"我们可以求助于美学吗？"

——中国美学的合法性问题新解

> 太阳，我们的地球和你们的思维将只不
> 过是宇宙能量短暂的颤动般的状态，整合过
> 程中的一瞬间，宇宙的某个角落里的物质的
> 一个微笑。
>
> ——利奥塔①

台湾著名的乐评家焦元溥在《乐之本事：古典乐聆赏入门》里讲述了一个意味深长的故事——

2010 年 1 月 27 日，芬兰著名指挥家、作曲家萨洛宁到伦敦国王学院音乐系做了一次演讲，讲到他当年到意大利进修作曲时，指导老师卡斯提吉欧尼给他一部自己的作品，要萨洛宁就此曲作分析研究。

"那是很复杂的曲子，"萨洛宁回忆，"拿来一看实在瞧不出什么脉络。我花了好多好多时间，才从错综复杂的音型结构中看出一点端倪。"那一个星

---

① 让－弗朗索瓦·利奥塔：《后现代状况——关于知识的报告》，岛子译，湖南美术出版社 1996
　年版，第 10—11 页。

期，萨洛宁哪儿都没去，把自己关在房里对着乐曲来回思索。终于，他看出了乐曲内在的规律逻辑，渐渐找出解码的方法。所下的功夫越多，他看出的细节越丰富。当他把论文写出来向老师报告时，他确信自己已经完全分析出卡斯提吉欧尼的作曲意图与创作手法，作品的大小结构都被自己整理得一清二楚。

"真是非常感谢，你一定花了很多时间，才整理出如此详尽的分析。"面带微笑，卡斯提吉欧尼对眼前的芬兰学生说，"但是，身为这首曲子的作者，我必须诚实告诉你——这其实是我乱写的，乐曲根本没有任何逻辑脉络可言。"不用说，萨洛宁此刻之沮丧可以想见："早知如此，那个礼拜我大可以出去游玩，好好享受意大利的阳光呀！"不过，转念一想，萨洛宁明白了这是老师给自己的震惊教育："一、再怎么没道理的作品，分析者还是可以自己整理出一套道理；二、无论整理出什么道理，真相可能永远和自己的分析相异，甚至相反。别以为自己做了苦工，所得到的就会是正确答案。"①

卡斯提吉欧尼说的是实话吗？绝大多数创作都有各自所依据的规则，演奏者也以此了解作曲家的想法并做出诠释。那么，当卡斯提吉欧尼自以为随性地在谱纸上乱写，他怎能确定其中不曾暗藏某种连自己也无法察觉的内在规律呢？对此，意大利哲学家、美学家、小说家翁贝托·埃科有极好的解释：

> 当作家（或艺术家）说他创作时并未考虑创作规则的时候，他只是想说他创作时不知道自己了解创作规则。一个孩子能把自己的母语说得很好却不能写出它的语法来。但是，语法学家并不是唯一了解语言规则的人，因为孩子在不自觉的情况下对此也非常了解：语法学家是知道孩子为什么以及如何了解语言的人。②

---

① 参见焦元溥：《乐之本事：古典乐聆赏入门》，广西师范大学出版社 2015 年版，第 279—280 页。
② 埃科：《玫瑰的名字注》，王东亮译，上海译文出版社 2010 年版，第 10 页。

作家（作曲家）创作出自成意义、有自身逻辑与脉络的作品，批评家（演奏者）对作品的诠释，则来自对作品、作家（作曲家）与时代风格的理解，也出于自己的经验、体会与想象力。在诠释的过程中，美学或艺术理论发挥着不可或缺的作用。

那么，西方的美学或艺术理论对东方而言意味着什么？"我们可以求助于美学吗？"在何种意义上，中西美学能相互融通起来吗？这得从中国哲学学科的合法性问题谈起。

第一节　中国哲学"合法性"的判断标准

1954 年 3 月末，日本东京帝国大学德国文学教授、日本学士院院士手冢富雄教授在弗赖堡访问了海德格尔；随后，海德格尔写了《从一次关于语言的对话而来——在一位日本人与一位探问者之间》一文，生动叙述了两人之间一场别开生面的对话：

　　…………

　　日（即手冢富雄，后同此，不另注明）：从欧洲回来后，九鬼伯爵曾在东京作过一些关于日本艺术和诗歌的美学讲座。讲课稿汇集成一本书出版了。在这本书中，他试图借助于欧洲美学来考察日本艺术的本质。

　　海（即海德格尔，后同此，不另注明）：但在这样一个计划中，我们可以求助于美学吗？

　　日：为什么不呢？

　　海：美学这个名称及其内涵源出于欧洲思想，源出于哲学。所以，这种美学研究对东方思想来说终究是格格不入的。

　　日：您讲的固然不错。但我们日本人还不得不求助于美学。

　　海：为何？

> 日：美学为我们提供一些必要的概念，用以把握我们所关心的艺术和诗歌。
>
> ……………①

德国哲学家莱因哈德·梅依的研究表明，这篇"对话"多半不是原始的对话记录，而是海德格尔再创造的产物，"他或许把这篇高度凝练的对话看作一次向精通德语的日本客人提出自己深思熟虑问题的机会"，而"通过利用有关的讯息和适当的文本摘录，创作了一篇颇具挑战性的对话"，其实是"对其思想的一种不同寻常的陈述"。②这篇"对话"集中处理了语言的本质问题以及与东亚思想有关的论题，可归入迄今已发表的海德格尔著作中意涵最为深远的作品之列。后来，手冢富雄将这篇"对话"译成了日文，不仅在译文后附有一篇较长的解释性后记，还以"与海德格尔在一起的一小时"为题提供了一篇详细的谈话记录。

早在 1946 年发表的《关于人道主义的书信》一文里，海德格尔就提出了"语言是存在的家"的思想。这篇"对话"则明确地指出："如若人是通过他的语言才栖居在存在之要求中，那么，我们欧洲人也许就栖居在与东亚人完全不同的一个家中。"③因此，在对话里谈及九鬼周造借助欧洲美学，以形而上学的方式考察日本艺术的本质，即乞灵于欧洲的表象方式及其概念的做法，海德格尔对此心存疑虑。他坦言，自己当年与九鬼周造谈话时便已预感到"危险"，因为"通过这种做法，东亚艺术的真正本质被掩盖起来了，而且被贩卖到一个与它格格不入的领域中去了"④。可是，手冢富雄为什么一方面对海德格尔说"您讲的固然不错"，另一方面又说"但我们日本人还不得不求助

---

① 海德格尔：《在通向语言的途中》，孙周兴译，商务印书馆 2015 年版，第 87 页。

② 参见莱因哈德·梅依：《海德格尔与东亚思想》，张志强译，中国社会科学出版社 2003 年版，第 21—24 页。

③ 海德格尔：《在通向语言的途中》，第 90 页。

④ 海德格尔：《在通向语言的途中》，第 100 页。

于美学"，"美学为我们提供一些必要的概念，用以把握我们所关心的艺术和诗歌"？这是一个值得深究的问题。

就中西之间的语言差异而言，中国哲学（美学）的学术处境与日本十分相似。概念是思想的出口。我们是通过一个又一个概念来把握纷繁复杂的世界的，倘若空缺某个概念可能就不会去思考相关的现象。当然，如果在概念上产生诸多混淆与误解，必然影响我们对事物的认识与把握。现代汉语——尤其是学术用语——的很多重要词语和概念，均产生于 19 世纪下半叶和 20 世纪初，汉语学术不得不在从西方国家输入的诸多语词的意义中生存。

作为"文化之王"，哲学是一切学问的统领，居于一种元科学或元叙说的地位；只有经过哲学的摄化，才能揭示或阐释事物的核心和本质，具体研究才能得以顺利展开。"东方美学"的合法性问题，亦即"东方哲学"的合法性问题。前些年，我国学界曾讨论过中国哲学学科是否具有合法性的问题：中国历史上存在某种独立于欧洲传统思想之外的中国哲学吗？或者说，哲学是解释中国传统思想的一种恰当方式吗？在何种意义上中国哲学概念及其所表述的内涵能够得到恰当的说明，并取得充分的理据？简言之，即中国哲学的内容是否符合其所从属的"哲学"这一更高的概念所应当具有的内容，而合法性问题的关键又在于以什么样的哲学概念作为判定标准。俞吾金指出，作为判定标准的哲学与合法性概念都来自西方，人们往往自觉或不自觉地置身于西方哲学的视角，以西方哲学作为参照系来质疑中国哲学学科的合法性，从中国哲学是否切合西方哲学的内容来判定其是否具有合法性。在俞吾金看来，从语言的角度上说，这是一种"能指游戏"，一种"能指"大于"所指"的游戏。[①]

人们否认中国有所谓哲学，这主要深受西方哲学家尤其是黑格尔的影响。黑格尔认为，"真正的哲学是自西方开始"[②]，中国"只停留在最浅薄的思想里

---

① 俞吾金：《哲学随想录》，北京师范大学出版社 2016 年版，第 417 页。
② 黑格尔：《哲学史讲演录》第 1 卷，贺麟、王太庆等译，上海人民出版社 2013 年版，第 97 页。

面"，"找不到对于自然力量或精神力量有意义的认识"，"没有概念化，没有被思辨地思考"①；"当我们说中国哲学，说孔子的哲学，并加以夸羡时，则我们须了解所说的和所夸羡的只是这种道德"；"我们所叫作东方哲学的，更适当地说，是一种一般东方人的宗教思想方式——一种宗教的世界观"。②

比如，历史学家、教育家、古典文学研究专家傅斯年（1896—1950）提出："哲学乃语言之副产品，西洋哲学即印度日耳曼语言之副产品；汉语实非哲学的语言，战国诸子亦非哲学家。"傅斯年质问道：战国子家约有三类人，即宗教家及独行之士、政治论者和"清客"式之辩士，他们的思想原无严格意义的"斐洛苏非"（philosophy）一科，"为什么我们反去藉来一个不相干的名词，加在些不相干的古代中国人们身上呀？"。③傅斯年这里提出的便是中国哲学的合法性问题。

时至今日，中国哲学界仍有人断言：讲哲学，只要是严格意义上的哲学，那就是所谓的西方哲学；这种哲学只能从希腊讲起，最后还是要回到希腊那里；哲学说希腊话，不说汉语，哲学在汉语中不会说话。中国人的世界经验不处在哲学的要求中，中国人讲理讲气，用哲学的透视法看不清中国人的脉络。哲学并不关乎中国人如其本然的思想，并不关乎中国人的安身立命之事。西方人讲真理，中国人不讲真理，中国人讲的是道理。哲学不是中国人思想的自在源泉，我们从来就没有从这个源泉里担来思想的活水……持此论者之所以否认中国哲学学科的合法性，主要基于以下的认识：真理的本质强调的是在哲学内思想的经验，即由证明体系所包围的世界经验；不断延伸着的证明体系有三个环节——已经证明了的、用来作为证明的和要去证明的——与之相应，真理具有三种语义——批判意义上的真理（后物理—形而上学）、形式意义上的真理（工具论—逻辑）和实证意义上的真理（物理—经验世界）。

---

① 黑格尔：《哲学史讲演录》第1卷，第119页。
② 黑格尔：《哲学史讲演录》第1卷，第136页，第113页。
③ 傅斯年：《战国子家叙论　史学方法导论　史记研究》，上海三联书店2017年版，第3页，第6页。

所谓哲学，指的就是这个完整的证明体系，而不是这个证明体系的某一环节。近代以后，西方哲学整个证明体系向实证意义上的真理转移，真理的知识性要求越来越高；在接替这个证明体系的知识语境中，证明意味着知识联系之中的证明，真理意味着生产着知识的实证世界。哲学作为真理的证明体系，提供了一个使世界成为可能的证明着的叙事框架。由于我们与哲学的关系不是血缘关系，而是婚嫁关系，是受迫于西方哲学所释放出来的强大的文明力量。在这种力量的驱迫之下，我们没有掌握哲学作为一个完整的证明体系的要领，没有掌握哲学执着于存在作为证明体系之地基的意义，没有掌握存在即真理的语义，便随意构想哲学，其结果是，中国在 19 世纪下半叶至 20 世纪初被并入所谓世界史，我们将从西方哲学近代性那里切来的某个片段理解为哲学本身，并按照其问题体系撰写自己的哲学史，这种知识生产使得我们再也读不懂自己的历史。①

西方哲学确实存在一个严密的证明体系，一个由逻辑关系构成的从一般到具体的金字塔形的概念体系，其逻辑论证方式清晰表达了事物之间知识论的从属关系。但是，这并不是西方哲学唯一的或始终主导的理论形态；作为西方哲学近代性的某个片段，所谓"证明体系"不足以成为判定中国哲学是否具有合法性的标准。当然，这是缺乏经验或逻辑必然性的"事后真理"。只是这种"误判"体现了自觉或不自觉地接受了所谓的西方的文化霸权，而认为研究的方式只能是西方的，只有西方哲学有资格"告诉"非西方的文化何谓"哲学"，什么是好的和坏的，自身不足以与西方的东西并列。至于迎合西方哲学的"证明体系"而对自己进行西式的解释，采用西方的标准自我批评，利用西方的观念来定位、重述传统文化的价值，则不过是典型的"自我文化殖民"。

---

① 参阅陈春文：《回到思的事情》，武汉大学出版社 2007 年版，第 3—9 页。

第二节 哲学 / 美学的形式规范化问题

五四以来，无论是全盘西化的自由主义，还是弘扬国粹的文化保守主义，或是主张社会变革的激进社会主义，中国思想界的各种流派无不援引某些西方的理论作为自己的后援，在对象化体验中，知识分子不知不觉被训练成了西方各种理念的代言人。于是，我们看到，时至今日，中国哲学的思想原创力严重衰退，人们以哲学的名义，按照西方哲学结构去重新安排、解释中国哲学的问题，把中国哲学拆解得七零八落，严重损害了中国哲学的思想意义及其力度。

冯友兰《中国哲学史》上、下册分别出版于 1931 年、1933 年，其"绪论"开篇即云："哲学本一西洋名词。今欲讲中国哲学史，其主要工作之一，即就中国历史上各种学问中，将其可以西洋所谓哲学名之者，选出而叙述之。""所谓中国哲学者，即中国之某种学问或某种学问之某部分之可以西洋所谓哲学名之者也。所谓中国哲学家者，即中国某种学者，可以西洋所谓哲学家名之者也。"① 冯著以西方哲学为坐标，将西方哲学的分期方式硬套在中国哲学上，以为"子学时代"类似西方古希腊时代，"经学时代"类似西方的中世纪；冯著特别提出并注重名学，其实先秦名学只是昙花一现，并未发展成严整的逻辑与科学方法，并非中国哲学的重点。冯氏以西方新实在论的思想解析朱子，并述及陆、王的思想，这些显然都是谬误百出甚至怪诞不经的。牟宗三对此提出了尖锐的批评，认为冯著"对于宋明儒者的问题根本不能入，对于佛学尤其外行"②。"汉末年之道教与北宋以来之道学，则最为锢闭削弱中国民智者也。而此书反多奖评，将汉武以来划为经学时代，致儒道封佛之误解偏见不能去除"；"东晋至唐季数百年，第一流思想者皆为佛学家"，冯著却未能充分详述中国传承之佛学，"于佛学莫见其全"，现代佛学家、因明家

---

① 冯友兰：《中国哲学史》上册，中华书局 1961 年版，第 1 页，第 8 页。
② 牟宗三：《中国哲学的特质》，上海古籍出版社 2007 年版，第 2—3 页。

虞愚为此建议冯氏修改下编"经学时代","使三倍其量",并为之详列了修纂之细目。①

实际上,"以西释中"的理路并非冯氏首创。之前,严复首先以西方哲学框架来审视、研究中国传统哲学思想,他主张用"一切法之法,一切学之学"的逻辑学、自由学说和伦理学上的功利主义来检视中国传统学术思想,而以图腾、宗法、军国的社会演化程序硬套中国历史发展阶段。王国维虽力主"哲学为中国固有之学",却运用他所理解、服膺的康德、叔本华等人的西方哲学,系统研究了先秦诸子和宋以降周敦颐、戴震等人的哲学思想,在"中西互释"中"以西为主"的迹象异常清晰。胡适也将中国哲学史和西方哲学史作为世界哲学史的部分,其博士论文《先秦名学史》清楚表述了"以西释中"的理路:"……我从欧洲哲学史的研究中得到了许多有益的启示。只有那些在比较研究中有类似经验的人,才能真正领会西方哲学在帮助我解释中国古代思想体系时的价值。"②其实,中西方哲学有各自的概念体系,二者很难一一对应,似是而非的"以西释中"或"以中释西"基本上是南辕北辙,与各自的思想存在明显的裂痕,更谈不上什么中西融合或思想创新,至于推出关于人类永恒问题或当下共同问题的中国方案更是付之阙如。

1750年,德国人鲍姆嘉通用拉丁语写的《美学》出版,标志着"美学"这个学科正式诞生,鲍姆嘉通因此被誉为"美学之父"。最早用汉语创译"美学"一词的是日本的中江肇民(1847—1901)。他翻译了法国美学家维隆(1825—1889)的《美学》(L'Esthétique)一书,并分上下两卷于1883年和1884年出版。1897年,康有为在其编写的《日本书目志》中收入了中江肇民的《维氏美学》一书,可视为最早将"美学"一词引入中国的人。有人曾以"从美学'在中国'到'中国的'美学"这一命题来描述中国美学之确立③,

---

① 虞愚:《〈中国哲学史〉评》,《虞愚文集》第2卷,刘培育主编,甘肃人民出版社1995年版,第987—988页。
② 胡适:《先秦名学史》,《胡适文集》第6卷,北京大学出版社1998年版,第4页。
③ 刘悦迪:《美学的传入与本土创建的历史》,《文艺研究》2006年第2期。

显然，无论是"美学在中国"，还是"中国的美学"，都是中国美学观念参与世界美学观念体系构建并成为世界美学观念体系一部分的过程。从引进西方美学术语到确立中国美学话语，亦即在本土化与世界化的过程中形成了中国美学。

中国美学（包括文艺理论在内）研究的情形与中国哲学研究相差无多。中国美学家跟随西方美学家，亦步亦趋，绝大多数美学家都在实际从事着一种在大学里蓬勃发展的学术职业，把哲学视为一种产业化生产，致使哲学著作和期刊论文数量剧增；与诸多哲学家一样，这些生产者"以西释中"，即"拿西方的美学理论，尤其是近代以来的德国的古典美学观念、理论和方法等，作为阐释中国美学、中国艺术的现成思想材料，乃至于借助西方近代的美学理论及其概念方法来建构中国美学的现代理论大厦"[①]，成为一切现实的和可能的"语言游戏"的"专家"，其"匠气"常常使这些论著枯燥无味、空洞乏味、令人腻味，更不用说在当今世界美学讲坛发出中国美学家自己的声音，给世界提供真正有价值的思想。

问题的关键在于："在借鉴了这一切外来的知识之后，在经济发展的同时或之后，世界也许会发问，以理论、思想和学术表现出来的对于世界的解说，什么是你——中国——的贡献？"[②]就中国哲学而言，我们在一些"元哲学"问题上提供了哪些原创性的智慧，丰富、深化了哲学的内涵，并对西方哲学的发展构成某种挑战或对话？中国哲学真正成为世界哲学的一部分了吗？……正是人们对中国哲学（美学）研究的现状普遍感到不满，这种不满又是如此之强烈，才有了对中国哲学（美学）学科的合法性不断提出疑问。

西方哲学（美学）对东方思想而言，真的如海德格尔所言"格格不入"吗？中西两个思想血统不同又高度发达的文化体系如何协调、平衡乃至融合？换言之，如何整合各种思想资源并以之为背景创造出某种一致性的新思

---

① 王德胜：《散步美学——宗白华美学思想新探》，河南人民出版社 2004 年版，第 4 页。

② 苏力：《法治及其本土资源》，北京大学出版社 2015 年版，"自序"第 II 页。

想？诚如陈嘉映所言，"语言是给定的，但不是超验的给定，而是历史的给定。……我们既要了解这些语词背后的西文概念史，又要了解中文译名的由来；如果这些中文语词有日常用法（但愿如此！），我们就还得考虑术语和日常用法的关系"①。翻译不只是言语形式间的相互转换或符号转换，不只是更新、置换、丰富汉语的学术语言，而更多的是一种理解和阐释，是各种文化的汇合，是外来思想之传导，即对外语概念、思想观念、思维方式的领会及其在汉语中的体会。

人文知识对心灵有一种控制性魅力，它以相互认可为第一条件，需要一种彼此通用的"共同理解"，进而在思想层面上把不同文化解释视为开拓、丰富共同问题的思想资源，充分呈现关于一个问题在思想上的诸多可能性。为此，俞吾金提出了一个很好的思路：从语言分析的角度看，关于中国哲学学科是否具有合法性的问题是一个假问题，但如果将它转换为如何使中国哲学这门学科在形式上规范化，这一问题便有了实质的意义。所谓"在形式上的规范化"，"不仅包含着它对国际公认的学术规范的认同和遵守，也包含着它对自己的传统思维方式的反省和对当代哲学所蕴含的研究方法和叙述方法的借鉴"②。在俞吾金看来，中国哲学学科合法性问题的实质，"不在于它异于人们常常作为参照系的西方哲学，相反，这种相异性正是它存在的合法性的理由。合法性问题的实质在于，必须从形式上来改变和提升中国哲学，否则它在当今世界中就会失去继续存在下去的权利"③。

前述"能指"大于"所指"的游戏，无视一个重要事实：西方哲学本身仍然是一个不确定的存在物。在西方哲学史上，有理性主义者／非理性主义者、经验主义者／先验主义者、实在论者／唯名论者、体系主义者／反体系主义者等等，不同哲学家或哲学流派对"什么是哲学"的解答往往言人人殊、莫衷一是。见仁见智的西方哲学失去了任何确定性，难以成为中国哲学学科

① 陈嘉映：《思远道》，福建教育出版社 2000 年版，第 319 页。
② 俞吾金：《哲学随想录》，第 415 页。
③ 俞吾金：《哲学随想录》，第 416 页。

是否具有合法性的判定标准。

根据德国哲学史家文德尔班的描述，古希腊哲学在经历了"宇宙论时期""人类学时期"后，进入了"体系化时期"，其代表人物有三个，即德谟克里特、柏拉图和亚里士多德。他们运用由自己的"基本思想原则"得来的"目的和方法的统一"从事全部知识资料的"统一加工"，先是"将经验和观察所获得的东西集中起来"，继而"检验、比较"由此获得的"概念"，最后"使迄今为止仍然散见而且孤立的东西成为富有成果的结合和联系"，分别形成了三种不同世界观的典型轮廓或理论体系，对西方文化产生了深远的影响。① 到了近代，西方这种真理的"证明体系"即逻辑的研究方式登峰造极，几乎一统天下。

明朝正德年间，葡萄牙人重启中西交通，西方物质文明与思想文明逐渐传布中国。19 世纪下半叶以降，西学东渐势如破竹，其研究范式具有了典范性的意义，引导、规约着传统学术的现代转化。传统的人文学术研究模式（注疏、札记、诗文评等）发生嬗变，愈益注重"理论系统""历史系统"的建构，强调逻辑关联性与总体相关性的价值取向，影响了整个中国人文学界。

西方哲学本身对于逻辑论证式研究的批评不绝如缕。恩格斯指出，逻辑的研究方式实际上"无非是历史的研究方式，不过摆脱了历史的形式以及起扰乱作用的偶然性而已"②。逻辑的方法实质上就是历史的方法，它不是按照对象历史发展的自然进程来研究、揭示对象的历史及其规律性，而是从纯粹的抽象思辨形式上去分析对象，把握对象发展的客观逻辑，并以理论的形态来再现对象的历史及其规律性。由于"摆脱了历史的形式以及起扰乱作用的偶然性"，所谓"总体相关性""逻辑关联性"或"历史连贯性"是颇为可疑的。恩格斯曾这样评价费尔巴哈的哲学思想体系："人们……深入到大厦里面去，那就会发现无数的珍宝，这些珍宝就是在今天也还有充分的价值。……'体

---

① 文德尔班：《哲学史教程》，罗达仁译，商务印书馆 1987 年版，第 137—145 页。
② 马克思、恩格斯：《马克思恩格斯选集》第 2 卷，人民出版社 1972 年版，第 122 页。

系'是暂时性的东西，因为体系产生于人的精神的永恒的需要，即克服一切矛盾的需要。"①因此，如钱锺书所言，诸多形形色色的"理论体系"往往自生自灭，经不起时间的"推排销蚀"而一一"垮塌"，只留下一些"木石砖瓦"即"片段思想"，它们"仍然不失为可资利用的好材料"。②

即便是突出强调西方"真理"的本质是在哲学内思想的经验，也就是由"证明体系"所包围的世界经验，也不能忽视中国哲学与西方哲学的相异性，更没有必要厚此薄彼。现代哲学家张东荪说："现在我研究了以后，乃发现逻辑是由文化的需要而逼迫出来的，跟着哲学思想走。这就是说逻辑不是普遍的与根本的。并且没有'唯一的逻辑'（logic as such），而只有各种不同的逻辑。"③

中西逻辑的差异与各自语言的特征紧密相关。张东荪指出："中国文字是象形文字，这一点不仅影响及于中国人的言语构造并且影响及于中国人的思想（即哲学思想）。……西方人的哲学总是直问一物的背后；而中国人则只讲一个象与其他象之间的互相关系。例如一阴一阳与一阖一辟。总之，西方人是直传入的，而中国人是横牵连的。……中国自来就不注重于万物有无本质这个问题。……中国人的思想只以为有象以及象与象之间有相关的变化就够了。……中国人的宇宙观是唯象论。"④林语堂也指出，中国人常用意象性言说而不习惯用抽象性言说，常用隐喻、曲折、迂回的言说方式，而不习惯用直白、直言的言说方式；于是，"不同的写作方法被称为'隔岸观火'（一种超俗的格调），'蜻蜓点水'（轻描淡写），'画龙点睛'（提出文章的要点），'欲擒故纵'（起伏跌宕）"⑤。法国哲学家弗朗索瓦·于连也发现了这种曲折迂回的言说方式："当我们说'这是中文'，那就加上了复杂的含意，这种复杂

① 马克思、恩格斯：《马克思恩格斯选集》第4卷，第215页。
② 钱锺书：《七缀集》（修订本），上海古籍出版社1994年版，第33—34页。
③ 张汝伦编选：《理性与良知——张东荪文选》，上海远东出版社1995年版，第387页。
④ 张汝伦编选：《理性与良知——张东荪文选》，第368—369页。
⑤ 林语堂：《中国人》，郝志东、沈益洪译，学林出版社1994年版，第94页。

性使得意义变得难以琢磨。按字典的解释，被称作'中国人'者，转义是指'过分追求繁琐的人'。"在于连看来，这种"间接性""隐喻性"的言说有其独特性和正当性："中国的语言外在于庞大的印欧语言体系，这种语言开拓的是书写的另外一种可能性……是在与欧洲没有实际的借鉴或影响关系之下独立发展时间最长的文明。"①

英国著名科学史家李约瑟认为："中国人之关联式思考或联想式思考的概念结构，与欧洲因果式或法则式的思想方式，在本质上根本就不同。它没有产生出十七世纪那种理论科学，并不构成说它是'原始的'的理由"；"中国人关联式的思考……绝非处于逻辑的混沌……它的宇宙，是一个极其严整有序的宇宙，在那里，万物'间不容发'地应和着"；"当西人的思想欲问'这主要的是什么？'中国人的思想，则问'此事的起头、作用、落尾和其他一切事物是怎样关连的，我们对它应怎样应付它？'"。②中国人通过事物之间的关联进行联想推出结论，其性质便是结论超出前提，而使得结论具有或然性而非必然性，而具有更加开放的可能性。难道不是这样吗？

哲学的运思方式解答不了"什么是哲学"的问题，或许，美国当代哲学家巴里·斯托德（Barry Stround）的说法是对的："'什么是哲学'——我要说的是：'不要问，也不要说。'这是一个需要被处理而不是被回答的问题。试图以一般性的形式回答这个问题，注定不会有进展。"③俞吾金的处理方式独具一格："我们不再从哲学应该具有何种内容的角度去理解哲学，而是从哲学所应该关涉的领域的角度去理解哲学。"④具言之，即把哲学理解为一个介于科学（狭义的实证科学）、宗教和艺术之间的领域，因为在不同的文明中，都无一例外地存在这样一个领域；至于不同文明的人如何称呼它，或像西方人一

---

① 弗朗索瓦·于连：《迂回与进入》杜小真译，生活·读书·新知三联书店1998年版，"前言"第1页，第3页。
② 李约瑟：《中国古代科学思想史》，陈立夫主译，江西人民出版社1990年版，第382页，第383页，第255页。
③ C. P. 拉格兰、萨拉·海特：《哲学是什么？》，韩东晖译，人民出版社2014年版，第46页。
④ 俞吾金：《哲学随想录》，第421页。

样称之为"philosophy"，或像日本人一样称之为"哲学"，或像中国人一样称之为"元学""理学""道学"，这只不过是一个"能指"的问题。讲述的"话题本身"高于讲述的"话题方式"，中西哲学讲述各自对"话题本身"的体贴、发明和创新，在"自己讲""讲自己"的过程中义理性化解各种历史与现实问题，各自凸显其哲学的"个性"，而这正是哲学的"灵魂"。因为，哲学"不是单独依靠'人类'或者甚至'宇宙精神'的思维，而同样也依靠从事哲学思维的个人的思考、理智和感情的需要、未来先知的灵感以及倏忽的机智的闪光"[1]。这样，中国哲学便从"是"与"不是"、"有"与"没有"的迷津中超拔而出，中国哲学（美学）学科合法性的问题由此获得了一种实质性的意义。

第三节 中西哲学/美学的融合

巴里·斯托德说得好："当你自己的思想以你自己的声音有所推进的时候，哲学才最有希望。"[2]西方哲学传入、流布中国后，其问题意识、逻辑论证方式极大丰富，弥补了中国哲学的问题意识、言说表达方式。但是，囿于对西方哲学的狭隘理解，中国哲学原有的问题意识及其灵动的述学文体也几乎丧失殆尽。在当下"多元一体"的世界中，从当下思想的症结切入，围绕人类历史与现实中重要的共同问题或永恒问题运思，每一种文化解释都拥有自己独特的思想与态度，这极大地开拓和丰富了共同问题或永恒问题的思想资源。因此，将人类的普遍性遭际与文化的特殊性遭际相联结，塑造出具有高度复杂微妙的理性观念体系和情感生活世界，可使中国思想具有独特文化意义和世界视野，而由属于被解释的概念转化为用来解释的概念，由对象化、被研究的对象转化为正在被用来进行思考的鲜活的话语，成为参与世界各种

---

[1] 文德尔班：《哲学史教程》，第20页。
[2] C. P. 拉格兰、萨拉·海特：《哲学是什么？》，第46页。

问题讨论时必须予以考虑与尊重的思想智慧，成为往普遍处生长的理论话语，成为世界哲学的一部分，为世界性问题的解决提供"中国方案"。

为了使中国哲学的观念体系由地方意义发展为普遍意义，实现一种思想平等的跨文化对话和知识互惠，赵汀阳指出，中国哲学家必须努力实现至少两个目标：一是使中国的某些概念进入世界通用的思想概念体系，以扩大人类思维的能力；二是使中国思想所发现的一些独特问题进入世界公认的思想问题体系，以丰富人类共享的问题体系——中西问题的"互惠提问"可最大化提升人类思维的反思能力。[①] 显然，这两方面的工作我们都做得远远不够，未来的工作可谓任重而道远。

从历史发展看，西方哲学史发生了三次重要的哲学转向运动，而与中国哲学呈现出某种彼此融合之态势。第一次转向是苏格拉底—柏拉图之后所开启的从在个别的具体事物中寻找具体事物的根源转向在"心灵世界"即"理念"中寻找具体事物的根源，以二元对立的辩证法推演理性、生成知识。毕达哥拉斯是第一个使用"philosophy"的人，该词本意是"爱智慧"。柏拉图、亚里士多德将"philosophy"引向一个独立于人的精神意识而存在的对象，完成了从"智慧"到"知识"的转变，他们也就成了"philos-opher"（追求知识、真理的人）。柏拉图之后，西方哲学所追求的不再是本源意义上的"智慧"了。第二次转向是：近代哲学创始人笛卡儿提出"我思故我在"，明确建立人的主体性原则，更进一步推动了人类的精神性与无限性的内在冲动；康德沿着主体性哲学的方向，把先验性看作必然性知识的来源；黑格尔是主体性哲学的集大成者，其"绝对精神"或"绝对理念"是绝对的主体，人的主体性被推至登峰造极的神圣地位。第三次转向是欧洲现当代哲学以强调超越主客关系、主张人与世界融为一体为指归。这一转向使欧洲人重视人的独特性，重视知情意一体的人与人之间的相异性，重视研究人与人之间的相互沟

---

① 参见赵汀阳：《哲学的中国表述》，载赵汀阳主编：《论证 2》，广西师范大学出版社 2002 年版，第 86—92 页。

通与相互理解。精神科学（关于人的学问）被提到比自然科学更受注目的地位。胡塞尔在《欧洲科学的危机》中自称其现象学是这一转向（"革命"）的开创者。他认为，人与物的交融构成整个有意义的世界，并使整个世界处于"被给予的直观"之内。这样，胡塞尔把人从抽象的、超感性的概念世界拉回到人所生活于其中的"生活世界"，哲学开始走向与诗意结合的境地。接着，德里达又发掘、补充、发展了胡塞尔现象学所暗含的关于在场与不在场结合为一体的观点。这是对自苏格拉底—柏拉图至黑格尔，传统形而上学所主张的抽象概念哲学的反动，也是对苏格拉底—柏拉图以前不分感性世界 / 超感性世界、主体 / 客体的哲学观点的回复，而接近于中国传统的天人合一思想和《周易》、老子的思想。①

值得一提的是，进入后原子时代后，海森伯格、玻尔、薛定谔、卡普拉等西方前沿科学家认识到，以牛顿为代表的分析思维无法得出正确的宇宙观，在牛顿的轨迹上没有人的位置。美国当代哲学家卡斯顿·哈里斯认为，科学的成功为我们的日常生活蒙上了阴影，科学不可能为人的自由或个性留下空间；科学家"对真理的追求把实在还原为暗哑的事实堆积，还原为缺乏意义的原始材料——除非人类主体将意义移植上去，并为人所用"，这种实在观"侵害了我们对人和物的经验"。②因此，西方思想家渐渐重新认识并肯定了中国古典文化的整体综合性思维，激赏其所提出的"天人合一"的宇宙观。

欧洲现当代哲学的第三次转向特别重视对语言的哲学研究，欧洲传统哲学到现当代哲学的转折点是"语言学转向"。以往的传统哲学把人看成进行认识的主体，世界万物则是被认识的客体，语言被看成反映世界万物的工具。现在则不然：人既是对世界的开放，又同时是世界本身的显现，人与世界融为一体；语言使人与世界相融相通，人借助语言参与到世界中去，世界由语言而敞开，语言是世界的意义之寓所。

---

① 参见张世英：《美在自由——中欧美学思想比较研究》，人民出版社 2012 年版，第 103—118 页。
② C. P. 拉格兰、萨拉·海特：《哲学是什么？》，第 72 页。

语言的意义不是要去表达独立于语言的某个确定的对象或某个确定的概念，而是从事物中显现自身，语言言说着存在者之所是。这种语言不再是把客体与主体分离的"概念语言"，而是言说主体与客体融合、人与万物合一的"诗性语言"；这种语言类似庄子的"大道""大言"，它显示、言说着在场与不在场、显现与隐蔽相结合的整体，可以通达"道言"，可以还原为"道言"，而与"道言"合一。

作为胡塞尔的学生，海德格尔的思想在20世纪30年代发生了转变。在《关于人道主义的书信》（1946）一文中，海德格尔表示自己之所以中断在《存在与时间》（1927）中的探索，是因为以"形而上学的语言"去探讨"形而上学的终结问题"，这是一种语言的失效或失败。在前述那篇对话里，海德格尔跟手冢富雄谈及"克服形而上学"时说："克服既不是一种摧毁，也不只是一种对形而上学的否定。想摧毁和否定形而上学，乃是一种幼稚的僭妄要求，也是对历史的贬低。"[①] 这种"克服"实际上是一种原始的"居有"（Aneignung），是"更希腊地思希腊思想"。海德格尔说：

> 这最好就显现（Erscheinen）的本质来加以解说。如果在场本身被思为显现，那么，在在场中起支配作用的就是那种出现，那种在无蔽意义上进入光亮中的出现。无蔽是在作为某种澄明（Lichten）的解蔽中发生的。而这种澄明本身作为本有事件（Ereignis）在任何方面都是未曾被思的。从事对这一未曾被思的东西的思想，这意思就是：更原始地追踪希腊思想，在其本质渊源中洞察希腊思想。这种洞察就其方式而言是希腊的，但就其洞察到的东西而言就不再是希腊的了，绝不是希腊的了。[②]

---

① 海德格尔：《在通向语言的途中》，第106页。
② 海德格尔：《在通向语言的途中》，第127—128页。

既是希腊式地又不再是希腊式地思着显现，后期海德格尔返回到古希腊思想的开端或根源处，已然把形而上学抛在了后面；他转而在"存在—语言"的维度"入思"，探寻一种新的言说方式，即以"诗"与"思"的言说"应合"语言自身之言说，而所言说的则是一种"在场"与"不在场"之"集合"，一种既敞亮着同时又隐蔽着的东西。

海德格尔说："在庙宇和阿波罗的雕像中尽管没有语言作为材料被运用、被'作成'，但这一事实完全不足以证明这些'作品'——就其为作品而言——并非本质上缺乏语言。……雕像和庙宇在敞开中立于与人作无言的对话之中。如果没有无言之言，那么，……凝视着的神就绝不会显现雕像的神色和外貌；庙宇如果不在语言的敞开领域中，它也绝不会作为神的住处立在那里。"[1]于是，古希腊石庙以一种方式言说着"道言"，梵·高画的农鞋以一种方式言说着"道言"，法国卢浮宫的阿波罗半身像以一种方式言说着"道言"。

中国的北京天坛也以一种方式言说着"道言"：天坛从南到北是一个由低向高的上升运动，将人的视角引向天之"崇高"；圜丘、皇穹宇、祈年殿都是圆形，每一个建筑物中又形成很多同心圆，将人的视角引向天之"圆融"；蓝色的琉璃瓦，大面积栽种的柏树，将人的视角引向天之"清朗"。概言之，"天坛是以实衬虚，一切导向虚空"；其妙处在于"以有限的建筑实体唤起无限的想象"，而"立于与人作无言的对话之中"。[2]

在与手冢富雄对话时，海德格尔对东亚文化表现出浓厚的兴趣并予以高度评价，他说：

　　我还没有看出来，我力图思之为语言之本质的那个东西，是否也

---

[1] Martin.Heidegger,Holzweg Gesamtausgabe,Vol.54,Vittorio Klostermann,Frankfurt a.M.1980,p.172. 转引自张世英：《美在自由——中欧美学思想比较研究》，第116页。

[2] 参见杨辛：《论天坛审美》，载《中国紫禁城学会论文集》第1辑，紫禁城出版社1997年版，第284—288页。

适合于东亚语言的本质；我也还没有看出来，最终（这最终同时也是开端），运思经验是否能够获得语言的某个本质（ein Wesen），这个本质将保证欧洲—西方的道说（Sagen）与东亚的道说以某种方式进入对话之中，而那源出于唯一源泉的东西就在这种对话中歌唱。[①]

根据手冢富雄的谈话记录，在最后邀请其提问之前，海德格尔发表了一个极有启发性的评论："东方和西方必须在这种深层次上进行对话。仅仅反复处理一些表面现象的会见于事无补。"[②]现如今，中西两个语言世界基本消除了当年那种遮蔽或隔绝的状态，当我们同样去沉思自己的思想所具有的令人敬畏的伟大开端，便不难发现中西两种根本不同的语言的本质源泉是相同的。而且，海德格尔的部分思想力量便来自东方哲学传统的启示，如"海德格尔在与道家、禅宗教诲保持共鸣的努力中，运用了'朴素的道说'，而且是以像'物的物化'（das Ding dingt）的那样的方式，让'语言言说'（die Sprache spricht）"[③]。

萨洛宁对其导师卡斯提吉欧尼作品的诠释，既有所本，即对作曲家意志的实践，又超越了作者，即有诠释者自己的发明、创造，而与清代诗人、诗评家袁枚在《程绵庄诗说序》中所言"秘响旁通"："作诗者以诗传，说诗者以说传。传者传其说之是，而不必尽合于作者也。"在萨洛宁正心诚意、下足苦功的译码背后，是诠释者理论与实践之训练有素的深厚功力。

中西哲学（美学）在交流互鉴中寻找到了相对一致的聚焦点或相通之处，"冲击—回应"模式或中西二元论模式一旦突破，一旦从形而上学的"语言牢笼"中走出来，"我们可以求助于美学吗？"。类似海德格尔式的追问及其理据——美学这个名称及其内涵源出于欧洲思想，源出于哲学。所以，这种美学研究对东方思想来说终究是格格不入的——便得以一一消解。因此，借用

① 海德格尔：《在通向语言的途中》，第 93 页。
② 莱因哈德·梅依：《海德格尔与东亚思想》，第 115 页。
③ 莱因哈德·梅依：《海德格尔与东亚思想》，第 94 页。

手冢富雄给海德格尔的答复语：我们可以借助美学，美学为我们提供一些必要的概念，用以把握我们所关心的艺术和诗歌。只不过，要准确地理解某个观念，需要确立一种语境化的理解，需要理解某种文化的所有文化语法和重要细节，用维特根斯坦的话说，必须理解整个语言游戏或整个生活方式。这样，在诠释文学艺术作品的过程中，美学或艺术理论才能充分发挥其不可或缺的作用。

反观当今学界，人们援用西方美学或文艺理论以检视中国文学艺术作品，之所以产生了诸多半生不熟的"洋八股"，主要由于研究者缺乏历史底蕴，不懂中国社会发展史，不了解中国文学艺术发展史，没有真正把握文学作品、人生、社会、政治和思想互为因果的齿轮关系，未能辨识文学艺术之本体，无法使中西美学或文艺理论之间彼此融通，自然也就难以将"一炉而冶"的研究方法运用自如。我们需要各种美学或文艺理论，只是必须时刻谨记英国著名艺术批评家、哲学家克莱夫·贝尔（1881—1964）的善意提示："一个人想要详尽阐述一种可信的美学理论，就必须具备两种素质——艺术的敏感性和清晰的思维能力。没有敏感性的人就无从获得审美体验，而不是以深广的审美体验为基础的美学理论显而易见是没有价值的。"[1]

刊于《西南大学学报》（社会科学版）2022 年第 1 期

（内容略有改动）

---

[1] 克莱夫·贝尔：《艺术》，薛华译，江苏教育出版社 2005 年版，第 1 页。

| 第二章 |

"我们需要概念吗？"

——构建当代话语体系之思

> 不确定性就不仅不能说是我的文化的堕落，而恰恰是对一直以来就存在的一个真实状况的最激烈最坦白的表达。
>
> ——莫里斯·梅洛 - 庞蒂[1]

据说知识冲动走到某种极限，就会转而反对自身，开始反思、批评认识，而控制知识冲动的路径之一便是重新审视概念及其运用。维特根斯坦说过："概念可以减轻危害或加深危害，促进危害或抑制危害。"[2]思想是一个分类和命名的过程，概念真的能触及事物本身吗？概念能表述出世界各种声音在我们心中的交响吗？我们能凭借概念理解自身及其与自然、社会的关系吗？我们能依赖概念理解生活或以之为行动的基准吗？当逻辑力量逐渐占据主导时，那些生成于不同文化土壤之中的概念彼此可通约吗？如何有效避免概念的滥

---

① 莫里斯·梅洛 – 庞蒂：《知觉的世界——论哲学、文学与艺术》，王士盛、周子悦译，江苏人民出版社 2019 年版，第 99—100 页。

② 维特根斯坦：《文化和价值：维特根斯坦笔记》（修订本），第 123 页。

用以减轻或抑制对思想的危害？……这些问题造成了内心的诸多冲突，以至于我们始终无法回避。

第一节 概念：语言之殇

在《从一次关于语言的对话而来——在一位日本人与一位探问者之间》里，海德格尔向手冢富雄教授提出了一个很有意思的问题：

> 海：你们需要概念吗？
>
> 日：也许是罢；因为自从与欧洲思想发生遭遇以来，我们的语言显露出某种无能。
>
> 海：何以见得呢？
>
> 日：我们的语言缺少一种规范力量，不能在一种明确的秩序中把相关的对象表象为相互包涵和隶属的对象。
>
> 海：您当真以为这种无能是您们的语言的一个缺陷吗？
>
> 日：东亚世界与欧洲世界的遭遇已经成为不可避免的事情了，这个时候，您的问题确实要求我们对之作一种透彻的思考。
>
> 海：您在这里触着了我与九鬼伯爵经常探讨的一个富有争议的问题。这个问题就是：对东亚人来说，去追求欧洲的概念系统，这是否有必要，并且是否恰当？
>
> 日：看起来似乎不再有什么退路，因为现代的技术化和工业化已经席卷了全球。①

"自从与欧洲思想发生遭遇以来，我们的语言显露出某种无能。"手冢富雄认为，"我们的语言缺少一种规范力量，不能在一种明确的秩序中把相关的

① 海德格尔：《在通向语言的途中》，第87—88页。

对象表象为相互包涵和隶属的对象。"这是东方学者中颇具代表性的观点。

问题在于："这种无能是您们的语言的一个缺陷吗？""对东亚人来说，去追求欧洲的概念系统，这是否有必要，并且是否恰当？"海德格尔的一串反问让人一惊。手冢富雄一时接不上话来，只能做无力的辩说："东亚世界与欧洲世界的遭遇已经成为不可避免的事情了"，"看起来似乎不再有什么退路，因为现代的技术化和工业化已经席卷了全球"……

话语是经验的根茎。我们在汉语中感觉、意识、思想、神遇、彻悟、栖居，朝圣灵魂，渴求幸福；思想在汉语之韵中生息，有音有形有义，自由自见自明。我们与汉语共生，思想在汉语中绵延，窈兮冥兮，天光浩荡，原色如斯。然而，"五四"以降，现代汉语置换了古代汉语，西学范式置换了中学范式，一切都变了。语言／言语、元语言／次语言、第一语言／第二语言……一长串舶来的概念进入汉语，汉语之韵整体性流失，汉语思想苍白无力。

华裔学者成中英指出："中国语言决定了中国思维，而中国思维又反过来决定中国语言；掌握了中国语言就意味着掌握了中国思维，反之亦然。因此要改变中国思维就必须改变中国语言，要改变中国语言则必须改变中国思维。"[1]我们在引进西方概念、主流理论时，没有足够重视其与中国社会、文化情境之间的契合性，也没有在中国社会实践或历史传统中形成、发明、制造出自己的一套理论概念，并与西方理论形成真正有效的对话。生活在一个译名的世界里，我们随着欧化汉语四处迁徙……

西方的语汇和语法被我们吸纳之后，认知方式、知识体系、价值观念、视界图景随之改变，汉语在语言中迷失，词语耗涸了生命。美国著名的中国研究学者、思想家史华慈尖锐地批评："白话文成了一种'披着欧洲外衣'，负荷了过多的西方新词汇，甚至深受西方语言的句法和韵律影响的语言。它甚至可能是比传统的文言更远离大众的语言。"[2]语言的变异产生了"细节的暴

---

① 张岱年、成中英等：《中国思维偏向》，中国社会科学出版社 1991 年版，第 197—198 页。

② 许纪霖、宋宏编：《史华慈论中国》，新星出版社 2006 年版，第 90 页。

动",我们失去了汉语当下的生命经验,失去了汉语历史的文化经验,几代人找不到自己的家园,成了在家的异乡人。

思维与语言是表现人类基本生活经验的两种方式。林语堂说得好:"每一个民族都发展了一种最适合于本民族语言特性的写作系统。"[①]世界的丰富性取决于语言的丰富性。每学会一种语言,我们就多掌握了一种思维。世界文化绝不是文化的"同一"化,而应是"星丛"化。当代杰出的知识分子、美国当代文化批评家乔治·斯坦纳痛感:"美式英语和英语弥漫全球,有意无意地成为破坏自然语言多样性的罪魁。这种破坏或许是我们这个时代特有的生态灾难中最难挽救的。"虽然英语作为"世界语"正在对世界进行大清洗,但乔治·斯坦纳坚信未来世界还是多种语言共存的,"汉语仍然是一个可畏却内向的对手","巴别塔的阴影很可能还会继续发挥创造性的作用"[②]。

英国艺术史家贡布里希指出,没有陈述是完全新颖的,没有意义是来自虚空的:"即便是最杰出的艺术家也需要——而且越是杰出的艺术家就越需要——从一种语汇[idiom]开始他的处理。他将发现,唯有传统能够提供给他意象的原材料,而他需要这些意象才能再现一个事件或是'自然中的一个片段'。……要是这位艺术家没有一套习得的现存图像,他就无法再现他眼前看到的东西,就好像他的调色板上没有预先备好的成套颜料一样。"[③]乔治·斯坦纳感同身受地说:"只有扎根在一种母语中的人,才具有直接的敏感和条件反射,一个多语者和局外人永远无法获得这个能力。"[④]日本当代设计大师原研哉现身说法:"对于古老文化的深刻认知与自信,反而会让人们去加速吸纳新

---

① 林语堂:《中国人》,第219页。

② 乔治·斯坦纳:《巴别塔之后——语言与翻译面面观》,孟醒译,浙江大学出版社2020年版,第510页,"第三版序"第iv页。

③ 贡布里希:《木马沉思录——艺术理论文集》,曾四凯、徐一维等译,杨思梁校译,广西美术出版社2015年版,第149页。

④ 乔治·斯坦纳、洛尔·阿德勒:《漫长的星期六——斯坦纳谈话录》,秦三澍、王子童译,广西师范大学出版社2020年版,第60页。

事物，这种新旧之间振幅的宽度，才是产生这种优雅的文化空间。"① 丧失自己传统之后，腹中空空；"不时瞥见中国的画家作家，提着大大小小的竹篮，到欧洲打水去了"②，其结果只能是无功而返。

恰如尼采所言，"疏离现时代"具有"很大的好处"，就仿佛"离开岸边，从汪洋中向海岸眺望"，我们就能"看清它的全貌。当我们重新回到岸边时，就有了一种优势，能比那些从未离开过它的人更好地从整体上理解它"③。侧身，是一种远离、审视、放弃和拒绝；侧身走过同时代人的身边，侧身走过程式化的相问相答，从所有斑驳的侧影中，我们看到了自己的正面。菲茨杰拉德在《了不起的盖茨比》中最后一句写道："所以我们继续向前划行，逆流而上的小舟，不停地被冲回过去的岁月。"

远离，流浪，都是回家的一种方式。"返回"不是顽强守旧的怀乡病或复辟狂，而是由未来筹划与可能性期望牵引、发动的当代哲思。蓦然回首，恍若隔了无数的世代。时过境迁，思接千载，在人们习焉不察或熟视无睹之处，海德格尔设置了路标并标示突破口，他在启人思。从走出汉语到回到汉语，每个人都不能不细细思量："我们需要概念吗？"没有这样的"名言"，是否意味着我们没有与之相关的问题与思考，或是与之相应的行动？我们应该用一种什么样的汉语写作？……

第二节　逻辑：思维的点金术

在比较中西语言的特点之后，瑞典语言学家高本汉说："中国文字好像一个美丽可爱的贵妇，西洋文字好像一个有用而不美的贱婢。"④ 从上下文语境

---

① 原研哉：《原研哉的设计随笔集》，竺家荣译，中信出版社 2012 年版，第 52 页。

② 木心：《素履之往》，广西师范大学出版社 2013 年版，第 23 页。

③ Friedrich Nietzsche, Human, *All Too Human: A Book for Free Spirits*. Translated by R. J. Hollingdale, with an introduction by Richard Schacht, London and New York：Cambridge University Press, 1986, p. 195.

④ 转引自鲁迅：《中国文与中国人》，《鲁迅全集》第5卷，人民文学出版社2005年版，第383页。

看，高本汉的意思是说：中国语文是一种单音节词根语，每个词由一个音节构成，没有那些以词与词之间关系为基础的曲折手段和词形变化；由于表意文字语法简易，中国人非常重视其能指方面的锤炼，而造就了一种音韵铿锵、和谐、美丽的语言，这种文字让人直接感受事物的感性质地，直达对于该事物的感性认识。而西方拼音文字的组成部分则全是抽象的符号字母，有不少曲折手段和词形变化，能指上显得拘谨、刻板与烦琐，虽不够美但缜密细致，所唤起的是对于事物之抽象概念的记忆，比较适宜于精细、准确地建构某个知识体系。[1]

美国汉学家安乐哲、郝大维也发现，汉语是一种"事件性"（eventful）、"过程性"（process）语言，西方语言是一种"实体性"（substantive）、"质相性"（essentialistic）语言，彼此各有各的优势或特点。[2]就具象思维而言，汉语重内在意会，适宜于审美创造，趋向于"艺术性"；就逻辑思维而言，西方语言重外部形式标志，适宜于概念式思维、直线式追寻缕析，趋向于"科学性"。

在《西方的智慧》里，罗素细致评述了亚里士多德的逻辑学："希腊的科学和哲学的一个显著特点就是关于证明的概念……证明一个命题的过程就是涉及论证的构造。……三段论法一直被逻辑学家公认为唯一的论证类型。"[3]黑格尔高度评价了亚里士多德："亚里士多德的不朽功绩，在于他认识了抽象的理智活动……原来使我们感兴趣的，乃是具体的思维，沉没在外界的直观里面的思维：那些形式沉没在它里面，成为一个不断的运动的网；而把思维的这个贯穿一切的线索——思维的形式——加以确定并提到意识里来，这乃是一种经验的杰作，并且这种知识是绝对有价值的。"[4]

---

[1] 参见高本汉：《汉语的本质和历史》，聂鸿飞译，商务印书馆 2017 年版。

[2] 参见安乐哲、郝大维：《切中伦常——〈中庸〉的新诠与新译》，彭国翔译，中国社会科学出版社 2011 年版，第 26—40 页。

[3] 伯特兰·罗素：《西方的智慧》，马家驹、贺霖译，世界知识出版社 1992 年版，第 106—107 页。

[4] 黑格尔：《哲学史讲演录》第 2 卷，贺麟、王太庆译，第 356 页。

中国古代是没有这种逻辑学的。近代以降，这种逻辑学经译介得以引入，国人为之欣喜若狂。如，冯友兰就以为，"西方哲学对中国哲学的持久贡献在于它的逻辑分析方法"，这种逻辑分析方法是近现代中国人向西方求得的思维"点金术"，"中国学术的时代精神可以说就是用分析方法对中国古代思想重新加以解释"。①这样做的结果却如牟宗三所言，"不但未曾探得骊珠，而且其言十九与中国传统学术不相应"②。

以西方古典语言（古希腊语、古典梵文）等为参照，汉语是一种不具备任何语法范畴的语言，其动词与形容词、副词与补语、主语与表语表面上没有任何区别。汉语中的词没有确定的语法属性，没有词法，只有句法，"唯一的句法手段是语助词，即语法词，以及词序"。德国哲学家洪堡特指出，汉语更突出的是"思想"，并取决于语言的形式和排列，"能够把概念直接相互接续起来，使得概念之间的一致和对立不像其他语言里被知觉到，而是以某种新的力量触动和逼迫精神，让精神去把握概念之间的纯粹关系"，从中看出更深远的"意义"；"缺少一种规范力量"恰恰是汉语的优点所在，它"激发起并维持着针对纯思维的精神活动，避开一切仅仅属于表达和语言的东西"。③

汉语用词言简意赅，句与句之间隐含着逻辑联系，其句法、段落排序和语篇构成均不同于西方语言。尚杰对中西语言做了比较：汉语所使用的是"横向逻辑"性质的文字、横向的文字、无 being 的文字、非对象性质的文字，比起西方"形式逻辑"性质的文字、纵向的文字、垂直的文字、being 的文字、对象性质的文字，汉语书写距离我们更近、更真实；汉语书写从人的身体出发，浸透着心情，从而把文章通盘地"生命化"。④

对于西方人而言，感知而不定名的汉语是一种很难的语言。20 世纪"文

---

① 冯友兰：《中国哲学简史》，赵复三译，新世界出版社 2004 年版，第 287 页，第 289 页。
② 牟宗三：《中国哲学的特质》，第 3 页。
③ 威廉·冯·洪堡特：《洪堡特语言哲学文集》，姚小平译注，商务印书馆 2011 年版，第 128 页，第 134—135 页，第 136 页。
④ 参见尚杰：《中西：语言与思想制度》，北京大学出版社 2010 年版，第 46 页，第 81 页。

化怪杰"辜鸿铭对此有一精妙的论说："这种困难不是源于它的复杂性。拉丁文和法语等一些欧洲语言是很难学的，这是由于它们是复杂的，它们有许多规则。中文很难学不是因为它复杂，而是在于它很深奥难懂。汉语是很难学的，由于这是一种用简单的语句来表达深邃感情的语言。……汉语是种心灵语言，一种诗化语言。这就是为何在中国古典文学中，就算是散文中一封简单的信读起来也如同是一首诗。为了理解书面汉语，特别是我所说的高度优雅的汉语，你一定要具备丰富的天资：你的心灵与头脑，心灵和智力得到同等发展。"①

　　1971 年，法国哲学家罗兰·巴尔特深有感悟地说："在我看来，这些不连续性概念、结合规则概念仍然还是重要的和有生命力的。"他提到自己正在阅读布莱希特一个有关中国绘画的文本，其中讲到"中国绘画使一些事物与另一些事物相靠，使一种事物与另一种事物相靠"；"这是一种非常简单的表述方式，但却是非常漂亮和非常真实的，而我真正在寻求的，恰恰就是感觉这种'相靠'"。②

　　20 世纪大部分时间里国人广泛接受这样的知识论：知识必须合乎逻辑，而逻辑是普遍的、客观的、必然的。人们对中国学术传统普遍持批判的态度。1905 年，王国维发表《论新学语之输入》一文，认为汉语表述"不足用"，中国人短于抽象能力意味着"学术尚未达自觉之地位"，必须造新词改变之。1918 年，傅斯年批评传统学人之持论，"合于三段论法者绝鲜，出之于比喻者转繁"，"以比喻代推理"造成一个"不合实际，不成系统，汗漫支离，恍惚窈冥之混沌体"。③1919 年，罗家伦认为，"混乱的思想"是中国传统思想"三大毒素"之一，必须以"逻辑的思想"取代之。④1931 年，鲁迅指出，在中

---

① 辜鸿铭：《中国人的精神》，北京联合出版公司 2013 年版，第 80 页。
② 罗兰·巴尔特：《声音的种子——罗兰·巴尔特访谈录（1962—1980）》，怀宇译，中国人民大学出版社 2019 年版，第 137 页。
③ 傅斯年：《傅斯年全集》第 1 卷，湖南教育出版社 2003 年版，第 25 页。
④ 罗家伦：《罗家伦致张继函》，《新潮》第 2 卷第 2 号（1919 年 2 月），第 368 页。

国的言语里，"一切表现细腻的分别和复杂的关系的形容词，动词，前置词，几乎没有"；"中国的文或话，法子实在太不精密了，……这语法的不精密，就在证明思路的不精密，换一句话，就是脑筋有些胡涂"。为此，必须从别国"窃火""来煮自己的肉"，"创造出新的中国的现代言语"。[①]

1946 年，语言学家高名凯论及中西语法的差异时说："西洋的语言是用许多抽象的观念系统来说明各语词间的关系，所以西洋语言的语法往往是用特殊的形态或抽象的语法成分来表达。"在他看来，汉语的特征是"表象主义"和"原子主义"。前者指汉语描写事物是整个地、具体地加以"表象"，后者指汉语表象事物只是将它们"一件一件的单独的排列出来，不用抽象的关系的观念，而用原子的安排让人看出其中所生的关系"。故汉语长于表现"具体的事实"，而短于说明"抽象的观念"。当然，"这并不是说中国语并不能表达西洋语所能表达的思想，这只是说中国语的表达方式和西洋语的表达方式不同而已"。[②]可惜，类似这种颇具人类学意味的论述可谓空谷足音，在当时没能得到多少人的回应。

每一种语言都以各自的方式去描述我们所处的这个共同的现实世界。受中西方不同语言的影响，西方哲学文本喜欢用"概念"，强调因果逻辑，丝丝入扣；中国哲学文本喜欢用"隐喻"，强调审美逻辑，若即若离。前者多运用解释性的论证文字，一种分析、认识、抽象、判断、凝固、重复的外倾性文字；后者多运用描述性的悟证文字，一种综合、体验、具象、沉醉、灵动、创造的内省性文字。前者为"已完成"之"对象"（objet）的"焦点透视"，按"垂直的逻辑"运行；后者为"未完成"之"迹象"（signe）的"散点透视"，按"横向的逻辑"运行：它们分别对应各自的文化心理结构，构成各自

---

① 鲁迅：《鲁迅全集》第 4 卷，第 380 页，第 391 页。
② 高名凯：《中国语的特性》，《国文周刊》第 41 期（1946 年），第 7—8 页。

的生命骨架，显示着不同的文化精神。①

　　1983 年，钱锺书在中美双边比较文学会议开幕词里说："Unison, after all, may very well be not only a synonym of，but also a euphemism for, monotony."（说到底，一致不但是单调的同义词，而且是单调的婉转说法。）在文化对话的过程中，共同认同的意义的形成更多地靠实践中和行为上的相互作用，这种相互作用依赖于语言表达上富有意义的模糊，而不是任何狭隘的精确。②

　　概念的联结构成思想之蛛网，但其间的"网眼"总会遗漏些什么。"每一种语言都为其操持者的精神设下某些界限，在指定某一方向的同时，排斥另一方向。"③ 有学者指出，语言文字往往在敞开世界的同时遮蔽世界：

　　　　名言具有敞开存在的作用……但从另一角度看，名言往往又有遮蔽对象的一面。作为思维的形式名言凝结了认识的成果，这种成果作为先见而影响着人们对对象的把握，它既构成了达到对象的必要条件，又在一定意义具有某种排他性。同时，在经验知识的领域，名言所达的，常常是对象的某一方面或某一层面，及于此往往蔽于彼。④

语言文字的遮蔽之维昭示了语言的界限，同时也是使用语言文字的人的限度。西方人使用的是本质性语言，跟汉语以任意性为标志的自然语言是格格不入的，逻辑的、线性的、习语化写作的方式无法表现那些非线性的存在。因此，"对东亚人来说，去追求欧洲的概念系统，这是否有必要，并且是否恰

---

① 参见尚杰《"外部的思想"与"横向的逻辑"》（《世界哲学》2009 年第 3 期）、《"解释学"的没落与"描述学"的兴起——"既成"与"当下瞬间"的冲突》（《哲学研究》2011 年第 7 期）等。

② 参见郝大维、安乐哲：《汉哲学思维的文化探源》，施忠连译，江苏人民出版社 1999 年版，"前言"，第 6 页。

③ 威廉·冯·洪堡特：《洪堡特语言哲学文集》，第 5 页。

④ 杨国荣：《史与思》，浙江大学出版社 1999 年版，第 164 页。

当"——成了当年海德格尔跟九鬼周造经常研讨的一个富有争议的问题。

第三节 体系：凝固的秩序

思想不能独立于语言，语言不是思想的外衣。作为思想的形式和仓库，语言里沉积了一代代人的经验和知识。每一种语言里都包含着一种独特的"世界观"，正是因为有了这一"神智器识"，我们才得以把"混沌"的现实世界改造成"有序"的语言世界。

1686 年 4 月 28 日是人类历史上最伟大的日子之一。这一天，牛顿向伦敦皇家学会提交了《自然哲学之数学原理》。在这部著作里，牛顿总结了运动的基本定律，提出了质量、惯性、加速度等至今仍在运用的基本概念；尤其第三编"论宇宙系统"叙述了万有引力定律，影响深远。西方科学的伟大奠基者们强调自然定律的普适性、永恒性，表述了一个符合真正理性理想的普遍图式。对此，罗杰·豪舍尔（Roger Hausheer）在给以赛亚·伯林《反潮流：观念史论文集》一书写的序言里有极好的表述："……这些理性主义思想家全都相信，在某个地方，以某种方式，从原则上说可以找到一个唯一的、对事实和价值问题同样正确的统一的知识体系。他们追求无所不包的方案，普遍有效的统一架构，在这个架构中万事万物展现出系统的——即符合逻辑或因果律的——相互联系，以及宏大而严密的结构，它没有给自发的、出人意外的发展留出丝毫余地，其中发生的一切事情，至少从原则上说，都可以根据不变的规律完全得到解释。"①

西方思想总是在"两个世界"之间摆动：一个是被视为自动机的世界，一个是不变的思想世界。用柏拉图的表达方法，只有不变的思想世界才被传统地认为是"智慧的阳光所照亮的"，在同样的意义上，只有永恒的定律才被

---

① 罗杰·豪舍尔：《序言》，见以赛亚·伯林：《反潮流：观念史论文集》，冯克利译，译林出版社 2011 年版，第 15—16 页。

看作科学理性的表示。李约瑟说，这是"典型的欧洲痴呆病"。奥地利理论物理学家薛定谔之语，犹如一则神谕或咒语："如果有一种理论科学，它不懂得它的结构中那些被认为是要害的部分，最终不免要被纳入一些概念和词语（它们抓住了有教养的团体）的框架之中并成为一般世界图式的一部分。"①对于西方绝大多数体系性的思想家，以赛亚·伯林也一再谈到：

> 不管是理性主义者、唯心主义者、现象学者、实证主义者还是经验主义者，虽然他们之间存在着许多尖锐分歧，但是都接受一个无争议的关键假设：真正的实在，无论表面现象和它多么对立，本质上是一个合理的整体，其中的万物，终极地说，是和谐一致的。他们以为，至少从原则上说，存在着一个可以发现的真理体系，它涉及一切可以想象得到的问题，不管是理论的还是实践的；获知这些真理只有一种或一组正确的方法；这些真理，就像用来发现它们的方法一样，是普遍有效的。这些人的论证过程通常采取以下形式：他们首先找出一组无可怀疑的特殊实体或难以改变的命题，断定它们具有完全合乎逻辑的或本体论的地位，并指定发现它们的恰当方法；最后，出于一种深藏在秩序本能和破坏本能中的心理嗜好，把凡是不能被转化成他们选做牢不可破的模式的这些实体或命题的东西，斥之为"失实"、混乱，有时甚至斥为"胡说"……这种类型的思想家以他们的信条为基础，倾向于竭力从理论和实践上对现实大加修正，把有意义的或重要的东西扔进了他们的哲学篝火；很多无价之宝，经常就这样被可怕地破坏或歪曲了。②

以赛亚·伯林指出，维柯、哈曼、赫尔德、索雷尔等人不懈地批判普遍

---

① 伊·普里戈金、伊·斯唐热：《从混沌到有序：人与自然的新对话》，曾庆宏、沈小峰译，上海译文出版社 1987 年版，第 53 页。
② 以赛亚·伯林：《反潮流：观念史论文集》，"序言"第 7 页。

的理性主义学说，时至今日，他们的一些重要思想终于实至名归。如，在维柯看来，"外部的"、非人的物质自然的全部领域，与道德、艺术、语言、各种表达方式、思想和感情这个"内部"的人类世界是不相通的。与之相应地，存在两种独立的探索方法：一是通过"内在"直接体验，一个人自己心智中的记忆、想象或幻想力、潜在的各种禀赋创造数学、音乐、诗歌和法律这些隶属人类心智的产品；一是由"外在"观察者利用因果一致性和理解力获取外部世界的知识，这种知识是归纳/演绎或假设/演绎的成果。维柯揭示了一种以往未被明确区分出来的知识与认知类型，它建立在记忆和想象之上，不可分析，也不能用事例来指明。这是参与者而不是观察者通过"我"的"内在"状态，或利用"同情"的眼光"直接得到"的知识，需要水平极高的想象力。维柯播下了后来赫尔德、狄尔泰、梅尼克、马克斯·韦伯等人发展出的移情和理解学说的种子。①

美国著名未来学家阿尔文·托夫勒指出："以十七和十八世纪时总称为'经典科学'或'牛顿体系'的那些概念为例。它们描绘出这样的一个世界，其中每个事件都由初始条件决定，这些初始条件至少在原则上是可以精确给出的。在这样的世界中偶然性不起任何作用，在这样的世界中所有的细部聚到一起，就像在宇宙机器中的一些齿轮那样。"②

1977 年，伊·普里戈金因建立了远离平衡状态的非线性热力学理论，荣获该年度的诺贝尔化学奖。伊·普里戈金发现，一切系统都含有不断"起伏"着的子系统，有时一个或一组"起伏"可能由于正反馈而变得相当大，破坏了原有的组织。伊·普里戈金指出，有序和组织可以通过一个"自组织"的过程从无序和混沌中"自发地"产生出来，他把这个新的更加细分的"有序"或组织的高级阶段称为"耗散结构"，它与随机性、开放性相连导致了这一更高级的组织。耗散过程的发生是由于系统与环境之间的能量交换，这种交换

① 以赛亚·伯林：《反潮流：观念史论文集》，第 98—155 页。
② 伊·普里戈金、伊·斯唐热：《从混沌到有序：人与自然的新对话》，第 7—8 页。

一旦停止，耗散系统也就不复存在。

伊·普里戈金所创立的理论，打破了化学、生物学和社会科学领域之间的隔绝状态，他的发现是迫使我们重新考察科学的目标、方法、认识论、世界观的一个杠杆。他告诉我们："现实世界的绝大多数不是有序的、稳定的和平衡的，而是充满变化、无序和过程的沸腾世界。"阿尔文·托夫勒说："我们可以把今天的工业革命或'第二次浪潮'社会的崩溃描述成一个文明'分叉'，把一个更加不同的'第三次浪潮'社会的兴起描述成向世界范围内的一个新的'耗散结构'的飞跃。"①

世界呈现出多重性、暂时性和复杂性，"人类推理的胜利转变成一个令人悲伤的真理，似乎科学把它所接触到的一切都贬低了"。伊·普里戈金的耗散结构理论促使自然科学家和人文科学家开始探索各种复杂系统的基本规律，拉开了复杂性研究的帷幕。在相对论、量子力学或热力学中，各种不可能性的证明都向我们表明：自然界不能从"外面"予以描述，不能好像是被一个旁观者来描述，因为"描述是一种对话，是一种通信，而这种通信所受到的约束表明我们是被嵌入在物理世界中的宏观存在物"。伊·普里戈金完全同意德国数学家赫尔曼·魏尔的观点："如果科学家忽略了这样的事实，即理论结构并非研究生命现象的唯一方法，那是错误的；另一种方法，即从内部（解释）去理解的方法，也对我们开放着……对于我自己，对于我自己的知觉、思想、意志、感情和行为等活动，我有一种直接的知识，和用符号代表'并行'大脑过程的理论知识完全不同。"伊·普里戈金说："外部世界像是遵守决定论因果律的一个自动机，同我们经历的自发活动和不可逆性形成了鲜明对照。这两个世界观现在正越来越靠近在一起。""也许，我们对周围世界和内部世界的洞察一起到来，正是我们要描述的科学的最近演变的一个令人满意的特点。"②

---

① 伊·普里戈金、伊·斯唐热：《从混沌到有序：人与自然的新对话》，第10页，第24页。
② 伊·普里戈金、伊·斯唐热：《从混沌到有序：人与自然的新对话》，第38页，第357页，第371页，第371页，第372页。

法国著名哲学家梅洛－庞蒂强调应牢记他所谓"状态内的真理"：

> 一旦我确认通过它使我适合所有活动和所有对我有意义的知识，确认它逐渐被可能是对我有关的每一事物所充满，那末在我这个状态的有限范围内，我与社会的接触就向我显示成像是所有真理（包括科学）的起点。我们所能做的事不外就是在这个状态内部定义一条真理，因为我们已经有了一些关于真理的思想，也因为我们是在真理内部而不能到它外面去。①

这种"状态内的真理"正是前述维柯所指明与揭示的知识类型，赫尔曼·魏尔、伊·普里戈金通过"内在的"参与者的"描述"所获得的便是这样的"真理"。这种知识类型的创造与中国传统的学术研究范式有相通之处。

清末民初，汉学以训诂考据为特征，宋学以探究义理心性为特征；前者为古文经学家（如章太炎、刘师培、黄侃等），后者为今文经学家（如康有为、梁启超、夏曾佑、龚自珍、魏源等）；一乾嘉朴学，一新历史研究法。汉学研究强调将研究者的心灵贯注其中，如焦循所言："经学者，以经文为主，以百家子史、天下术算、阴阳五行、六书七音等为之辅，汇而通之，析而辨之，求其训故，核其制度，明其通义……以己之性灵，合诸古圣人之性灵，并贯通于千百家著书立言者之性灵……无性灵不可以言经学。"②

当代著名诗学家、诗人任洪渊自我设问："在我的写作中，把'观念'变成'经验'，把'思索'变成'经历'，把'论述'变成'叙述'，是不是理论的一种可能？"③毫无疑问，这是一种带着体温、呼吸、欲念乃至冲动而烛

---

① 转引自伊·普里戈金、伊·斯唐热：《从混沌到有序：人与自然的新对话》，第 357 页。
② 焦循：《与孙渊如观察论考据著作书》，《雕菰集》卷 13，见《丛书集成初编》，中华书局 1985 年版，第 213 页。
③ 任洪渊：《汉语红移——多文体书写的汉语文化哲学》，北京师范大学出版社 2010 年版，第 271 页。

幽抉隐、燃犀以照、让人心醉神迷的理论形态。因为，真正的"道"得自己去"走"，实际地"走"，才能说你"得"了"道"！

语言并不只听从逻辑，辩证法止步的地方是神话和隐喻。罗兰·巴尔特认为，"人类语言没有外部，它'禁止旁听'"，语言的运动是"欲望的伟大历险"。① 乔治·斯坦纳说："我曾问自己：一个哲学家追寻的终究是普世的真理，他如何去应对语言对他的抵抗？我相信，在这个问题上，哲学家会与伟大的作家们相遇。反过来，与语言搏斗以及向我们讲述他们的搏斗的人……将会遭遇哲学家的问题。"② 事实也是这样，中国古代的思想家同时也是伟大的作家，有的作家是所有哲学家都必须认真对待的，而法国、德国等也有类似的思想家传统；他们以描述性而非论断式的语言展开自己的探索之旅，"奋力呈现思想中不可表现、形式轮廓中模糊而难以把捉的东西，凝神谛听以传译出神经官能症的幽微密语"③，从中可想见他们欣赏的表情和愉悦的心情，还有那纯真的、鉴赏美的目光……

在论述中国科学和文明的著作中，李约瑟反复强调，经典的西方科学和中国的自然观长期以来格格不入：西方科学向来是强调实体（如原子、分子、基本粒子、生物分子等），而中国的自然观则以"关系"为基础，因而是以关于物理世界的更为"有组织的"观点为基础。伊·普里戈金认为，"这个差别在今天即使和几年前的想法相比，其重要性也显得小多了"；"我相信我们已经走向一个新的综合，一个新的归纳，它把强调实验及定量表述的西方传统和以'自发的自组织世界'这一观点为中心的中国传统结合起来"。④ 这是一种非常富有前瞻性的思想。

---

① 罗兰·巴尔特：《符号学原理：结构主义文学理论文选》，李幼蒸译，生活·读书·新知三联书店 1988 年版，第 8 页，第 195 页。
② 乔治·斯坦纳、洛尔·阿德勒：《漫长的星期六：斯坦纳谈话录》，第 82 页。
③ 戈蒂埃语，转引自马泰·卡林内斯库：《现代性的五副面孔》，顾爱彬、李瑞华译，商务印书馆 2002 年版，第 176 页。
④ 伊·普里戈金：《中译本序》，《从存在到演化》，曾庆宏等译，北京大学出版社 2007 年版，第 1—2 页。

第四节 语言：可能的世界

民族文化最基本的东西是语言。语言在哪里存在，人就在哪里被显示。我们在语言的相遇中，认识他人，找到自己。"只有当一种语言在所有的方面能够促进和激励精神活动，使精神活动的种种具体类型和谐一致地发展起来的时候，才真正称得上是完美的语言。"[1]

一种语言是一种言说事物的方式，每一种语言都是一扇面向新世界的窗子，一种语言的死亡就等于一个可能性世界的消失。从语言中发现世界，语言便是我们的世界。词语制造了事物，改变词语，改变表象，是改变事物的一个方法。如果不能忍受做既有语言秩序的宾词，就必须颠覆语言秩序而跃升为主语，有多少个我就有多少次主语的诞生。主语的诞生是告别之后的相逢，是生命的重写，复写我的文本将变身为为我重写的文本。

汉语在多大程度上有助于开启汉语之思，取决于汉语的特质。历史是一堆灰烬，但灰烬深处仍有余温。通过传统，我们自身的决定性被带到我们自身；同样，通过传统，我们被交付给了未来。返身与语言对决，在语言中改变语言，我们在改变语言中改变人与世界。这将是一种双重改写——改写传统的复写，改写西方的改写。

复杂的事物只能用复杂的方式来呈现，话语可以而且必须达到它所处理的问题所要求的那样一种复杂性。用布尔迪厄的话说："清楚地叙述的最佳方法其实就存在于以复杂的方式所作的叙述之中，存在于试图既传递你要说的话，同时又传递你对于你要说的话的关系的叙述之中。"[2]真理用不着板起脸孔以增添自己的权威。逻辑思维和艺术思维对于思辨都是必要的，理性推论可以结束在句号，美学思辨往往可以留下问号。在《悲剧的诞生》里，尼采

---

[1] 威廉·冯·洪堡特：《论人类语言结构的差异及其对人类精神发展的影响》，姚小平译，商务印书馆 1997 年版，第 295 页。

[2] 布尔迪厄：《文化资本与社会炼金术——布尔迪厄访谈录》，包亚明译，上海人民出版社 1997 年版，第 134—135 页。

将只要逻辑不要艺术的人通称为"理论家"。生命生生不息，艺术源源不绝。当"理论家"以理性的方式揭示眼前事物的真相时，"艺术家"则总是以更大的兴趣注视真相被揭示之后仍然没有被揭开的那一部分。两种不同的话语彼此可以"化合"，理性和艺术的统一可以获取新知。

德语中的"科学"（wissenschaft）接近于希腊文的"知识"（espisteme），类同于"理论"或"学术"。尼采将"科学"的产生与苏格拉底联系在一起，认为它是首先在苏格拉底身上出世的一种深刻妄想，即坚信以因果性为指导线索的思想能深入到最深的存在之深渊，这种思想不仅能认识存在，而且能修正存在。这里，"苏格拉底"意指其和柏拉图师徒所代表的西方的理性传统，也是延续这一传统的现代价值体系的问题所在。尼采重返希腊，回归苏格拉底哲学之前的神话的希腊。希腊神话的原型，成为他思想的倒影。回到逻各斯前，诸神再临。他说："这里一切存在的语言和语言宝库向我突然打开；这里一切存在都想变成语言，一切生成都想从我学习言谈。"[1]尼采以诗化的方式思考，于寂静中倾听存在的呼声。

尼采标志着西方形而上学的终结，而开始了一个新的世纪。法国哲学家德勒兹的《尼采与哲学》开宗明义，一句话概括尼采对现代哲学的贡献："尼采最重要的工作是将意义和价值的概念引入哲学。"[2]所谓"意义的概念"，指有各种"力"影响我们对事物做不同的解读，而对同一事物有不同的"感知"；所谓"价值的概念"，指人们评价事物已有一种价值是评价的基础，则这种价值如何产生也必须予以思考。"意义和价值的概念"，就是用"变换视角的思辨"思考知识、真理，将思辨与多元变化的生命联结起来；没有"意义"的概念和"价值"的概念，哲学的思辨就不可能进行。[3]在尼采的身上，

---

[1] 尼采：《悲剧的诞生：尼采美学文选》，周国平译，生活·读书·新知三联书店1986年版，第268页。

[2] 德勒兹：《尼采与哲学》，周颖、刘玉宇译，河南大学出版社2016年版，第1页。

[3] 参见童明：《现代性赋格：19世纪欧洲文学名著启示录》（修订版），生活·读书·新知三联书店2019年版，第199页。

思想与生命实现了统一："生命的模式启发思想的方式，思想的模式创造生活的方式。生命激发思想，然后轮到思想肯定生命。""统一性把生命的一个插曲做成思想的一个格言，把思想的一个评价做成生命的一个新视角。"①

长期以来，西方的哲学传统把自成体系的一种逻辑（辩证理性）看得比多元、变化的生命更重要。哲学家在前苏格拉底时期的形象及其思想与生命的统一性，都被后人遗忘了，甚至连这样的观念也没有。殊不知，那些被某种逻辑和语言禁锢之道，并非生命的悠悠大道。

尼采置身于历史而又逆反历史，以其超越历史的眼光，将逻辑思维和艺术思维重归于一体，终止了苏格拉底以来将哲学和美学对立的传统。在古希腊，音乐泛指一种具有音乐性或诗性的语言，懂音乐的人即能够全然把握诗之语言的受过教育的人。前苏格拉底时期的哲学家无不相信音乐是存在的最佳表现和理想状态。如毕达哥拉斯认为宇宙与灵魂之间有一种同构关系，数学、哲学都源于音乐。赫拉克利特则声称："不同的音调造成最美的和谐。"（残篇8）即便是柏拉图也仍然相信理想国的建立与一种恰当音乐调式的选取有密切的关系。尼采说，批评苏格拉底不是否定他，而是将逻辑家的苏格拉底转变为"实践音乐的苏格拉底"。

尼采声称自己有众多身份，他首先是语文学家，其次是作家、音乐家、哲学家、自由思想家、诗人等等。尼采的风格和文体基于一种系谱学的语文学家的方法，这种系谱学的语文学首先是一种"阅读"和一种"倾听"。尼采哲学最为独特之处，是通过一种节奏和运动而形成一种思想形象的根本转化，即将思想表达为经验和运动，产生快速或慢速的爆发的意义。在尼采看来，风格就是一个身体的文本，文本就是一个身体能够听到的东西；概念分析是必要的，还要"恰当地倾听"，才能真正地理解。把握了尼采著作中的节奏与声调，把握了贯穿风格与文体中的音乐性，也就听懂、读懂了尼采。可惜，现代人丧失的正是这种诗的语言，以及对于这种诗的语言的倾听与把握

---

① 德勒兹：《尼采》，王绍中译，上海人民出版社 2020 年版，第 22 页。

的能力。我们需要一双善于聆听的耳朵，一双尼采式的耳朵。海德格尔说："我们这些后来者有一只能够听到［存在的］回响之声音的耳朵吗？为了迎接另一个开端的到来，这一回响必定发声。"①

西方现代哲学家自觉地朝着尼采转折的方向走，尽管未能完全脱离理性哲学的语言。海德格尔的语言之为家园，萨特的词语身世与谱系，罗兰·巴尔特来去自如的本文自由，德里达新文字不断离场又从不抵达的漫游……都是对牛顿数学语言一统天下的怀疑与反叛。伊·普里戈金也在寻找人文科学与自然科学一致的"基本概念"，寻找自然与人共同的语言，而灵活运用了不少隐喻、意象、寓言……在诺贝尔化学奖颁奖词里，瑞典皇家科学院这样评价伊·普里戈金："他的著作还以优雅明畅而著称，使他获得了'热力学诗人'的美称。"②

汉语以综合的思维模式为源头，迥异于以分析的思维模式为基础的印欧语系的语言；然而，西学蜂拥而至后，分析的、微观的科学方法垄断了学坛，国人用这种科学方法研究汉语语法，往往"成一非驴非马、穿凿附会之混沌怪物"；因此，1932年陈寅恪发出了"狮子吼"：

> 欲详知确证一种语言之特殊现象及其性质如何，非综合分析，互相比较，以研究之，不能为功。……分析之，综合之，于纵贯之方面，剖别其源流，……比较其差异。由是言之，从事比较语言之学，必具一历史观念，而具有历史观念者，必不能认贼作父，自乱其宗统也。③

时至今日，陈寅恪当年的"狮子吼"仍没能起到振聋发聩的作用。我们没能较好地把微观与宏观结合起来，真正的汉语语言学建构还在路上。中国学术

① 海德格尔：《哲学论稿：从本有而来》，孙周兴译，商务印书馆2012年版，第119页。
② 伊·普里戈金：《从存在到演化》，第192页。
③ 陈寅恪：《金明馆丛稿二编》，生活·读书·新知三联书店2015年版，第251页。

研究范式与话语体系的西方化，是已然的历史事实。大量源自西方的概念体系、思想体系和思维言说方式等，的确丰富了中文学术语言，也提高了民族的理论思维能力，这是马克思所说"历史"走向"世界历史"的题中应有之义。但是，在全球化的时代，中西文化交流的不平衡，当下学术研究的形式主义倾向，即沦为作为营生的、制造"普遍有效的论断"的"理智技术"，这些也都是不可否认的事实。

托尔斯泰在个人意向与历史动向之间，在个人意志与理性必然之间，洞悉生命的瞬间照亮了人、世界和历史的岁月："假如我们承认人类生活可以受理性控制——则生命的可能性就要被消灭了。"[①]总是"科学"地看宇宙、谈人生，视教条为公理，取消思想的怀疑、批判功能，拆除了使思想成为思想的一切原件，思想便不是在世界中遭遇，而是思维构造对象化的世界；取消了思想本身，取消了思想与诗的同源性，只有理论家的手段，没有文章家的韵致，概念叠着概念，问题套着问题，"理论家"在思维和概念里打转，学术研究不可避免地陷入了衰败期。难怪作家汪曾祺在写给语言学家朱德熙的信中说：

> 读了赵书（即赵元任的语言学专著），我又兴起过去多次有过的感想，那时候，那样的人，做学问，好像都很快乐，那么有生气，那么富于幽默感，怎么现在你们反倒没有了呢？[②]

如果说 20 世纪是微观分析的世纪，21 世纪则是微观与宏观、分析与综合相结合的世纪。如何会通和合中西两种学术传统，如何联结"周围世界"与"内部世界"之洞察，如何从"内部"以参与者的方式理解事物的发展过程，把握一种"状态内的真理"，是每一个研究者都必须面对并予以解决的问题。

---

① 托尔斯泰：《战争与和平》第 1 卷，高植译，花城出版社 1997 年版，第 407 页。
② 汪曾祺：《致朱德熙》，《汪曾祺全集·书信卷》，人民文学出版社 2019 年版，第 59 页。

对学术研究来说，语言不是工具性的，而是存在性的，语言即内容；要真正深入中国哲学，离不开自己的母语；只有用母语来思考问题，才能够使自己的思想深入到哲学的层面；用母语理解、消化西方的哲学思想，并用母语呈现这一理解、消化过程，可使本是他人的思想转化成为自己的一个部分。[①]

　　我们需要引进概念以不时更新自己的思想，更应在此基础上充分重视、汲取、继承传统中国文化的思想理论资源，创构属于中国的当代学术话语体系，以叙述中华民族思想的历史；从"心知其意"，到"述其大意"以至"发明其意"，特别考验研究者在古今中西语言的对应、连接把握上的功力，考验我们如何把中国学术自身的问题意识、思想与言说方式转化为现代中文学术语言的能力，考验我们把中国学术思想用具有汉语内涵的语言呈现出来与西方世界交流的能力。[②]理论概念的创造活动正呼唤一种未来的形式，就让我们如"耐克"（Nike）公司提出的一个著名口号——"Just do it"（动手做吧）！

刊于《学习与探索》2021 年第 8 期

（内容略有改动）

---

① 参阅叶秀山：《中西智慧的贯通——叶秀山中国哲学文化论集》，江苏人民出版社 2002 年版，第 223—224 页。

② 参阅陈来：《中国哲学话语的近代转变》，《文史哲》2010 年第 1 期。

| 第三章 |

"文化交往或对话可能吗？"

——论东西文化的和合创生

> 一个民族必须展示存在于自身之中的最上乘的东西。……要抱有伟大的胸怀，超越眼前的局部需要，自觉地承担起把本国文化精神的硕果奉献给世界的责任。
>
> ——泰戈尔[①]

倘若真如海德格尔所言，语言是存在的家，东西方语言是根本不同的东西，人们栖居在两种语言之中，彼此的"对话"亦即"文化交往"，可能吗？如果可能的话又应怎样具体展开呢？在不同文化相互碰撞、交流与创生的过程中，那些影响各自文化的重要概念、范畴，何以可能在彼此的世界里具有同样重要的社会形塑和人心再造的力量？我们应该如何形构一种理想的言说语言？……

---

① 转引自川端康成：《美的存在与发现》，叶渭渠等译，漓江出版社 1998 年版，第 66 页。

第一节　对话语言的困境

在《从一次关于语言的对话而来——在一位日本人与一位探问者之间》里，海德格尔在与手冢富雄教授的交谈中，谈到了异域文化之间的交流问题。海德格尔指出，在"全球化"即"现代的技术化和工业化已经席卷了全球"的语境之下，东方世界大量引入了欧洲世界的概念——

> 海：……这样一来，尽管有种种同化和混合，但一种与欧洲人的此在的真正交往却并没有发生。
>
> 日：也许根本就不可能发生。
>
> 海：我们可以如此绝对地下这个断言么？
>
> 日：我是敢下此断言的最后一人了，要不我就不会来德国。但我总是感到某种危险，显然，九鬼伯爵也没有克服掉这个危险。
>
> 海：您指的是何种危险呢？
>
> 日：那就是我们受到欧洲语言精神所具有的丰富概念的诱惑而走岔了路，把我们的此在所要求的东西贬低为某种不确定的和乱七八糟的东西了。①

这里，提出了一个重要的问题："文化交往可能吗？"或"文化交往何以可能？"。对于这个问题，海德格尔与手冢富雄的态度并不乐观。海德格尔以为："尽管有种种同化和混合，但一种与欧洲人的此在的真正交往却并没有发生。"手冢富雄则认为，"也许根本就不可能发生"，甚至带来了一个难以克服的"危险"："那就是我们受到欧洲语言精神所具有的丰富概念的诱惑而走岔了路，把我们的此在所要求的东西贬低为某种不确定的和乱七八糟的东西了。"

大量引入欧洲世界的概念之后，东方"此在所要求的东西"不仅被贬损

---

① 海德格尔：《在通向语言的途中》，第88页。

为"某种不确定的和乱七八糟的东西",自身的文化失去了确定性而受损;而且,情况可能更糟——海德格尔认为,"把所谈的一切都欧洲化了"的"对话"之危险"隐藏在语言本身中,而不在我们深入讨论的内容中,也不在我们所作的讨论的方式中"。九鬼周造精通德文,法文和英文也非常好,"能用欧洲语言来表达所探讨的事情",但在探讨日本"粹"之美学精神或道说东亚艺术和诗歌的本质时,海德格尔说"日本的语言精神对我是完全锁闭的;而且今天也还是这样",用手冢富雄的话说,是这种"对话的语言不断地摧毁了去道说所讨论的内容的可能性"①。

如此看来,"对话的语言"成了"文化交往"的关键所在,"文化交往"的可能性很大程度上取决于作为沟通之中介的翻译艺术:面对东亚的艺术和诗歌,倘若翻译"把所谈的一切都欧洲化",通过翻译根本理解不了东方文化(如日本美学的"粹"),不可能有真正意义上的理解与交流。事实上,译入语文化不可避免地会影响翻译。海德格尔与手冢富雄都对翻译表现出明显的不信任。这里,翻译的语言主要指英语、德语、法语等欧洲语言。那么,面对西方的艺术和诗歌,用以翻译的语言如汉语、日语等东方语言又如何呢?会不会类似"把所谈的一切都东方化"呢?通过东方语言的翻译能真正理解西方吗?答案是显而易见的,因为海德格尔将中西语言之间对话的不可能比喻成两个完全不同的家对居住之人所造成的隔阂:"早些时候我曾经十分笨拙地把语言称为存在之家。如若人是通过他的语言才栖居在存在之要求中,那么,我们欧洲人也许就栖居在与东亚人完全不同的一个家中。……一种从家到家的对话就几乎还是不可能的。"②

显然,海德格尔与手冢富雄不信任"对话的语言",以为它造成了彼此的"遮蔽","摧毁了去道说所讨论的内容的可能性",这实际上体现了彼此关系性的一种缺失,而视之为两种毫不相干事物之间的"抵触"或"对抗"。海

---

① 海德格尔:《在通向语言的途中》,第89—90页。
② 海德格尔:《在通向语言的途中》,第90页。

德格尔在与手冢富雄的对话中，无意识中还是流露出一种语言霸权，多多少少还是有"西方中心主义"的影子。

"文化交往"中的"和谐"状态，不是全球性的整齐划一，而是同中有异、求同存异，保持差异性。事实上，人类社会是一个有机性的、生态性的存在，只是东西彼此的关系不够和谐，或者和谐的程度不够，才造成了双方的某些"误解"乃至"冲突"。这一现象出现的原因是多重的，譬如，语言与思维方式的隔阂，文化身份的不平等，东西教育的缺失，相互了解的匮乏，等等。

语言与思维互为表里。如洪堡特所言，民族语言就是民族精神的体现，母语与思维呈现出一定程度的同构关系。任何一种言语活动最后都粘连着思想，粘连着智慧，语言结构如实反映了思维的结构、逻辑的结构和文化的结构。[1] "沃尔夫假说"认为，在很大程度上，母语的结构决定了人们构建其生活经验及世界观的方式。[2] 东西文化之间的对话，先得克服"西方中心主义"，才有可能去了解、把握"异己"的文化。

就人文科学而论，日本国际知名的东方学家、比较思想家中村元指出，中国人非论理的性格，以及关于语言使用规则之不关心，"使中国人抛弃了文法学的尝试……在中国的国语学，关于文字、音韵、语释、语汇皆有绵密的考察与广泛的编辑；但关于文法学或文章论（syntax）几乎没有留下任何典籍"[3]。汉语携带着大量古老的文化信息，有很顽强的文化性。对于汉语的研究，启功先生主张"以英鉴汉"，反对"以英套汉"，因为西方的"葛郎玛"即各种语法理论解释不清楚许多重要的汉语现象：其一，汉语中的对偶、平仄、骈文等；其二，汉语句法构造比较特殊，在主、谓、宾中常有省略；其

---

① 参见威廉·冯·洪堡特：《洪堡特语言哲学文集》，第71—88页。

② 参见约翰·B.卡罗尔编：《论语言、思维和现实——沃尔夫文集》，高一虹等译，商务印书馆2018年版，第235—236页。

③ 转引自韦政通：《中国文化概论》，（台北）水牛出版社2007年版，第193页。

三，汉语的词无词性，太活，太滑，等等。①因此，正如英国东方学家塞斯所言："要是我们不把欧洲语法的那些名称术语连同那些名称术语所表示的概念一起抛弃的话，我们就永远不会了解汉语语法。"②

美国汉学家郝大维、安乐哲认为："交流有两个根本目标：一、明确区分事物；二、暗示、隐含、意指或提及。第一种行为是直接表达或明喻；第二种则为隐喻、暗指。"与之相应，有两种语言：其一"指涉性语言"，它建立于命题之上，有一个字面基础，表达在场或不在场，这种语言概念优于形象；其二"隐喻语言"，它不使用传统意义上的指涉，是一种"寓言语言"，其所喻指的"真"实现于沟通者之间，是陈述有效性的内在表述。语言之"表达"（expressive）和"隐喻"（allusive）的对立实际上意味着秩序的"理性认知"和"审美认知"的对立：理性秩序只能由命名或描述客体、概念、字词或其模式或关系的语言表征，以与抽象名词相关的概括为中介传达意义；表征审美秩序的语言则非基于可用名词表达的一般模式或逻辑形式，它比拟性地建构起表达的自主媒介，用语言来"暗示""隐含"或"提及"，唤起交流者独特的情感体验，呈现语言之"义"。③

哲学是一种阐明思想的努力，任何翻译为西方语言的中文著作，都是通过那些被认可的哲学术语才得到富有成效的阐明的。难题在于：即使努力运用了在本质上是哲学性的翻译，那些来自中国古典时期的文献也并不总是能够获得足够的阐明。其中，很重要的原因在于："在翻译这些外来的文本时，我们未经批判地运用了显然与这些文本不相关的哲学语汇。"④

剑桥学者理查兹在 1932 年出版的《孟子论心》一书中指出，西方哲学传统铸造了一个极其完善、无所不包的体系，提出了"普遍""特殊""物质""属性""抽象""具体""复杂""偶然""本质""整体""类型""个体""具

---

① 参见启功：《汉语现象论丛》，中华书局 1997 年版，第 1—23 页。
② 转引自张志公：《张志公文集》第 1 卷，广东教育出版社 1991 年版，第 477 页。
③ 郝大维、安乐哲：《通过孔子而思》，何金俐译，北京大学出版社 2005 年版，第 365—366 页。
④ 安乐哲、郝大维：《切中伦常——〈中庸〉的新诠与新译》，第 25 页。

体的一般性""事物""形式""内容"等一系列范畴。理查兹说:"我们的问题就是:在理解、翻译一个来源于与我们自己迥然不同的文化传统的作品时,我们是否能够超越自己的观念?确切地说,也就是:我们能否在内心中建立两套互不干扰,但又进行着某种形式交流的思维体系?"①倘若将纯逻辑规则强加于根本没有此构建的思维方式上,必然使一个涵衍了若干重要美学维度的语言和思维模式遭到了破坏。理查兹提出以"多重定义法"摆脱哲学翻译的困境,建议在穿梭于文化的同时,将一个具体词语的所有可能的意义,即其他的、边缘性的、实用性的和美学的意义都考虑进去,而将某一关键的中国哲学术语"模糊化"。

郝大维、安乐哲提醒人们,翻译中国文本时,必须尽量避免如怀特海所言的"完美词典的谬误",即认为存在一个完美语义库,据此可以找到词语与含义之间的一一对应关系,充分描绘我们经验的多样性与深度。在跨文化交流的意义上,即认为在西方文化占据主导地位的那些主要术语足以用来翻译属于另一种文化传统的哲学文本。这种"完美词典的谬误"是以单义性为目标的分析偏见的产物,实际上,将中国的各种术语翻译为西方语言时,极少有简单的一一对应。早先建立的将古代中国文献翻译为西方语言的那些词汇,如今正处在严重不足的境地。西方那种用以描述、诠释一个由非连续性、客观性和恒久不变性所界定的世界的实体取向的语言,无法翻译用以描述、诠释像中国这样一个基本以连续性、过程性和生成性为特征的世界的过程性语言。②

在翻译中国哲学文献时,如果根据自己的文化趣味和经验选择与中文原文对应的哲学词汇,往往造成实体取向的西方语言与过程性的中国语言之间的错位,产生不少严重的误导性翻译。如,中国著作翻译的"基督教化","天"(heaven)、"德"(virtue)、"礼"(rite)、"义"(rightianization)、"善"

---

① 转引自安乐哲、罗思文:《〈论语〉的哲学诠释》,余瑾译,中国社会科学出版社 2003 年版,第 190—191 页。

② 安乐哲、郝大维:《切中伦常——〈中庸〉的新诠与新译》,第 36 页。

（good）、"罪"（sin）……汉英词典里充满了类似的神学术语。又如，多义性中国术语的"实体化"，"有"（being）、"无"（non-being）、"五行"（the five elements）、"性"（nature）……再如，中国哲学的核心词汇被附加了一种原文中没有的形而上学，"仁"（benevolence）、"理"（principle）、"一"（the One）、"气"（primal substance）、"太极"（supreme ultimate）……这些翻译助长了对象或本质的一成不变和单义的特征。这种"错位"的"对话的语言"，用前述手冢富雄的话说，即"把所谈的一切都欧洲化了"，而"不断地摧毁了去道说所讨论的内容的可能性"。

"现代翻译理论之父"尤金·奈达从语言学出发，认定所有语言都有自己的符号去表达全部的生活经验，只是各种语言所用的符号互不相同，因此，翻译便是要在译入语中找出合适的对应符号，要求翻译在今天的译文读者中产生的反应，跟原文读者阅读原著时所产生的反应基本相同。[1] 当然，这是很难的。翻译涉及两个文化之间的碰撞，可能更为关键的不在于"忠实""通顺""形似""神似"，而在于"应该将原文视为译出语文化文学系统的一个组成部分，译者进行翻译就是将这特定文化文学系统的某一部分体现于另一个文化文学系统中，从而成为这文化文学系统中的构成部分"[2]。

在 1996 年的一次对谈中，德国概念史大家科塞雷克 (Reinhart Koselleck) 论及翻译和概念史的关系时指出，德语概念史研究很可能从翻译的必要性讨论中获得极大推动。当作为科学母语的拉丁语退出后，与法国、英国、意大利等许多国家自然而然地把拉丁语融入各自的民族语言不同，在德意志土地上，人们总体上不得不另造新词，或通过借词来对应拉丁语词汇，用以丰富自己的语言。翻译和对拉丁语等外来语的容纳接受，自然要比直接采纳拉丁语难得多。科塞雷克用了一个很形象的比喻来说欧洲语言的发展：经过艰难跋涉，从宗教改革时期的语言到 10 世纪各种革命时期的语言，确实克服了无

① Nida,Eugene & Reyburn,Williams, *Meaning Across Culture*,Maryknoll,New York,Orbis,1981.

② 王宏志：《重释"信达雅"：二十世纪中国翻译研究》，东方出版中心 1999 年版，第 33 页。

数崇山峻岭，语言库存完全变了样。同样，中国近代以降过渡社会的显著特征，是各种经验以及与之相关的阐释模式和表达形式之间加速的、充满危机的剧变。伴随着传统经验模式的转型，需要新的表达形式来阐发剧变，以确切地呈现经验变化。此时，西方的许多学科及其概念相继译入，传统概念因为新的含义关联而被融入全新的经验空间，中国学术的思想及其语汇得以充实丰富，渐渐由传统过渡到了现代。这一历史过渡时期的概念史，自然也是中国现代化的经验史。[1]翻译是发展、丰富各国语言的重要元素，它与整个地区乃至整个世界里每一个人的生命及生活息息相关。

第二节　思维方式的译解

安乐哲在比较研究中发现："基于分析、辩证法、类推性论证的理性或逻辑思维强调物质性因果关系的解释能力。关联性思维则涉及由富有意味的配置而不是由物质性因果关系连接在一起的意象或概念群之间的相互关联。"[2]相对而言，关联性思维及其"过程性语言"统御着古典中国文化，因果性思维及其"指涉性语言"则支配着古典西方文化。

古代西方思想家就倾向于认为有关"存有"（being）的直觉优先于有关"生成"（becoming）的直觉，认为"存有"（being）是世界上各种"存有物"（beings）的基础，是永恒不变性的最为根本的体现；这种直觉所提供的是一个固定的现实存在，它所保证的是建构概念、字面定义、逻辑本质和自然的种类。相对于现象世界的流动和变化，西方人更偏爱本体的恒久不变性。与之相应的是"指涉性语言"，即对一个事件、客体或事态进行描述，要么通过命名的方式去呈现某一特定个体，要么通过归类的方式去将个体界定为某一类或某一种；指涉性语言是实体性语言，它表达的是一个以"整体"和"部

---

① 参见方维规：《概念的历史分量》，北京大学出版社 2018 年版，"序言"，第4—6页。
② 安乐哲：《和而不同：比较哲学与中西会通》，温海明编，北京大学出版社 2002 年版，第61页。

分"为特征的世界，这个世界以非连续性和寻求恒久性为其模式——在这样的世界中，"变化"根本上只是不变者的重新安排而已。①

在中国传统思想中，"生成"先于"存有"，"存有"不过是一种暂时的状态，这种状态又是以进一步的变化为标志的。中国古代思想家对于为现象寻找一个本体的根据并不感兴趣，而是更为专注于这个现象世界的过程和变化，这一过程和变化被理解为"万物"；如何协调融洽这些不断变化的现象自身之间的各种复杂关系问题的重要性远胜于"是什么创造了这个现实世界？""为什么事物会存在？"这么一类问题。中国人的世界是一个关于连续性、生成和瞬息万变的现象世界，万物融于流动，融化于其周遭的变化之中。与之相应的是"过程性语言"，即一种非客体化、非事实化的话语，言说、聆听这种语言就是去经验事物的流动；这是一种有关"尊重"的语言，它不只是使用专有名称为某一特定个体或某类事物贴上标签，还诉诸各种暗示、提示或联想，以便显示在一个有各种含义的场域中的那些意义；在这种有关"尊重"的语言里，各种含义在一个有变化的有关意义的场域之中既彼此暗指又彼此确指。②

"过程性语言"表达的是一个以"焦点"和"场域"为特征的隐喻世界，这个世界以连续性和暂时性为其模式，故安乐哲、郝大维称之为"焦点与场域的语言"；这种语言表达了一个始终处于流动状态的世界，其中的一切都被视为各种转瞬即逝的状态，这些状态不断地成为其他的但又彼此相关的状态。世界就是万物，世界就是一个由众多事物构成的、彼此互动的场域。

"过程性语言"与"指涉性语言"之间的差异是非常明显的。一个过程性、交互性的语言世界是一个彼此息息相关的世界，其中线性的因果关系或单一的决定性并不多见。《马氏文通》的作者马建忠对此亦有所体认——

---

① 参见郝大维、安乐哲：《期望中国——对中西文化的哲学思考》，施忠连等译，学林出版社2005年版，"导言"，第28—29页，第31页。
② 参见郝大维、安乐哲：《期望中国——对中西文化的哲学思考》，"导言"，第30—31页。

> 夫华文之点画结构，视西学之切音虽难，而华文之字法句法，
> 视西文之部分类别，且可以先后倒置以达其意度波澜者则易。西文
> 本难也而易学如彼，华文本易也而难学如此者，则以西文有一定之
> 规矩，学者可循序渐进而知所止境，华文经籍虽亦有规矩隐寓其中，
> 特无有为之比拟而揭示之。[1]

"部分／整体"模式、"焦点／场域"模式涉及凸显诸多过程和事件之间相互作用的动力方式，即思维方式问题。在西方哲学传统中，关于因果关系的通常理解有赖于某种外在关系的观念。在这些观念中，客体可以以一种有效的、决定性的方式作用于另一个或另一些客体；而在一个以连续不断的过程和事件间无所不在的相互作用、相互限定为特征的世界里，所有的关系都是交互性的，线性的因果关系或单一的决定性并不多见，常见的是一种无法分析的自发性，不可能诉诸充足因果关系的观念，将其作为一种解释的标准。[2]

在西方，逻辑和语义上的清晰性、精确性、单义性是理性的各种理想所追求的典范；在中国，语言的隐喻性、互文性、多义性更受推崇。每一个重要的中国哲学术语都构成一个由多种含义所构成的场域，任何一种含义都可以成为这种诸多含义所构成的场域的焦点。"精确性的缺失可能是既定的交流方式，一种'富有成果的含糊不清'，它要求读者积极地参与文本诠释，并在这个过程中把握其精髓，将之理解、消化、吸收。"[3]这对中国哲学文本的翻译者提出了特别的挑战。

在中国人的世界之中，对象被视为一个连续的、片段的事件世界，描述这个世界的是一种阐述事件性的、联系性的语言。在西方人的世界之中，对象被视为一个相互影响的事物世界，描述这个世界的则是一种表达事物性的、本质性的语言。中村元指出，对于源于不同文化传统的哲学之间的差异，

---

[1] 马建忠：《马氏文通》，商务印书馆2010年版，第8页。
[2] 参见郝大维、安乐哲：《期望中国——对中西文化的哲学思考》，"导言"，第32—35页。
[3] 安乐哲、罗思文：《〈论语〉的哲学诠释》，第42—43页。

因其语义浑融缠夹，很难用具象词阐释清晰，翻译时不妨音译，如"菩萨"（bodhisattva）、"涅槃"（nirvāna），这些被音译的词语"放在本国文字的丰富的构造关系当中，是可以得到理解的，而且能够构成具有包容性的哲学语言"①。安乐哲、罗思文则指出，对于说明中国人的世界来说，"焦点与场域的语言"远胜于西方实体取向的语言，以"焦点与场域的语言"为媒介，中国哲学的文本可以获得准确的翻译，从而更好地表达出异质的中国哲学思维。为此，将汉语典籍翻译成英文时，必须对英译文进行适当的修改和调整②，尽力使中西两种不同的思维与语言相互沟通，这样，真正的文化交往才能得以展开。

譬如，中文的语言是非逻辑中心主义的，词语只是描述不断转换的过程和事件，并不命名"本质"；中国的"过程性语言"模糊不定，颇为隐晦而充满暗示与联想，这种"动名词特性"及其隐喻特质，几乎无法采用单义的翻译，单义的翻译会钝化西方读者对中国著作隐晦、含蓄语言所传达的深邃幽远意义的敏锐感受。因此，安乐哲、郝大维提出以一个"语言串"来翻译中国哲学文献中的关键字或词，而与其丰富的含义范围相称，这在一定意义上起到了对中国古代主要文化特性的过程性阐释的功能。③

借助于语言串的观念，"中庸"之"中"有时译为"focus"或"focusing"，有时译为"equilibrium"，有时译为"center""impartiality"等；"诚"也可用"sincerity""integrity""creativity"等语言串来翻译。安乐哲、罗思文指出，这些语言串可从"双关"的意义上予以理解："根据编织各种暗示关系的语义和语音之网来理解《中庸》世界观的哲学表达的语言串，那些哲学表达的语言串正是在各种暗示关系的语义和语音的网络中获得自身的。""当我们定义一个字时，我们倾向于理解为一个'事物'（thing）的东西会转而理解成一个'事件'（event）。并且，一个'名词'会被表达成一个'动名词'。这

---

① 中村元：《比较思想论》，吴震译，浙江人民出版社 1987 年版，第 276—277 页。
② 安乐哲、罗思文：《〈论语〉的哲学诠释》，第 23 页。
③ 安乐哲、郝大维：《切中伦常——〈中庸〉的新诠与新译》，第 36—37 页。

一点说明了过程在中国传统中的首要性。也正是基于这种传统，这种定义的模式得到了反映。"① 如，"道"（the way）被定义为"蹈"（treading），"君子"（exemplary person）被定义为"群"（gathering），"德行"（excellence）被定义为"得"（getting），等等。

在翻译中国哲学文献时，安乐哲、郝大维的"语言串"是理查兹"多重定义法"的延伸与发展，它们有异曲同工之妙，都较好地融合了中西两种不同的思维模式，而在头脑中保持两套思维体系，避免交感的同时又能以某种方式在二者之间进行调节。翻译是"跨语言实践"，也是"跨文化交流"。编码、解码、再编码一直是文化交往的重要内容，中西方不同的思想与言说方式在其中相互碰撞、交流、会通乃至创生一种新型的言说语言。

第三节　美学秩序的意义

正如安乐哲所言，"美学秩序"不同于"逻辑秩序"："逻辑秩序是由对构成秩序之具体事物的实际内容不感兴趣的规律性所揭示的，而美学秩序却揭示了一种由不可取代的个别的项所形成的特定统一性。……逻辑秩序揭示了规律的统一性，而美学秩序则揭示了独特的具体事物"；无论如何，美学和逻辑（关联性和理性）秩序对于人类悟性都是至关重要的。② 如果说西方的思维方式主要体现为一种"逻辑的可能性"，属于"思辨的智慧"或"抽象的解悟"；中国的思维方式则更多体现为"现实的可能性"，属于"存在的智慧"或"具体的解悟"。两种智慧之间存在一致点、接合点，并非完全对立。理查兹很早就指出，中国古代哲学家更接近诗人而非分析家，如果将他们的关键哲学词汇看成"具体意象"而不是"概念"，则能更加接近原义。安乐哲对此评论道：

---

① 安乐哲、郝大维：《切中伦常——〈中庸〉的新诠与新译》，第37—38页。
② 安乐哲：《和而不同：比较哲学与中西会通》，第80页。

理查兹的这一洞察既深刻而且非常重要。同样，大多数定义西方哲学辩证思维的关键术语最初也都含有理性和审美两个方面。例如 logos 既有 ratio（比例表达）又有 oratio（叙述表达）的意思，既是理性论述又是字词本身，既是理性思维又是修辞；……正是形而上学和认识论使我们的哲学用语偏离到理性主义的方向上去了，也使得我们哲学语言的美学性一面未得到相应的发展。[①]

西方人一旦走出自己的传统，必定会遇到东方的传统，反之亦然。中西各种不同的生活世界之间，总有彼此交叉重叠的部分，这为我们通过情感和认识的想象，言说、把握"异己"文化提供了一个基础。因此，中村元说："对于一般性的观念及理想，是可以抛开文化上的诸现象去直接加以理解的。"[②]类型不同的东西哲学之间相互理解，以及彼此之间某种程度上的调和融汇是可能的。

钱锺书指出："西方中世纪有并立和对立的'双重真理'（twoford truth）——'来自启示的真理'和'得自推理的真理'，现代也有所谓'两种文化'（two cultures）——'科学家文化'和'人文学家文化'……"[③]显然，这"双重真理"也存在于中西文化之间。中国古典学术那种心物交融、物我一体的，直觉性、类比性的"体认认知"，与西方传统学术主客二分、对象性、形而上之"认识"或"认知"大异其趣；前者偏于"现实的可能性"之"生存智慧"，后者偏于"逻辑的可能性"之"思辨智慧"，都属于人类的智慧，我们完全可以兼而用之。

思想是由肉体和生命共同组成的一项事业，思想需要借助听觉、触觉、视觉等来表达。面对东西思维与语言的差异，中村元的策略是依据公平性与包容性两个原则，运用一种"并用的方法"，得到人们所讨论的有关哲学观念

---

① 安乐哲：《和而不同：比较哲学与中西会通》，第21—22页。
② 中村元：《比较思想论》，第275—276页。
③ 钱锺书：《七缀集》（修订本），第142页。

的"类的定义"。换言之，贯通"理性认知"与"审美认知"，融会"指涉性语言"与"过程性语言"，朝着东西意义深远的统一方向前进。

1962年，著名美学家朱光潜在《漫谈说理文》一文中谈到理文的"零度风格"，即"纯然客观，不动情感，不动声色，不表现说话人，仿佛也不理睬听众的那么一种风格"。据说这种风格特别适宜于说理文，朱光潜反对这种论调，认为"零度风格"无法让人产生兴趣，难以感动人、说服人；说理文的写作应是"有立场有对象有情感有形象，既准确而又鲜明生动的路"，应与读者建立"亲密的情感上的联系"，这样才能产生情感上的共鸣，发挥说理文的现实效用。①

20世纪60年代，著名文学史家游国恩也指出，"评论文从前又名论说文或议论文，它是散文的一种。也可以叫作理论文，因为它的主要目的是在于说理。而说理的目的是在于讨论问题，辩说是非，所以从前的选文家也有把它称为'论辩文'的"；中国古代论说文或理论文的体式便多种多样，从先秦到唐宋，有"论""续论""广论""说""议""辨""驳""难""解""释""考""原"等等，不一而足。其实，"评论文或理论文也是一种文艺作品。我们不能因为它的目的是说理，就不承认它是文艺作品"。②显然，游国恩把治学及其著述视为一种关乎个人心智、品性与情怀的艺术创造，西方诗与哲学之纷争，以及尼采以来西方思想家的写作也力证此说不诬。行走在语言之途，不知"理论文"亦可是"文学的"，缺乏有意为文的"兴味"，"道"将不可"道"。

法国哲学现象学家梅洛-庞蒂在分析东方哲学时说过："我们甚至觉得，似乎中国哲人对'理解'或是'认知'本身的理解就跟西方哲人的不一样，似乎他们不以在思想上去塑造客体为目的，不想去'把握'它，而只想就着它本初的混全状态去说去谈；因此他们才多用暗示……它们等待着我们去分

---

① 参见朱光潜：《朱光潜全集》（新编增订本）第8卷，中华书局2012年版，第291—292页。
② 游国恩：《游国恩文史丛谈》，商务印书馆2016年版，第99页，第100页。

辨它们的真实意义。"①中国哲学思想的"暗示"性，一方面体现在不时征引《诗经》里的作品，另一方面则体现在物我合一、以物观物的诗性言说，这种"审美融入"圆润流转、意蕴悠长。

在中国古代阐释者眼里，一首诗歌通常比较隐晦，甚至难解，但仍是一种破解密码的交流工具，只要将它们置于一种有关人物或事件的特定历史轶事之中（"知人论世"），或当歌手和听众心灵相通、彼此共鸣（"以意逆志"），这种交流工具便能为人所理解和欣赏，诗歌便产生其所隐含的信息。事实上，在中国的哲学文献里，诗歌是一种特别有效的补充：一方面，作为一种古代意义的共享储备，许多经典诗作，由于被人们普遍记忆和吟诵而广为人知，具有强大的说服力；另一方面，这些诗歌源于日常生活，是一种真实性的表现，当引用诗歌或是采取诗歌形式，以强烈的感情表现出来时，就充分利用了读者们的一种设定——诗歌是不会说谎的。于是，在征引诗歌以论证某个特定的哲学观点的过程中，作者们可以宣称拥有了传统的威望，这不仅赋予其哲学观点以真实性与权威性，而且在其中注入了感情色彩，使言说变得鲜活生动而引人注目。

古代中国的思想家从未将语言视作描述客观世界或交流各自对世界看法的媒质，而是视之为一种"引导"世人行为的、行之有效的话语，此即"道行之而成"（《庄子·齐物论》）。中国的哲学文献基本由文言文写成，这是一种非常独特的语言媒介，它"经用省略附属名词短语的方法来加强一种能动的、事件性的表达，在某种程度上也是在强化一种对世界的能动的、事件性感受"②。文言文的语义部分不但承担了自己的语言功能，而且负载着其他语言中通常由语音、语法部分完成的职责，语言学上称之为"语义过负"：每一个字出现时，都包含了它所有的意义；当两个或多个字结合起来时，其各自的义项建立了联系并相互制约；对偶句备受推崇，句式重复、抑扬顿挫、合

---

① 梅洛－庞蒂：《东方与哲学》，见赵汀阳主编：《论证 3》，广西师范大学出版社 2003 年版，第 439 页。

② 安乐哲、罗思文：《〈论语〉的哲学诠释》，第 29 页。

仄押韵，凸显意义场域中有明显焦点的部分，而意蕴深远；每段文字意义都比较含蓄，段与段之间的脉络与连贯也复杂多样。中国古代的思想多为诗性的言说而非理性的论说，这要求读者必须积极地参与文本诠释，只有这样才能真正把握其精髓，将之理解、消化和吸收。

第四节　中西文化的融合

自柏拉图以来的 2000 多年里，诗歌一直被视为哲学家们秘密的或者可怕的预感和尝试，诗与哲学的纷争延续全今。如，艾略特反复阐明，诗与哲学是关于同一世界的不同语言；施特劳斯始终坚信，"启示"（revelation）与"理性"（reason）两种语言之间具有不可调和的紧张关系。[①] 为此，哲学家斯坦利·罗森（Stanley Rosen）力图呈现这一纷争的复杂性与丰富性。在《诗与哲学之争——从柏拉图到尼采、海德格尔》一书里，他既考察了"哲学向诗投降"所带来的历史主义、虚无主义后果，同时也反思了将哲学问题等同于冷酷的数学，使自身沦为技艺，使对哲学的爱欲沦落的惨剧。他概括了诗与哲学之争的三种不同立场：一是以柏拉图、海德格尔为代表的"保留诗与哲学的纷争"的立场，二是以分析哲学为代表的"以数学为根本的哲学"的立场，三是尼采所代表的认为"诗胜过哲学"的后现代主义的立场。"哲学没有诗，正像诗没有哲学一样，是不适宜的，或无法衡量的。"[②] 作为一个中间概念，诗处于哲学与政治之间，三者各自保持其根本的同一性，又不可相互分离，否则是对人的灵魂的肢解；如果有整体——人类经验的统一性——那只能通过诗去接近；如果没有整体，我们必须再次通过诗发明它。

对于诗与哲学之争的实质，斯坦利·罗森做了如下表述："诗人和哲人以他们通常的身份为什么是美好生活争辩，但他们争论的不是永恒的问题，而

---

① 参见罗森：《诗与哲学之争——从柏拉图到尼采、海德格尔》，张辉译，华夏出版社 2004 年版，"英文序言"，第 4 页。

② 罗森：《诗与哲学之争——从柏拉图到尼采、海德格尔》，第 195 页，第 34 页。

是可以使永恒得以接近的人造物。诗与哲学一样，如果两者分离，就有用部分代替全体的危险，或者说有用影像代替原本的危险。"在斯坦利·罗森看来，诗与哲学之间"根本的统一"无法确认或者描述，任何试图言说这种统一的企图，实际上，都会带来冲突，诗与哲学的纷争，是精神界永远无法停止的战争。在《斐多》篇里苏格拉底有言"哲学就是最高的诗"，《诗与哲学之争——从柏拉图到尼采、海德格尔》的译者张辉说得好："在这里，诗已远远不只是一个文学文类，而成为一种生命存在方式的象征；哲学，也因为与诗并存，而更能激起内心对美好生活无尽的惊奇、渴望与无穷追问。"①

在诗与哲学的纷争中，尼采的出现可谓西方精神史上一个鲜明的转折，史称"尼采式转折"。在尼采看来，苏格拉底以来盛行的科学主义知识论掩盖了生命的真相，那些被意识和被表达的世界只是一般化的符号世界，至于个体此在之变动不居的活动则未能触及。尼采发出了质疑：难道理性和艺术必定对立？诗和哲学必然分离？二者不可重归一体？从《悲剧的诞生》到《查拉图斯特拉如是说》，从《道德的谱系》到《瞧，这个人》，尼采持续地向西方形而上学传统发起冲击。

法国哲学家德勒兹在《尼采的哲学》一文开篇即云："尼采在哲学中加入了两种表达方式：格言（aphorisme）及诗。这些形式本身涉及一种关于哲学的新概念、一种关于思想家及思想的新形象。""格言"与"诗"是尼采哲学最生动的两种表达方式："格言"是诠释的技艺及需要诠释之物，"诗"是评价的技艺及需要评价之物；它们的加入，意味着尼采"用诠释及评价来取代认识的理想和真实的发现"②。德勒兹说：

> 从形式上看，格言呈现为碎片，是多元主义思想的表现形式；
> 从内容上看，它主张清晰地表述某种意义。一种存在，一次行动，

---

① 罗森：《诗与哲学之争——从柏拉图到尼采、海德格尔》，第 33 页，第 214 页。
② 德勒兹：《尼采》，第 21 页。

一个事物的意义——这些都是格言的目标。……只有格言才能够清晰地表述意义，它是诠释与诠释的艺术。同样地，诗歌是评价与评价的艺术，它能够清晰地表述价值。[①]

尼采宣称，未来的哲学家是艺术家及医生。德勒兹解释说："诠释让现象总是局部及片段的'意义'确立下来；评价则决定意义之'价值'等级，将片段整合起来，同时不减弱也不消除其多元性"；"诠释者是生理学家或医生，他把现象看作是症状，通过格言来表达；评价者是艺术家，他思量或创造'视角'（perspectives），以诗诉说"。[②]

美国学者亚历山大·内哈马斯将尼采的作品与其价值观紧密结合在一起进行研究，认为尼采将生命视为文学作品，写作本身则是一种自我塑造的过程——

> 一般而言，尼采将这个世界视为某种艺术作品；特别而言，他将这个世界视为文学的文本。他有关这个世界以及这个世界中的事物的大量见解（包括他有关人类的见解），是通过如下方式获得的，即将几乎是在直觉上适用于文学的处境，适用于有关文学文本与文学角色的创造和解释的那些观念和原则，推广到这个世界以及这个世界中的事物之上。[③]

有关这个世界的文字学，不仅为尼采提供了他的许多观点的"文学模型"或"艺术模型"，还激发尼采创造出了可称为"文学产物"的东西，即别具一格、有异于以往抽象化概念机制的箴言：它以"断片"为基本单位，这些"断片"不断积累、衔接后渐成规模；它们貌似缺乏连贯性，但细致认真解读之后，

---

① 德勒兹：《尼采与哲学》，第 68 页。

② 德勒兹：《尼采》，第 21 页。

③ 内哈马斯：《尼采：生命之为文学》，郝苑译，浙江大学出版社 2016 年版，"导论"，第 3 页。

仍可获得一种具有内在统一性和系统性的哲学思想。尼采融会了"理性认知"与"审美认知"，在某种程度上实现了诗与哲学内在的统一，体现出一种"生命感的高涨"。

因此，德国哲学家萨弗兰斯基称尼采为"现象学家＋诗人"："尼采身上的现象学家问，我心里究竟感觉如何，有何种奢望。尼采身上的诗人则动手把这些中间音、细微差别和精细之处诉诸语言。"①由此产生了奇妙的文字：官能的和精神的东西相互渗透，是最微妙的事件的一种麇集；语言仿佛伸出四肢，自由、灵活而有弹性；它甚至张开了双翅，腾身飞越人类那广袤的田野。这里，不存在化简，而是通过哲学的思想活动展现出全部感官如何参与其事。在各类意识现象的描述方面，尼采有胡塞尔般的缜密心思与理路；在基于直观和形象的艺术化方面，尼采丝毫不逊色于海德格尔。萨弗兰斯基盛赞尼采的现象学是"破晓和上午的哲学"。尼采以诗化的方式倾听存在发出的呼声，如果说《悲剧的诞生》是一首关于艺术起源的诗，《希腊悲剧时代的哲学》是一首关于哲学起源的诗，那么，《查拉图斯特拉如是说》则是一部将思想表达为经验和运动的诗剧。尼采开启了一个新的世纪。德勒兹说，现代哲学家显然是托了尼采的福才得以发展，但是，也许不是按照他所希望的方式。

在维特根斯坦看来，西方人的心智是"无诗意的心灵径直地走向具体"，只有把抽象的命题上升到具体的丰富的真实世界里去，它才是一个有血有肉的真实命题。维特根斯坦不要别的，只要诚实，只愿成为一个充满热情的人；那些脆弱的论证、那些原则之类的东西，对他来说是难以容忍的；他要修补罗素的逻辑，他要表明摩尔的伦理学不应由命题构成。维特根斯坦说："我们是在用语言进行斗争。我们是在和语言进行斗争。"②"我们必须犁遍整个

---

① 萨弗兰斯基：《尼采思想传记》（修订版），卫茂平译，生活·读书·新知三联书店 2018 年版，第 252 页。
② 维特根斯坦：《文化和价值：维特根斯坦笔记》（修订本），第 26 页。

语言。"① 在为自己《逻辑哲学论》所写的"说明"中，他写道：它"是严格的哲学的，同时也是文学的"②。后来又说："最好是将哲学作为诗歌那样写出来。"……剑桥大学三一学院礼拜堂中校友纪念碑上铭刻道："维特根斯坦……向众人展示了一种新的哲学思考方式，并通过诸多例子感知和教导我们，推理应该免于语言的桎梏，由此产生关于实在本性的更加深远的人生。"③ 这一评价十分精准。"一战"后，确如布罗德所言，人们在维特根斯坦长笛的高度简约的奏鸣曲中翩翩起舞……

　　1875 年前后，尼采曾写道："我们的思想当生发浓郁的气息，犹如夏日傍晚的庄稼地。"海德格尔发问道："今天，我们当中还有多少人拥有对这种气息的感觉呢？""有一种几千年来养成的偏见，认为思想乃是理性（ratio）的事情，也即广义的计算（Rechnen）的事情——这种偏见把人弄得迷迷糊糊。"其实，"思想不是任何认识的工具。思想在存在之野上开犁沟垄"。④ 诗与思，二者相互需要，一向以自己的方式处于近邻关系中。海德格尔很少谈论现代逻辑，也没有用现代逻辑的方法来探讨哲学问题。他与尼采一样回到了古希腊的思想源头，回到了前苏格拉底时期，在语言文字上开发出其自身的意义；思想言说 / 诗性言说，或形而上学诉求 / 审美诉求，二者融为一体，又呈现了某种必要的张力。安乐哲目光如炬："尼采和海德格尔企图在欧洲文化圈本身恢复哲学上的其他可能性，返回苏格拉底前古希腊的概念丛中。他们的策略是：绕到世人熟知以二元论和本质化的形而上学为主体的柏拉图—亚里士多德—基督教传统背后。"⑤ 这些思索更像一种再次认识、再次想起，这是一次朝

---

① Ludwig Wittgengstein, "Remarks on Frazer's Golden Bough", James and Klagge and Alfred Nordmann(eds.), *Philosophical Occasions：1912-1951*, Indianapolis and Cambridge：Hackett，1993,p.131.

② 转引自 G. H. von Wright,*Wittgenstein*,Oxford:Blackwell,1982,p.81.

③ 麦克奎尼斯编：《维特根斯坦剑桥书信集：1911—1951》，张学广等译，商务印书馆 2018 年版，第 745—746 页。

④ 海德格尔：《在通向语言的途中》，第 164 页，第 163 页。

⑤ 安乐哲：《和而不同：比较哲学与中西会通》，第 112 页。

着古老而悠远的灵魂之乡的回归……文明是人类实践创造的进程，是一点一滴累积创造起来的。布罗茨基说得好："风格的转变与创新在很大程度上还是要取决于远在'后方'的，也即我们故乡的语言的特性，而我们与它纵然藕断，也有丝连。"① 语言的创造亦即思想的创造。尼采、海德格尔等人回到古希腊，是为了回到类似"天人合一"的语言状态，成为一种"元学"哲学家，将自己整个的生命体验、人格品质融会贯注其中，而与中国古代思想的诗性言说气息相通。"知识论的裁判者是理智，而元学的裁判者是整个的人。"② 当每一个词都跟我们的生命、事实世界发生深刻的关联，其生动的表情便透露出心灵深处的消息，思想者的心境与精神、气象与胸襟自在其中，并以其天纵之慧照耀混沌，使人梦中醒悟，神为之凝，思为之深。

中村元是极有远见的，他很早就指出东西方文化的"综合"正处于稳步而顺利实现的过程当中，而且这一综合的形态是多样化的，适应于个人与各民族，人类的生活因此变得丰富多彩。60 多年前，中村元发出的呼吁至今仍引人深思——

> 我们人类已成为大大小小机构或组织中的一部分，成了机械上的一个齿轮……我们每个人要排除过分"专业化的倾向"，首要的目标是使自己成为一个人，这是向"完全的人"的复归。……平衡和有机统一的时代将要来到我们的面前。这一时代是对我们今天必须摆脱的专门化和分化瓦解时代的辩证的否定。③

刊于《人文杂志》2021 年第 8 期

（内容略有改动）

---

① 布罗茨基：《从彼得堡到斯德哥尔摩》，王希苏、常晖译，漓江出版社 1990 年版，第 537 页。
② 金岳霖：《金岳霖文集》第 2 卷，甘肃人民出版社 1995 年版，第 157 页。
③ 中村元：《比较思想论》，第 277—278 页。

第二辑 | 现代哲学的思想镜鉴

| 第四章 |

"格言中的体系"

——尼采的"反哲学"及其写作

> 理想的文体是种由思想内心生出来的，结果和思想成一整个，互为表里，像灵魂同躯壳一样地不能离开。
>
> ——梁遇春[1]

在世纪的转折点上，尼采（1844—1900）回到古希腊思想的根源处反思、重构哲学，消解苏格拉底以来的理性主义力量，系统重估形而上学的价值；其"反哲学"的写作将语言视为理性与启示之母，颠覆了传统哲学概念化、体系化、形式化的书写程式，赋予思想更强的穿透力与生命力。尼采创造性的哲学写作，为述学文体的建构提供了重要的现代思想镜鉴。

第一节　尼采反苏格拉底

19 世纪后半期，西方有两种文化思潮：其一，用理性来抨击理性，发展

---

[1] 吴福辉编：《梁遇春散文全编》，浙江文艺出版社 1992 年版，第 137 页。

成对非理性的赞颂；其二，用理性追求非理性，可能会赞颂非理性，也可能认为理性几乎徒劳无功，让人认识到"不用理性"的重要性，还有可能会使人发现非理性，并让非理性与理性同时活跃。这些可能性"对资产阶级文化构成了挑战，尤其会反对启蒙运动的遗产"①。在激烈抨击资产阶级文化的思潮中，振聋发聩的声音来自尼采。

尼采的思想经历了两个发展阶段：第一阶段基本与德国浪漫主义传统站在一起，似乎常常在赞美非理性；第二阶段比较接近启蒙运动的主张，批评民族主义，拥护世界主义。在这两个阶段里，尼采用理性来抨击理性，或者说是给理性限定一个疆界。19世纪中期，人们所向往的希腊生活，多是强调公元前5世纪雅典人的那种古典、节制而平衡的理想，至于希腊生活中非理性的一面，人们却视而不见。雅典的文化成就被视为理性生活的提升，苏格拉底被当作西方理性主义之父加以崇拜。尼采挑战了这种观念。尼采对以往的哲学表现出一种极端的拒斥："我不信任一切体系的构造者并且避开他们。构造体系的意愿是一种不诚实的表现。"②在他看来，从起源中理解事物，就是从本质上理解事物。在《善恶的彼岸》里，尼采自我告白：

> 做哲学是一种最高等级的返祖遗传。……有语言亲缘性在先，下面这一点便根本无可避免：借助于共通的语法哲学——我指的是相同语法功能的无意识的统领和引导，从一开始一切就准备好了，将让哲学体系有一个类同的发展和进阶：与此相同的是，通向世界诠释（Welt-Ausdeutung）的其他一些特定可能性的道路，看来也从一开始便被阻断了。③

① 弗兰克·M. 特纳、理查德·M. 洛夫特豪斯编：《从卢梭到尼采——耶鲁大学公选课》，王玲译，北京大学出版社2017年版，第326—327页。
② 尼采：《偶像的黄昏》，周国平译，北京十月文艺出版社2019年版，第68页。
③ 尼采：《善恶的彼岸》，赵千帆译，孙周兴校，商务印书馆2015年版，第35—36页。

尼采的哲学笔记显示："他把希腊哲学家看作他时代的悲剧象征，看作一个他的时代的潜在冲突在其身上获得意识的人，看作一个作为不可解决的紧张状态的牺牲品而受苦、死去的人。"①尼采回到古希腊，以古希腊悲剧问题为契机，旨在革新以苏格拉底、柏拉图为代表的哲学传统，并以此重新评估体系化的现代价值。

19世纪早期和中期，有两种对苏格拉底的诠释，一是黑格尔，一是乔治·格罗特。在黑格尔看来，苏格拉底与智者学派代表了古希腊思想发展的一个重大转折。智者学派教希腊人如何理智而深思熟虑地思考，他们培养了怀疑主义；苏格拉底则催生了一种反思性道德，引导希腊人试图在自己的主体性上发现道德方向，而导致与其他雅典同胞相冲突。乔治·格罗特出版有《希腊史》（12卷）和《柏拉图以及苏格拉底的其他同伴》（3卷），在这些著作里，格罗特认为智者学派所做的，就是把雅典青年培养得适于加入民主城邦生活，对民主的良性运转发挥重要作用。格罗特推崇苏格拉底为雅典大众世俗观念的强烈批判者，其对科学的捍卫尤其使得他与雅典宗教直接对立，雅典宗教的力量和信仰导致了苏格拉底之死。显然，在黑格尔和格罗特眼中，苏格拉底是批判理性的象征人物，是在古代世界以哲学之貌促进科学的象征人物，而尼采所抨击的正是这样的苏格拉底。虽然尼采很多观点来自格罗特，如认为苏格拉底是理性和科学之声，但他接着按照这种定性将理性和科学带到审判台前，把苏格拉底看作现代思想的中心人物，又是现代文化批判的核心来源。②

1872年，尼采发表《悲剧的诞生》，把它题献给瓦格纳，声称瓦格纳的艺术是自古希腊以来欧洲所知所见的艺术的新生。尼采称颂神话高于理性，并把古希腊文化的衰落看作始于苏格拉底和欧里庇得斯。

据说古希腊流传一个说法：在欧里庇得斯和埃斯库罗斯的竞争中，苏格

---

① 埃利希·海勒：《尼采，自由精灵的导师》，杨恒达译，漓江出版社2018年版，第5—6页。
② 参见弗兰克·M.特纳：《从卢梭到尼采——耶鲁大学公选课》，第332—338页。

拉底曾设法影响欧里庇得斯，让他遵照逻辑理性创作悲剧，从而背离酒神精神。尼采认为，古希腊文化的精髓是悲剧，它同时需要酒神狄奥尼索斯和太阳神阿波罗；在苏格拉底之前，希腊人的美学智慧与博大的生命观相辅相成，神话、悲剧、哲学并存；在阿波罗表象世界之下，心理的内在深度是古希腊艺术的精妙之处；当酒神精神被抛弃时，艺术就只能从当时的道德中去寻求其内容和形式，这意味着悲剧成了搁浅在苏格拉底智思浅滩上的船舶残骸。

尼采认为，苏格拉底导致悲剧之死，让古希腊文化走上了理性主义的堕落之路，而这是反希腊文化的。受反酒神精神的苏格拉底影响，柏拉图将诗人—演员和神话制作者逐出城邦，使得构成真正音乐的不再是音调和诗句，而是散文式的论证和辩证的思想进程，一套理性体系被建构起来了。苏格拉底、柏拉图过于看重概念，进而想象出一个由概念构成的世界；他们以二元对立——美学和哲学对立、现象和本质对立、理性和艺术对立、真理和生命对立等的辩证法推演理性，生成知识，造成了后世脱离艺术思维的知识观、真理观、主体观和世界观。①怀特海把整部西方哲学史视为对柏拉图的脚注，尼采则把这两千多年视为最漫长的错误的历史，而将自己的工作描述为"重估一切价值"。

在《悲剧的诞生》里，尼采把只要逻辑不要艺术的人通称为"理论家"，称苏格拉底为"理论乐观主义者"；实际上"希腊的音乐和哲学是并肩发展起来的。它们都是希腊性的证明"，逻辑和艺术或理性和美学融为一体的思维才是完整的，而苏格拉底的辩证法割裂了这样的思维。在哲学笔记里，尼采写道："苏格拉底的影响：（1）他摧毁了伦理判断的朴素的客观性。（2）消灭科学。（3）没有艺术感。（4）把个人从其历史联系中揪出。（5）并促进了辩证的啰嗦和饶舌。"所以，尼采说："苏格拉底与我难解难分，我几乎每时每刻都在与他战斗。"②

---

① 参见童明：《现代性赋格：19 世纪欧洲文学名著启示录》，第 186—207 页。
② 尼采：《哲学与真理——尼采 1872—1876 年笔记选》，第 159 页，第 168 页，第 156 页。

尼采厌恶理性，认为理性会窒息生命本有的直觉。"我们无法像事物所是的那样思想事物，因为我们根本就不能思想它们"，"存在的形而上学意义、伦理意义和美学意义全都是不能证明的"。[1] 尼采试图返回苏格拉底前古希腊的概念丛中，绕到世人熟知的以二元论和本质化的形而上学为主体的柏拉图—亚里士多德—基督教传统的背后。[2] 尼采所欣赏的是这样的艺术家：

> 他们知道得太清楚了，恰恰当他们对所有事物都不再"专断地"而是"必然地"去做的时候，他们那种自由、精妙、全权在握的感觉，创造性地设定、支配、赋形的感觉，才达到其高点，——简言之，这时，必然性和"意志自由"在他们这里合而为一。[3]

尼采在此想告诉我们：哲学家、科学家也应该是艺术家，逻辑思维和艺术思维应重归一体。所以，瓦格纳及其音乐成了代表理性的苏格拉底的反面，成为消解苏格拉底、科学、批判的理性主义的力量。在尼采看来，通过瓦格纳的音乐，酒神精神的深度直觉再次与日神精神的形式相结合，一种新美学、新道德的时代就要到来。尼采说：

> 哲学家……像造型艺术家一样爱好冥想，像宗教家一样富于同情，像科学家一样关心原因。他试图让世界上的所有声音都在自己的心中交响并通过概念手段把这种大音表达出来：在把自己同化于宇宙的同时又不失反思的审慎，正如一个在改变自己的同时又保留着反思的审慎因而才能外化自己的演员或浪漫诗人。所有这些一起汇聚成了辩证思维的大雨。[4]

---

[1] 尼采：《哲学与真理——尼采 1872—1876 年笔记选》，第 64 页，第 48 页。
[2] 参见安乐哲：《和而不同：比较哲学与中西会通》，第 112 页。
[3] 尼采：《善恶的彼岸》，第 185 页。
[4] 尼采：《哲学与真理——尼采 1872—1876 年笔记选》，第 33 页。

第二节 尼采的"第三只耳朵"

根据巴比克的看法，在古希腊，音乐不仅指一种实践的艺术形式，还包括了哲学在内的一切技艺的总称，甚至是存在本身的自发呈现。前苏格拉底的哲学家们无不相信，音乐是存在的最佳表现和理想状态。如，毕达哥拉斯相信宇宙和灵魂之间有一种同构的关系，数学和哲学都源出于音乐；赫拉克利特声称"不同的音调造成最美的和谐"；可惜的是，"人们既不懂得怎样去听，也不懂得怎样说话"①。尽管柏拉图被认为是试图用图像取代吟唱的第一位哲学家，意图突破荷马传统和口头传统，但他仍然相信理想国的建立与一种恰当音乐调式的选取有着密切的关系。②

在更为宽泛的意义上，古希腊的音乐还可以指一种具有音乐性或诗性的语言，不仅包括荷马的史诗、索福克勒斯的悲剧，也包括柏拉图本人的对话。远古时代，人们相信音乐是沟通天地万有的媒介，是驱使行星运动的力量，宇宙和世界借之成为一个和谐统一的整体；音乐家们那时都是先知，他们介于神和人之间，因在琴弦上模仿出了这种和谐，其中最杰出者可以进入天堂。如科莫蒂所言："在公元前 4 世纪和前 5 世纪，mousikos aner（懂音乐的人）用于指一个能够全然把握诗之语言的受过教育的人。"③

在精神困顿的时代，尼采坚守一个信念："不让一个民族中的伟大的东西默默无闻或浪迹江湖乃是文化的任务所在。""哲学应该固守绵延许多世纪不绝的精神的山脉，固守所有伟大事物的永恒硕果。"④现代人已然丧失了诗的语

---

① 北京大学哲学系外国哲学史教研室编：《古希腊罗马哲学》，商务印书馆 1961 年版，第 19 页，第 20 页。

② Babette E.Babich, *Words in Blood,Like Flowers:Philophy and Poetry,Music and Eros In Holderlin,Nietzsche and Heidegger*, Albany:State University of New York Press,2006,p.97.

③ Giovan Comotti, *Music in Greek and Roman Culture*, trans.Rosaria V.Munson,Baltimore:Johns Hopkins University Press,1989,as quoted in Babette E.Babich, *Words in Biood,Like Flowers:Philosophy and Poetry,Music and Eros in Holderlin*,Nietezsche and Herdegger,p.98.

④ 尼采：《哲学与真理——尼采 1872—1876 年笔记选》，第 22 页，第 16 页。

言，以及对于这种诗的语言的倾听和把握能力，尼采对此痛心疾首。他确信，基于德国文化与古希腊文化之间的直接血缘关系，德国语言可率先恢复古希腊语的这种诗性或音乐性。在尼采的著述和思想中，作为"前反思"的艺术，音乐被视为启示人生真谛的最高级的艺术，被视为衡量精神事物的尺度，被视为德国乃至整个西方文化复兴的途径，而处于极其重要的地位。尼采说："哲学思想，艺术作品，嘉行懿德，登高视之，皆相通为一。""我们现在用艺术来反对知识：回到生命！控制知识冲动！加强道德和美学本能！在我们看来，德意志精神将由此获得拯救，并从而再次成为拯救者。对我们来说，这精神的真髓已经融入了音乐。我们现在理解了为什么希腊人把他们的文化建立在音乐的基础上。"①

布隆代尔指出，尼采首先是语文学家，其次才是作家、音乐家、哲学家、诗人等；尼采充分意识到，一个文本必须被当作一个文本，"也就是说，以其物质性（节奏、语义的共鸣、语文学的谐音、修辞转义等），既向读者提供了某些解释性的因素，同时也为读者带来了某种可直接感触的愉悦"②。于是，哲学家成了文学家，成了文体意识鲜明、极富原创性的语言艺术家。尼采的著作可谓是呕心沥血谱成的乐章，它是从真理的最深处诞生出来的。尼采说："如果一个人不想遗憾地错过其智慧的意义，他会特别对查拉图斯特拉的声音，一种平静的声音，给予适当的注意。最平静的言语往往是狂飙的先声；静悄悄而来的思想领导了这个世界。"③

尼采为音乐的命运备感担忧，因为音乐已失去其改变世界的特质和肯定的本性，音乐已成为颓废之音。尼采在自己的著作里反复谈到了"耳朵"。在《善恶的彼岸》中，尼采提及"最好的耳朵""更为敏锐的耳朵""第三

---

① 尼采：《哲学与真理——尼采 1872—1876 年笔记选》，第 7 页，第 22—23 页。

② Eric Blondel, Nietzsche: *The Body and Culture: Philosophy as a Philological Genealogy*, trans, Sean Hand, London: The Athlone Press, 1991, p.88. 参见耿幼壮：《倾听——后形而上学时代的感知范式》，北京大学出版社 2013 年版，第 11 页。

③ 尼采：《瞧，这个人》，刘崎译，哈尔滨出版社 2015 年版，第 4 页。译文略有改动。

只耳朵"。在《偶像的黄昏》中，尼采不无得意地谈到了自己的"毒耳"。在《尼采反瓦格纳》中，尼采时刻不忘提到自己那"高度精选的耳朵"。在《瞧，这个人》中，尼采特别提到了自己的"小耳朵"……德里达看出："尼采是为自己有一双小耳朵（暗指敏锐的耳朵）而感到自豪的。[因为]一只小耳朵是有敏锐听觉的耳朵，是一只[能够]捕捉差异的耳朵，这些差异是他非常在意的。"① 也就是说，尼采的小耳朵有如通达酒神狄奥尼索斯的秘密通道，能捕捉到"差异"所在，而差异正是哲学真正的出发点。

尼采寄望自己的文本于"第三只耳朵"，希望它们可以听到在"每个好句子下隐藏"的"音乐"和"艺术"：

> 对有着第三只耳朵的人来说，用德语写成的书是何种磨难啊！……有多少德意志人知道而且是自己要求知道，在每一个好句子中都蕴含着艺术，——只要句子愿意被理解就会被猜出的艺术！比如，一种对句子节奏的误解：那么句子本身就被误解了。对于在韵律上起决定作用的音节决不允许有所怀疑，把对过于苛严的对称性的打破感受为刻意和刺激，对每一个跳音和弹性乐段都竖起一只精细而不耐烦的耳朵，在元音与复合元音的序列中猜测意义，听出它们在其前后相继中能够多么细致而丰富地着色和改色……②

正如美国文学理论家、批评家乔治·斯坦纳所言，"符号超出字典文法的定义，涵括语音、历史、社会、惯用语的暗示及潜在含意。承载着引申义、联想、先前的用法、音调，甚至图像的、绘图的价值及暗示（文字的外表、'形状'）"③。在尼采的笔下，节奏、声调、韵律等语言的"物性"，已不只是被当

---

① 转引自耿幼壮：《倾听——后形而上学时代的感知范式》，第9页。
② 尼采：《善恶的彼岸》，第237页。
③ 乔治·斯坦纳：《斯坦纳回忆录：审视后的生命》，李根芳译，浙江大学出版社2012年版，第23—24页。

作一种纯粹的声响予以处理，它们更像是一种风格或文体意义上的艺术。凭借诗性的风格或文体，尼采希望能够"用符号来表达一个状态，表达一种充满激情的内在紧张，包括这些符号的韵律，这就是一切风格的意义"①。

拉孔－拉巴特详细讨论了尼采关于节奏和音乐性的思想，指出尼采的"第三只耳朵"是"艺术的"或"文体的"耳朵，"它在书写、话语或语言中辨别出一种根本的音乐性"②。"尼采的耳朵"使作为"运思"的"倾听"备受人们关注。"尼采的耳朵"是一种哲学家的耳朵，作为整体的身体或身心，它在捕获声音的同时，还捕获另外一种声音，即声音之后的和谐与回响，及其所蕴含的全部意义。去"倾听"，意味着去"听说"（hearing say）、去"理解"，进入一种空间，打开了我的内在，也打开了我的外部，一个"自我"得以成立；"倾听"，不满足于有意义或成为逻各斯，它处在意义的边缘，总是试图返回到纯粹的声音，一种源初语言、元语言，呈现一种处于不断变化和转化之中的存在的真实。于是，写作成了一种声音的回响，体现着"在场的形而上学"。③

尼采指出："音乐作为语言的一种补充：在语言中无法表达的许多刺激和完整刺激状态可以在音乐中表达出来。"④他倾心"聆听"世界交响曲的"回声"，创造了《查拉图斯特拉如是说》这部"音乐作品"。尼采说："也许，整个《查拉图斯特拉如是说》都可以视为音乐，我相信，在创作《查拉图斯特拉如是说》的许多条件之一，就是我在听觉艺术方面的再生。"⑤

1884 年 2 月 6 日，在致欧维贝克的信中，尼采说自己的《查拉图斯特拉如是说》就像四乐章交响曲一样由四部分组成，特别是其中的歌曲。《查拉图斯特拉如是说》借鉴古希腊的酒神颂歌，运用大量的重复、循环和叠句手法，

① 尼采：《瞧，这个人》，第 63 页。

② Philippe Lacoue-Labarthe, *Typography:Mimesis,Philosophy,Politics*, Cambridge:Harvard University Press,1989,p.161.

③ 参见耿幼壮：《倾听——后形而上学时代的感知范式》，第 11—16 页。

④ 尼采：《哲学与真理——尼采 1872—1876 年笔记选》，第 60 页。

⑤ 尼采：《瞧，这个人》，第 115 页。

采用套曲化的章节编排方式，并借用"公共终止式"强化章节关系和形式联系，其结构单位与音乐中的乐句、乐节、乐段相应，叙事风格庄严、朴素、静谧，给人以音乐的环绕或波浪式行进的感觉。乔治·斯坦纳指出："这种对音乐的应用，不是为了追求外在的声响或节奏的小技巧，而是作为精神在语言中行动的模式，作为附属的主要语言使作家的意识在根本上具有双语性。"[1]

因此，要准确捕捉住《查拉图斯特拉如是说》的智慧的意义，首先就必须恰当地倾听出自这张嘴的声调，那平静而欢快的声调；无论是声调还是节奏，都不是一种纯粹的声响，而是一种更为宽泛意义上的"宏大风格"或文体的艺术；这种风格或文体的艺术，传达出了一种状态，一种激情的内在张力——在瓦格纳的音乐中，尼采曾经找到过这种状态或激情的内在张力。

第三节 "哲学是艺术创造的形式"

尼采坦言："如果我们真想获得一种文化，前所未有的艺术力量就是必不可少的，以便打破无限制的知识冲动和再造整体。"那么，艺术力量表现在哪里？"无疑是表现为结晶。形状的形成。"[2]语词是哲学家的诱惑者，作为"语言之网"上的哲学家，"更好地书写同时也意味着更好地思考；意味着不断发明更值得传达的东西，而且真的能够传达"[3]。为此，尼采刻意追求和发展一种极具个人化的文体风格。他说：

一个非凡的知识和尝试需要传达它的思想时，总会择人而为，同时它也会树立藩篱以屏拒"其他的人"。所有美好的法则与风格，皆有源头，它们一面避到一旁，拉长距离，防止被"超越"；另一

---

① 乔治·斯坦纳：《语言与沉默——论语言、文学与非人道》，李小均译，上海人民出版社 2013 年版，第 102 页。

② 尼采：《哲学与真理——尼采 1872—1876 年笔记选》，第 15 页，第 60 页。

③ 尼采：《人性的，太人性的》，杨恒达译，中国人民大学出版社 2011 年版，第 397 页。

方面却到处寻找知音。……我认为在处理较为深奥的问题时，最好就像洗冷水澡一样，快进快出。①

尼采主张：哲学写作应"用一种完全非个人的冷静的方式写作。去掉所有'我'和'我们'。同时用连词限制句子的数目。尽量不用学术术语。一切都应尽可能具体地予以说明。包括'意志'在内的所有学术术语都必须予以删除"②。

在《尼采的哲学》一文里，德勒兹指出，跟以往哲学写作不同，尼采在哲学中加入了两种表达方式：格言（aphorisme）及诗。"这些形式本身涉及一种关于哲学的新概念、一种关于思想家及思想的新形象。尼采用诠释及评价来取代认识的理想和真实的发现。"③

"格言"源于希腊语的"定义"一词，是智者思想的结晶，是表现真理的简洁而璀璨的话语。与冗长的语言相比较，简练的语言更能省去诸多口舌之争。因此，智慧女神密涅瓦发现长笛不适合她，就放弃了这件乐器。哲学写作的惯常方式是论文，尼采在此之外另辟蹊径，精心选择用格言的方式写作，以其轻捷和嬉戏来反对体系化、教条式哲学的笨拙和沉重；一条格言即思想的一次实验或冒险，是从一个角度探索实在的有限方面，而不是提出装扮成"重大真理"的空洞虚构。

尼采发现，希腊作家的表达方式简约而意蕴丰富。他说："简洁地叙说某事可以是许多长期思考的成果和收获……难道你们认为，因为人家给你们（而且不得不给你们）片段，所以这就必然是不完整的作品了？""一句好格言对于时间之牙来说太坚硬了，所有的千年都消耗不了它；尽管它有助于哺育每一个时代，因此它是文学中的伟大悖论，是变异中的永恒……"④尼采对

① 尼采：《快乐的知识》，余鸿荣译，哈尔滨出版社2015年版，第239页。
② 尼采：《哲学与真理——尼采1872—1876年笔记选》，第84页。
③ 德勒兹：《尼采》，第21页。
④ 尼采：《人性的，太人性的》，第289页，第298页。

自己的格言寄予厚望，视之为哲学写作的法宝：

> 创造时间无奈其何的事物，为了小小的不朽而致力于形式和质料——我还从未谦虚得向自己要求更少。格言和警句是"永恒"之形式，我在这方面是德国首屈一指的大师；我的虚荣心是：用十句话说出别人用一本书说出的东西——说出别人用一本书没有说出的东西……①

尼采的格言通常表现为没有充分证据的断言或结论，它们几乎总是唤起和刺激，反思经常也是有意为之；它们所传达的个人内心深处的结论与信念，往往不是通过理性所能达到的。丹豪瑟评论道，如果从前的哲学是无意识的传记，尼采的格言则是有意识的自我启示，是对只能暗示的东西的暗示，是最具深刻私人性的真正自我的表达，其目的是刺激读者变成一个真正的自我，而只有真正创造性的自我才能接近真理。②

诗歌则是依赖于音乐性的艺术，"一听见这个与众不同而又纯粹的声音，这个不会与其他声音混淆在一起的声音，你们马上就会有一种开始的感觉，感到一个世界的开始；一种完全不同的气氛就会立刻形成，一个新秩序就会产生，而你们自己会无意识地调整自己来迎接这种新环境"③。在《斐多》篇里，苏格拉底有言"哲学就是最高的诗"。罗森指出："在这里，诗已远远不只是一个文学文类，而成为一种生命存在方式的象征；哲学，也因为与诗并存，而更能激起内心对美好生活无尽的惊奇、渴望与无穷追问。"④尼采认为："哲学是艺术创造的一种形式"，"我们看到哲学最初是以与语言产生的方式相同的方式即非逻辑方式进行的"，"哲学家的活动是通过隐喻进行的"，"没有

① 尼采：《偶像的黄昏》，第 197 页。
② 丹豪瑟：《尼采眼中的苏格拉底》，田立年译，华夏出版社 2013 年版，第 173 页。
③ 瓦莱里：《文艺杂谈》，段映红译，百花文艺出版社 2002 年版，第 290 页。
④ 罗森：《诗与哲学之争——从柏拉图到尼采、海德格尔》，第 214 页。

隐喻，就没有真正的表达和真正的认识"，"认识不过是使用最称心的隐喻"①，而诗歌正是一种隐喻的艺术。尼采写道："真正的思想在真正的诗人那里都像埃及妇女一样，是戴着面纱出现的：只有思想的深邃目光越过面纱自由地观望。"②

在尼采看来，苏格拉底以来盛行的科学主义知识论掩盖了生命的真相，那些被意识和被表达的世界只是一般化的符号世界，至于个体此在之变动不居的活动则未能触及。为此，"尼采将这个世界视为某种艺术作品；特别而言，他将这个世界视为文学的文本。他有关这个世界以及这个世界中的事物的大量见解（包括他有关人类的见解），是通过如下方式获得的，即将几乎是在直觉上适用于文学的处境，适用于有关文学文本与文学角色的创造和解释的那些观念和原则，推广到这个世界以及这个世界中的事物之上"③。尼采将"理性认知"与"审美认知"予以融会，在某种程度上实现了诗与哲学内在的统一，体现了一种生命感的高涨。

显然，格言与诗的运用是尼采哲学"返祖运动"的产物。尼采的整个哲学思考方式与苏格拉底—柏拉图的方式存在着一种相似性，为表达其思想而发明各种不同策略——格言、诗歌、演讲——表明，尼采强烈地意识到与柏拉图对话试图克服的相类似的问题，意识到了古代人在显白写作和隐微写作之间的分别：哲学之诗的教诲是显白的，针对多数人；哲学教诲是隐微的，针对少数潜在的人。尼采的表述风格与其哲学的内容是密切联系在一起的，是其哲学的有机组成部分。

哲学体系家写作的是逻辑的整体的专业论文，而尼采写作的则是艺术的、几乎是音乐的整体的格言体著作。德勒兹是一位音乐修养颇高的哲学家，他指出，"概念分析"对于理解尼采当然是必要的，但必须在尼采的风格或文体中把握那些概念，为此需要"恰当地倾听"。德勒兹比较准确地把握住了尼

---

① 尼采：《哲学与真理——尼采1872—1876年笔记选》，第29页，第74页，第52页，第77页。
② 尼采：《人性的，太人性的》，第401页。
③ 内哈马斯：《尼采：生命之为文学》，"导论"，第3页。

采哲学最为重要与独特之处，即通过节奏和运动而形成的一种思想形象的根本转化，这种音乐结构是为我们自身创造出来的，其结果是哲学和思想本身都被改变了，运思及其语言言说成了一个诗性事件。[1]德勒兹真是目光如炬：

> 哲学与运动艺术有一种新关系：剧院、舞蹈、音乐。……像《查拉图斯特拉如是说》这样一本书，只能作为现代歌剧来观看、阅读、倾听。这不是说尼采创造了哲学的歌剧和哲学讽喻式戏剧，而是说他创造了直接将思想表达为经验和运动的歌剧和戏剧。[2]

把《查拉图斯特拉如是说》当作"现代歌剧"来观看、阅读、倾听，这种演出性的阅读和倾听正是尼采赋予其著作的一种文本特性。德勒兹与拉孔－拉巴特都听懂了尼采说的话，也真正读懂了尼采的著作。

德勒兹在《尼采与哲学》一书中开宗明义："尼采最重要的工作是将意义和价值的概念引入哲学。现代哲学显然在很大程度上从尼采那里汲取营养……。"他准确地发现："尼采用意义与现象的关联取代了表象与本质的形而上学的二元对立，取代了科学的因果关系。"[3]那么，"格言"与"诗"跟"意义"与"价值"之间是怎样的关系呢？德勒兹精辟地论道：

> 诠释让现象总是局部及片段的"意义"确立下来；评价则决定意义之"价值"等级，将片段整合起来，同时不减弱也不消除其多元性。说得更明白些，格言同时是诠释的技艺及需要诠释之物；诗同时是评价的技艺及需要评价之物。诠释者是生理学家或医生，他把现象看作是症状，通过格言来表达；评价者是艺术家，他思量或

---

[1] 参见施特格迈尔：《尼采引论》，田立年译，华夏出版社2016年版，第92—93页。

[2] 德勒兹：《〈尼采与哲学〉英译版前言》，崔增宝译，《外国理论动态》2010年第6期。译文略有改动。

[3] 德勒兹：《尼采与哲学》，第1页，第6页。

创造"视角"（perspectives），以诗诉说。①

康德之后，据说德国哲学便带上了这样一个烙印：酷爱创建形而上学体系。尼采直承古希腊哲学之余绪，其"格言"打碎了知识的线性整体，并与"诗"联手跟形而上学的论文体相抗衡：

> 这样一个人，当他沉思默想时，他用什么语言表达呢？用狂热诗歌的言语。我就是狂热诗歌的作者。②

尼采声称，在《查拉图斯特拉如是说》里，"最熟悉的、最平常的事物，现在吐出前所未闻的言辞。每句话都使情感激动。雄辩变成了音乐。向着梦想不到的未来发出电光。语言回到了想象的性质"③。尼采让古老的歌词唱出了新的旋律，并且为古老的旋律撰写了新的歌词。尼采就像歌唱的塞壬，唱着那回旋飘荡、令人心醉神迷的曲儿，释放出让人心跳加速的"独语"。

　　语言是通向思维的唯一途径。尼采研究权威专家、德国格赖夫斯瓦尔德大学教授施特格迈尔指出，尼采激活了节奏、声调、韵律等语言的"物性"，"语言自我满足，找到了一条通向自我完成形态的道路"；"尼采希望通过他的文字，将僵化概念的这一方面足够明白地呈现出来，并用音乐的隐喻来加以概括"——尼采将哲学思考做了一种"音乐性改写"。④ 诗歌形式的运用，使哲学家成了"艺术家"；格言的运用，则如德勒兹所言，使哲学家成了"生理学家或医生"。尼采对格言与诗的运用描述出了未来的哲学家——

> 真正的哲学家是命令者和立法者，他们说："应该这样！"他们

---

① 德勒兹：《尼采与哲学》，第 1 页。
② 尼采：《瞧，这个人》，第 128 页。
③ 尼采：《瞧，这个人》，第 126 页。
④ 参见施特格迈尔：《尼采引论》，第 96—98 页。

首先确定人类向哪里去和做什么，并在这些问题上指配所有哲学劳动者、所有制服过去者的前期工作，——他们用创造之手去把握未来，一切现在和过去之所是者，皆在他们这里变为手段，变为工具，变为锤子。他们的"认识"是创作，他们的创作是立法，他们求真理的意志是——求权力的意志。——今天可有这样的哲学家么？以前曾经有过这样的哲学家么？难道不是必须有这样的哲学家么？ [1]

第四节　"语境化"结构方式

在写作《不合时宜的沉思》（1875）时，尼采只是说"附录"将由格言组成；随后，他便开始构思一部独立的格言之书。通过《人性的，太人性的》（1876—1878）的格言式写作，尼采终于与叔本华的形而上学分道扬镳。施特格迈尔分析说，因"病痛折磨的大脑"使尼采只能"偷取""片刻零散的时光"，只能采取简短的形式，努力将自己在漫长散步中汇聚起来的笔记整理成清晰可理解的形式，但随着格言写作的生理必要性而来的，是对于格言的文学意义的认识，进而是对格言的哲学意义的认识。就字面意义而言，"格言"意味着"划界，留白"，这是一种天生适合价值重估的形式。首先，格言简洁、精辟、有力，言有尽而意无穷，留下了较大的阐释空间；其次，格言将所言说的东西极端尖锐化，造成出乎意表的震惊效果，而使概念从惯常语境中得以脱离出来，自由地进入不同的语境；最后，格言是独立的，它由一个个孤立的、自为的和直接照亮自己的思想组成，而对未来更为开放，远远超出它所陈述的。通过其语言艺术，格言带领我们进入了一个"迷宫"，在其中没有预先给定的原理，没有预先假定的方法，也没有预先对普遍有效结果的期待。格言所引发的解释不断变换，它简明地概括时代思想，同时却不会使

---

① 尼采：《善恶的彼岸》，第181—182页。

思想重新变成形而上学。这样，格言便就以其开放性消除了形而上学家抓住不放的体系形式，指向一种新的定向，并揭示了这种新定向的支点。①

在长度和形式上，尼采的所有格言差别比较大：从一个短语或一句话到长达几页，可以是有标题的或无标题的，可以提出一个问题，可以做出某种没有支持的断言……尼采格言用以支撑自己的支点，或是地理特征，或是语言符号，或是自然法则……无论人们希望利用它们来开始点"什么"，它们都能展开并且必须能够展开一个解释的游戏空间。②

知识或价值当然有其逻辑结构，但不能因此将这种逻辑奉为"体系"的完美，更不能将它视作追求的目的，而排斥与之相抵触的事物。尼采指出，当一个哲学体系被科学毁掉之后，剩下的是知识冲动的控制因素，也就是这个哲学体系中的艺术因素；一个哲学体系只是一个幻想，哲学的价值与其说来自知识王国，不如说来自生命世界；"人对自己了解到什么程度，他对世界也就了解到什么程度。他所能认识到的世界的深度正是他自己和他自己的复杂性让他吃惊的程度"。尼采说："最重要的能力是知觉形状的能力，即进行映照的能力。空间和时间不过是按照某些节奏量度的事物"，"艺术力量……表现为结晶。形状的形成"，"全部知识冲动的惊人一致必须得到证明：片段化的学者"。③尼采反对苏格拉底式的知识，不信任一切体系的构造者，拒绝成为一架纯粹的分析机器。因为以往那种体系的哲学没有直面问题的勇气，缺乏尝试性研究和提问所带来的开放视域，于是在偶然性的游戏中错过了真理。尼采非常重视体系之外的"偶然"，其格言呈现为碎片，是对无数"偶然"的书写；这些格言清晰地表达一种存在、一次行动、一个事物的意义，是多元主义思想的表现形式。《查拉图斯特拉如是说》反复申说：

> 偶然——乃是世上最古老的贵族，我把它交还万物，我把万物

---

① 参见施特格迈尔：《尼采引论》，第86—89页。
② 参见施特格迈尔：《尼采引论》，第90页。
③ 尼采：《哲学与真理——尼采1872—1876年笔记选》，第47页，第59页，第60页，第63页。

从受制于目的的奴隶状态中解放出来。

　　我在万物方面所看到的这种确实的幸福，乃是：它们宁愿以偶然之脚——跳舞。①

尼采的每一条格言都是一次性偶然的言说，各条格言之间的连结便是所有偶然的碎片的连结；这种偶然的组合方式，就像多样性的统一一样，把偶然的各部分连结起来，便是必然的而非可能的"数"："数是存在、统一和必然，而统一是被这种多样性肯定的统一，存在是被这种生成肯定的存在，必然是被这种偶然肯定的必然。数存在于偶然之中，正如存在与规律存在于生成中。"②正如德勒兹所言，作为确立现象之局部及片段的"意义"的格言，同时是诠释的技艺及需要诠释之物：

　　诠释是决定一个现象的意义，……意义存在于各种力量关系之中，根据这种力量关系，在一个复合而层级化的整体当中，……无论一个现象如何复杂，我们可以清楚地区分主动的、首要的、征服的与支配的力量，以及反动的、次要的、适应的与调整的力量。③

在尼采的格言之书里，这些不同力量的组合，自然"整合"起了诸多格言，它们组合成节，形成部分所归属的整体。施特格迈尔将尼采格言的结构方式称为"语境化"：

　　尼采在精心创作的格言之书中将自成一体的格言重新汇聚起来，自己建立由格言组成的语境。较长篇幅的格言……具有极其丰富的

---

① 尼采：《查拉图斯特拉如是说》（详注本），钱春绮译，生活·读书·新知三联书店2014年版，第189页，第190页。
② 德勒兹：《尼采与哲学》，第65页。
③ 德勒兹：《尼采》，第28页。

透视性，以至于打开了向四面八方伸展的前景，指向其他不同的格言，包括邻近的格言和相距遥远的格言，并要求与这些不同的格言联系起来。……这些格言在其自己的文本语境中大多已经结合了不止一个主题，并通过与其他格言连接，形成了主题链，而尼采会再一次巧妙地将这些主题链编织起来。……用主题链编织起来的东西将主题之间的互相依赖直接而生动地呈现出来，同时赋予格言之书以结构。……主题会越过单个格言之书，在不同的格言之书之间重新形成连结，因此互相提供了更多的理解帮助。[1]

所谓"语境化"的结构方式，是一种不断变换视角的思辨，它变化无穷、丰富多样。对读者而言，格言形成的早期文献、未刊的笔记和信件以及尼采著作之外的无数思想来源，构成了一层更广泛的语境联系；每一个进一步的语境联系都可以开启文本理解的新观点，这一点又尤其适用于定向。这些格言从来不是完全明确的，只有在其互相指示中才成为足够明确的；这些格言按照每个人自己的方式，根据他在其观点下所生产的关系，对每个人进行定向，每个人按自己的方式进行语境化——尼采给予读者的定向就是让他们自己定向，他就是这样看待自己作为作家的"使命"的。在动态的定向之中，尼采不断重新思考他的思想，将它们移动到不同的语境（诗性的，音乐性的，造型性的，等等），并因此而发展这些思想；其中多重视角的观察乃是更复杂的观察，其所给出的描述更细致，也更令人信服。由于哲学思考的尝试性与流动性，在尼采的著作中，没有什么是完结的，没有什么是最终的，一切都是未完成的。[2]

尼采这种"语境化"的结构方式，构建了德国哲学家卡尔·洛维特所谓"格言中的体系"："尼采的哲学既不是一种统一的封闭的体系，也不是一种

---

[1] 施特格迈尔：《尼采引论》，第 89 页。
[2] 参见施特格迈尔：《尼采引论》，第 89—95 页。

由互相没有关系的格言组成的多样性，而是一个体现在格言中的体系。他的哲学形式的特性同时展现出了这种哲学的内容。"[1] 在一个哲学失去"智慧"的时代，思想的体系呈现出一种表面的必然性，事实上它却并没有这种必然性；真正的必然性是在思想的偶然性中，而非在体系之中，体系在排除偶然性的同时也排除了必然性。尼采重新寻找最为内在的语言上的偶然性，发现了一种哲学格言的古老智慧，重新通过格言式智慧的必然的偶然（Zu-fall）实现真理和诗的统一，瓦解"作为一个不可能的整体"的体系，并最终带来了一种教导，使一种最为古老的哲学语言在"由被构思出来的比喻"所组成的体系的形式中，实现了它的现代性。[2]

正如丹豪瑟所言，格言文体的灵活性是要在体系的僵硬性之外提供一种其他选择，多条格言组合成节并作为部分归属某个整体，这与尼采的意图并无二致。尼采认为，未能取得整体性乃是颓废的标志，他承认自己未能免于颓废，但他试图克服颓废。他并不满足于写出与"原子的无序"等价的东西，他追求一种不同于哲学体系的整体性和统一性的整体性。如，声调和风格的统一性，所有格言都非常简短；它们提出问题而非解决问题，许多主题交织在一起，照亮一个主题而非穷尽该主题；它们经常提示、暗示，开始一个思想系列，然后留给读者去完成；它们的调子是反教条的，如其标点符号所表明的，超过三分之一的格言用顿号、破折号或问号结束，超过三分之二的格言包含这样的符号；作为一般性概括的格言，被当作激励性的洞见，而非最后的真理。有些格言系列通过联想主义的方式联系在一起，有些格言系列是为了一个共同的主题联系在一起，有些格言系列以变化了的形式发展某个主题，当然，最高主题是尼采自己，哲学变成了哲人的主观表达，尼采投入了一场与苏格拉底的竞赛，确立了一种哲学对另一种哲学的优越性。[3]

尼采的格言式作品的诱人之处何在？洛维特援引了尼采朋友奥弗贝克的

---

① 卡尔·洛维特：《尼采》，刘心舟译，中国华侨出版社 2019 年版，第 15 页。
② 参见卡尔·洛维特：《尼采》，第 26—27 页。
③ 参见丹豪瑟：《尼采眼中的苏格拉底》，第 175—179 页。

有力观点："格言通过它的简短这一装饰性的力量，为悖论提供了一种貌似无理的表象，并以论证为代价加强了它的效果。"①施特格迈尔指出："什么是尼采最终的重要性呢？对于他的读者之一来说，这种重要性在于他的范例，这种范例如此陌生、深刻、混乱、诱人、令人生畏，以至于它几乎不能被看作是范例性的。但是它也不能被无视。"②可惜，如尼采所言："现在没有人知道一本好书是什么样子。你必须指给他们。他们不懂文体。出版正在一点一点地毁掉理解文体所需要的感觉。""当代语言学家已经证明他们自己不配与我和我的著作为伍"，为了避免"落入笨蛋之手的危险"，"我在本书中没有考虑当代的学者，……我对他们并不是无动于衷的，虽然我希望我能够如此"。③尼采的思想及其文体的力量远远领先于他的时代。

尼采返回苏格拉底之前的古希腊哲学源头，在哲学中加入格言和诗两种表达方式，竭力消解苏格拉底、科学、批判的理性主义的力量；同时，又以其自传式、宣言式、告白式的言说方式，强化了言说主体生命体验的强度及其存在的特异性。尼采对音乐的应用，使其哲学写作成了一种声音的回响，体现着"在场的形而上学"；这是一种充分生命化的哲学写作，它颠覆了传统哲学概念化、体系化乃至形式化的书写程式。借用考夫曼的概念，尼采式思想与言说方式是一场哲学内部的"爆裂"，是在既有的世界内部炸开一个肯定世界与生命律动的思想空间，呈现了一种充满裂缝和空隙的世界形象。尼采有语言艺术家或语言哲学家的特质，善于把"理论"变成"写作"，激活语言特有的"物性"，通过"重现"一种"旧的风格"，即将语言视为理性与启示之母，而赋予思想更强的穿透力与生命力，让读者充分领略事物的差异之美，重新成为更广力量的倾听者、领受者和传达者。尼采"所发现的或许就不是一个现代才有的真理，而是对一切时代都适用的真理，只不过这真理在我们

---

① 卡尔·洛维特：《尼采》，第 31 页。
② 埃利希·海勒：《尼采，自由精灵的导师》，第 5—6 页，第 26—27 页。
③ 尼采：《哲学与真理——尼采 1872—1876 年笔记选》，第 13 页，第 82 页，第 83 页。

的现时代更加醒目、表现得更加淋漓尽致而已"①，这些"真理"表现出未完成性和暧昧性，这一双重特点同样铭刻在我们的生活结构之中，堪称一种理智诚实的标志。德勒兹一言以蔽之："现代哲学显然在很大程度上从尼采那里汲取营养，但是它汲取营养的方式或许并非如尼采所愿。"②事实也是如此，在尼采之后，西方众多现代思想家的确以各自不同的方式回应着尼采。

刊于《社会科学战线》2022 年第 4 期

① 莫里斯·梅洛－庞蒂：《知觉的世界——论哲学、文学与艺术》，第 101 页。
② 德勒兹：《尼采与哲学》，第 1 页。

| 第五章 |

"哲学应当作诗来写"

——维特根斯坦的"语言批判"及其写作

> 如果我们真想获得一种文化，前所未有
> 的艺术力量就是必不可少的，以便打破无限
> 制的知识冲动和再造整体。
>
> ——尼采①

维特根斯坦将成为一个"天才"视作人之为人的最大"责任"，如果不是天才，如果没有独创性的思想，活着毫无意义可言。他说："天才的尺度是性格——即便性格本身不等于天才。天才不是'才能加性格'，而性格却是以特殊才能的形式显示出来的。""天才是性格得以传达的才能。"②他认为天才的创造性才能是与其特殊性格共生的。作为一位原创性的哲学家，维特根斯坦的主要研究领域有数学和逻辑的基础、语言哲学和心智，以及哲学自身的本质等，其所开辟的哲学变革，是从与之相应的述学文体开始的。用维特根斯坦的话说，好的哲学写作是"分娩"，即一种从无到有的生产与创造。维特根斯

---

① 尼采：《哲学与真理——尼采1872—1876年笔记选》，第15页。
② 维特根斯坦：《文化和价值：维特根斯坦笔记》（修订本），第82页。

坦的语言批判及其写作予人启示良多。

第一节　"世界的耳朵"

　　哲学在一定程度上有其文化依赖性。维特根斯坦说过："我认为，要欣赏一个诗人，你必须同样喜欢他所属的文化。"[①]维特根斯坦生长于维也纳，这是一个被寓言化的都市，世界主要文化中心之一，创新艺术家和知识分子的一个熔炉："在这里，最僵化的保守主义与最激进的现代主义相碰撞，能最鲜明地感觉到旧世界的灭亡和新世界诞生的希望；这是矛盾、偏执和天才混居一堂的地方。"[②]维特根斯坦是八个兄弟姐妹中年龄最小的，他的父亲是欧洲工业巨头，母亲是著名的钢琴家，他的几个哥哥都痴迷于音乐；勃拉姆斯、瓦尔特、舒曼、马勒、拉博尔、卡萨尔等众多音乐家是他们家里的常客，维特根斯坦一家与维也纳文化和艺术精英们的关系十分密切。维特根斯坦从小受到良好的艺术教育，极具音乐天赋，会吹单簧管，还曾希望当一名指挥家，其审美品位极高。可以说，维特根斯坦高雅的文化感、严格的职责感、对天才和悲剧的狂热崇拜等，都源自这种充满艺术气息的文化氛围，以及那种领袖式作家、思想家和艺术家的时代。

　　论及维特根斯坦家族，传记作家瑞·蒙克说："无论怎样同维也纳中产阶级融合，无论怎样脱离自己的出身，他们仍然——在某种神秘的意义上——是'彻头彻尾的'犹太人。"[③]维特根斯坦在札记里写道："传统不是谁都学得会的东西，不是某个人只要什么时候愿意就能捡起来的一根线，正如你不能选择自己的祖先。"对于自己的犹太人身份，维特根斯坦是认同的，并反复做了辩护："在西方文明中，犹太人总是被不适合他的口径所衡量。希腊思想家既不是西方意义上的哲学家，也不是西方意义上的科学家；……犹太人也

---

① 维特根斯坦：《文化和价值：维特根斯坦笔记》（修订本），第 184 页。
② 坎特里安：《维特根斯坦》，陈永国译，北京大学出版社 2020 年版，第 1 页。
③ 瑞·蒙克：《维特根斯坦传：天才之为责任》，王宇光译，浙江大学出版社 2011 年版，第 5 页。

一样。""犹太人是一方沙漠,在其薄薄的石层下面躺着精神的熔岩。"①这里,
"一方沙漠"似乎喻指了犹太民族漂泊无根的命运;尽管如此,在其深层的精
神之海中,却流淌着智慧的"熔岩",不同的力量彼此相互撞击。《罗素自传》
里有一段关于维特根斯坦的文字:

> 他常常每晚夜半时分来找我,像一头野兽在我的房间踱来踱去,
> 踱上三个钟头,烦躁不安,一言不发。有一回我问他:"你是在思考
> 逻辑呢,还是在思考你的罪呢?"他回答说:"兼而有之。"并继续
> 来回踱步……②

罗素的描述生动勾勒出了维特根斯坦的思想肖像:逻辑与罪,或理性与信仰,
构成了维特根斯坦思想的两个核心主题。瑞·蒙克指出,它们"使他的工作
从弗雷格和罗素一脉的逻辑符号系统分析,转变成我们今天看到的奇特混血:
把逻辑理论和宗教神秘主义者如此这般地结合在一起";故当罗素告诉他不应
只陈述自己的想法,还要提供论证时,维特根斯坦的回答是:"论证将毁掉它
的美。"③对维特根斯坦产生更为深刻影响的威廉·詹姆斯说过:"非推理的直
接确信是我们内心的深刻部分,推理论证只是表面的展示。""理性从来不曾
产生信仰;现在,它亦不能为信仰担保。"④维特根斯坦也说:"假如基督教是
真理,那所有关于它的哲学就都是谬误了。""为了惊奇,人类——也许各族
人民都——必须醒来。科学是一种让他们再次入睡的方式。"⑤理性与信仰的冲
突使维特根斯坦的内心焦虑不已。

　　《逻辑哲学论》(1921)是维特根斯坦业已出版的哲学著述中最为神秘的

---

① 维特根斯坦:《文化和价值:维特根斯坦笔记》(修订本),第166页,第35页,第29页。

② 罗素:《罗素自传 第二卷 1914—1944》,陈启伟译,商务印书馆2015年版,第150页。

③ 瑞·蒙克:《维特根斯坦传:天才之为责任》,第119页,第54页。

④ 威廉·詹姆斯:《宗教经验种种》,尚新建译,华夏出版社2008年版,第54页,第316页,
第305页。

⑤ 维特根斯坦:《文化和价值:维特根斯坦笔记》(修订本),第180页,第14页。

一本:"对逻辑学家来说,它太过神秘化,对神秘主义者来说它太过学术化,对哲学家来说它太过诗意,对诗人来说它太过哲学,它是一本极少对读者进行让步的著作,似乎有意让人读不懂。"①《逻辑哲学论》讨论了七个命题,前六个命题都有相应的解释性命题,并以数字标示;第七个命题只以一句话做结论,没有相应的解释;形式上,全书采用十进制数字体系编写而成。这种结构方式与音乐和宗教信仰相关。有学者对此做了具体分析:"前六个命题从内容上看都与可说的事实世界有关,因此可以环环相扣,并层层递进,具有乐曲那样的连贯性和呼应性,而第七个命题则涉及到事实世界之外那不可说的东西,所以必须切断其与前六个命题的关联,并让文本到此戛然而止,就像乐曲中休止符所起的作用那样。"此外,从修辞学角度看,《逻辑哲学论》的结构本身就具有隐喻性质,"为了体现自己的宗教情怀或者说自己对不可说者的信仰,他有意用全书的七个主要命题与上帝创造世界的七天相应和或使两者具有同构性"②。据说一家著名的出版社当年拒绝出版此书,就是因为维特根斯坦被怀疑是一个数字神秘主义者;他把"7"这个数字看得太神秘了,在西方世界这让人想到音乐中的七个基本音符,还有《圣经》里的创世说。③

此外,《逻辑哲学论》的语言被提至"超验"的层面,可能的经验或情绪被悉数删除,没有一处问句,没有问难性的对话,没有提问式的伏笔,没有感叹,没有疑问,体现的是完全断言原则,口气颇为独断。如维特根斯坦说:"这里所陈述的思想的真理性,在我看来则是无可置疑和断然确定的。因此,我认为,问题已经在根本上彻底解决了。"④这让人绝无仅有地体验到了一种"坚实的"句法效果,其口气宛若真理的代言人。

---

① 瑞·蒙克:《如何阅读维特根斯坦》,徐斌译,浙江大学出版社 2021 年版,第 29 页。

② 张志平:《论〈逻辑哲学论〉的节奏性、简性与隐喻性:一种修辞学的解释》,《复旦大学学报(社会科学版)》2013 年第 3 期。

③ 参见李国山:《言说与沉默——维特根斯坦〈逻辑哲学论〉中的命题学说》,南开大学出版社 2004 年版,第 86 页。

④ 维特根斯坦:《逻辑哲学论及其他》,陈启伟译,商务印书馆 2014 年版,第 6 页。本书所引《逻辑哲学论》的文字均出自此版本。

与弗雷格、罗素等哲学家不同，维特根斯坦的思想与艺术有极大的亲和性；对维特根斯坦而言，艺术从来是第一位或真正重要的东西，其思想的核心地带被艺术气质占据，而不是被科学精神占据。对维特根斯坦而言，所有的艺术形式中，最重要的是音乐。他说：

> 音乐，以其极少的音符和节拍，让有些人觉得是一种原始的艺术。但它只是表面简单，而使这种显性内容有诠释之可能的实体，则有着在其他艺术的外在形式中浮现而音乐却将其隐匿的无限复杂性。音乐在某种意义上是最高级的艺术。①
>
> 一首曲子是一个同语反复式，它是自成一体的，它自己满足自己。②

这里，维特根斯坦将音乐视为"最高级的艺术"，所表达的绝不只是一种单纯的感受，而是触及了音乐的本性，即以简单的音符、节拍表现精微复杂的精神世界；维特根斯坦引用叔本华的名言"音乐自成一体"以评说一首曲子的"同语反复"，意谓音乐的超验性及其空灵自如的本性。在维特根斯坦看来，音乐自有其信仰的精神维度，"乐曲也并非如所有不懂音乐的人所认为的那样是声音的杂凑"③。

维特根斯坦对音乐的痴迷与其犹太人的身份密切相关。沃尔夫冈·韦尔施以人的感官为喻体，指出希腊是"世界的眼睛"，以色列是"世界的耳朵"；换言之，希腊文化是一种"看"的文化、科学的文化，希伯来文化则是一种"听"的文化、信仰的文化。④犹太文化的听觉取向，表现在艺术上，便是对音乐的绝对看重。维特根斯坦对音乐的特别重视，深受叔本华哲学的影

---

① 维特根斯坦：《文化和价值：维特根斯坦笔记》（修订本），第 22 页。
② 维特根斯坦：《战时笔记：1914—1917 年》，韩林合编译，商务印书馆 2005 年版，第 144 页。
③ 维特根斯坦：《战时笔记：1914—1917 年》，第 146 页。
④ 参见沃尔夫冈·韦尔施：《重构美学》，陆扬、张岩冰译，上海译文出版社 2002 年版，第 220 页。

响。在叔本华看来，音乐越过了理念，越过了现实世界，是"意愿"的直接客体化，是"意愿"的直接诉说，而"意愿"的创造正是天才的表征；在某些根本性的问题上，音乐的直接性是其独特的优势所在。因此，在叔本华的哲学中，"音乐远比逻辑的成分要更多一些"[1]。作为叔本华的私淑弟子，维特根斯坦自然以音乐作为衡量精神事物的尺度。音乐这一深层的精神背景，也充分体现在维特根斯坦的哲学之中；他几乎在所有的著作中都对音乐有所论述，其目的是阐明某种非音乐问题或与音乐无关的思想。维特根斯坦在札记里写道：

> 音乐的结构和情感。情感伴随着我们对一首曲子的理解，如同它们伴随着我们生活中的事件。
>
> 音乐或建筑中类似语言的现象。意味深长的不规则性——例如在哥特式建筑中。……巴赫的音乐比莫扎特或海顿的音乐更像语言。……
>
> 音乐中富于感情的表现。它不是以音量高低或节奏快慢来描绘的。正如富于感情的面部表情不可根据物质在空间中的分布来描绘。……以真实的表情演奏一首乐曲的方式可以有无数种。[2]

在维特根斯坦看来，音乐是灵魂的表现形式，这种表现形式极具多样性和丰富性，有着富于感情的各种"面部表情"；音乐中有类似语言的现象，具有表达与交流的功能，人们可以通过它来交流情感与思想；作为一种特殊的语言，音乐有能力表达一些日常语言难以言说的东西，阐明奥秘之中的"圣言"。维特根斯坦说：

---

[1] 舍斯托夫：《旷野呼告 无根据颂》，方珊、李勤、张冰等译，上海人民出版社 2004 年版，第 282 页。

[2] 维特根斯坦：《文化和价值：维特根斯坦笔记》（修订本），第 25 页，第 80 页，第 178 页。

> 巴赫说他的全部成就只是勤勉的结果。但这样的勤勉预设了谦卑和忍受痛苦的巨大能力，因而也预设了力量。况且还是能完美地表达自己的人，简直是用伟人的语言对我们说话。[①]

在维特根斯坦看来，巴赫具备谦卑和忍受痛苦的能力，创造出了真正有力量的不朽之作。维特根斯坦说，巴赫所做的也正是他自己想要做的工作。对维特根斯坦有过深刻影响的威廉·詹姆斯说过："神秘主义真理与我们交谈的最好媒介不是概念的言语，而是音乐。"[②]职是之故，通过精妙运用其"世界的耳朵"，维特根斯坦倾心"聆听"世界交响曲的"回声"，不时凭借音乐来阐明自己的哲学思想。他在《逻辑哲学论》里指出：

> 留声机唱片、音乐思想、乐谱、声波，彼此都具有语言和世界间存在的那种摹绘的内在关系。
>
> 它们全都具有共同的逻辑结构。（4.014）
>
> 有一条普遍的规则，音乐家可借以从总谱奏出交响乐，由此人们可从留声机唱片的密纹上得出交响乐，并可根据最初的那条规则再推出总谱。这些显然完全不同的东西之具有内在的相似性，正在于此。这条规则是将交响乐投射于乐谱语言的投影律。它是将乐谱语言翻译为留声机唱片语言的规则。（4.0141）

在维特根斯坦看来，世界与语言的关系，跟音符与乐谱的关系一样，有一种一一对应的"翻译"关系，即某种"摹绘"的内在关系。"一切比喻的可能性，我们的表达方式的全部图像性的可能性，都建立在摹绘的逻辑上。"（4.015）。比喻是一种再生性的想象力，它通过摹绘的逻辑在既定事物中看见

---

① 维特根斯坦：《文化和价值：维特根斯坦笔记》（修订本），第157页。
② 威廉·詹姆斯：《宗教经验种种》，第305页。

一种新的内在关联，从一种不同以往的视角重新观察、理解事物。"好的比喻激活思维。""没有比构造虚构的概念更重要的了，这终将教会我们去理解我们自己的概念。""我想要不断地告诉自己：'只画出你看到的东西！'"①维特根斯坦格外看重的是思想的独创性。

在《哲学研究》第二部分的第六小节，维特根斯坦这样论及音乐：

> "如果"的感觉一定可以和一节音乐给予我们的特殊"感觉"相比较。（人们有时这样描述这类感觉："这里就像作了个结论"，或"我想说'因此'……"，或"一到这儿我就想做出一个姿势——"，于是就做了个姿势。）
>
> …………
>
> 我们说这段音乐给了我们十分特殊的感觉。我们对自己唱这一段，同时做出某个特定的动作，也许还有某种特殊的感觉。但我们在另一种情境联系中却又根本认不出这些伴随活动——动作，感觉。只要我们不是在唱这个段落，这些伴随活动就十分空洞。②

这里，维特根斯坦告诉我们，"如果"这一逻辑常项带给我们的东西，完全可以与一段音乐给予我们的感觉进行比较；音乐给予我们的"感觉"，是一种伴随性的"表情"或"姿势"。维特根斯坦认为，对于相关的心理或精神现象，语言与音乐都具有一种构成性价值。他谈道："声轨伴随胶片，音乐伴随电影。……语言伴随世界。"③ 也就是说，语言与世界之间是"内在"伴随关系，就像与电影相伴的不是"声轨"（胶片轨道），而是"音乐"——音乐自身就

---

① 维特根斯坦：《文化和价值：维特根斯坦笔记》（修订本），第6页，第163页，第151页。

② 维特根斯坦：《哲学研究》，陈嘉映译，上海人民出版社2001年版，第284—285页。本书所引《哲学研究》的文字均出自此版本。

③ 维特根斯坦：《维特根斯坦与维也纳学派》，弗里德里希·魏斯曼记录，徐为民译，同济大学出版社2004年版，第17页。

是电影的一部分，彼此内在伴随而不可分割，"声轨"与电影的播放之间则是一种外在伴随。"理解一个句子比人们想象的更加类似于理解音乐中的一个主题。"（《哲学研究》，527）音乐将其他艺术形式所包含的复杂性隐藏了起来，其主题只能在音乐的演奏过程中被构成、被呈现；同样，思想不是某种预先存在的东西，它只能在语言呈现过程中被构成、被敞开，"言说"不过是"描述"这种用语言构成了的思想而已——实际上，维特根斯坦的哲学著作也是这样写作的，他谦逊地说："我的风格像拙劣的乐曲。"①

第二节 "一场与语言的搏斗"

维特根斯坦是我们时代的"智者"（Sophist）。作为"哲学家中的哲学家"，维特根斯坦总是反复提示我们："哲学问题具有这样的形式：'我找不到北。'"（《哲学研究》，123）"哲学家处理一个问题；就像诊治一种疾病。"（《哲学研究》，255）哲学是维特根斯坦所要诊治的"病人"，实际患病的不单是哲学，还有数学基础和心理学哲学，直至整个西方文明；如同尼采所期许的"生理学家或医生"，维特根斯坦精准地观察、读解、研究西方文化的症状，他要剥开西方文明这个病体的每一寸肌肤。

冯·赖特指出："20世纪哲学最突出的特征是逻辑的复兴以及它在哲学的整个发展中扮演着发酵剂的角色。""逻辑是我们这个时代的哲学的独特标志。"② 罗素就认为，哲学的本质即逻辑。如同数学一样，这种逻辑往往毫无风格，其绝对必然性的本质特性，决定了它内在的有限性。一如维特根斯坦在《逻辑哲学论》中所言："逻辑是先于一切经验的——先于某物之为如此情况的。逻辑先于'如何'，而非先于'是何'。"（5.552）"一个逻辑命题不仅一定不能被任何可能的经验所驳倒，而且也一定不能被任何可能的经验所证

---

① 维特根斯坦：《文化和价值：维特根斯坦笔记》（修订本），第90页。
② 冯·赖特：《知识之树》，陈波等译，生活·读书·新知三联书店2003年版，第146页，第158页。

实。"（6.1222）"因此在逻辑上也绝不会有使人意想不到的东西。"（6.1251）

　　维特根斯坦的提示非常重要："我们不断听到这种言论：哲学真的没有进步，我们仍然忙着做希腊人做的哲学问题。说这种话的人却并不明白事情何以如此。这是因为我们的语言仍是相同的，不断诱使我们提出相同的问题。"只要我们的语言一仍其旧，语言先在的给定性就会迫使我们沿着相同的思路，进入一个共同体，被同样的"哲学问题"绊倒，而丧失了任何进步的可能性。维特根斯坦进一步指出，我们所遭遇的"哲学问题"都植根于"对语言逻辑的误解"（《哲学研究》，93），也就是语言的形而上学的、不及物的用法："我们的思想在既定的路线上活动，根据我们所学的技巧自动转向。……我们做了一大堆没有促进用途甚至是阻碍用途的动作，现在我们必须在哲学上澄清我们的思想过程。"[1]"让我们操心的那种迷乱发生在语言仿佛在空转的时候，而不是它正常工作的时候。"（《哲学研究》，132）

　　因此，在维特根斯坦看来，哲学是一场战斗，一场与语言的搏斗，其目的是抵御语言之于我们理智的蛊惑。具言之，即拒斥一种"讲理论的态度"，也就是黑格尔体系所应许的完成——设想哲学必须最终拥有真理、完成了的理论体系和完成了的真理大厦：这使当代文化成了"科学思维"的表象和符号。这种"讲理论的态度"与人类的本性是相悖的，不符合人类生活的实际状况，没有反映出人们对语言的正确使用。维特根斯坦说："哲学家恒常在眼前见到科学的方法，不能抗拒地被引诱着用科学的方式提出和回答问题。这一倾向是形而上学的真正来源，并把哲学家领进了彻底的黑暗。"[2]维特根斯坦相信，新的思想方式一旦建立，新的表达方式随之确立，许多旧有的问题便会迅即消失，而向我们呈现出问题全新的一面。在《逻辑哲学论》里，维特根斯坦断言：

---

[1] 维特根斯坦：《文化和价值：维特根斯坦笔记》（修订本），第33—34页，第144页。

[2] 维特根斯坦：《棕皮书》，转引自瑞·蒙克：《维特根斯坦：天才之为责任》，第343页。

> 逻辑的研究就是对一切规律性的研究。而在逻辑之外，一切都是偶然的。（6.3）
>
> 哲学不是一种学说，而是一种活动。（4.112）
>
> 语言不能表现那反映在语言中的东西。我们不能用语言表达那自身表达于语言中的东西。（4.121）
>
> 可显示的东西是不可说的。（4.1212）
>
> 凡是不可说的东西，必须对之沉默。（7）

这里，强调了"说"与"显示"的区别。维特根斯坦的导师罗素的理解是：神秘的东西可以显示，但不能言说。帮忙翻译《逻辑哲学论》的弗兰克·拉姆塞做了评注："对于不能说的，就不能说，也不能通过吹口哨来说。"两位重要的维特根斯坦研究者詹姆斯·科南特和柯拉·黛蒙德则认为，《逻辑哲学论》试图表达哲学真理的命题完全无意义，因为这些命题没有说任何东西，也没有显示任何东西。瑞·蒙克认为，这种解读为避开某种悖论提供了一种巧妙的方法，但它与《逻辑哲学论》的文本，以及维特根斯坦在写这本书时所说与所写的其他东西，都不相符："这些东西似乎要说明，维特根斯坦的确认为一个人可以通过要么对真理保持沉默，要么说确切而言无意义的东西来显示深刻的真理。……在那些'显示自身'的东西当中，有伦理学、美学、宗教、人生的意义、逻辑和哲学。在所有这些领域中，维特根斯坦似乎都认为，真理确实存在，但这些真理没有一个能用语言表达出来；它们都必须被显示出来，而不是说出来。"[1]

为了准确地理解维特根斯坦的思想，瑞·蒙克援引了维特根斯坦与其密友保罗·恩格曼往来的信件。如 1917 年 4 月，恩格曼给维特根斯坦寄去一首德国诗人、语言学家乌兰德的诗歌《艾伯哈德伯爵的山楂树》。这首诗并不复杂，没有任何的润饰、道德描写或评论，只是淡淡地讲述了一个士兵的故

---

[1] 瑞·蒙克：《如何阅读维特根斯坦》，第18—20页。

事：在一次行动中，他从一片山楂灌木丛中砍了一簇树枝，重返家乡时把它种在自己的花园里；垂暮之年，他坐在长大了的山楂树下，山楂树唤起他年轻的回忆。"几乎所有其他诗歌，"恩格曼在信中说，"都试图表达不可表达的东西，而在这里，没有做那样的尝试，然而，正因为如此，其目的得以实现。"维特根斯坦认同这一说法，认为这首诗"的确很棒……情况就是这样：如果你不想说不可说的东西，那么没有什么东西会遗失。但是不可说的东西将——不可言传地（unutterably）——包含在已经说出的东西里面"。通过不试图表达，来表达（communicate）不可表述的东西——这成了维特根斯坦的理想。①易言之，那些无法明确表达的提供了一个相对应的背景，使可以表达出来的具有了确切的意义，这正是写作与理解诗歌的奥秘所在。因此，诗歌有助于一种启示性真理的"显示"而不是"说出"。

在《逻辑哲学论》里，维特根斯坦反复申言：

> 神秘的东西不是世界如何，而是世界存在。（6.44）
>
> 的确有不可说的东西，它们显示自己，它们是神秘的东西。
> （6.522）
>
> 哲学的正确方法实际上是这样的：除了可说的东西，即自然科学的命题——亦即与哲学无关的东西——之外，不说任何东西，而且每当别人想说某种形而上学的东西时，就给我指出，他没有赋予其命题中的某些指号以任何意谓。（6.53）

真正的哲学不必在可说与不可说之间二选一，而应在可说与不可言说的构架之外开辟一条新路，以思其非思和言其不可言。为什么恩格曼和维特根斯坦会推崇乌兰德的诗歌呢？瑞·蒙克解释说：

---

① 参见瑞·蒙克：《如何阅读维特根斯坦》，第23—25页。

正因为这首诗没有直接说出关于此诗深层意义的任何东西，因此才设法表达了关于生命本质的不可表达这一真理。维特根斯坦曾经说过："我觉得这句话总结了我的哲学观点——哲学真的应该只被当作诗歌创作那样来写。"……如果对哲学的理解可以表达，那它跟科学知识的表达方式就不能是一样的——直接以书面语言来表述——它必须通过更类似于诗歌的语言来表述。因此，哲学家必须总是记住，他们真正想要说的东西是不能说的，它必须通过另一种方式来表述：它必须显示出来。①

我们再来看看维特根斯坦的两条札记：

> 克莱斯特在某处写道：诗人最希望做到的，就是不用语言而让思想自身得以传达。（多么奇怪的供认）
>
> 我认为，当我这样说时，我总结了我对哲学的态度：人们确实只应当像写诗那样写哲学。对我来说，从中就必定可以知道我的思考在多大程度上属于过去、现在和未来。因为这就揭示出我自己的确不能做那些我以为有能力去做的事。②

德国诗人克莱斯特（1777—1811）所言，进一步表明了维特根斯坦为什么喜爱诗歌；而维特根斯坦对哲学态度的解释，则表明其思考在时间中的位置。

法国哲学家阿兰·巴丢对维特根斯坦的"诗化哲学"——把哲学当作诗来写——做了引证分析：

> 诗的作品是一种设置，它让语言说出它无法说出的东西，或者，

---

① 瑞·蒙克：《如何阅读维特根斯坦》，第26—27页。
② 维特根斯坦：《文化和价值：维特根斯坦笔记》（修订本），第34页，第55页。

它实质性地展示言说当中无法言传的东西。于是，这个行动的地点就被召唤到语言歧义性的边缘，作为其全部权力的不可言说的源泉。[1]

跟尼采一样，维特根斯坦同样引入了"格言"与"诗"两种表达方式，他们都是出色的文体家。阿兰·巴丢将尼采的梦想——"写出德语中未曾有过的美"——归之于维特根斯坦；不过，阿兰·巴丢本人偏爱的是《逻辑哲学论》，却并不喜欢《哲学研究》，而且理由很荒谬，说后者是 20 世纪的"经院哲学"。其实，没有哪部作品会比《哲学研究》更难被学院哲学整编。

　　1939 年，在《关于数学基础的讲座》的开端，维特根斯坦谈及自己的主旨：混淆语言的不同功用是误解与困惑的根源。哲学家的使命不是去惊扰数学家的工作，而是指出数学面对的诱惑和误导，从而与他分配给哲学的任务一脉相承：哲学只留下原样的世界——通过"在场的东西"以"显示"那些"不在场的东西"，就像诗歌一样。正如布朗肖指出的，当维特根斯坦说"凡是不可说的东西，必须对之沉默"的时候，他其实已经无法把沉默强加于自己了，他已经开始自己的言说了："一个人归根结底必须为保持沉默而说话。""每当我们谈论其（沉默——引者注）存在的方式时，我们都预感到，我们只是抓住了那使之缺场地存在的东西。"[2] 数学家弗雷格读了《逻辑哲学论》后，在给维特根斯坦的信中写道：

　　　　读你的书的乐趣，不再是由于其已被知晓的内容，而只是由于作者给予它的独特形式。于是这书的成就是艺术上的，而非科学上的；和说的方式相比，书中说的东西是第二位的。[3]

---

[1] 阿兰·巴丢：《维特根斯坦的反哲学》，严和来译，漓江出版社 2015 年版，第 114 页。

[2] 莫里斯·布朗肖：《不可言明的共通体》，夏可君、尉光吉译，重庆大学出版社 2016 年版，第 90 页。

[3] 瑞·蒙克：《维特根斯坦传：天才之为责任》，第 178 页。

美国著名文学批评家乔治·斯坦纳认为，维特根斯坦延续了布莱克、克尔凯郭尔的创作传统；他高度评价了维特根斯坦的哲学写作——

> 跟随维特根斯坦，正如跟随某些诗人，我们从语言中望出去，看到的不是黑暗，而是光明。任何读过《逻辑哲学论》的人都会感到这本书中沉默的奇特光芒。
>
> 《哲学研究》……是精神形式和精神运动之书。它由格言警句和数字构成，似乎是从另一类型的确定书写中借用的。它使怀疑和严格评估成为自己的句法、风格和对象。维特根斯坦具有诗人的才能，使每个语词看起来是新的，充满有待利用但可能毁灭的活力。《哲学研究》许多地方意象简明、形式独特，读起来简直就像一首诗。像里尔克的《致俄尔浦斯十四行诗》一样，它们差不多同时代出现，都建议我们保持沉默。①

维特根斯坦的哲学写作确实不同凡响。他是用语言来思考的、近乎纯认知的诗人，他完成了独特自我的刻画，揭示了人格与心智所抵达的高度。在自己的札记里，维特根斯坦不断绘制着自我镜像：

> 如果说我的著作是专门为一个小圈子的人（如果这称得上是圈子的话）而写的，这倒不是说我认为这个圈子的人是人类的精英，而是说它是我要求助的圈子，（不是因为他们比别人更好或更坏，而是）因为他们构成我的文化圈，可以说是我的同胞，而其他人对我来说则是不相干的。
>
> 我的思想确实只是再生性的，我认为我这个想法有些道理。我认为我从未发明过一种思路，而总是由别人供给我思路，我至多是

---

① 乔治·斯坦纳：《语言与沉默——论语言、文学与非人道》，第29页，第104—105页。

　　热情地将它用于我的澄清工作……

　　　　我相信，我的独创性（如果这是个恰当的词）是属于土壤而非属于种子的独创性。（也许我没有自己的种子。）在我的土壤里播下一粒种子，它的生长将不同于它在其他任何土壤里的生长。①

　　对于自己的哲学写作，维特根斯坦似乎并不满意，它们局限于"一个小圈子"，其他的人则形同陌路或毫不相干；而且，它们所表达出的意思是极其有限的一部分。他认为，自己不过是一个"再生性"的思想家。这里，"再生"有"复制"或"重复"之义，"援引"是思想的姿态，思想如同"现成品"。这种"独创性"是属于"土壤"而不是"种子"的，在这片"土壤"上生长出了与众不同的东西。

　　维特根斯坦之所以这样看待自己，与其本人四分之三的犹太人血统有关。在他的认知里，犹太人在根本上是缺乏创造性的："只有圣徒才是犹太人的'天才'。连最伟大的犹太思想家也不过是有天分而已。（比如我自己。）""天才并不比任何诚实的人有更多的光——但他有一个将光线聚焦至燃点的特种透镜。"② 也就是说，天才的特殊才能是某种"聚焦"的能力。维特根斯坦夫子自道："哲学家的工作是为了某种特定的目的采集回忆。"（《哲学研究》，127）当然，这是为一种建构而"采集"。

　　维特根斯坦展开作品的方式就像一个诗人，他的《逻辑哲学论》《哲学研究》都不是长篇大论，而是格言警句式的短句子和短小节段，两本书没有目录，没有后记，可以从第一条读起，也可以倒着从最后一条，或者任何一条读起，每一次打开感觉就像从未打开一样，用博尔赫斯的话说，一如指缝中的沙子，形同语言的迷宫。这两部"沙之书"的比喻能不断激发人的灵感，其遣词造句追求一种高度精确的口语化风格，带有饶舌的节奏，呈现一种迷

----

① 维特根斯坦：《文化和价值：维特根斯坦笔记》（修订本），第23—24页，第41页，第84页。
② 维特根斯坦：《文化和价值：维特根斯坦笔记》（修订本），第41页，第82页。

人的精巧与深刻。对于维特根斯坦的"诗化哲学"风格，埃利希·海勒从文化与语言的"内部"视角来理解："他是第一流的逻辑家；一位富于知识分子激情和训练有素的明晰性的德语散文作家（也许用其他语言写这种散文，只需要才子即可，但用德文来写当然需要天才）。"①

据说有一次与博尔赫斯会面时，恩斯特·荣格曾半真半假地希望他能列举自己心目中半打最伟大的 20 世纪哲学著作，博尔赫斯只提供了《哲学研究》《逻辑哲学论》《救赎之星》《存在与时间》四部作品，而剩下的两部人们则可以根据自己的喜好随意填补。有论者指出，博尔赫斯的选择并不让人意外，这四部作品"既是哲学又是诗篇，是语言自身的完全呈现，如果不读德语就等于从未读过，即使译文'准确无误'，依然有恒星之隔"；"翻译维特根斯坦就是别无选择地翻译成'哲学论文'，但其德语读者照旧会不可救药地为其'灵氛'倾倒"。② 作为维特根斯坦的学生，冯·赖特声称：

> 如果有一天他被列为德国散文的经典作家，将不会使人感到惊讶。……风格简单明了，文句结构坚实舒缓，节律流畅自如。……适度的平稳与丰富的想象相结合，既有自然延续又有意外转折的印象，使人联想到维也纳的天才人物某些其他的杰作。（舒伯特是维特根斯坦喜爱的作曲家。）③

第三节 "想象一种生活形式"

在《哲学研究》的序里，维特根斯坦说，只有与前期的思想方式相并置、

---

① 埃利希·海勒：《尼采，自由精灵的导师》，第 208—209 页。
② 刘云卿：《维特根斯坦与杜尚：赋格的艺术》，第 85 页注释 1，第 144 页。
③ 冯·赖特：《传略》，见诺尔曼·马尔康姆：《回忆维特根斯坦》，李步楼、贺绍甲译，商务印书馆 2012 年版，第 26—27 页。

对照并以之为背景，人们才能正当地理解自己的新思想。"语言批判"——通过对语言的逻辑分析，澄清命题的真实意义，以避免可能的误导——是前后期维特根斯坦一贯的主题。在《逻辑哲学论》里，维特根斯坦宣称：

> 世界是独立于我的意志的。（6.373）
>
> 逻辑命题描述世界的构架，或者说得更确切些，表现世界的构架。……如果我们知道了任何一种符号语言的逻辑句法，那么就已给出了一切逻辑命题。（6.124）
>
> 指出命题的本质，意即指出一切描述的本质，从而也指出世界的本质。（5.4711）
>
> 逻辑不是一种学说，而是世界的一种映像。（6.13）
>
> 逻辑空间中的诸事实就是世界。（1.13）

也就是说，世界是由事实构成的，而语言是由句子构成的；语言与世界相对应，句子与事实相对应，句子之间的关系与事实之间的关系相对应；通过对语言的逻辑分析，我们便可对世界做出说明。埃利希·海勒指出，《逻辑哲学论》的逻辑结构、动机、意图和勋伯格音乐理论的逻辑结构、动机、意图之间有一种家族相似性，其中的语言被提高到了逻辑必然性的层面，这种层面消除了所有主观意外因素。① 在《哲学研究》里，维特根斯坦谈道：

> 思想被一个光环环绕。——思想的本质，即逻辑，表现着一种秩序，世界的先验秩序；即世界和思想必定共同具有的种种可能性的秩序。……这种秩序是——可以说——超级概念之间的超级秩序。（97）
>
> 我们不可提出任何一种理论。我们的思考中不可有任何假设的

---

① 埃利希·海勒：《尼采，自由精灵的导师》，第216页。

东西。必须丢开一切解释而只用描述来取代之。这些描述从哲学问
题得到光照，就是说，从哲学问题得到它们的目的。（109）

哲学不可用任何方式干涉语言的实际用法；因此它最终只能描
述语言的用法。（124）

哲学只是把一切摆到那里，不解释也不推论。——既然一切都
公开摆在那里，也就没什么要解释的。(126)

维特根斯坦批评思想现成性的诉求，质疑康德意义上的先验性，即隐藏于命
题背后的"先天秩序"或"超级秩序"。显然，这是针对早期《逻辑哲学论》
的"逻辑空间"而言的。维特根斯坦之所以主张以"描述"取代"解释"或
"论证"，在于哲学不是一种理论学说，而是一种语言行动——

我相信，试图作出解释就已经错了，因为人们只能把所知道的
东西正确地拼凑在一起而不添加任何东西，通过解释而得到的满足
就由自身产生了。[1]

我写的每一个句子都在力图说出整个事物，也就是说，反复在
说同一个事物，就好像它们是从不同角度观察一个对象。[2]

在维特根斯坦看来，思想家的工作与制图员非常相似，都是要把生活中事物
之间的各种联系清晰地描绘出来。这里，"描述"意味着被描述者已然存在，
其策略不是"刻画"而是"移植"，即将鲜活的场景、人物、对话、在场性等
"移入"相似性的"语言游戏"。维特根斯坦正是这样一位凭听觉写作、灵感
频现的语言艺术家。通过对"在场"的模拟、隐秘的"无尽的对话"、反讽、
疑问和戏谑等，维特根斯坦修改了《逻辑哲学论》的唯名论偏见，引导所有

---

[1] 涂纪亮主编：《维特根斯坦全集》第 12 卷，江怡译，河北教育出版社 2003 年版，第 13 页。
[2] 维特根斯坦：《文化和价值：维特根斯坦笔记》（修订本），第 18 页。

的言语回到日常生活实践的语境，努力阐明思想者在世界中的位置，以及他的世界的边界，使哲学成为一种"生活方式"。

维特根斯坦说："世界的意义必在世界之外。在世界中一切都如其所是地是，一切都如其发生地发生。"（《逻辑哲学论》，6.41）这里，"之外"不能简单理解为另外一个世界，若设定一超验世界的存在，对于超出认识范围之外的存在，我们无从知晓而导致一种逻辑悖论；"世界的意义"指一种"内在根据"，即"使它们成为非偶然的东西"；"在世界之外"，表明使世界如此存在的"意义"或"根据"不是任何现成之物，不可能以现成的方式在世界上出现。这正如维特根斯坦所言："上帝不在世界中显现。"（《逻辑哲学论》，6.432）因此，"意义"或"根据"是以构成性的方式内在于世界的存在之中，即世界的"存在"本身：

　　神秘的东西不是世界如何，而是世界存在。（《逻辑哲学论》，6.44）

　　［哲学］让一切如其所是。（《哲学研究》，124）

思想与言说的方式不同，文本的形式结构自然各异。《逻辑哲学论》的形式的确非常特别：每一章有一个总题，然后给出一系列扩充和论证；一句句格言式语句用号码排列，表示各个命题的主从关系，所有词项都像是术语。阿兰·巴丢指出，这种由各个层次的数字编号所构成的剪辑原则，"指向一个平面的设置，一种弹性的关系，连接起具有总体价值之物和仅仅是局部例证之物"；它"框范那些支持诱惑和扭转的东西，即无可避免的语义变化……所有的命名都被这种剪辑悬置在它的真理之面（它是经验的和世界的）和价值之面（它是超越世界的，并消解了命名行动本身）之间"。①

对于自己的《逻辑哲学论》，维特根斯坦的反思准确而辛辣："它先于一

---

① 阿兰·巴丢：《维特根斯坦的反哲学》，第103页，第104页。

切经验，必定贯穿一切经验；它自己却不可沾染任何经验的浑浊或不确——它倒必定是最纯粹的晶体。……就像是世界上最坚实的东西。"（《哲学研究》，97）因此，在《哲学研究》的写作中，维特根斯坦放弃了《逻辑哲学论》那种坚实的句法与完备的格言式，它不再有通常用于指明论题的章节标题，全书共分为两个部分：第一部分由 693 条独立标号的评论组成，篇幅由一行到数段参差不齐；第二部分共 14 节，每一小节由没有编号的分散评论构成，有的半页，有的长达 36 页。这些评论没有给出论证和清晰的结论，涉及广泛的论题，却没有对任何论题做出清晰的、最终的陈述；许多评论包含具体事例，而似乎从未以它们作为概括的基础。词语只有在生活之流中才获得意义，维特根斯坦说：

> 我们把语词从形而上学的用法重新带回到日常用法。（《哲学研究》，116）
>
> 语言游戏就在那里——就像我们的生活一样。[1]

《哲学研究》不再制作与"外部"或"世界"相隔绝而同语反复的一个系统，而是从精密的逻辑思考回到了日常生活，它不断地提问，并且没有答案。阿兰·巴丢称之为"一种蜜蜂风格：折磨与刺痛"，它"遵循着没有逻辑或证明的对角线式飞行，把修辞悬置于提问式的逃遁形式和对问题的提问"；"自此之后，代替格言和它的数字性间隔的，是属于隐喻层面的东西，甚至是接近纯粹和简单的东西"。[2]

作为新价值及新评价原则的创造者，维特根斯坦表现得相当坦诚：

> 你能够用一种新的语言在某种程度上恢复一种旧的风格，可以

---

① 维特根斯坦：《论确实性》，张金言译，广西师范大学出版社 2002 年版，第 90 页。

② 阿兰·巴丢：《维特根斯坦的反哲学》，第 106 页，第 114 页，第 110 页。

说用适合我们时代的那种方式使之重现。这样做其实只是复制。……可我的意思不是说要将一种旧的风格修剪一新。你没有将旧的形式拿来修理，以符合时下的口味……①

在这几则札记里，我们看到了尼采等人产生影响的方式；维特根斯坦与尼采是因为在审美力上的强烈一致或是共鸣，而不是为了适应新世界而说出"旧的语言"。如阿兰·巴丢所言，维特根斯坦与尼采是"反哲学"或"反形而上学"的同道中人：

他们声称自己不仅是其时代所行真理之当代人，而且将其生活变成思想的剧场，将其身体作为容纳绝对的场所。……对反哲学家来说，个人生命的痛苦与痴狂见证了思想始终纠缠着短暂的现在，出没于身体的极度苦痛之中。②

埃利希·海勒同样发现：

《逻辑哲学论》和《哲学研究》之间的断裂和尼采《悲剧的诞生》（1871）和《人性的，太人性的》（1879）之间的断裂属于同一种类。在两种情况里，断裂都是由形而上学的克制造成的，在以我们的思想逻辑为一方和以现实的"逻辑"为另一方的双方之间预先确定的感应中，信仰丧失。③

当已确立的哲学语言传统不再适应我们的"现实"智力需求时，尼采与维特根斯坦摆脱了败坏整个思想史的"哲学偏见"，他们对绝对语言逻辑的信仰消

---

① 维特根斯坦：《文化和价值：维特根斯坦笔记》（修订本），第135—136页。
② 阿兰·巴丢：《维特根斯坦的反哲学》，第16页。
③ 埃利希·海勒：《尼采，自由精灵的导师》，第219—220页。

失了，对词句和世界之间绝对和谐关系的信仰也随之消失；这"造成了同样的形而上学信念危机……对任何同现实的形而上学可靠交往的信仰的丧失，由这样的观念做出了弥补，即一种预先确立的荒诞决定了由人的智力构成和可以是世界真实构成的任何东西之间的关系"[1]。维特根斯坦意味深长地指出：

> 由于曲解我们的语言形式而产生的问题，有某种深度。它们在深处搅扰我们；它们的根像我们的语言形式本身的根一样，深深扎在我们身上；它们意义重大，重如我们的语言本身。——我们问问自己：我们为什么觉得语法笑话具有深度？（那的确是一种哲学深度）。（《哲学研究》，111）

这里，"曲解"似乎暗示："存在，或可能存在一种哲学上或语文学上的东西，决定了什么是对每一个具体'语言形式'的正确'解释'，什么是对其的不正确'解释'的绝对可靠规则。但是没有这样的标准可以适用。……我们一离开逻辑、语法、句法的领域，就进入美学领域，在那里我们不问一个作家是否正确'解释'词语，而问他用词的好坏；而他用词用得好，不是取决于他'解释'词的能力，而是取决于更充分地被描写为一种语言感，描写为感受性或描写为天才的东西。"[2]在维特根斯坦看来，只有在具体的"生活形式"中，语言才有其意义：

> 想象一种语言就叫作想象一种生活形式。（《哲学研究》，19）
> "语言游戏"这个用语在这里是要强调，用语言说话是某种行为举止的一部分，或某种生活形式的一部分。（《哲学研究》，23）

---

[1] 埃利希·海勒：《尼采，自由精灵的导师》，第222页。
[2] 埃利希·海勒：《尼采，自由精灵的导师》，第229页。

"生活形式"在《哲学研究》里共出现五次,"生活"与"形式"两个维度应作为一个整体来对待;作为一种原初的意义生成机制,"生活形式"一方面强调语言活动的构架性、规则性,另一方面强调语言活动的生成性、生命力。在维特根斯坦看来,"语言游戏"本身就是一种原初的"生活形式",其意义及其客观性并不需要从外部去"联系"生活形式来获得,因其本身便是生活"意义"的来源。①维特根斯坦说:"当我用语言思想,语词表达式之外并不再有'含义'向我浮现;而语言本身就是思想的载体。"(《哲学研究》,329)作为一种原初的生活经验,无论是内在的还是外在的,语言游戏是一种"原始现象"(《哲学研究》,654)。语言游戏处于意义的根源处,我们不可能在它的外部再为它提供其他的基础:

> 你必须记住,语言游戏可以说是某种不可预测的事情。我的意思是说:语言游戏不是建立在理由基础之上的东西。语言游戏不是合乎道理的(或者说是没有道理的)。②

维特根斯坦指出,描述世界图景的命题也许是一种神话的一部分,某些具有经验命题形式的命题变得僵化,并作为尚未僵化而具有流动性的经验命题的渠道——"构成性"与"生成性"这种双重结构是语言的本性、意义的源头。对此,维特根斯坦有一个生动的比喻:

> 这种神话可能变为原来的流动状态,思想的河床可能移动。但是我却分辨出河床上的河流运动与河床本身的移动,虽然两者之间并没有什么明显的界限。③

---

① 参见蔡祥元:《错位与生成——德里达与维特根斯坦对意义之源的思考》,商务印书馆 2020 年版,第 259—268 页。
② 维特根斯坦:《论确实性》,第 90 页。
③ 维特根斯坦:《论确实性》,第 18 页。

"河床"与"河流"之间可以相互渗透，随着这种渗透，彼此间的界线也发生游移。可见，维特根斯坦那"描述性的"文字，并非表达事先想要表达的念头，而是渐渐觉醒，生成了秩序与逻辑，呈现即刻所想到的东西或此刻还不知道的东西，这种随写随明白、生生不息、超因果性的活泼文字是"出神"状态的文字。为此，维特根斯坦反复强调：

> 我们的考察是从哪里获得重要性的？——因为它似乎只是在摧毁所有有趣的东西，即所有伟大而重要的东西（就像摧毁了所有建筑，只留下一堆瓦砾）。我们摧毁的只是搭建在语言地基上的纸房子，从而让语言的地基干净敞亮。（《哲学研究》，118）

这里，"语言地基"是一个"透明"的隐喻，透过它照过来的是一道神秘之光，它展现了一道哲学风景；在这道哲学风景中，各个时代不同的理论体系大厦都已然被"摧毁"了。尼采指出，这些理论体系大厦的搭建者——如柏拉图、圣托马斯·阿奎那、斯宾诺莎、康德、黑格尔等人——无论在什么地方"放下一个词"，"都相信自己做出了一项发现。这与事实相差多远！——他们触及一个问题：由于假定自己已经解决这个问题，他们为问题的真正解决设下了障碍。——现在，为了获得任何一点新知识，我们都不得不在死去的化石中跌跌撞撞地穿行，往往折断了腿而不是踢碎了词！"[1]。所有的确定性都被粉碎了，唯一可以牢牢抓住的是最后的所有——语言，因为"文字"就是介于"河床"与"河流"之间的"沉淀"。诚如埃利希·海勒所揭示的：

> 维特根斯坦的《哲学研究》要不是在其无限的、智慧的耐心中充满一种类似激发尼采预言狂热的那种紧迫感，就会变得像伯特兰·罗素认为的那样琐碎。要让一些光进入到"这个时代的黑

---

[1] 尼采：《朝霞——关于道德偏见的思考》，田立年译，上海人民出版社 2020 年版，第 59 页。

暗"中——这是《哲学研究》作者的迟疑不决的希望。这希望，像
所有真正的希望一样，建立在信仰的悖论基础之上：无视怀疑的信
仰。对维特根斯坦来说，这是一种对语言的信仰；而语言甚至在停
止成为现实之镜——维特根斯坦在《逻辑哲学论》中指定给它的功
能——以后对他来说仍然十分重要。①

无论如何，对维特根斯坦而言，"思想就成了一种在形式上清晰的岛屿间的航
行；而这些岛屿，则散落在一个不清晰的庞然大物之中。……在由相互联系
的文本中创造出的世界面前，他的笔记就是过度聪明者犹豫的纪念碑。他的
著作以其彻底的现代性见证了宇宙的整体与流畅散文之间的相似性的崩溃"②。
维特根斯坦思想的强度使自己成了未来知识界的智慧来源之一。卓尔不群的
维特根斯坦不属于他那个时代——其成果在传布的过程中，备受人们误解，
变得平淡无奇或支离破碎——而很可能属于我们的现时代。

刊于《求是学刊》2022 年第 2 期

---

① 埃利希·海勒：《尼采，自由精灵的导师》，第 226 页。
② 彼得·斯洛特戴克：《哲学气质：从柏拉图到福柯》，谢永康、丁儒亢译，漓江出版社 2018 年
版，第 111—112 页。

| 第六章 |

"语言在说话"

——海德格尔的"存在论"语言观及其写作

> 词静静地小心翼翼地积淀在空白的纸面
> 上，在那里，它既无声响又无对话者，在那
> 里，它要讲的全部东西仅仅是它自身，它要
> 做的全部事情仅仅是在自己的存在的光芒中
> 闪烁不定。
>
> ——福柯[1]

海德格尔是一个极具开创性的哲学家，是形而上学哲学的伟大终结者，被誉为 20 世纪"秘密的思想之王"（汉娜·阿伦特语）。在《存在与时间》（1927）里，海德格尔为自己提出一项批判性任务：以时间问题为引线解析"形而上学史"。20 世纪 30 年代以后，他以"存在历史"取代"形而上学历史"，并由"存在之真理"突入"历史生成"，即"语言生成"，呼唤一种新的思维与言说方式，回应了尼采式的非推论—非论证思想何以可能的问题。我们通常不是从世界存在的角度看待一切，囿于传统认知有限的视域，语言

---

[1] 福柯：《词与物——人文科学考古学》，莫伟民译，上海三联书店 2002 年版，第 393 页。

也一直没有充分地被主题化或对象化，更没被视为最主要的问题加以集中的思考；职是之故，当代中国学者的语言意识、文体意识是相当淡漠、单薄的。系统研究海德格尔的"存在"之思及其写作，对于我们述学文体的创构具有特别的意义。

第一节　"倾听古老的道说"

在《存在与时间》（1927）里，海德格尔首先区分了"Sprache"（语言）和"Rede"（话语）："Sprache"（语言）是人说出的话、写下的字，相当于海德格尔后期著作所谓"人之说"；"Rede"多译为"话语"（discourse），另译为"言谈"（talk），是此在的"展开状态"，相当于海德格尔后期所谓"语言之说"。对海德格尔来说，"话语"是更为根本的层面，是"语言"的生存论及存在论根基："把话语（rede）道说出来即成为语言（Sprache）……听和沉默这两种可能性属于话语的道说。"[①]这样看来，"话语"具有一种建构性功能，是一种预先使得事物呈现出自身的东西；"语言"则是"话语"得以被表达的方式，其所表达的是最初被"话语"揭示的东西。海德格尔认为，人的本质要从他的具体存在方式，也就是"在世界中存在"来领会，"话语"的本质也必须从"在世界中存在"这个基本结构出发予以阐明；人不断将自身展开为世界，表现为"话语"的存在者，在"道出自身"的过程中，揭示着世界和揭示着此在本身的方式。这样，"存在"（首先是人的存在）便与"语言"完全重合了；海德格尔转向了存在本身的语言，赋予语言以独立、先在的性质，确立了语言的本体论地位。

在《存在与时间》里，"倾听"被海德格尔作为一个重要的存在论概念予以讨论，因为"倾听"联结了"人之说"和"语言之说"，人由倾听"语言

[①] 海德格尔：《存在与时间》（修订译本），陈嘉映、王庆节译，生活·读书·新知三联书店2012年版，第188—189页。

之说"而获得"人之说"。"倾听"是探测晦暗边界和深度的方式，"听"比"说"更为根本，它是一种生存论上的可能性，不仅对话语具有构成作用，而且是"此在"与他人"共在"的基本方式，即"此在"的根本的敞开状态。所谓"领会"，即"倾听"，就是以一种谦卑的态度向他者敞开，去倾听那"世界—存在—语言"的沉默之呼声。于是，语言不再是一种处于上手状态的工具，而是我们必须"倾听"继而"归属"的"道言"。

以 1930 年的演讲"论真理的本质"为界，海德格尔的思想划分为前后两期，其研究视角和思考发生了明显转变："语言"由一个边缘性话题转而成为核心的议题，关注点在于"语言"揭示了什么，而不是传达了什么。按照莱索（Wrathall）的说法，海德格尔"转向"之后赋予"语言"两种含义："普通语言"（ordinary language）和"源初语言"（originary language）。"普通语言"就是在《存在与时间》中被称为"语言"（Sprache）的东西，即工具主义层面的东西；"源初意义"则是语言更为本原的层面的东西，它使得事物得以在其存在中作为其本身成为可通达之物。"源初语言"和"普通语言"之间的差异持续地推动着海德格尔思想的发展，而这正是他最初试图在《存在与时间》中描述的东西。①

1953 年，在与日本学者手冢富雄的对话里，海德格尔谈到自己在思考语言的本质问题时，一直都不愿意使用形而上学的"语言"这个词，只好用"道说"（Sagen）这个古老的德语词取而代之，以界说、命名其所沉思的"源初语言"。在海德格尔看来，"语言"是围绕某个"什么"即对象而言的，而"道说"不是就"什么"而说，而是存在自身的言说，其"让显现和让闪亮乃是以暗示方式进行的"。② 海德格尔将对源初意义的揭示称为"Rede"，因为这个德文词无论在具体形式上还是在词源学方面都与拉丁文"Ratio"相仿，而后者在整个哲学史上都被视为逻各斯的标准翻译。使用"道说"（Sagen）

---

① Wrathall,M.A. *Heidegger and Unconcealment:Truth,Language,and History.* Cambridge:Cambridge University Press.2011,p.155.
② 海德格尔：《在通向语言的途中》，第 134—137 页。

一词后，"话语"（Rede）这个词在海德格尔后期思想中便几乎不再出现了。

海德格尔提出，"思想是一种回忆"，"当前"由"来源"与"未来"的相互召唤而来，"回忆"则是一种"重演""回复"，指向"未来"并实现于"当前"。海德格尔之所以要"返回"，是为了留存那些最基本词汇的力量，从古希腊的"残篇断简"中"倾听"语词最初的言说，开掘出词语原始性的命名力量，从而更"本源"地"思"。海德格尔把前苏格拉底的早期"诗"与"思"设定为"存在历史"的"第一个开端"，把自苏格拉底—柏拉图至尼采的形而上学"哲学"理解为"思想"隐失、"哲学""科学"发展的过程，即"存在之被遗忘状态"的历史，而现时代则酝酿着"存在历史"的"另一个开端"，走向后形而上学。①海德格尔对于前苏格拉底时期古希腊"思想"的"返回""保护"，具有"词源学"特色，其目的是重新发现"源初语言"或找到通达它的道路，以终结德国的形而上学。

《哲学论稿：从本有而来》（1936—1938）是海德格尔前后期思想的一个链接，这不是一部传统风格的著作，有些类似维特根斯坦的《哲学研究》。该著共有281节长短不一的文字，它们更像是思想笔记和札记，被划分为"前瞻""回响""传送""跳跃""建基""将－来者""最后之神""存有"八个部分，中间六个部分被称为"关节"（Fuge），它们各自独立，又相互连接，不断地回复到、服务于同一主题（"总关节"）——"本有"之思。"本有"有两个自然含义，即"居有本己"与"本来就有"，它们暗示出"本有"的基本意义指向："有自己"与"有本来"。我们的时代放肆无度，物质畸变，心思漂浮，海德格尔以"本有"之思提醒我们，唯"抑制"方可守持"本己"，居有"本来"。孙周兴指出其中六个"关节"组成的"轮廓"是清晰的，甚至是"统一"的，彼此间有内在贯通的"脉络"，体现了一种相互生发、相互激荡的力量，但并不构成一个逻辑推演意义上的体系，因为思想的关节本

---

① 参见孙周兴：《我们时代的思想姿态》，东方出版社2001年版，第1页。

身"应合"于"存在"("本有")的关节。①瓦莱加－诺伊发现,《哲学论稿:从本有而来》的结构要素为 Gefüge(结构、接缝)或者 Fuge(接缝、赋格),其结构形同一首"宏大赋格"(Grand Fugue):

> 为了倾听《哲学论稿》的"宏大赋格",除了其他的要求,我们需要学习重复的艺术;我们需要学习用这样一种方式演奏思维运动的重复,以使重复出现的东西每一次对于我们来说和与我们一起都是新的。
>
> 一部音乐作品除非被演出才算是音乐。与之相似,《哲学论稿》的生命也存在于一种演出性的阅读和倾听之中。②

在弗莱堡讲座时期(1919—1923),海德格尔就开始关注一个核心问题:如果我们不再能够以传统哲学、逻辑和科学的方式/方法来处理动态的、不确定的、发生性的个体化生命经验和生活世界的事件,那么,我们是否以及如何可能另辟蹊径,去通达、描述原始生命经验和原始存在/存有事件?换言之,一种非对象性、非客观化的"思"与"言"是否可能以及如何可能?海德格尔开始尝试所谓"形式显示现象学",把"现象学"的"现象"理解为"内涵意义""关联意义""实行意义"的统一体,也就是"经验内容""经验方式""经验方式的实行"三者的统一;这种"形式显示"的现象学方法其实也是一种"表达(语言)策略",旨在显示实际的生命处境,激发个体化实际生命的实现。

在《追忆》(1943)一文里,海德格尔提出:"去言说……去倾听……道说和倾听构成被言说的对话,……真正的道说原始地就是一种倾听,就好像

---

① 参见海德格尔:《哲学论稿:从本有而来》,孙周兴译,商务印书馆 2014 年版,第 645—651 页。

② Daniela Vallega-Neu, *Heidegger's Contribution to Philosophy: An Introduction.* Bloomington: Indiana University Press. 2002, p.31, p.32.

真正的能听是一种原始的对所听之物的重说（而非一种照着说）。"[1]在《在通向语言的途中》一书中，"倾听一种古老的道说"这一思想得到了更为深入、明确的解说。海德格尔指出，传统认识论、工具论的语言观在解释语言现象上有其合理性，但是它并没有触及语言的本质。在他看来，存在是主客体尚未分化之前的本源性状态，传统语言根本无法言说这种存在；我们必须放弃传统的言说方式，将非本质的语言转化为本质的语言。海德格尔说：

> 我们猜度，语言之本质就在道说中。道说（sagen），在古代斯堪的纳维业语中叫 sagan，意思就是显示（zeigen），即：让显现（erscheinen lassen）……澄明着和掩蔽着之际把世界端呈出来，这乃是道说的本质存在。[2]

维尔纳·马克思阐释道，语言属于"本质现身的东西"，因为本质现身的东西自身是"道说"着的，这意味着：世界的世界化、物的物化只有通过"道说"才在其"真理"之中。所以，语言是最切近于人之本质的，人类世界的本质在于语言，一切存在都是语言中的存在，存在只有通过语言才能显现——语言指明了存在和人的一种"本质性的彼此互为"的领域。[3]而"道说"即语言本质现身，它把作为语言的语言带向语言，使人通达语言之大道。海德格尔破解了将语言视为工具或用具的固有思维，开启了语言"本源"或"本质"的"道说"之思。

---

[1] 海德格尔：《荷尔德林诗的阐释》，孙周兴译，商务印书馆 2014 年版，第 146 页。

[2] 海德格尔：《在通向语言的途中》，第 193 页。

[3] 参见维尔纳·马克思：《海德格尔与传统——存在之基本规定的一个问题史式导论》，朱松峰、张瑞臣译，上海人民出版社 2012 年版，第 205 页。

第二节　"语言在说话"

在《我进入现象学之路》（1963）一文中，海德格尔回顾了自己的现象学道路，认为希腊思想意义上的"无蔽"就是现象学的主题。他说："作为现象学的自身表现的意识行为的现象学所完成的东西，在亚里士多德和整个希腊思想和希腊此在那里，被更源始地思为'无蔽'，即在场的东西的无蔽状态，它的解蔽，它的自我显现，作为担负着思的行为的现象学的研究所重新发现的东西，如果这不是哲学本身的话，它至少证明自己是希腊思想的基本特征。"①通过现象学态度的昭示，海德格尔不再以"意识及其对象性"为课题，而是质询"在遮蔽与无蔽中的存在"。

在海德格尔所关注的前苏格拉底思想家中，赫拉克利特是最有分量的。在《逻各斯（赫拉克利特残篇第50）》（1951）一文中，海德格尔对"逻各斯"一词做了极为独特的解释。根据他所采纳的斯纳尔（Schnell）的译文，赫拉克利特的"残篇50"被译为：

> 如果你们不是听了我的话，而是听了意义，
>
> 　那么，在相同的意义中说"一是一切"就是智慧的。

海德格尔认为，赫拉克利特这个箴言谈到了"逻各斯"，即"言说"和"道说"；谈到了思想者本身（"我"），即言谈者的思想者——在这里，赫拉克利特思考一种"倾听"和"道说"。海德格尔考察了"逻各斯"之希腊语的原始语义，认为它意味着与德语中发音相同的动词"legen"一词的含义，即"放下来""放在眼前"，在"legen"中起支配作用的是"聚集"，即吸取和聚集意义上的"采集"。海德格尔认为："道说和言谈的本质是让事物一起呈放

---

① 海德格尔：《面向思的事情》，陈小文、孙周兴译，孙周兴修订，商务印书馆2014年版，第112页。

于眼前,即让一切被置放于无蔽状态中的在场者一起呈放于眼前。"这种作为语言的言说,必须从存在之敞开的意义上加以理解;使遮蔽之物成为无蔽之物的解蔽过程,就是在场者的在场本身,即存在者之存在;语言是以澄明存在本体而显现,语言的言说将万事万物互为关联,由彼此游离分散转变而为存在的共同体,进入天、地、人、神的共存。①

如果"言说"是一种"聚集""置放",那么,"听"又是什么呢?海德格尔认为,"听"是一种留神于要求和呼声的自行聚集,所听在倾听中现身,它让已经一起呈放于眼前,并且从某种置放而来呈放于眼前的东西呈放出来。如果有这种本真的听,那就有"同一置放",即把那个作为总体一起呈放于眼前而且在某种呈放中呈放于眼前的东西置放出来。赫拉克利特说过:"命运性的东西发生,只要一是一切。"也就是说,"一是一切"意在表明:"逻各斯"以何种方式成其本质。海德格尔对此阐释道:

> "一"乃是作为统一者的唯一之一。它通过聚集而起着统一作用。由于它在采集之际让眼前呈放者作为本身和整体呈放出来,它便起着聚集作用。这个唯一之一作为采集着的置放而起统一作用。这种采集着又置放着的统一作用把统一者聚集于自身,以至于它就是这个一,并且作为这个一,它就是唯一者。②

经过反复的考辨与创造性的阐释,海德格尔将赫拉克利特的"残篇50"做了一个解释性的翻译:

> 不要听我,听我这个终有一死的讲话者;而要听从采集着的置放;如果你们首先归属于这种采集着的置放,你们就真正地听了;

---

① 参见海德格尔:《演讲与论文集》,孙周兴译,商务印书馆2020年版,第230—235页。
② 海德格尔:《演讲与论文集》,第243—244页。

这样一种听存在，因为有一种"让一起呈放于眼前"发生，通过后者，集合着的让呈放，即采集着的置放，作为总体呈放于眼前；如果有一种"让呈放于眼前"的"让呈放"出现，就有命运性的东西发生；因为真正命运性的东西，即唯一的命运，就是：统一着一切的唯一之一。[1]

存在是一种生成着的存在，在澄明的世界里，"一"即"一切"，"一切"即"一"。海德格尔说，撇开上面这些解释而又不把它们忘掉，把"残篇50"翻译成我们的语言，则赫拉克利特的箴言可以讲成："不是归属于我，而是归属于采集着的置放；让同一者呈放；命运性的东西成其本质（采集着的置放）；一统一着一切。"[2]在赫拉克利特的思想中，存在者之存在（在场）显现为"这个逻各斯"，即采集着的置放；存在者之存在、在其存在中的存在者被带向语言，存在与存在者之差异作为差异被带向语言；"这个逻各斯"或许就是表示作为道说的言说、表示语言的希腊名称，或许还是希腊人所思的"道说"的本质。

在《语言》（1950—1951）一文中，海德格尔进一步指出，"语言说话"不是表达，不是被表达物的表象和再现，而是一种"应合"：

> 语言作为寂静之音说话。……宁静之本质乃在于它静默。严格说来，作为寂静之静默，宁静总是比一切运动更动荡，比任何活动更活跃。
>
> 人说话，是因为人应合于语言。这种应合乃是倾听。人倾听，因为人归属于寂静之指令。……语言说话。语言之说在所说之话中为我们而说。[3]

---

[1] 海德格尔：《演讲与论文集》，第 252 页。
[2] 海德格尔：《演讲与论文集》，第 252—253 页。
[3] 海德格尔：《在通向语言的途中》，第 22—23 页，第 27 页。

这里，语言所呈示的"寂静之音"，是后期海德格尔反复提及的"大道"："这种适合的无声的声音，是我们最难以听到的。因为为此我们就必须做好准备，首先去重新学会倾听一种更为古老的道说。"①

1955 年 8 月，海德格尔在题为"这是什么——哲学？"的讲演里指出，与欧洲其他语言不同，希腊语言是逻各斯，被说出的同时就是那种当下被意指的含义；只要像希腊人那样去倾听某个希腊语词，便可以理解它在讲话中所说的直接的、在场的含义，这个语词所表达的内容便直陈于我们面前。通过这种有声的希腊语词，我们便直接面对事物本身而不仅仅是它的语词符号。在海德格尔看来，哲学家的思想是由召唤他们思想的存在所启动的，对"这是什么——哲学？"的应答，就是我们"应合"于哲学向之行进的东西——存在者之存在。海德格尔具体述说了哲学运思如何与存在者之存在的声音相"应合"：

> 作为存在之声音向我们劝说的东西规定着我们的应合。于是，"应合"便意味着：从存在者之存在而来被规定，即……被分解、被澄清，并由此而被置入与存在者的关联中。存在者之为存在者规定着言说，其方式是：道说（Sagen）合辙（协调）于存在者之存在。应合必然而且始终就是一种合辙的应合，而并非仅仅偶然地和间或是一种合辙的应合。它在一种合辙状态（Gestimmtheit）中存在。而且，唯在这种合辙状态的基础上，这种应合的道说才获得它的精确性、它的音调（Be-stimmtheit）。②

这里，海德格尔通过用一套近乎描述声响和音乐的词汇来解说哲学，指出作为"合辙""定音"的"应合"，其本质上是在一种"情调"之中，这种"情

---

① 海德格尔：《荷尔德林诗的阐释》，第 222 页。
② 海德格尔：《同一与差异》，孙周兴等译，商务印书馆 2011 年版，第 17—18 页。

调"通过语言的声调、抑扬、言谈的速度、说话的方式等加以表达。

我们如果倾听内心本然的呼唤和劝说，呼应、应合着存在者之存在，便形成了一种天地人神、宇宙万物间的互动、互振、互应式的共响和谐；哲学运思是一种存在"劝说"与存在者"应合"之间的"调谐—定音"的"情调"过程，哲学的历史就是对存在的"情调"不断协调、和合、定音和定调的过程，"道说"的一切精确性便建基于这种"应合"的倾向。如王庆节所言，用这样一种方式解释哲学的诞生与哲学的本原，就是回归到了前苏格拉底希腊哲学的源头。①哲学以"应合"方式存在，此"应合"乃一种别具一格的"道说"，它效力于语言，我们必须与作为"逻各斯"的语言的希腊经验进入一种对话。

在《语言的本质》（1957—1958）一文里，海德格尔指出："唯当表示物的词语已被发现之际，物才是一物。唯有这样物才存在（ist）。……词语也即名称缺失处，无物存在。唯词语才使物获得存在。"因此，谈论语言的本质，就是要求我们迎接一种语言经验的可能性："在某个东西（可以是物、人或神）上取得一种经验意谓：某个东西与我们遭遇、与我们照面、造访我们、震动我们、改变我们。……'取得'在此意谓：就我们顺从与我们照面的某个东西而言，我们经受之、遭受之、接受之。这就是适合、适应和顺从于某个东西。"如果在语言中有此在的本真居所，那么，语言经验将使我们接触到此在的最内在构造；进入语言，顺从语言，本己地为语言之召唤所触动，便"通向那个由于与我们相关而伸向我们的东西"，"进入与我们相关或传唤我们的东西"②。在海德格尔看来，这种语言的经验远比认识、利用语言重要，它打破了人与语言之间主客相对的局面，让存在者（人与语言）在共同的存在本原上结成本质而自由的关系；在语言的经验中，人真正进入了"思"，"倾听"语言深处的声音，然后才有所"说"，即语言借人之口说出自己的存在。

----

① 王庆节：《海德格尔与哲学的开端》，生活·读书·新知三联书店 2015 年版，第 96 页。
② 海德格尔：《在通向语言的途中》，第 152—153 页，第 146 页，第 190 页。

在《在通向语言的途中》（1959）一文中，海德格尔指出，"听"与"说"都是始源性的，在很大程度上，"说"首先是一种"听"："作为道说，说从自身而来就是一种听。说乃是顺从我们所说的语言的听。所以，说并非同时是一种听，而是首先就是一种听。此种顺从语言的听也先于一切通常以最不起眼的方式发生的听。……我们听语言之说话。"人与万物融合为一的宇宙整体能作"无言之言"，理解某个事物就是参照"世界"这一敞开的参照体系，从事物自身理解事物；与事物不可分离的语言则使事物成为该事物，与其所言说的事物同一，言说着存在者之所是。那么，语言自身怎么说话呢？海德格尔说："语言首先而且根本地遵循说话的本质现身，即：道说。语言说话，因为语言道说，语言显示。语言之道说（Sagen）从曾经被说的和迄今尚未被说的道说（Sage）中涌出……我们是通过让语言之道说向我们道说而听从语言……在说话（作为顺从语言的听）中，我们跟随被听的道说来道说。"①语言在无声地聚集万物，语言自行、自主地"道说"，既澄明又遮蔽地"显示"世界。这与维特根斯坦所言——"语言本身就是思想的载体""语言伴随世界""［哲学］让一切如其所是"——何其相似！

海德格尔宣称："在一定意义上，不是我们拥有语言，而是语言拥有我们。"②"语言"之"说"在先，我们在倾听对存在之源始的"应合"之音中，生成作为存在之词语的"语言"；"语言"不是我们"说"的中介，我们是"语言"在"说"的中介，是存在之真理的揭示者；"语言"自己在说话，我们"听语言之说话"，写作则是让自己成为那不停言说者的"回声"——语言具有自身的内在力量与功能，它既敞开、绽放自身，又是"全息性"的。换言之，"思"之生成即"言"之生成，人的言说乃"应合"语言之言说，其所言说者是一种"在场"与"不在场"之"集合"，一种既敞亮同时又隐蔽的东西。

---

① 海德格尔：《在通向语言的途中》，第 253—254 页，第 254 页。
② 海德格尔：《荷尔德林的颂歌〈日耳曼尼亚〉与〈莱茵河〉》，张振华译，商务印书馆 2018 年版，第 28 页。

第三节 "诗—思合一"

后期海德格尔将"思"与"哲学"做了一个区分：思考"存在者"为"哲学"，思考"存在"则属于"思"。他说："未来的思想将不再是哲学了，因为未来的思想比形而上学思得更原始些，而形而上学这个名称说的就是哲学。"[①]"追问乃思之虔诚。"[②]按照海德格尔的说法，所谓"虔诚"，其本义就是"顺应"，即顺应于思之所思，"思想的本真姿态"是"对一切追问所及的东西的允诺的倾听"[③]；"思"是属于存在并向着存在的一种运动，是存在者对存在的召唤做出的反应，人只能听任存在的呼声由远及近将自己攫获。用维特根斯坦的话说："思想慢慢浮到表面，像气泡。""有时就好像你可以把一种思想、一个观念看作远处地平线上一个模糊的点，然后它经常是以惊人的速度靠近。"[④]

进入后期海德格尔思想视野的有两个关键人物，即哲人尼采和诗人荷尔德林。在后期海德格尔关于真理之建基、"存在历史"观的形成，以及"诗—思"关系的思考中，尼采具有决定性的意义。深受尼采影响的海德格尔认为，诗人能将自己所经受的语言经验形诸语言，让语言说出自己，而纯粹地被说出的东西就是"诗"；他将"诗"视为人类"思考"之本质，指出"思"寓于"诗"中，"诗"使"思"得以开显，"思"与"诗"共同揭示着生活世界的意义。如论者所指出的，尼采和海德格尔都对现代性提出了彻底的批判，后结构主义以尼采和海德格尔的遗产为基础，强调差异比统一和同一更重要，捍卫意义的扩散，反对将意义束缚在总体化、中心化的理论和系统之中。[⑤]

在研究尼采的同时，海德格尔高度关注荷尔德林。在他的心目中，荷尔

① 海德格尔：《路标》，孙周兴译，商务印书馆 2014 年版，第 432 页。
② 海德格尔：《演讲与论文集》，第 40 页。
③ 海德格尔：《在通向语言的途中》，第 166 页。
④ 维特根斯坦：《文化和价值：维特根斯坦笔记》（修订本），第 141 页。
⑤ 凯尔纳、贝斯特：《后现代理论——批判性的质疑》，张志斌译，中央编译出版社 2015 年版，第 25 页。

德林成了最伟大的诗人，成为哲学运思和诗化的最高代表。海德格尔在荷尔德林的诗歌里，发现了诸如"神圣者""自然""诸神""天穹""深渊"等"大词"，并根据这些诗意的词语形成了自己的"天地神人""四方"的"世界游戏"说。①

1936年，在题为"荷尔德林和诗的本质"的演讲里，海德格尔这样阐释荷尔德林的思想：语言乃是人的所有物，唯有语言处，才有世界；人之存在建基于语言，而语言根本上唯发生于对话中，对话及其统一性承荷着我们的此在；我们本身所是的本真对话，存在于诸神之"命名"和世界之"词语生成"中；诗在本质上就是一种"创建"，通过词语并在词语中实现；诗人说出本质性的词语，存在者通过诗人的"命名"而被指说为它所是的东西；诗乃是对存在和万物之本质的创建性"命名"，是让万物进入敞开域的"道说"；存在的"创建"维系于诸神的暗示，诗人的"道说"是对这暗示的"攫获"，是响应"神圣者"之"召唤"（即"存在"意义上的"语言"）而来；荷尔德林诗意地表达或创建了诗之本质，因此而规定了一个新时代。②概言之，荷尔德林的诗意经验，清晰呈现了语言如何言说自身，我们如何倾听语言的言说，以及言说和倾听的意义所在。

海德格尔把人的思考、写作与行动都建立在存在论基础之上，为"思"寻找一种新的言说方式，这是其后期工作的重要目标。在他看来，语言自己言说，语言自身显现；在语言面前，人首先要"倾听"，"听"存在的声音，"听"语言的呼唤；正确的"说"或"写"必须基于这种正确的"听"，抢在语言前头或落在语言之外，都不可能把握事物的本来面目。诗歌对海德格尔来说是一个符合其理想的东西，它融入语言材料或"普通语言"的物质性，打开了语言之本质或源初维度。海德格尔声称："一切艺术本质上都是诗。"③他甚至断言：哲学的历史性使命的极致在于认识到倾听荷尔德林诗句的必

---

① 孙周兴：《语言存在论——海德格尔后期思想研究》，商务印书馆2011年版，第223—235页。
② 海德格尔：《荷尔德林诗的阐释》，第33—53页。
③ 海德格尔：《林中路》，孙周兴译，商务印书馆2020年版，第64页。

然性。

　　萨弗兰斯基认为，海德格尔的荷尔德林阐释工作有三个重点：其一，在"权力—政治"失败之后，海德格尔关心的是权力的本质，人生此在力量的层次，诗、思想、政治之间的关系等问题；其二，海德格尔企图在荷尔德林那里找到一种我们缺乏的语言；其三，作为"诗的诗人"，荷尔德林成了海德格尔思想的固定的参照系，他在荷尔德林那里画了一幅自己的形象，一幅自己想让人看到的形象。[①]为"思"寻找一种新的言说方式，是后期海德格尔的重要目标。语言自己言说，语言自身显现；在语言面前，人首先要"倾听"，"听"存在的声音，"听"语言的呼唤，再"跟着说"，而"跟着说"的方式便是"诗"。

　　在《语言》（1950—1951）一文中，海德格尔分析了特拉克尔的《冬夜》，指出"诗"本质上是一种"语言在说话"或"道说"，即一种"命名"或"召唤"。这种"命名"不是分贴标签，运用词语，而是"召唤"入词语之中；这种"召唤"将所"召唤"之物带至近旁，把它置于最切近的在场者领域中，并将它安置其中。[②]由于"语言在说话"，我们与物不再是认知的或工具性的关系，而是一种切近的、近邻的关系。诗歌对海德格尔来说是一个符合其理想的东西，它融入语言材料或"普通语言"的物质性，打开了语言之本质或源初维度。海德格尔声称："一切艺术本质上都是诗。"[③]他甚至断言：哲学的历史性使命的极致乃在于认识到倾听荷尔德林诗句的必然性。

　　1952年，海德格尔在题为"什么叫思想"的讲演中提出："诗的本质就居于思想中。传说（Mythos）即道说（Sage）告诉我们这一点。诗的道说乃是最古老的道说，……它亘古以来始终是最值得思想的东西。"[④]海德格尔力图以

① 参见萨弗兰斯基：《来自德国的大师——海德格尔和他的时代》，靳希平译，商务印书馆2021年版，第399页。

② 海德格尔：《在通向语言的途中》，第12—13页。

③ 海德格尔：《林中路》，第64页。

④ 海德格尔：《演讲与论文集》，第148—149页。

诗的语言改变形而上学的语言，其后期的思想便主要通过对艺术作品的分析得以呈现。在他看来，"语言是存在的家"，"思"者与"诗"者则是这个家的看护人，形而上诉求与审美诉求可在融洽合一中呈现思想的张力。

1955年，在前述的法国讲演"这是什么——哲学？"中，海德格尔将哲学理解为语言的一种与众不同的方式，一种将思想和诗内在地联系在一起的方式，哲学借此而与存在者之存在的声音相应和、相协调。海德格尔建议回到希腊语言"道说"的根源处，即返回到希腊语言的"逻各斯"之中去倾听，倾听"思"与"诗"对存在之"情调"的原始"应合"之音："在思与诗两者之间有一种隐秘的亲缘关系，因为这两者都效力于语言，为语言尽力而挥霍自己。但两者之间同时也有一道鸿沟，因为它们'居住在遥遥相隔的两座山上'。""思"与"诗"都是作为"智慧之爱"的存在的"聚集""展开""敞亮"的方式，然而，自从柏拉图要把诗人逐出哲学王主宰的"共和国"后，"思"与"诗"之间的鸿沟越掘越深，乃至今日哲学家与诗人好像"居住在遥遥相隔的两座山上"。海德格尔希望人们追问那个构成"思"与"诗"之间隐秘亲缘关系的"存在"，力图恢复"思"与"诗"之间的亲缘关系，而用心良苦、意味深长地以亚里士多德的名言收结："存在之为存在多样地闪现出来。"①

在《语言的本质》（1957—1958）一文中，海德格尔批评西方现代哲学"太哲学"了，以致搞哲学的没有思想，只知道一味制造哲学的专业语言。他说："新近的语言科学和语言哲学研究越来越明显地把目标锁定在对所谓的'元语言'的制作上了。致力于这种超语言之制作的科学哲学，被认为是'元语言学'。……元语言学即是把一切语言普遍地转变为单一地运转的全球性信息工具这样一种技术化过程的形而上学。元语言与人造卫星，元语言学与导弹技术，一回事情也。"②海德格尔主张放弃这种超乎日常语言之上、自以为是

① 海德格尔：《同一与差异》，第22—23页。
② 海德格尔：《在通向语言的途中》，第147—148页。

的"元语言",而去倾听诗人的语言——一种让语言(存在)"自己说话"的本真语言。在他看来,"思"与"诗"之间是一种"近邻"关系,即彼此的"相互面对",这种"相互面对"有着深远的渊源,它源起于那种辽远之境;在那里,天、地、神、人彼此通达,一切东西都是彼此敞开的,一方向另一方展开自身,一方把自身托与另一方。[①] 于是,诗人吟唱"神圣者",思想家思入"存在之澄明",二者都指向某种神性的光辉。

在《词语》(1958)一文中,海德格尔指出:"一切本质性的道说都返回去倾听道说与存在、词与物的这种隐蔽的相互归属关系。诗与思,两者都是一种别具一格的道说,因为它们始终被委诸作为其最值得思的东西的词语之神秘,并且因此一向被嵌入它们的亲缘关系中了。"[②] 这里,海德格尔把哲学的将来的本质问题汇入了一种对"思"与"诗"之关系的探讨的必然性之中:哲学就是与存在者的存在相契合,诗人则坚定地倾听事物之本然;一切本质性的"道说"显示着、言说着在场与不在场、显现与隐蔽相结合的整体,这一"道说"本身就是"诗"。海德格尔呼唤"诗思合一",是为了实现一种"语言转换",通过倡导非对象性的诗意看护,以及非知性逻辑的神秘启悟,"进入语言的说中",让技术时代的人们重获一种"根基持存性",重返本真的"栖居"。

海德格尔把哲学的最高目标确定为"诗意地栖居",其后期哲学写作在形式和内容上融入了"诗"——作为艺术本质而不是文体概念的"诗"。除了讲课稿,海德格尔的大部分思想文本成了"诗文本"。对于海德格尔的这种文体形式,乔治·斯坦纳赞誉有加:

> 从30年代中期开始,海德格尔的德语变成一种自觉的、可以迅速辨识的语言。海德格尔宣称,当他以那种似乎非常独断的方式使

---

① 参见海德格尔:《在通向语言的途中》,第178页。
② 海德格尔:《在通向语言的途中》,第236页。

用语词时，当他将语词连缀成一条由连字号构成的古怪链条时，他实际上正在返回语言的源泉，即要实现人类言谈的本真意图。①

维特根斯坦倡导把哲学当作诗来写，海德格尔跟维特根斯坦生前未能有实际的接触和交往，但他们都对诗性语言有浓厚的兴趣。如阿兰·巴丢所言，他们都秉持着一种"诗"的信条，即"诗意的命题，都是把语言安置在世界和世界意义的边缘；它首先作为自身的语言活动，作为自身权力的见证，为自己发挥着功用"；在某种意义上，他们共享着同一论题："诗歌指示着存在，记录着行动的临近。但诗歌只是这种临近的守卫，是其在隐退之中的创作。哲学也像这样，是对世界之纯粹世界性的批判，它不可能绝对地认同诗歌的语言。"②雅斯贝尔斯对海德格尔的评价十分恰切：在这个"哲学贫困的世界"，把哲学做成了"作品"，这是海德格尔对哲学思维的重要贡献；"它一开始就是一个特殊的哲学作品，它维护着它的语言、行动和它的专题"。③

第四节 "进入语言的说中"

后期海德格尔不想让自己的存在论、诗化思想迎合那种演绎的、直线性的讨论，他力图使存在和意义进入一个变化序列或空间，将普通逻辑和未经检验的语法悬置起来，以便"倾听"那些原初真理和可能性的声音，"倾听"在习惯性、分析性语言之冰层下沉埋已久的声音。1936—1937 年冬季，在尼采讲座"作为艺术的权力意志"里，海德格尔对此做过引人注目的表述："现实语言的生命就在于多义性。把活生生的、动态的词语转换为一系列单义的、机械地固定下来的僵化符号，这或许就是语言的死亡，是此在的僵死和荒芜

---

① 乔治·斯坦纳：《海德格尔》（修订版），李河、刘继译，浙江大学出版社 2012 年版，第 50 页。
② 阿兰·巴丢：《维特根斯坦的反哲学》，第 114 页，第 115—116 页。
③ 参见萨弗兰斯基：《来自德国的大师——海德格尔和他的时代》，第 543—544 页。

了。"①迈克尔·英伍德阐释说："意义中没有哪一部分是事先包装好，足以独立于世界以及世界中的实体，从而对应或无法对应于世界的。词语及其意义已经承载了这个世界。"②

在思想的言说中，语言是如此的重要。因此，在《关于人道主义的书信》（1946）一文里，海德格尔表示，自己之所以中断在《存在与时间》中的探索——《存在与时间》并未完成，只是写了规划中的"第一部分"，且其中第三篇"时间与存在"也未完成——转而求助一条新的路径，因为不可能以"形而上学的语言"去探讨"形而上学的终结问题"。在该文结尾处，海德格尔指出，思想的尺度有别于哲学的规矩、法则和要求："从作为真理之天命的存在而来的道说的合适性，乃是思想的第一规律。它不是逻辑的各种规则，逻辑的各种规则只能从存在的规律而来才变成规则。"根据存在历史之思想的合适性的规律，海德格尔向世人，也向自己提出这样的要求："沉思之严格、道说之细心、词语之节约。"③

诚如理查德·罗蒂所言，尼采之前的哲学家不满足于只做诗人所能做的事情，而尼采之后的哲学家，诸如维特根斯坦和海德格尔，则"都卷入了柏拉图所发动的哲学与诗之争辩中，而两者最后都试图就光荣而体面的条件，让哲学向诗投降"；究其原因，乃是因为"20世纪的重要哲学家们纷纷追随浪漫主义诗人，试图跟柏拉图决裂，而认为自由就是承认偶然。……他们都极力避免哲学中冥想的气味，避免哲学中把生命视为固定不变、视为整体的企图"④。

海德格尔的一生都在追问语言，始终对语言保持着一种高度的敬畏；他不是"研究"语言，而是"经历"语言。他说："我们不希望把语言的本质归结为一个概念，好让它充当一个普遍有效的语言观，而把所有更进一步的洞

---

① 海德格尔：《尼采》上册，孙周兴译，商务印书馆2010年版，第171页。
② 迈克尔·英伍德：《海德格尔》，刘华文译，译林出版社2013年版，第52页。
③ 海德格尔：《路标》，第431页，第432页。
④ 理查德·罗蒂：《偶然、反讽与团结》，徐文瑞译，商务印书馆2003年版，第41页。

察搁置一旁。……反思语言，要求我们的是进入语言的说中……而不是囿于我们自己的说话。"①海德格尔力图通过对语言的结构性或差异性的语言经验来理解人的存在，他不满足于语言科学——不同语言的语言学和语文学，心理学和语言哲学等——为我们所提供的语言知识，因为它们通常的做法是在日常语言之外制造一套超然的、主体可以控制的"元语言"或"超语言"，试图客观、公正地描述或探索语言世界的奥秘。海德格尔指出，这种语言科学所依据的哲学基础，就是把语言当作外在于人的客体对象的形而上学哲学，其结果只能获得主体对客体的认识论上的正确性，而无法触及存在论上的真理性。②

那么，怎样返回被现代语言科学所遮蔽、无法化约的语言经验，真正地"进入语言的说中"呢？1976 年，海德格尔在接受《明镜》（*Der Spiegel*）周刊采访时说：

> 现代技术世界在何处发源，一种转变也只能在同一处被准备出来，而且这种转变不可能因为接受禅宗佛教或任何其他东方世界的经验而发生。这里必须进行一种重新思考，而重思的进行，须求助于欧洲传统以及这个传统的更新。思想本身只能借助具有同一源头和使命的思想来改变。③

海德格尔后期的著作反复多次提出这样一个观点：希腊语是一种源头的、第一位的语言，而德语与希腊语之间有着直接的血缘关系；德语和希腊语一样，"在所有的语言中，对思想的表达来说，是最有力的，最有思想的（智慧的）"；"他（海德格尔）认为德国是古希腊文化唯一的合法继承者，自己

---

① 邰元宝编译：《人，诗意地栖居：超译海德格尔》，北京时代华文书局 2017 年版，第 85 页。
② 参见海德格尔：《在通向语言的途中》，第 148 页。
③ 邰元宝编译：《人，诗意地栖居：超译海德格尔》，第 45—46 页。

则以这一传统的永久继承人和传承者自命"。① 为了保留这一神圣的直接路径，以更好地"进入语言的说中"，海德格尔着手锻造一种神秘而诗性的德语，使它恢复一种更为原初的可能性，唤醒人们去直面存在，倾听并回应存在之声。为此，海德格尔进行了苦心孤诣的探索与实践，主要表现在以下几个方面——

其一，海德格尔"重演"原始性的或开端性的"思"与"言"，开掘、重获语言和词语的未受损害的命名力量，如，前述对早期希腊思想的基本词语"Logos"的重新解释；又如，希腊的"Aletheia"（真理）早已是固定的译名，海德格尔反复告诉我们，"Aletheia"是"解蔽""无蔽"，是"存在本身"的显—隐之运作；希腊的"Physis"在现代语言中就是"自然"，海德格尔却译为"涌现"，指示的是存在由隐入显的展现，同时也是归隐与聚集。这种词源学阐述或发掘，构成了海德格尔哲学的基本运动。

其二，海德格尔在词源学研究中追溯德语的词源，开掘、复活古德语词语曾经合法而现在已失落或湮没了的源初意义和健全感觉，使古代的德语词语——如"Bewegung"（开辟道路）、"Begegnis"（遇见）、"Seyn"（存在）、"Saga"（语言）、"Unkraft"（创造）、"Zeitigung"（时间化）等——产生非常可观的启示与能量，使思想与道德的复苏具有了可能性。

其三，海德格尔阐释荷尔德林等诗人的诗作，借诗意的词语——如"das Heilige"（神圣者）、"Erde"（大地）、"Natyr"（自然）等——或采用接近文学的方式把握词语潜在的生命，从已有词语中创造出新的组合词以呈现其存在论和诗化思想，形成语言学家所说的"个人语型"，即具有海德格尔个人风格的"半诗性的特色语言"（伽达默尔语）。

其四，海德格尔直接改造旧哲学范畴语言，将传统哲学范畴和概念——如"Denken"（思想）、"Ding"（物）、"Nichts"（虚无）、"Wesen"（本质）、

---

① 詹姆斯·K.林恩：《策兰与海德格尔——一场悬而未决的对话（1951—1970）》，李春译，北京大学出版社 2010 年版，第 56 页，第 2 页。

"Welt"（世界）等——进行动词化转换和动词性使用，或是用自己的意思来改变、替代传统的意义——如"Ekstase"（出离，忘神）、"Ereignis"（陷入，领会）、"Ent-fernung"（去远，消除距离）等——而重新激活了某些思想话语。可以说，海德格尔的概念的全部固有含义无不植根于德语及其过去的历史。

此外，海德格尔还通过富有想象力的标点符号来扩展词语的意义，除了对冒号的创造性使用，或者用省略号来表示未完成的思想或短语外，还通过使用破折号或连字符来为词语创造新的意义，或把它们作为词语的一个组成部分，如"Ent-sprechung"（呼应）、"Unter-schied"（差异）、"Frag-wurdigste"（更值得追问的事物）等。①

海德格尔总是把理所当然或易于通达的东西变成了质询本身，引导我们跃升到新的视境并以新的方式展开思考；海德格尔创造性地使用日常词语以达到其特殊目的，或者说，他将德文中完全正常的表达方式转换成为他服务的、高度专业化的哲学术语；海德格尔对语词潜在生命的把握，其行文的跳跃性节奏，以及对语词转喻方式的运用等，似乎既清晰又模糊……这些特点使得阅读海德格尔的著作成了一件具有挑战性甚至令人沮丧的事。乔治·斯坦纳说，许多土生土长的德国人，即使他们在阅读德国语言方面具备出色的能力，也仍旧会发现海德格尔是全然不可理解的，歧解亦由此而生。如，阿多诺《本真性的行话》（又译《本真性的黑话》）认为，海德格尔的行话是一种形式的"闲谈"，这种"闲谈"是迟钝的、自我封闭的，是脱离了思想、感觉和感知的语境的重复，它让我们以为事情得到了完全解决，而不愿看得更远。保罗·爱德华兹使用了"在注释的基础上产生的形而上学"（glossogonous metaphysics）一词，讥讽海德格尔总是通过引经据典来构造自

---

① 参见詹姆斯·K.林恩：《策兰与海德格尔——一场悬而未决的对话（1951—1970）》，第228—232页；乔治·斯坦纳：《海德格尔》（修订版），第47—53页；孙周兴：《我们时代的思想姿态》，第87—102页。

己的形而上学。^①在这些海德格尔诋毁者看来，海德格尔的风格是令人厌恶的，是一种言过其实、晦涩难懂的黑话切口，是假道学和拟古风气到处作祟的象征。其实，这种难以理解性是必要的，因为"我们所要做的就是充分理解一种被中介的环境，而我们对这种环境的体验在通常情况下都没有被觉察到"^②。

有一则关于赫拉克利特的希腊箴言这样告诫读者："不要过于匆忙地阅读以弗所人赫拉克利特的著作。这是一条崎岖难行的道路，没有阳光，四处昏暗。但是，如果你能找到正确的门径，这条路将把你引向比阳光更为辉煌的境界。"乔治·斯坦纳指出，这条箴言同样可以作为海德格尔思想风范的真实写照；海德格尔的许多"领会"和"可重述性"殊难一致，它们类似我们对伟大诗作的实际领悟和接受，类似我们对音乐之意义的自我把握和理解；这种接受方式和内化方式很难转译为某种理性的语言，因为"海德格尔正是在理性语言和'其他某物'之间的阴影地带施展其全部能事的。这种阴影地带几乎与他所追求的光明恰好相反"。^③

雅斯贝尔斯对海德格尔的评价十分恰切：在这个"哲学贫困的世界"，把哲学做成了"作品"，这是海德格尔对哲学思维的重要贡献；"它一开始就是一个特殊的哲学作品，它维护着它的语言、行动和它的专题。它是从通常的生活中隔离出来的、提取的、特殊的东西"。无论如何，海德格尔是"语词天才"（伽达默尔语），他为德语创造的新词，或许比任何人都要多，除了歌德；海德格尔是"具有超凡力量的文体家"（乔治·斯坦纳语），他的任何思想都与其文体风格唇齿相依，其文字的魅力使其他哲学家甚至当代诗人的作品都黯然失色。海德格尔的全部著作只关心一个主题，即"存在之在"的问题，其内心螺旋式的沉思进程总指向这个中心，所有思考的道路都以某种不同寻常的方式与语言相融合。海德格尔的语言与处在那个非人道时代之前、

---

① Edwards,P.*Heidegger's Confusions*.Amherst,Prometheus Books,2004,p.47.
② 戴维·J.贡克尔、保罗·A.泰勒：《海德格尔论媒介》，吴江译，中国传媒大学出版社 2019 年版，第 23 页。
③ 参见乔治·斯坦纳：《海德格尔》（修订版），第 52—54 页。

之中和之后的德国语言命运的内在联系，使他成为一块"言语政治学"的试金石。在海德格尔之后，德语从此换了模样，德国哲学乃至世界哲学也随之换了模样。海德格尔对 20 世纪西方的思想语言做出了革命性的贡献。沿着海德格尔的"林中路"，我们走向了那片实存中的"林中澄明之地"……

刊于《东南学术》2022 年第 3 期

（内容略有改动）

| 第七章 |

"语言是语言的作品"

——布朗肖的"域外思想"及其写作

> 语言似乎从不说任何东西，它发明一系列的姿势，这些姿势在语词之间表呈了一些如此明晰的差异，以至于语言行为在其重复自己、印证自己和证实自己的范围内以不容置疑的方式为我们提供了一个意义世界的状况和轮廓。
>
> ——莫里斯·梅洛-庞蒂[1]

莫里斯·布朗肖（1907—2003）是法国当代文坛最具代表性和影响力的作家和理论家之一，被人们称为法国文学界的"暗物质"——作为现代隐逸者，布朗肖是一个"异数"的存在，他从不照相，从不接受访问，从不露面，疏离、抗拒主流文化而自我边缘化，将个人完全隐没在"写作"背后，知行合一，呈现出一种极致化、理想化的生活品格——大家都在读布朗肖写的东西，他影响了整整一代法国理论家，如德里达、保罗·德曼、福柯、罗

---

[1] 莫里斯·梅洛-庞蒂：《世界的散文》，杨大春译，商务印书馆2005年版，第34页。

兰·巴尔特、德勒兹等人。布朗肖的作品可以分成四类：时政文章、文学评论、小说以及一种哲学与文学相混合而晦涩的文类。布朗肖所关注的主题分别是文学、死亡、伦理学和政治，统领其思想全局的核心问题则是文学的意义和可能性。

　　作为"反—理论"思潮的代表人物之一，布朗肖既"反—哲学"，亦"反—文学理论"。我们知道，"作者之死"的提出，在西方学界产生了巨大震撼。如何看待"作者之死"，是当前理论研究亟须澄清的原点性问题之一。国内不少研究者多把"作者之死"与文本的阐释问题相联结，将其理解为作者之"是"与"不是"、"有"与"没有"、"在"与"不在"的问题，从而将其解读为对作者的忽视与消解、疏离与否定，旨在隔绝、阻断作者与文本的关系，视文本为纯粹的、悬浮的词与物，而任人重新开启对所有文本的各种解读——这是解构主义反主体、反中心、反理性思想的强暴扩张；不少研究者认为，作为文本撰写者和意义赋予者的作者不能"死"，"作者之死"消灭历史、消灭作者，彻底颠覆传统的作者与文本关系的定位，使得理论拥有了某种暴力与强权——这是倡导"作者之死"的核心动因，其实质是理论与现实的矛盾，以及资本主义生产方式和资本增殖方式的发展变化所致。① 其实，早在福柯的"什么是作者"、罗兰·巴尔特的"作者之死"之前，布朗肖便已提出了与之密切相关的"主体之死""域外思想""中性写作"等一系列重要论说。布朗肖是"在关于文学语言的使用和写作现象的思考方面对最'现代'的文学起决定性的影响的人"②，回到"作者之死"的理论源头，细致解析布朗肖提出的"语言的暴力""域外思想""俄耳甫斯的目光""中性写作""语言的作品"等系列思想，深入研究其"作者之死"内在的思想进路，或能深化我们对于"作者之死"的内涵以及理论研究走向的认识。

---

① 参见张江：《作者能不能死》，《哲学研究》2016 年第 5 期；桑明旭：《如何看待"作者之死"》，《哲学研究》2017 年第 5 期；丁威、张荣升：《反驳"作者之死"重塑作者地位——伊丽莎白·乔利的作者观及创作实践》，《学术交流》2019 年第 12 期。

② 布吕奈尔等：《20 世纪法国文学史》，郑克鲁译，四川文艺出版社 1991 年版，第 303 页。

第一节 "语言的暴力"

我们一般通过做区分来给某个事物下定义，在布朗肖看来，下定义不可避免需要某种概括，这往往会遗漏阅读经验所独有的东西；因为，阅读这种体验会逃脱任何理论或定义的捕捉，无论这些理论或定义以何种面目出现。比如，从内在的艺术价值或外在的道德目的，对文学下的一般定义可能跟我们的阅读经验没有一点关系，这些定义很可能错失了文学文本真正的"文学性"，而使我们分不清不同种类的文学，道不明文学与其他写作形式的差异所在。因此，专家在解释文本的意义时，普遍难以点出这些作品真正的独特之处，他们理解一个文本的尝试总是以失败告终。[①] 基于这种不停从定义之下"逃逸"的理解，布朗肖声称：文学的本质就在于它没有本质，它抵制各种本质性的描述，从任何可能把它固定住甚至现实化的断言中挣脱出来。[②]

在早期的文章和书评里，布朗肖反复强调每一个文本都具有独特的呈现方式，从而在自身与世界之间打开了一个"文学空间"。在他看来，对于文学批评家而言，重要的工作不是去发现文本的本质，再由此去建构所谓一般性的文学理论，而是要紧贴文本每一个独一无二的句子，充分体验蕴藏其中的意味。在这个过程中，语言不再是传统文本解释的工具，而是横亘在所有解释面前有待跨越的一道障碍。把文本当成作者生活的写照，或还原为读者的内心生活，都遗忘了阅读经验的核心，都忽视了一种让我们与现实生活拉开距离的语言。文学语言是对日常语言的"疏离"，诗人所创造的是无声而有生命的语言，他使诗歌通过其自身成为具有形式、实存和存在的东西。布朗肖说："赋予诗人的话语可称为本质的话语。……诗人把纯语言变为作品，而

---

① 参见乌尔里奇·哈泽、威廉·拉奇：《导读布朗肖》，潘梦阳译，重庆大学出版社2014年版，第15—17页。

② *The Blanchot Reader*, ed.M.Holland,Blackwell,Oxford,1995,p.141. 转引自乌尔里奇·哈泽、威廉·拉奇：《导读布朗肖》，第14页。

这作品中的语言回归到了它的本质。"①

　　每一个文学文本都保有自身的自主权，任何一般性的描述都难以捕捉其"独一性"（singularity）或"个别性"（separateness）——文学创造的根本或本质所在；在《文学空间》一书里，布朗肖称自主权为艺术作品的"孤独"（solitude），并指出艺术作品的自主权顽强地抵制所有针对自己的解释，进而抵制那些一般性的定义。正如乌尔里奇·哈泽、威廉·拉奇所言，"如果能够说布朗肖有一种文学理论，那它也是一种悖论式的'反—理论'。……理解这种抗拒性的关键是语言"②。因此，要进入布朗肖文学思想的核心，首先必须理解其独特的语言观。

　　布朗肖发现，语言与现实之间存在一种悖论性的矛盾关系：语言总是对现实之物的一种再现，事物经由语言而被表达；但是，语言在表达事物的同时，也剥夺、否定了事物的本质属性。易言之，语言是对现实存在本身的否定，语言通过消灭客体来指示客体：这是语言的一种"暴力"。布朗肖举例阐释道："字词把其所象征交付于我，然而，它首先得先删除它。因此，我才能说：这个女人，我必然须以某种或者其他方式，抽出其骨肉现实，再把缺席和消逝交还之。字词把存在交给我，然而，它给我的是存在的褫夺。它是此存在的缺席，是其虚无，是当它在失去存在以后，仍然留在它之中者，也即，它是唯一一它所不是的事实。"③也就是说，当"这个女人"被言说，女人这活生生的存在本身便被这语言所否定；以概念代替女人本身，就必须将其各种形式从现实中撕裂，使现实中特殊的女人不在场，或从现实的女人中抽离。语言利用文字的非实体性否定了"女人"作为女人的特殊性，使这一概念成为与存在无关联的普遍观念，进入一种存在不在场也不存在的虚无状态。语言通过否定物，从而将物的不在场转化为观念的在场；这意味着在语言中被意指的东西并非真实事物本身，而是该事物的概念或观念。

---

① 布朗肖：《文学空间》，顾嘉琛译，商务印书馆 2003 年版，第 23 页。
② 参见乌尔里奇·哈泽、威廉·拉奇：《导读布朗肖》，第 29 页。
③ 布朗肖：《从卡夫卡到卡夫卡》，潘怡帆译，南京大学出版社 2014 年版，第 85—86 页。

布朗肖关于语言否定性的思想渊源，可溯及黑格尔"否定性是语言的本质"的思想。在黑格尔看来，通过对现实的、存在之物本身进行否定与消解，我们才获得了某个概念与意义；语词之所以能产生意义，必须将存在之物加以抽象，对存在进行无差别的褫夺，再以命名的方式使差异性的个体成为普遍性的观念。[1] 布朗肖以《创世记》为例，谈到上帝让亚当为动物命名来获得对他们的主宰权利，也为人类语言创造意义。亚当对动物的命名正是语言的暴力所在，它通过任意性的命名否定了动物的肉身存在，同时使得动物们臣服于人类。在布朗肖看来，词语的命名是压制物、毁灭物甚至"谋杀物"；概念语言所命名的"这一个"是无法抵达之物，是对实存之物的背叛和谎言，它实际上永远无法捕获"是"者。[2] 因此，语言一方面成为人类掌握世界的一种工具，另一方面则将存在之物固定在无差别的、限定的观念中——老生常谈或陈词滥调，这是对存在本身可能性的摧毁。人们为了表达对物的描述与看法，用某种声音或文字、符号来代替物，它们不过是物的集合体的一种表征，"一切都是话语，但是在那里，话语不再是其自身，只是已消失东西的表象，它是想象物，是永不停歇，永无止境"[3]。

19 世纪末，尼采在哲学笔记里指出，抽象概念是在记忆中保存下来并得到强化的持久印象，可以与许许多多显现相容，但对于每一个具体显现而言又是非常粗略和不恰当的；人们往往利用概念虏获印象，然后把它杀死、剥制、干化并作为概念保存起来，概念不可能有真正的表达，不可能完成真正的认识。为此，尼采主张用一种完全非个人的冷静的方式写作，尽量不用学术术语；尼采倡导"用艺术来反对知识"，强调隐喻的运用——一种无意识推理，即"一个从形象到形象的过程，而最后获得的形象就成了活动的刺激和

---

[1] 参见科耶夫：《黑格尔导读》，姜志辉译，译林出版社 2005 年版，第 442—443 页。

[2] Maurice Blanchot, *The Work of Fire*, trans.Charlotte Mandell, Stanford：Stanford University Press, 1995, p.322.

[3] 布朗肖：《文学空间》，第 27 页。

动机"①。为此，尼采颠覆了传统哲学概念化、体系化乃至形式化的书写程式，将语言视为理性与启示之母，赋予思想更强的穿透力和生命力，使人重新成为更深、更广力量的倾听者、领受者和传达者。

在《哲学研究》里，维特根斯坦写道："你的哲学目标是什么？——给苍蝇指出一条飞出捕蝇瓶的出路。"②这里，"捕蝇瓶"是某种概念、逻辑和秩序的隐喻。维特根斯坦自己坦言，他"所反对的是那种似乎被认为是先验给定的理想的正确性概念"③。维特根斯坦将哲学视作一种语言行动，一场与语言的搏斗，把哲学当作诗来写作，以思其非思，以言其不可言；还将语言从形而上学返回到日常生活中使用，使哲学成为一种"生活方式"，以"描述性"语言克服"语言的空转"，呈现超因果思想的生成过程。

布朗肖同样认识到了"捕蝇瓶"的狭隘所在：作为物的替身与代表，概念填充了被语言否定之后所遗留的虚空；事物的不在场被概念的在场所取代，事物死于"普遍的语言"之手。布朗肖认为，概念性、表象性的语言，是"一种简单发展的线性的语言"，其所捕获的只是事物的幻影；"在那里，语言本身还没有开动起来"。④与尼采、维特根斯坦一样，他质疑黑格尔意义上的语言运作方式，对于语言无形的囚禁状态亦有深刻的体验："至高者的名字所表达的全部意义再一次被人的活动所占据，……除了人，就不再有任何的他者（autre），并且，在人之外，也不再有任何的外部（dehors），因为当人用他的存在来肯定一切的时候，他就包含了一切，正如他把自己包含于知识的封闭圆环。"⑤布朗肖看到了这个时代所面临的一个最大危险：我们正把生活中一切重要的东西都转化为一种具有客观性的知识，而这些重要的东西实际上是无法被对象化的；我们生活在一种丧失人类共同体，继而丧失我们自己的危险

---

① 参见尼采：《哲学与真理——尼采1872—1876年笔记选》，第77页，第84页，第22—23页，第62页。
② 维特根斯坦：《哲学研究》，第158页。
③ 维特根斯坦：《文化和价值：维特根斯坦笔记》（修订本），第86页。
④ 布朗肖：《无尽的谈话》，尉光吉译，南京大学出版社2016年版，第9页。
⑤ 布朗肖：《无尽的谈话》，第403页。

之中。

第二节 "域外思想"

布朗肖质疑存在的连续性、统一性，质疑存在的聚集，而强调"偶然""不连续性"，竭力探寻打通数千年来阻断了的"人"与"域外"（outside，又译"外界"或"外部"）交流的路径。他指出，真正启动哲学思考的，不是作为主体的自我思维能力，也不是逻辑、思辨、认知等，而是始于一种充满"偶然"的"域外"的突然侵入；"域外侵入"瓦解了主体的内在性，并实现了思想的生成：

> 如果观看与述说都是外在形式，思考则指向不具形式的域外。……思考并不取决于一种能结合可视与可述的优美内在性，而是产生于一种能凸显出间隙于逼迫、肢解内在性的域外侵入……这是掷骰子，因为思考就是掷骰子。①

所谓"域外"，是一个隐喻，一种不可见的可见性，一种不可能的可能性，它并非某个外在的界域，而是一种思想空间。"域外"就是内在—内在之外，或外在之内，其中之吊诡与玄妙，用德勒兹的话来说就是："同外的关系和'非关系'，这个外比任何外部世界都更远，由此而甚至于比任何内部世界都更近。"②

布朗肖的"域外"是一种"不在场的在场"及其"空无"，是一种理性化的缺席，一种"非思"的经验，即"域外经验"。福柯指出，布朗肖的"域外"摆脱了主体性的思想，"域外思想"的核心是语言的存在随着主体的消失

---

① 德勒兹：《德勒兹论福柯》，杨凯麟译，江苏教育出版社 2006 年版，第 89 页。
② 德勒兹：《哲学与权力的谈判》，刘汉全译，商务印书馆 2000 年版，第 111 页。

而自为地出现，展示可见物的不可见性；其中，"话语停止追随自我内在化的思想，并向语言的存在说话，将思想交还给域外，……它开始关注在语言中有什么东西已经存在，已经被说过，被留下烙印，被显示"①。福柯认为，"域外思想"的产生，是"思"的事件，是"差异"的事件，更是"生成"的事件，是"不在场的在场"；这种"域外"或"外界"不可定型，没有界限，不可限定。② 也是说，语言可以带领自我走向外界，然而，它并非要生成一个确定的界限，而是要不断地越界，并不走向某个终点或界限。"域外"是一种思想运动，一种"皱褶"，布朗肖通过奔向"域外"寻觅着"存在"。

在布朗肖的作品里，有两大希腊神话原型象征：一个是塞壬，另一个就是俄耳甫斯。布朗肖曾以"塞壬之歌"类比"域外侵入"的偶然性及其极致的吸引力和对人的摧毁：

> 塞壬之歌到底为何？……这不是人类所唱，或许是自然的声响（还能有其他可能？），但又在自然的边沿，用一种人类完全陌生的方式发出，极低，唤起人类在生命常态下无法满足的、沉沦的极致快感。……这是一种近乎狂喜的绝望……这歌，是深渊之歌，一旦流入人的耳朵，每个字都似深渊大敞，强烈地诱人消失。……迷醉，用谜一样的承诺让人无法忠于自己、人类的歌唱乃至歌的本质，唤起希望与欲望，去更高更远的地方，一个神奇的地方，一片荒野，就像音乐的源地是唯一一个完全没有音乐的地方……③

在古希腊神话里，女妖塞壬居住在神秘的海域，人身鱼尾，长发缠体，仪态万千，水波拂动，她们扭动腰肢缓缓游来，浑身散发着龙涎香的味道，水草摇曳她们色彩斑斓的裙裾；屏息凝视，只要聆听她们的歌声，人类便驻足不

---

① 福柯、布朗肖：《福柯／布朗肖》，肖莎等译，河南大学出版社2014年版，第56—57页。

② 汪民安编：《福柯读本》，北京大学出版社2010年版，第45页。

③ 布朗肖：《未来之书》，赵苓岑译，南京大学出版社2015年版，第3—4页。

前、流连于蓝色的梦幻世界而死去。奥德修斯让人把自己绑在桅杆上，塞壬甜美的歌声似波浪涌来，若询若诉，由远而近，又由近而远：

> 听罢之后，他会知晓更多的世事，心满意足，驱船向前。
> 我们知道阿耳吉维人和特洛伊人的战事，所有的一切，
> 他们经受的苦难，出于神的意志，在广阔的特洛伊地面；
> 我们无事不晓，所有的事情，蕴发在丰产的大地上。[①]

关于塞壬的出身有不同的说法，关于其品性更是众说纷纭，但古希腊学者将"塞壬之歌"作为"宇宙和谐的七重天"的象征，柏拉图则视之为音符的化身——塞壬被当作了缪斯。塞壬不仅以其美貌、嗓音、乐曲夺人心魄，还深谙知识权力的结构秩序，其歌声里饱含智慧和寓言，把人带入高天阔地——丰饶的大地上的一切事端，这才是男人们无法抗拒的诱惑。

布朗肖认为，"域外"就如同"塞壬之歌"一样，从遥远而陌生的地方突然而来，带着一种隐藏的吸引力、一种欲望的威力，诱惑、吸引人们离开自己、毁灭自己，坠入深渊的深处。尽管奥德修斯以计谋和自制战胜了塞壬，但"我思"的明晰、确定的光辉也涤除了"域外侵入"导致的"非思之思"的阴影。奥德修斯"顽固、心思缜密又狡诈，所以能得享美人鱼的表演，不冒一点风险，不担任何后果，如此懦弱、平庸、安静地享乐，是克制的结果，就适合一个堕落的希腊人，像他这样，休想做《伊利亚特》的主角"[②]。也就是说，理性取得了重大胜利，同时也错失了"域外"强力所带来的根本转变和提升，从此不再有向神秘和非真实敞开的激情和勇气——这意味着希腊精神的衰败。布朗肖更为赞赏的是梅尔维尔《白鲸》里亚哈与白鲸之间的追逐和斗争：

---

① 荷马：《奥德赛》，陈中梅译，上海译文出版社 2016 年版，第 229 页。
② 布朗肖：《未来之书》，第 5 页。

> 无可否认，亚哈所见，奥德修斯听到了一点，但在听觉中他稳
> 住了，而亚哈却迷失于象。一个拒绝，而另一个则深入变化之中、
> 消失其中。考验之后，奥德修斯还是原来那样，世界或许更加贫瘠，
> 但却愈加坚固、确实。亚哈再也回不去了，对梅尔维尔自己而言，
> 世界不断向没有世界的空间沉陷，唯一的象诱惑着他，趋向这没有
> 世界的空间。①

奥德修斯没有维持好塞壬邀他横越的现实与想象之间的间隔，因审慎之后的
顽固导向了万能帝国，最终算是胜了；亚哈向着没有世界的"域外"敞开，
其结局是暗无天日的灾难，危险始终存在，但力量也在。布朗肖将亚哈与白
鲸之间的斗争称为"形而上的斗争"。德勒兹将"域外侵入"的这条线称作
"梅尔维尔之线"，他说：

> 力量总是来自域外，来自比所有外在形式更加遥远的域外。……
> 这是一条搅乱一切图式、位于风暴本身上方的可怖之线；这是两端
> 都不受约束，将所有小艇包缠于其复杂曲折之中的梅尔维尔之线，
> 时刻一到，它便投入可怕的曲扭之中，且当它奔脱之际，人总是有
> 被卷走之险。……然而，无论此线如何可怖，这是一条不再由力量
> 关系所量度的生命之线，而且它将人类带离恐惧之外。因为在裂痕
> 所在之处，此线构成了一个环圈，一个"旋风中心，这是可生养之
> 处，也是绝佳的生命"。②

研究者指出，"梅尔维尔之线"是一条危险之线，但也是力量之线、生命之
线，是生养生命之处，是生命的最高可能；它以自我的消失，以无力、不可

---

① 布朗肖：《未来之书》，第 10—11 页。
② 德勒兹：《德勒兹论福柯》，第 128 页。

能性、消极性或者中性来衡量。①"梅尔维尔之线"是一种"域外思维",它承接了"域外"的突然侵入,而与一种"非思想"的"思想"相契合。

第三节 "俄耳甫斯的目光"

言说由"域外侵入"而导致的"非思之思",意味着必须回到语言的否定性力量之前,用语言去命名存在,包括赋予存在以概念之前的事物。布朗肖所深深系念的是在语言形成之初被驱逐出局的实存之物。他指出,建立在"暴力""虚空"之上的语言,只是语言的一个斜坡(slope),是语言的"白日";语言的另一个斜坡,它的"黑夜",则在于被语言所否定了的物的现实,在于那依然处于晦暝之中,始终未与精神照面、未被揭示的物。与"白日"相对的"黑夜",或与"光明"相对的"黑暗",弥漫在布朗肖几乎所有的思想文本中,赋予其思想一种无可比拟的"晦暝"气质。

布朗肖指出,一切语言有两个重心,即"命名可能者,回应不可能者";他接着说:"回应不是用一种让该领域隐晦地产生的问题得到平息的方式,明确地提出一个回答;它更不是用神谕的形式,传达白日世界尚未认知的一些真理内容。……一切开始的言语都从回应开始;一种对尚未听闻之物的回应,一种专注的回应:在那里,对未知的急切等待,对在场的强烈渴望,都得到了肯定。"②如研究者所指出的,所谓"可能者",就是可命名者,也就是意义;所谓"不可能者",则是不可言说者,也就是物。所以,语言就是"命名可命名者,回应不可言说者"。③布朗肖坚定地将文学看作一项十分严肃的哲学问题,认为文学语言是一种对语言之前的瞬间的追寻,文学试图在语言中把握真正的存在而非被语言表达的"非—存在"。对于艺术家、诗人而言,可能

---

① 参见朱玲玲:《走出"自我之狱"——布朗肖思想研究》,上海人民出版社 2021 年版,第 160 页。
② 布朗肖:《无尽的谈话》,第 92 页。
③ 参见朱玲玲:《走出"自我之狱"——布朗肖思想研究》,第 48 页。

连一个世界也不存在，"因为对于他只有外部，只有永恒外部的流淌"①。由语言而来的文学将形成话语，形成言说，形成越界，即"将自己的空间组成一个外界，话语向外界讲话，向外界之外界讲话"②。

　　布朗肖特别喜欢引用古希腊的俄耳甫斯神话，因为它代表了布朗肖的艺术思想，是其理论的绝对再现与浓缩。作为古希腊神话中的音乐天才，俄耳甫斯是富有激情的歌手的象征。他向冥王请求带回他的爱妻，这已经触犯了戒律且不合常规，象征着浪漫主义式的不守常规、打破规则。他带欧律狄刻走出冥府时不顾规则去回望，也是对规则的无视。这是俄耳甫斯冲动的本源，正是这种激情与冲动成就了他的绝美音律。俄耳甫斯下到冥府，想将亡妻欧律狄刻带回人世。布朗肖认为，这就是艺术，为无形赋予形式，将非存在引至存在，让不可见变为可见。这是第一种夜；在真理逻辑的运作之下，"白日"之光欲照亮黑暗，并将之纳入光的领域。布朗肖阐释道：

　　　　希腊神话说：只有当对深度的过度体验——希腊人承认这种体验对作品是必需的，在这种体验中作品受到其过度的考验——并不为体验本身进行时，人们才能完成作品。深度并不正面暴露自身，它只有隐藏在事业中才会显露自身。③

然而，俄耳甫斯却在返回阳间的途中违背了冥王的禁令，"当俄耳甫斯在转身向欧律狄刻时，他毁了作品，他的作品顷刻间土崩瓦解，欧律狄刻又返回黑暗中去……他的运动欲在她看不见时看到她，而不是在她可看见时，不是作为一种熟悉的生活的内在深处，而是作为那种排除了一切内在深处的东西的奇特性，不是使她活着，而是使死亡的圆满在她身上具有生命力"；俄耳甫

---

① 布朗肖：《文学空间》，第 71 页。
② 汪民安编：《福柯读本》，第 33 页。
③ 布朗肖：《文学空间》，第 173 页。

斯"在夜里看着夜所掩盖的东西，看着另一种夜，看着显现出来的隐匿"①。在"黑夜"试图使用"白日"的法则，注定了俄耳甫斯失败的命运，而陷入永恒的孤寂之中。

布朗肖指出，俄耳甫斯是属于歌声的，激情与冲动展现其生命的真实；俄耳甫斯的歌声吸引了欧律狄刻并与她有所关联，也是在这一时刻失去了她；如果俄耳甫斯遵守规则，不去回望而带回了欧律狄刻，那么他便也在此中缺席；俄耳甫斯回望、凝视是必然的，爱妻的失去也是必然的，因为，此时此刻他也失去了自我。"俄耳甫斯的目光"是一个悖论，难以判定其对错；其过失在于没有抑制住本能冲动，而一旦抑制住了本能冲动，欧律狄刻的复活也变得毫无意义。欧律狄刻是处于黑夜的内在深处的，是俄耳甫斯回望的目光成全了她再次靠近死亡的边界，靠近另一种夜的真正的完满的死亡，在夜中，欧律狄刻是富有生命力的，欧律狄刻本身就是那种趋近于夜的本质的再现。对于欧律狄刻来说，接近真正的死亡或许并非一个悲剧。

"俄耳甫斯的目光"直视爱与美的毁灭，而这种毁灭对于艺术家来说是深刻无比且能激发内心最深处的情感。福柯把欧律狄刻解读为海妖们的近亲，"就像她们只歌唱歌的未来，她只展示一副面孔的诺言"；在返回的途中，俄耳甫斯的凝视"在死神摇摆的入口搜寻着被掩盖的在场，并且试图使它的形象重见天日，但却只是保卫了虚无"；俄耳甫斯的凝视获得了致命的力量，这种力量在海妖们的声音中歌唱，"它们的诱惑存在于她们所打开的虚空中，在令人着迷的静止中捕获了所有的听者"。②在某种意义上说，欧律狄刻是俄耳甫斯的作品。如果说俄耳甫斯代表着艺术家，那么，欧律狄刻代表的就是艺术本源，"俄耳甫斯的目光"象征着艺术家与艺术本源之间永恒的悖论。布朗肖说："当俄耳甫斯朝欧律狄刻走下去时，艺术就是夜借以敞开的巨大力量。"③

由此，俄耳甫斯这则神话得到了全新的解读：艺术家（或作者）尝试将

---

① 布朗肖：《文学空间》，第 173 页。

② 福柯、布朗肖：《福柯/布朗肖》，第 73—75 页。

③ 布朗肖：《文学空间》，第 172 页。

艺术本源（死去的欧律狄刻）从虚无的死亡中唤回（复活欧律狄刻），重新以作品的形式（活着的欧律狄刻）存在于世，然而艺术家特有的诗性灵感与直视艺术本源的本能（俄耳甫斯的目光）却摧毁了艺术的本质，使得作品再次化为虚无（被堕回冥府的欧律狄刻）。布朗肖认为，艺术家追寻艺术本源的过程本身充满了矛盾与悖论：直视本源的冲动就是诗性的"灵感"，艺术家的使命就是寻找、直视本源，而与此同时却又摧毁了一切作品的可能性；创作过程一旦结束，即作品完成之时，意味着艺术的本源随之消失。从某种意义上说，"作品本身就是回避对本源进行直视的妥协的产物（只有不直视欧律狄刻，才能令其复活）"[①]。布朗肖分析道：

> 当俄耳甫斯在转身向欧律狄刻时，他毁了作品，他的作品顷刻间土崩瓦解，欧律狄刻又返回黑暗中去；夜的本质在他的目光注视下，表现为是非本质的。……他的作品的全部荣誉，他的艺术的全部力量以及对在白日的灿烂阳光下的幸福生活的渴望，这一切全都为这唯一的心思而牺牲了：在夜里看着夜所掩盖的东西，看着另一种夜，看着显现出来的隐匿。[②]

因此，一反历来人们对俄耳甫斯缺乏耐心的指责，布朗肖评论说：

> 真正的耐心并不排除缺乏耐心，它是缺乏耐心的内在深处，它是那种受苦难并无限地受考验的缺乏耐心。俄耳甫斯的缺乏耐心，因此是一种正确的运动：在他的缺乏耐心中，那种将成为他自身的激情，他的最大的耐心和他在死亡中的无限止逗留的东西正在开始。[③]
>
> ……缺乏耐心应当是深刻的耐心的核心，是无限的期待，寂静，耐

---

① 参见布朗肖：《在适当时刻》，吴博译，南京大学出版社 2015 年版，"译者序"，第 8 页。
② 布朗肖：《文学空间》，第 173 页。
③ 布朗肖：《文学空间》，第 175 页。

心的矜持从其内部迸发出来的纯净的闪光，不仅仅像极度的紧张所燃起的火星，而像躲开了这种期待的亮点，像无忧无虑的幸运的偶然。[①]

文学就是从地狱返回人间的俄耳甫斯，它在引领某个人，它身后的现实正被它逐渐带出那个无名的社会，朝着意义之光走去。布朗肖坚信："写作始于俄耳甫斯的目光。"[②] 这里，"俄耳甫斯的目光"意味着文学的隐喻的力量，如上所论，这一力量源于各种矛盾与悖论，进而创造了一个充满张力的文学空间或艺术世界。对布朗肖而言，文学触及的是最基本的哲学问题，最重要的写作者是哲学家（如海德格尔、列维纳斯）和作家（如卡夫卡、马拉美），而不是别的什么文学评论家。他们将"文学的可能性"问题带到我们面前，这个问题又与我们如何理解语言和真理密切相关。

在布朗肖看来，文学以"隐喻"替换"概念"，以可见者衡量不可见者，以已知把握未知，以自我衡量他者，以在场衡量不在场，以存在者代替非存在者——这是视见之光和理智之光的模式。这一模式在遭遇第二种夜，在遭遇晦暝时被颠覆了；在遭遇黑夜、晦暝、他者之际，人的自我消散了，就如同俄耳甫斯在遭遇失败后被肢解成无数碎片。这正是黑暗的力量。于是，思想的方向随之转变：人不再是视见、思想、言说的主体，不再以目光去把握不可见者，不再以理智去思考不可思者，不再以语言去言说不可言说者，而是"黑暗凝视"以及"语言在我之中言说"。[③]

第四节 "中性写作"

在语言结构与文体之间，存在另一种形式上的现实，那就是写作。写作对抗语言。那么，"域外思想"书写的是怎样的语言？这种语言的写作又有哪

---

① 布朗肖：《文学空间》，第 178 页。
② 布朗肖：《文学空间》，第 178 页。
③ 参见朱玲玲：《走出"自我之狱"——布朗肖思想研究》，第 32 页。

些特征呢？

布朗肖细致区分了三种语言：第一种"同化"，"同一律占据主导。人想要统一，他察觉了分离。他必须努力让他异者……显得同一……在这种情形下……唯一的真理就是对整体的肯定"。第二种"神化"，"统一往往不仅被要求，而且被直接地实现。……将他者肯定为一个中介物，并在那里实现了它自己……绝对的他者和自我直接统一了起来……自我和他者在彼此之中迷失了自身：存在着迷狂，融合，圆满。……至尊性处在那唯一绝对的他者身上"。第三种"中性"，"不倾向于统一，它不是一种考虑统一的关系，不是统一化的关系"；"他者，他者的在场，既不让我们返回我们自己，也不返回唯一者"；"我可以看到他的尊严和他的自由，在他身上看到另一个自我，并且想让他自由地承认我自己，只有在这种既平等又相互的自由承认中，我自己才是一个自我"。①

在这三种语言中，"中性"是布朗肖心目中理想的语言：它没有个人情绪，没有倾向，不能被同一性所概括，是一种绝对的"中"的东西；它包容他异性，能带来未知的惊喜，能让书写处于不断的生成状态。"中性"正是"域外思想"所运用的语言，布朗肖写道：

> 中性通过语言来到了语言。……一个没有介入其所说之事的人是中性的；……仿佛当它言说的时候，它没有言说，而是允许那个无法说出者，在有待说出的东西里言说。
>
> 中性会是这样一个文学行动：它既不属于肯定，也不属于否定，并（在第一时间）把意义释放为意义的魅影、鬼魂和拟像。
>
> 中性：它承担差异，直至进入非差异。……中性绝不允许自身被同一性所解释，中性仍然是一种无法同一化的多余。……中性总在人们对其定位以外的地方……一切的相遇……已经打上了中性的

---

① 参见布朗肖：《无尽的谈话》，第123—126页。

标记，绣上了中性的缘饰。[1]

概言之，"中性"不是一种目的，而是一种手段，一个过程；"中性"消解了二元范式思维，它保持距离，创造空间；"中性"是一种最低限度的语言操作，是"一场在参照物之间保持良好距离的微妙艺术"[2]。因此，"中性"具有解构某种意义、质疑某种价值的功能："它在书写的语言中，把'价值'赋予了某些词语。这不是把词语置于价值当中，而是置于引号或括号之内，并且是通过一种因没有标出自身而更加有效（efficace）的涂抹（effacement）的独一性：一种被减除、被掩饰，而不因此导致加倍的减法。"[3]在布朗肖看来，"域外思想"建立一种强有力的、积极的价值，其书写是一种"中性写作"，具有断片性与复多性两个基本特征。

首先，"中性写作"具化为一种不连贯的"断片"（fragment）形式，以展现语言本质上的某种断裂倾向。从词源上看，"断片"源于拉丁语的"fragmentum"，原意为"已碎之物的碎片"。德国浪漫派代表人物施莱格尔把"断片"视为超脱外界存在的文体，因其具有自足性、完整性而最早将它运用于文学批评。根据施莱格尔的定义，"前言""诗歌""随笔""草稿""残篇""素材""传记""散文""书信"等都是"断片"的形式。简洁、空灵、自在的"断片"写作，成为布朗肖稀释、消解意义编码的主要策略之一。他指出，作为一个名词，"断片"拥有"一个无论如何缺席的动词的力量"，它抵制意义的固化，将某种东西置于不断变化之中，表达了一种不可穷尽的未完成状态；"它被写下，既不是因为统一，也不是鉴于统一"[4]。

在德国浪漫派那里，"断片"原本就是哲学式对话，不过在其实践中蜕变成封闭的、有限的、教化性的"格言"。布朗肖认为，对话是思想的碰撞而

① 布朗肖：《无尽的谈话》，第590页，第592页，第594—595页。
② 罗兰·巴尔特：《中性》，张祖建译，中国人民大学出版社2010年版，第234页。
③ 参见布朗肖：《无尽的谈话》，第592—593页。
④ 布朗肖：《无尽的谈话》，第596页，第598页。

不是词语的接龙，其词语交互流动的形式本身就是一种断裂和断片，对话双方"所承担的连贯的话语由一个个的段落构成，当谈话从一个伙伴转向另一个伙伴的时候，段落就被打断，虽然经过调整，它们是相互符合的。为了确认、反驳或发展，言语需要从一个谈话者转向另一个谈话者，这样的事实表明间距的必要性"①。

从各级教育开始就被强化的"论述文"（dissertation），是按照人为预设的逻辑、体系化铺陈预设意义的理论话语，其形式统一、连贯、系统而完整；而"断片"写作则切断了这种人为、线性、封闭的形式逻辑链条，打碎了体系化、模式化的观念、论述和话语，它"不是为了抵达一个调解或融化是非的总体性，而是为了让我们对不可还原的差异负责"②。通过反系统、反权威和反中心，"断片"确立了句子、意象和思想的粉化状态，它们中谁也不能最终"成形"。

其次，"中性写作"破除价值偏执，不受任何意识形态或象征符号的污染，是一种纯净的文学写作；它聆听、观察、描述事物的细微差异，具有一种言语的复多性，而接纳了多元现实、多元思维和多元意义。在古希腊神话里，通过诗人巴库里德斯之口，阿波罗曾对阿德墨托斯说："你只是一个凡人；所以，你的心灵必定同时怀有两种思想。"③布朗肖认为，这是对语言共时性当中言语之复多的肯定，中性的言说总是让一种本质的双重性开动起来，在思想或理论的探险中，"仿佛每一个词语都是其自身在一个多元空间内部的无限回声"④；"中性写作"的这种复多性可以让时间发生"扭曲"，在无限的关系与语言结构中接受他异性：

> 言说是在其不可还原的差异，在其无限的陌异中寻求他人；而那样的（空无的）陌异只有一种本质的不连续性才能够维持它所固

① 布朗肖：《无尽的谈话》，第 139 页。
② 布朗肖：《无尽的谈话》，第 600 页。
③ 布朗肖：《无尽的谈话》，第 147 页。
④ 布朗肖：《无尽的谈话》，第 148 页。

有的肯定……无所畏惧地肯定打断和断裂，以便逐渐地提出并表达——一项无限的使命——一种真正复多的言语。①

现实本身是多维度的秩序，断片性、复多性的"中性写作"在游移不定中开辟道路，既没有使意义固化，又并不离开意义；它不是为了自圆其说而去建构体系、为了建构体系而去建构体系，而是充分尊重陌生的差异并加以表现，不时出现表达上的"意外"。布朗肖说："在更高且更远处，书写与弯曲相遇。书写就是探寻的转动已为我们唤起的弯曲，而我们又在反射的再度弯曲中找到了它"；"书写的不连续性将思想唤向了它自身，……赫拉克利特的破碎的文本向我们而来"。② 显然，"中性写作"是一种绝对的纯然自足状态，其中蕴藏着产生创造性的时刻。

布朗肖区分了"书"（book）与"作品"(work)：前者是完成了的、封闭的、自身同一的，不过是作者签名以宣示其专利权，炫示自己行动和技巧的形式；后者则不是作者自己决定去完成，而是作者响应"写作的要求"。布朗肖说："作品要求如此，写作之人必须为作品牺牲自我，转变，但不是变成另一人，……而是变作任何人，变作充满生命力的空地，回响着作品的召唤。"③作者在"作品"中"死亡"，作者的声音在"作品"中消隐，给人一种"无人言说"的体验。实际上，作者只不过是中介，通过他们这些"作品"得以显现，他们经历着一种超越他们的体验。布朗肖指出，作者在"作品"中的"缺场"所体现的，是在场的预先毁灭或行将消逝，"作品"具有一种永无止境的不确定性。"非—真理"是真理的本质形式，它通过在作品中隐藏自己而显现出来，作品以逃逸和隐遁的方式成就了"无自身的自身"，显示了对"物"之晦暝性的尊重与庇护。

作为一种由作者完成的印刷体，"书"并不代表"作品"的完成，它只不

---

① 布朗肖：《无尽的谈话》，第 150 页。

② 布朗肖：《无尽的谈话》，第 50 页，第 151 页。

③ 布朗肖：《未来之书》，第 294 页。

过是一堆无声息、无派生力的词，也就是最无意义的东西。只有通过读者与作者的对话，读者与书本的交流，构成一种亲密的阅读空间，"书"才能成为真正的"作品"。在与读者的互动时刻，"作品"开启、完成了自我书写。真正的阅读是接纳的、敞开的，它让存在自身得以显现，让作品自身进行自我书写。以音乐为例，布朗肖认为，听音乐者在聆听的同时也成为音乐家，就好比读者在阅读作品的同时也成为书写者一样。不过，与聆听不同，阅读并不对作品进行书写，而是让存在者是其所是的自我揭示过程。读者只是一个"见证者"角色，"这一中间人角色，相当于乐队指挥或弥撒时的神父"；"由此开始，书走向自己，走向我们，将我们置于空间与时间至上的游戏中"。①

"作者的死亡"与"读者的沉默"，凸显了"中性写作"的"主体之死"；"主体之死"并非对主体的完全否定与毁灭，而是指主体逃出自我之狱，走向了"域外"这更加本源的空间，走向"艺术只为艺术，语言只为语言"的"文学空间"；在文学空间里，言说的"自我"即存在的"自我"，语言活动乃至整个世界，都以"我／你"的形式结合在一起。从20世纪40年代到20世纪80年代，布朗肖的作品都在反复思考我们与"死亡"的关系。这种"死亡"是某种通过文学的要求被体验到的东西，它指向我们每个人自身的"虚无"，指向一个人主体性的"限度"。文学的条件在于"主体"的毁灭与消解，写作就是使自己暴露在语言的"无名性"之下，在语言活动中获取自由的力量。正是通过对"死亡"的思考，布朗肖在自己的作品与哲学传统之间画出了一条最清晰的界线，文学问题变成了一个"向"（to）哲学提出的问题，而不再是一个哲学"的"（of）问题。到了此刻，文学才真正成为它自己的问题，而不再是其他学科（如哲学或史学）的研究对象。②

---

① 布朗肖：《未来之书》，第332页。
② 乌尔里奇·哈泽、威廉·拉奇：《导读布朗肖》，第3页。

第五节 "语言的作品"

布朗肖指出，语言在将我们引向存在的同时，也将自己显现为第二位的实在；词语自我做主，变成一种纯语言，其唯一的存在就是它本身，存在者如其所是地存在。布朗肖关于语言的思考，充满了对"物"的思恋：

> 曾经在那里的某物再也不在那里了。我如何能够再次找到它，我如何能够在我的言语中重新捕获我为了言说，为了把它言说，而不得不加以排斥的这先行的在场？在这里，我们将唤起我们语言的永恒痛苦：因为语言必然是其所言之物的缺失，语言的怀念就回转向其永远的缺失之物。①

布朗肖所谓"物"，是列维纳斯意义上的"物"，这是一种"无世界的存在"，一种"没有存在者的存在"，是在主体 / 客体、物质 / 精神的二元对立之外更为"本源"的存在，它与康德的"物自体"、海德格尔的"大地"、拉康的"实在界"等，有着某种亲缘关系。②布朗肖说：

> ［物］是其存在本身的"自在"，是这一事实的绝对：这些物，并不是一个客体或一个名称，它们难以名状，只能出现在诗歌中……一切存在者，通过形式的光亮而指向我们的"内部"，而在这些形式的光亮背后——物就是 il y a 的事实本身。③

"il y a"即法语的"有"，其最初名称是"实体"（substance）。布朗肖的意思是说，"物"是主体的意识之光无法照亮的领域，主体的意识和言说都无法或

---

① 布朗肖：《无尽的谈话》，第66页。
② 参见朱玲玲：《走出"自我之狱"——布朗肖思想研究》，第45页。
③ 列维纳斯：《从存在到存在者》，吴蕙仪译，江苏教育出版社2006年版，第61页。

难以捕捉。

语言如何才能回转身去注视、捕获那之前存在的"物"？布朗肖赋予文学以深意，文学成了撬动形而上学"地球"的那一根杠杆。哲学问题就是要打开概念而又不毁坏它，文学之所以能做到这点而能"回应"不可能者，是因为文学具有一种特异于我们的力量，一种我们不断重新去发现的力量，它能使作品自己去书写。布朗肖认为："文学是对物的现实性的关注，对它们未知的、自由的、沉默的存在的关注。……它并不言说，也不揭示，而仅仅只是宣告——通过对言说任何事物的拒绝——宣告它来自黑夜，并且复归于黑夜。"[1]文学之所以是布朗肖心许的"中性写作"，就在于其言语并不指称外在的事物，它本身就是事物，是发生着的事件；语言就是意义，它拒斥、打断、悬置任何概念或信息，在自身之中形成了一个回应："一切开始的言语都从回应开始；一种对尚未听闻之物的回应，一种专注的回应；在那里，对未知的急切等待，对在场的强烈渴望，都得到了肯定。"[2]

所有的语言都是人在言说，都在表达人的意识。那么，万物的声音呢？言词的喧嚣遮盖了万物的歌唱。里尔克写道："万物驯服地 / 待在那里，像没有被弹奏碰触过的旋律 / 安眠在竖琴中。"（《尽管如此》）诗人在创作前融入或变为事物本身，从事物本身出发观照事物，这类似宋代理学家邵雍提出的"以物观物"。邵雍有言："以物观物，性也；以我观物，情也。性公而明，情偏而暗。"[3]"以物观物"是一种"体物"，即物即心，即心即物；这种融入或换位，不再持守人为的秩序，而是让事物的内在生命按照自己的自然律动生长、变化、展姿，任由事物在不沾知性之瑕疵的自然现象里纯然倾出，诗人只不过是万物通过他显形可见的中介。布朗肖将"沉默"引入语言，认为意义即有限的沉默，书写者凭借"域外"的、本源的语言，即"无人言说的语

---

[1] 转引自朱玲玲：《走出"自我之狱"——布朗肖思想研究》，第49—50页。

[2] 布朗肖：《无尽的谈话》，第92页。

[3] 邵雍：《邵雍全集》第3册，郭彧、于天宝点校，上海古籍出版社2016年版，第1408页。

言"，成为沉默的倾听者、受托人和转译者。① 主体的虚空使存在变得纯粹，语言的缄默使自我得以展示，而将我们引入"域外"，通往"域外"的问题，心灵因之丰盈而充实、荣耀而完美。

布朗肖指出，文学与语言一样也有两个"斜坡"（slopes）：一个是有意义的散文，它具有现实性的内容，隶属于现实的社会和世界；另一个是文学语言自身的纯粹性，它折回自身之内，规避文字的日常用法。② 文学中的文字保持着语言的否定性，具有一种"毁灭"自身的力量，它超越概念、不再指涉事物后，折向自身与其他文字发生联系，一条没有尽头的文字链条由此诞生；文字的链条停留在语言最中心的缺场之中，要求我们把缺场原原本本地体验为缺场，意义无限地游离，无法固定在某种单一的解释之中。于是，语言的能指与所指不再是单一的对应关系，同一个语词在不同的语境下会产生不同的意义，因为事物与意义之间本来就具有随机性和偶然性，语言由此获得无以确定的再生与创造功能。文学中这条从指涉或指称的功能下解放出来的无尽的文字之链，创造着它自己的世界；布朗肖将它框定在一种"无人言说"的图景之中；这种"永不停歇，永无止境的喃喃之声"，体现了作品的"非工作性"（worklessness）或"无效性"（uselessness），布朗肖称之为"写作的要求"。

以往人们多视思想为语言的"肋骨"，语言不过是依附主体思想的工具，至于语言自身则没有存在的维度。20 世纪以降，不少哲学家（如海德格尔、伽达默尔等）、诗人（马拉美等）开始关注"物"本身及语言的"物性"。当人们发现语言的"物性"之维后，语言本身的"物性"及其原初力量便得以凸显。

布朗肖指出，语言是词与物、意义与存在之间无休无止的斗争，只要我们沉潜语言本身，每一个词语都会跟我们的生命、事实世界发生深刻的关联。"词"与"物"的互动真实体现了"物"的自在性。比如，马拉美将纸页与诗

---

① 参见布朗肖：《文学空间》，第 23 页。
② 乌尔里希·哈泽、威廉·拉奇：《导读布朗肖》，第 43 页。

一起考虑，把纸页当作诗的一部分，其诗作《骰子一掷》的排版形式成了诗意效果的一个本质性的组成部分，原本被信息交流视若草芥的东西——文字的物质性介质——最具有本质性。深受海德格尔影响的布朗肖指出：

> 诗人只有在听的同时才说话，同样，听着的人，即"读者"，就是那位作品通过他又重新被说出的人，这不是在一种一再重复中被再说出来，而是，作品被保持在新的最初话语的决定之中。①

语言或澄明，即向着观念的在场上升，朝向"白日"，朝向世界的敞开；语言或遮蔽，即向着物沉降，变成喑哑、锁闭的物，朝向"黑夜"，朝向大地的掩藏。这种"澄明"—"遮蔽"的二重奏，自始至终都在发生着——语言是与自身的战争，是对这场永不终结的"战争"的铭记：语言成了语言的作品，具有自主而原发的丰盈之美。布朗肖自己的作品也是如此。正如《导读布朗肖》的中文译者所指出的，布朗肖的语言清晰而明澈，句子很清楚，组成的句群却让人陌生，它不代表任何别的东西，它仅仅就"是"它自己而已，一句又一句，连续不断直至最后的句号；它不让你分析，不让你移情，它只让你阅读，绝对无法触及，却又令人着迷——用布朗肖式的语言来说：它就是吞没了一切（目）光和一切声响的那种沉默之夜。②受布朗肖思想的影响，在《词与物》里，福柯将语言再生与创造的观念加以延伸："我们应该从他们身上辨识出幻觉的力量，即语言作为一件作品而矗立的可能性。即使被隐藏起来，语言的重叠也组成了它作为一件作品的本身，而在这里出现的那些征兆则必须被解读为本体的指征。"③

　　布朗肖"语言的暴力""域外思想""中性写作""语言的作品"等系列思想表明，其所论的"作者之死"，并非我们所理解的疏离和否定作者，更不

---

① 布朗肖：《文学空间》，第 231 页。
② 乌尔里奇·哈泽、威廉·拉奇：《导读布朗肖》，"译者前言"，第 xi 页。
③ 汪民安编：《福柯读本》，第 4 页。

是要隔绝和阻断作者与文本的关系。在布朗肖的思想里，文本绝不是纯粹的、悬浮的词与物，而是"独一性"或"个别性"的自主存在。布朗肖向我们揭示了文学的意义和可能性：语言往往褫夺事物的本质属性，其"否定性"是一种"暴力"；概念性的表象语言，以及黑格尔意义上的语言运作方式，遮蔽了事物的偶然性与差异性，而无法或难以捕捉更为"本源"的"有"(il y a)；"域外"的侵入瓦解了主体的内在性，生成一种"非思"的经验，"域外思想"的言说必须回到语言的否定性力量之前；作者"主体之死"产生了"中性写作"，其中文学的隐喻力量至关重要，它成就了"文学空间"的他异性存在；"主体"的毁灭与消解使作者成为"没有视域的人"，言说的"自我"也就是存在的"自我"，语言活动乃至整个世界，都以"我/你"的形式结合在一起；作者"以物观物"式的写作，使自己暴露在语言"无名性"之下，其"倾听"之后的"言说"，即一种语言的应合，一种对于"道说"语言的应合，激发了语言的物性的力量，使语言成为语言的作品，使一切如其所是。概言之，布朗肖的思想一方面抵制了"作为传记的文学""读者的回应""结构主义"等各种理论的暴力与强权，凸显了语言之"暴力"；另一方面则通过"中性写作"揭示了语言的丰盈性，发掘了语言之"物性"的潜能，预示了"作者之死"后趋近于东方哲学"以物观物"这种本体书写的理论走向。

布朗肖的一系列思想表明：事物本身是碎片式、多样化、复杂而不无神秘的，写作目的和文学空间必须尊重事物本身，必须拒绝语言暴力、拒绝主体暴力。显而易见，布朗肖的思想归属于现象学"回到事物本身"一脉。国内不少研究者对此缺乏充分的认识，对以布朗肖思想为源头的"作者之死"理论多有误解或曲解，而没有真正把握"作者之死"的理论意义与价值所在。

在哲学探索的漫长之旅中，尼采、维特根斯坦、海德格尔、布朗肖等卓越的思想家不断走向了思想的交集之处——

他们所反对的东西都具体而微——比如，古希腊苏格拉底—柏拉图以降的哲学，作为人类栖居于世界的唯一尺度的科学、技术、工业等——在追问的过程中秘响旁通、遥相呼应，刻画着彼此的形象，如同赋格艺术；

他们不断松动传统思想所造成的僵化根基，"从哲学出发把哲学带入游戏和疑问，从哲学中出来，再回到哲学中去……哲学之墙上的这些出口和入口，使得哲学与非哲学之间的界限变得可以穿越，并因此微不足道"①；

他们"不再有一种原则上向人的认知和行动敞开着的合理性的世界，取而代之的是一种充满了各种保留和限制而困难重重的认知和艺术，是一种充满了裂缝和空隙的世界形象，是一种不断地怀疑着自身的行动"②；

他们置身于一个孤悬的境地，重返人与世界一体的"知觉世界"，成为"一种同时代感性的保证者，这种时代的感性对消解界限的陶醉以及分析的敏锐都敞开了自身"③，使人重新成为存在的倾听者、领受者和传达者；

他们秉有语言艺术家 / 哲学家的特质，善于把"理论"变成"写作"，激活语言特有的"物性"，将语言视为理性与启示之母——语言本身即心智存在，从而赋予思想强大的穿透力与生命力，让读者领略事物差异之美；

他们认识到既有话语的危机，而在"语言学转向"中自我调整，通过具体的美学观照丰富其抽象理念，提出诸多"生产性"（productive）理论，它们表现出未完成性，并铭刻在生活结构之中，堪称理智诚实的标志；

他们所发现的"不是一个现代才有的真理，而是对一切时代都适用的真理，只不过这真理在我们的现时代更加醒目、表现得更加淋漓尽致而已"④，没有人比福柯更加理解并精准概括了这些思想家所呈示的意义——

　　书写，在某种意义上，是语言之存在的纪念碑。⑤

---

① 福柯：《权力的眼睛：福柯访谈录》（修订译本），严锋译，上海人民出版社 2021 年版，第 78 页。
② 莫里斯·梅洛－庞蒂：《知觉的世界——论哲学、文学与艺术》，第 91 页。
③ 彼得·斯洛特戴克：《哲学气质：从柏拉图到福柯》，第 122 页。
④ 莫里斯·梅洛－庞蒂：《知觉的世界——论哲学、文学与艺术》，第 101 页。
⑤ 福柯：《声名狼藉者的生活》，汪民安编译，北京大学出版社 2016 年版，第 201 页。

第三辑 | 述学文体的革新创造

| 第八章 |

"毕达哥拉斯文体"

——维特根斯坦与钱锺书的对话

> 一个新概念的产生总是在旧语言材料的
> 使用多少有点勉强的时候或在扩大了的时候
> 预示出来；这个概念在具有明确的语言形象
> 之前是不会获得个别的、独立的生命的。
>
> ——萨丕尔[1]

　　钱穆晚年写过篇妙文《谈诗》，是从《红楼梦》第四十八回里的香菱学诗开始谈起的。香菱喜欢陆游的两句诗："重帘不卷留香久，古砚微凹聚墨多。"去问林黛玉，黛玉道："断不可学这样的诗。你们因不知诗，所以见了这浅近的就爱，一入了这个格局，再学不出来的。"这两句诗究竟坏到什么程度呢？钱穆说：

　　　　放翁这两句诗，对得很工整。其实则只是字面上的堆砌，而诗
　　　　背后没有人。若说它完全没有人，也不尽然，到底该有个人在里面。

---

[1] 萨丕尔：《语言论》，陆卓元译，商务印书馆1997年版，第15—16页。

这个人，在书房里烧了一炉香，帘子不挂起来，香就不出去了。他在那里写字，或作诗。有很好的砚台，磨了墨，还没用。则是此诗背后原是有一人。但这人却教什么人来当都可，因此人不见有特殊的意境，与特殊的情趣。无意境，无情趣，也只是一俗人。仅有人买一件古玩，烧一炉香，自己以为很高雅，其实还是俗，因为在这环境中，换进别一个人来，不见有什么不同，这就算做俗。高雅的人则不然，应有他一番特殊的情趣和意境。①

时下论著宛若一人化身千万，正是出于文章的那背后没有人，没有具体的、有情趣、有意境的人，故替换另一个人来，亦无差异可言。"无意境，无情趣，也只是一俗人"，人俗了，其文也便俗了。读此类俗文，如穿了双带子系得过紧的鞋子，难受！此类俗文除可助于教学或理解观念性知识，既不能"度"己，更不能"度"人，实无多大益处可言。

述学文体，是一种呈现著者原创性、独创性学术思想的文体；它不仅关涉学术表达形式（语言形式、体例设计与组织结构等），而且关涉学术思想的戛戛独造。学术研究本质上是一门艺术，是一种个性化的事业。作为一种自我表达的方式，述学文体是独特个性、独特人生体验、独特的学术思想的集中呈现。

著名文艺理论家童庆炳指出："文体是指一定的话语秩序所形成的文本体式，它折射出作家、批评家独特的精神结构、体验方式、思维方式和其他社会历史、文化精神。……从表层看，文体是作品的语言秩序、语言体式，从里层看，文体负载着社会的文化精神和作家、批评家的个体的人格内涵。"②文体问题绝不是小问题。无论何种文体，从体裁的规范到语体的创造，再到风格的追求，都体现在"入思"和"道说"，即一"进"一"出"两个方面。

---

① 钱穆：《中国文学论丛》，九州出版社 2011 年版，第 116 页。
② 童庆炳：《文体与文体的创造》，云南人民出版社 1994 年版，第 1 页。

"思"之生成即"言"之生成，"言"之生成即"思"之生成。"思"与"言"之间是同一的、非此不可的关系。然而，时下学界普遍缺乏这种文体自觉，以致诸多论著都长同一副模样：纲目排列整整齐齐，形式逻辑密不透风，规范得不能再规范，理性得不能再理性，男女不分，长幼不明，宛若一人而化身千万。语言俗不可耐，思想亦愚不可及——这是个可逆的过程，关键在于，能否持守问学初心，鼎力变革、重建述学之文体。

第一节 "逻辑不配裁判文艺"

表面上看，"理论"在文学、历史、哲学、社会学、人类学等诸多话语领域中的"胜利"，以及著者对于"理论"的过于"迷恋"，导致了时下"述学文体"的千人一面；深层地看，则是人们出于本质主义的寻求，"对一般性的渴求"，而沉湎在"科学"的方法之中。

难道不是这样吗？

著者往往不是顺着历史或现实中有关事实的发展，而是顺着理论结构写下来的。他们或用齐泽克来读解余华，或用德勒兹来剖析孙甘露，或用萨义德来解释《小团圆》，或运用并未吃透的德里达、波德里亚、拉康等人的学说四处出击。仿佛这些"大师"的理论是百试不爽的"试金石"，诸如此类悬拟、虚构的论著，大面积地"过度引用"西方各种"理论"，实无多少个人独到见地。

"理论"原本并不具有颐指气使、君临天下的"权势"。伽达默尔追溯过"理论"（theory）一词的原初意义：

> "理论"一词的希腊文是 theoria，它表现出人的存在这种宇宙间脆弱的和从属的现象的明晰性：尽管在范围上微弱有限，他仍然能够纯理论地思考宇宙。但是根据希腊人的观点，构造理论恐怕是不可能的。那样说像是我们制造了理论。理论这个词的意思，并不像

根据建立于自我意识上的理论结构的那种优越地位所意指的，指与存在物的距离，那种距离使得存在事物可以以一种无偏见的方式被认知，由此使之处于一种无名的支配下。与理论特有的这种距离相反，理论的距离指的是切近性和亲缘性。Theoria 一词的原初意义是作为团体的一员参与那种崇奉神明的祭祀庆祝活动。对这种神圣活动的观察，不只是不介入地确证某种中立的事务状态，或者观看某种壮丽的表演或节目；更确切地说，理论一词的最初意义是真正地参与一个事件，真正地出席现场。[1]

伽达默尔发现，"理论"的原初本义是吁请存在出场，切身性地进入生活事件；理论的意义并不是为世界提供所谓实证的规范的科学基础，而是我们切近事物并邀请其出场的一种实践方式而已。

雷蒙·威廉斯也研究过现代使用的"理论"（theory）一词的演变，指出其近亲分别为拉丁文 theoria 和希腊文 theoros；它既意指内心的沉思与想法，也表示供观众观看的某种景象。后来，"理论"逐渐演绎为同实践相对、作为假设和假说的一种思想体系，其作用是对实践提出解释。再由此进一步演绎出代表或指向某种规律（law）的东西。在某种意义上，"理论"蕴含有作为一种观念表演的意思，在 17 世纪以来的某些英语语境中，它甚至一度与"投机的"（speculative）有些暧昧关系。在日常使用中，"理论"常同"虚假"组合，并同"实用"（practical）的概念相对照[2]。

西方的理论素以所谓"科学"著称，它以逻辑思辨为方式，以形而上学知识论的问题为对象，其所用的人的智力是"抽象的解悟"，体现为一种"逻辑的可能性"。正如牟宗三所言："西方的传统哲学大体是以逻辑思考为其进路，逻辑思考首先表现为逻辑定义。……逻辑定义所把握之一物之体性或本

---

① 伽达默尔：《科学时代的理性》，薛华等译，国际文化出版公司 1988 年版，第 15 页。
② 威廉斯：《关键词》，刘建基译，生活·读书·新知三联书店 2005 年版，第 486—490 页。

质，并不涵有一物之存在：有一物即有一物之体性，但有一物之体性不必涵有一物之存在"；"西方的哲学本是由知识为中心而发的，不是'生命中心'的。……读西方哲学是很难接触生命的学问的。西方哲学的精彩是不在生命领域内，而是在逻辑领域内、知识领域内、概念的思辨方式中"；"凡是那种外在的、观解的思考路数所决定的学问，对于人性俱无善解。因此，不能知性尽性，即不能开价值之源，树立价值之主体"。①

对于所谓"科学"的"理论"，西方学者早做了清醒的反思和批判。

置身于一个"被分析的方法，被一个公开宣称窒息源于身体的灵魂的所有官能特别是窒息今天那个被痛斥为万恶之源的假想官能弄得思想纤弱的时代"，亦即"冻僵美妙诗篇所有宽容雅度的智慧的时代"，维柯指出，所谓"思辨的智慧"完全阻碍了人的官能的发展。② 维柯对"逻辑"（logic）一词作过词源学的解释，指出它源于"逻各斯"（logos），其本义为"寓言故事"（fabula），而"寓言故事"就是最早的诗；我们把诗当作"诗性的逻辑"来看，因为诗正是凭"诗性逻辑"来指明神的实体意义。③ 维柯让"诗性智慧"跟"知性智慧"相抗衡。在维柯那里，逻辑学首度突破了数学和自然科学的界限，并把自身的世界建构为一个人文科学的逻辑，作为语言的、诗歌的和历史的逻辑。④ 维柯的思想是超越理性主义传统的一种努力，其终极目标是限制西方近代文明的片面走向，回溯、重造人类心智的原始整一性和完满性。

柏格森认识到了语言、符号的局限：用语言符号只能得到相对的知识，凭借理性逻辑仅能获得表面的知识，至于"生命意志"的"绵延"——柏格森称之为"唯一的实在"——是无法用逻辑、符号来寻找的。为此，柏格森充分肯定了直觉、悟性的重要性。M. 怀特评述柏格森时说："理性最多也不

---

① 牟宗三：《生命的学问》，广西师范大学出版社 2005 年版，第 19 页，第 31 页，第 25—26 页。
② 转引自克罗齐：《作为表现的科学和一般语言学的美学的历史》，王天清译，中国社会科学出版社 1984 年版，第 72 页。
③ 维柯：《新科学》，朱光潜译，人民文学出版社 1986 年版，第 177 页。
④ 恩斯特·卡西尔：《人文科学的逻辑》，关子尹译，上海译文出版社 2004 年版，第 15 页。

过是能够在一座预先构造的科学房屋四周'环行',而直觉则有进入这座生命、感觉和经验大厦的高贵特权。"①

维特根斯坦是世界历史上一位伟大的哲学家、数理逻辑学家,语言哲学的奠基人,其所处的哲学传统主要是由逻辑兴趣和科学宗旨引导的。哲学将人类最隐晦的灵魂与最明晰的逻辑联系在一起,这令维特根斯坦紧张、痛苦不已。维特根斯坦回忆说:

> 在我们的对话过程中罗素经常会大叫:"逻辑的地狱!"——这完全表达了我们在思考逻辑问题时的感觉,也就是说,它们那种巨大的困难。它们那种硬度——它们那种坚硬而滑溜的质地。
>
> 产生这种感觉的主要原因,我认为是在于这一点:我们可以追溯性地想到的每一种新的语言现象都能够证明我们先前的解释是行不通的。
>
> 但这就是苏格拉底试图给概念下定义时陷入的困境。……我们说:但事实并非如此!——可它是这样的!我们所能做的就是不断重复这些对立。②

维特根斯坦指出,出于固有的理智的习惯,即"讲理论的态度","哲学家恒常在眼前见到科学的方法,不能抗拒地被引诱着用科学的方式提出和回答问题。这一倾向是形而上学的真正来源,并把哲学家领进了彻底的黑暗"③。

所谓理论表述、理论概括和道德命令,对维特根斯坦而言,都是危险的、不可靠的。"因果观点的阴险之处在于它引导我们说:'当然,它只能如此发生。'而我们却应该想到,它可能如此发生——也可能以其他种种方式发

---

① M. 怀特:《分析的时代——二十世纪的哲学家》,杜任之主译,商务印书馆1981年版,第62页。
② 维特根斯坦:《文化和价值:维特根斯坦笔记》(修订本),第67页。
③ 维特根斯坦:《棕皮书》,转引自瑞·蒙克:《维特根斯坦:天才之为责任》,第343页。

生。"①正如恩斯特·卡西尔所言："当人被一种特殊神明的启示开导之后就会发现：理性本身是世界上最成问题、最含混不清的东西之一。理性不可能向我们指示通向澄明、真理和智慧的道路"；"有些事物由于它们的微妙性和无限多样性，使得对之进行逻辑分析的一切尝试都会落空"。②

对于所谓美学理论，维特根斯坦不屑一顾："可能有人认为美学是一门告诉我们什么是美的科学——这对语词来说甚至有点可笑。我想这种科学大概还能告诉我们哪种咖啡的味道更好。"③维特根斯坦拒绝把艺术理论化，在他看来，"哲学研究（也许特别是在数学方面）和美学研究之间的奇怪的相似性（例如，这件衣服有什么不好，它应该怎样等等。）"④。

美国当代文艺批评家乔治·斯坦纳猛烈抨击"理论"：

> 无论是情感、知识及专业各方面，我都不信任理论。……理论可以从数学或逻辑验证中成立，而它们要求的是关键的实验以验证其真伪，如果实验结果不符，理论就会被取代。但在人文学科、历史研究及社会研究，或是品评文学及艺术，要从"理论"入手，我觉得是虚伪不实的。人文学科既不须实验，也无法验证。我们对人文学科的反应是直觉的叙事。……柯勒律治并没有驳斥约翰逊博士，毕加索并没有比拉斐尔先进。在人文领域里，"理论"不过是失了耐心的直觉。⑤

斯坦纳将"理论"在诸多话语领域中所取得的"胜利"，视为"自我欺骗"，

---

① 维特根斯坦：《文化和价值：维特根斯坦笔记》（修订本），第 86 页。
② 恩斯特·卡西尔：《人论》，甘阳译，上海译文出版社 1985 年版，第 18 页，第 20 页。
③ Ludwig Wittgenstein, *Lectures and Conversations on Aesthetics,Psychology and Religious Belief[1938-1946]*,Cyril Barrett(ed.),Berkeley:University of California Press.1996,p.11.
④ 维特根斯坦：《文化和价值：维特根斯坦笔记》（修订本），第 57 页。
⑤ 乔治·斯坦纳：《斯坦纳回忆录：审视后的生命》，第 6 页。

"无非是因为科学占了上风，人文学科为了背水一战而发展出来的"①。钱锺书的锐见亦一针见血——

　　在考究中国古代美学的过程里，我们的注意力常给名牌的理论著作垄断去了。不用说，《乐记》、《诗品》、《文心雕龙》、诗文话、画说、曲论以及无数挂出牌子来讨论文艺的书信、序跋等等是研究对象。同时，一个老实人得坦白承认，大量这类文献的探讨并无相应的大量收获。好多是陈言加空话，只能算作者礼节性地表了个态。叶燮论诗文选本，曾慨叹说："名为'文选'，实则人选。"一般"名为"文艺评论史也"实质"是"历史文艺界名人发言纪要"，人物个个有名气，言论常常无实质，倒是诗、词、随笔里，小说、戏曲里，乃至谣谚和训诂里，往往无意中三言两语，说出了精辟的见解，益人神智；把它们演绎出来，对文艺理论很有贡献。②

在钱锺书看来，"文人慧悟逾于学士穷研"，"词人体察之精，盖先于学士多多许也"③，诗、词、随笔、小说、戏曲等文学作品，蕴含精辟的见解；出于鲜活的日常生活世界，谣谚将对世界的深刻领会转换成了语言的存在；训诂则是对文字意义的追根究底，通过对文字原义的追溯，我们可以寻找到立论的根基所在；而那些以理论著作形式出现的论著，"好多是陈言加空话"，这真是锥心之论！钱锺书首肯格利尔巴泽（F. Grillparzer）的断论："逻辑不配裁判文艺。"④

　　沉醉于理论之迷思者，是否已然醒悟？

---

① 乔治·斯坦纳：《斯坦纳回忆录：审视后的生命》，第6页。
② 钱锺书：《七缀集》（修订本），第33页。
③ 钱锺书：《管锥编》，中华书局1986年版，第1册，第496页；第3册，第918页。
④ 钱锺书：《七缀集》（修订本），第45页。

第二节 "黑格尔主义"

在西方哲学思想史上，有三个伟大的"语言天才"：古代是亚里士多德，古希腊哲学的集大成者，西方哲学语言和概念的构造者；近代是黑格尔，继承了康德"对形而上学学院语言的罗可可式的纤巧的德语化"，把概念语言发展到了极致；现代是海德格尔，致力于开掘词语原始的命名力量，发展出一种反形而上学的"半诗性的特殊语言"（伽达默尔语）。

在海德格尔之前，维特根斯坦特别关注语言问题，其早期代表作《逻辑哲学论》（1922）探讨的主题是：语言的本质及其与世界的关系，即语言是如何描绘世界的。在后期代表作《哲学研究》里，维特根斯坦的观点发生转变：语言并没有单一的本质，而是由各种不同种类的"语言游戏"组成的集合；语言的意义不仅反映在说什么，还反映在如何说；语言、心灵、世界三者之间的一致关系，发生在语言之内，而非语言之外；通过描绘语言的运作，产生于"对我们语言逻辑的误解"的哲学问题便不复存在。

后期维特根斯坦的"语用学转向"，即向"日常语言"的回归。早期维特根斯坦对康德推崇备至，而在后期的诸多论著中，康德则成了一个隐形的身影——维特根斯坦竭力批判的主要对象。康德念兹在兹的先验、预先、先行等系列概念，在维特根斯坦的眼里，都是一组语言游戏，它们组成了一个错误的概念运用组，不过是预先确定的"象征的机器运转"，而不是由事实确定的"实际的机器运转"（《哲学研究》，193）。维特根斯坦将围绕某一特定概念而起的哲学误解，比作"一团雾气"（《哲学研究》，5），"解决它们的办法在于洞察我们语言是怎样工作的"，"哲学是针对借助我们的语言来蛊惑我们的智性所做的斗争"（《哲学研究》，109）。维特根斯坦认识到："语言使一切东西都呈现为相同的样式，其最原始的状态存在于字典之中，从而使时间的人格化成为可能，这种能力与将逻辑常项神格化一样引人注目。"[1] 语言这种

---

[1] 维特根斯坦：《文化和价值：维特根斯坦笔记》（修订本），第48页。

"蛊惑我们的智性"的力量，促使我们从不自觉地使用它转向对它持一种反思的态度，而一旦我们采取了这种反思的态度，语言便为我们的理解设置了一系列陷阱，导致哲学研究误入黑暗的幽谷。

由"讲理论的态度"而起的那些混乱，不止是错误，它们更是一种误解。由语言引起的问题是深层的问题，它们产生于去反思或欲退出人类生活实践的情境，"当语言像一台发动机在空转，而不是正常工作时"（《哲学研究》，132）。哲学如何写作才能最大限度地成为它真正所是的东西呢？维特根斯坦说："我们必须犁遍整个语言。"①在为《逻辑哲学论》所写的"说明"中，他写道：它"是严格的哲学的，同时也是文学的"②。后来又说："人们确实只应当像写诗那样写哲学。"③在《遗作》1933年、1938年、1940年的条目中，也不断出现了类似的主张，表明了它在后期维特根斯坦思想观念中所处的中心地位。

后期维特根斯坦的写作，往往通过发明想象的例子，揭示日常语言实践的诡异的熟悉。在这意义上，它们确实是诗性的。令维特根斯坦哲学成为诗的，是那些具有"发明"之潜力的布道和谚语：它们通过引人入胜的隐喻，以及儿童一般的简单，变得生机勃勃起来；它们记录着思维过程本身，如同今日所谓"概念艺术"，吸引了观看者的心灵而不是眼睛。如：

> 一个新词就像是一粒播撒在讨论的土壤上的新种子。
>
> 思想有时也在未成熟之前就从树上掉落下来。
>
> 钢琴演奏，人类手指的舞蹈。④

---

① Ludwig Wittgenstein, "Remarks on Frazer's Golden Bough", James and Klagge and Alfred Nordmann(eds.), *Philosophical Occasions:1912-1951*, p.131.

② 转引自 G. H. von Wright, *Wittgenstein*, p.81.

③ 维特根斯坦:《文化和价值:维特根斯坦笔记》(修订本)，第55页。

④ 维特根斯坦:《文化和价值:维特根斯坦笔记》(修订本)，第7页，第61页，第85页。

诗的本性与推理式散文之间有怎样的联系呢？在何种意义上，维特根斯坦在像写诗一样写哲学呢？哲学如何以及为何会成为诗呢？

乔治·斯坦纳的观点是："只要走向表现形式的极限，文学就来到沉默的海岸。……只有赋予语言极度的精确性和透辟，诗人和哲人才能意识到，才能使读者也意识到，其他不能用语词包围的维度。"也就是说，死亡有另一种边界。"死亡的边界，语言哲学和形式逻辑（逻辑是精神的狂想曲，用于打量世界的一种方法）可以接近，但边界上立着维特根斯坦的告诫：不能言说的东西，我们必须将之归于沉默。"《哲学研究》便是一个生动例子，这是一部精神形式和精神运动之书："它由格言警句和数字构成，似乎是从另一类型的确定书写中借用的。它使怀疑和严格评估成为自己的句法、风格和对象。维特根斯坦具有诗人的才能，使每个语词看起来是新的，充满有待利用但可能毁灭的活力。《哲学研究》许多地方意象简明、形式独特，读起来简直就像一首诗。像里尔克的《致俄尔浦斯十四行诗》一样，它们差不多同时代出现，都建议我们保持沉默。"①

维特根斯坦的写作方式的确不同凡响，他是用语言来思考的近乎纯认知的诗人；倘若其思想的形式是一般的论证表达，根本不可能呈现出一种如此个人化的风格，更不可能完成独特自我的刻画，立体展现其人格与心智的高度。

作为一种西方哲学思潮，在 20 世纪上半叶的西方世界，"黑格尔主义"基本偃旗息鼓了，虽偶有着各种顽劣的表现。进入现代中国后，"黑格尔主义"蜕变为一种顽固的意识形态倾向和思维定式，充斥着干瘪的概念演绎和空洞的体系构架，蔓延着一种已经失去生命力的畸形的"学院语言"或"经院语言"。现代中国成了"黑格尔主义"最后的，也是最大的一块地盘，"反黑格尔主义"是当代中国学术思想界的重要主题。②对于黑格尔与中国当代思

---

① 乔治·斯坦纳：《语言与沉默——论语言、文学与非人道》，第 104—105 页。
② 参见孙周兴：《思想的本色》，《读书》1994 年第 1 期。

想史的复杂关系，许纪霖有一个判断："一部当代中国思想史，可以说是从崇拜黑格尔到告别黑格尔的历史。"① 俞吾金说："当代中国理论界如果真想解放自己的思想，那么最需要的恐怕就是像《反黑格尔》这样的著作了。"②

20世纪90年代，王元化重读黑格尔的同一哲学，对理性万能论、绝对规律论、历史与逻辑相统一、具体普遍性和国家哲学等问题展开了反思。通过对黑格尔的同一哲学的反思，王元化发现了黑格尔"具体的普遍性"的虚妄，指出："具体的普遍性"要求将特殊性和个体性包括在自身之内，实际上是用普遍性去消融个体性和特殊性，只有逻辑上的可能，没有事实上的依据；"要求普遍性能将特殊性与个体性涵盖于自身之内，恐怕只是黑格尔的同一哲学的幻想"③。

黑格尔的思维方式和理论话语，对中国人文学界的影响既深且广，致使现代中国学术语言有着极其浓厚的唯理论或观念论色彩，其枯燥乏味、空洞虚假将语言的负面遮蔽功能发挥到了某种极致。20世纪50年代，阅读黑格尔的李泽厚说："黑格尔那无情而有力的宏观抽象思维，则好像提供学人一种判断是非衡量事物的尖锐武器；读黑格尔之后，便很难再满足于任何表面的、描绘的、实证的论议和分析了。"④ 作为人们日常生活中的基本思维方式，"黑格尔主义"几乎成了"存在—思维—表达"的基本模式。张志扬将这基本模式提炼如下：

A. "历史的必然规律告诉我们……"

B. "只要透过现象看本质，我们就……"

C. "因此，我们要为明天而斗争。"

"我们"是谁呢？没有人，没有活生生的、具体的人；只有"被普遍原则所概括、所抽象的共同体或功能人"，一个没有"此时此地"的人，却获得了

---

① 许纪霖：《另一种启蒙》，花城出版社1999年版，第207页。
② 俞吾金：《实践与自由》，武汉大学出版社2010年版，第145页。
③ 王元化：《清园书简》，湖北教育出版社2002年版，第475—476页。
④ 李泽厚：《杂著集》，生活·读书·新知三联书店2008年版，第367页。

公认的"本质",并仅仅作为这种"本质"而活动着①。当代学者及其著作几乎没有不受黑格尔辩证思维和辩证方法影响的,辩证表述几乎成为人们学术书写的普遍风格,沿袭至今,甚至在一定程度上固化为一种特定的表达方式:辩证综合的论述句式。如:"既……又……","一方面……另一方面……",等等。这种句式"忽视对关系两方冲突向度的考察,已经达到的'统一'向度反而阻碍了我们进一步潜入深渊,探测盘根错节的实质关系"②。

当代中国学术语言的僵化和虚假,标示着思想与生活的真实隔绝状态,以及对于"实事本身"的离异状态。加上著者多趋于怠懒,少见热忱的投入;多为功利裹挟,少有沉潜致思——触目所及,尽是些种种假面的机械复制!

牟宗三曾提出"外延真理"(extensional truth)和"内容真理"(intensional truth)两个概念:"外延真理"是一种广度的真理、抽象的真理,它"不系属于主体而可以客观地肯断"③,一成永成,一现永现,如数学真理、自然科学的真理;"内容真理"则是一种强度的真理、具体的真理,它不能脱离主观态度,不能脱离主体性,而是按照不同的强度,在不同的境况中富有弹性地呈现,并非一成永成,一现永现,如儒道佛基督教的真理④。简言之,"外延真理"是"对象化之知",而"内容真理"是"有我之知"。尼采、海德格尔、维特根斯坦等人的"思想—语言"实践属于"有我之知",不是那种没有体悟、从概念到概念的"对象化之知"。

第三节 "断片"式写作

瑞·蒙克在《维特根斯坦:天才之为责任》中讲过一则逸闻:罗素批评

---

① 张志扬:《渎神的节日》,上海三联书店 1997 年版,第 52—54 页。
② 何锡蓉主编:《具体形而上学的思与辩:杨国荣哲学讨论集》,北京大学出版社 2013 年版,第 374 页。
③ 牟宗三:《中国哲学十九讲》,上海古籍出版社 1997 年版,第 20 页。
④ 参见牟宗三:《中国哲学十九讲》,第 28—38 页。

维特根斯坦，认为他不应该只是说出他的想法，而应该为之提供论证。维特根斯坦回答说，论证会玷污思想的美丽。维特根斯坦非常清楚："我们依照这条思路提出了一个接一个解释，……就仿佛每一个解释让我们至少满意了一会儿，可不久我们又想到了它后面跟着的另一个解释。……于是人们想说：每一个遵照规则的行动都是一种解说。但'解说'所称的却应该是：用规则的一种表达式来替换另一种表达式。"（《哲学研究》，201）解释的做法导致了无穷多的解释，只会使人们沿着错误的方向离真正的理解渐行渐远。

维特根斯坦认为，真理不是可以被揭开的东西，任何结论都是暂时性的，它只能日复一日地被"重新发现"。"每天早晨你都得重新扒开死气沉沉的碎石，以便触及温暖的活种子。"[1] 也就是说，始终以开放的心态，从尽可能多的角度去观察一个事物，研究、发现的过程比任何结论重要得多。维特根斯坦说：

> 我们的考察是从哪里获得重要性的？——因为它似乎只是在摧毁所有有趣的东西，即所有伟大而重要的东西（就像摧毁了所有建筑，只留下一堆瓦砾）。（《哲学研究》，118）

维特根斯坦拒绝用普遍性的词汇，即哲学的"大词"（如自我、本体、心灵、意识、审美等），因为它们大多脱离具体的语言运用，掩盖了事物细微的差异，将局域性概念上升为全局性概念；而且，它们都是无法证明的，只能进行自我循环论证，建造起一种超级概念，并将超级概念的操演当作某个超级事实或机制的描述，导致形而上学错误。

康德式的先验分析有着致命弱点，即为每一个概念划定界限，并将概念嵌入到先验体系之中，成为一个零件；这一体系表面上看很周密，却与实际情况存在巨大的鸿沟，一旦该体系中的某个零件出了问题，整个体系便随之

---

[1] 维特根斯坦：《文化和价值：维特根斯坦笔记》（修订本），第7页。

崩毁，"只留下碎石乱瓦"。故维特根斯坦坦言："我感兴趣的并不是竖立一个建筑，而是让可能的建筑的基础透明地呈现于我的眼前。"①

维特根斯坦拒斥那种僵硬的、形而上学的理论，他更愿意着力于思想之流中的细节和例证。因为，构成我们的世界的那些现象的本质，并不是我们通过"挖掘"发现到的东西，而是在我们就现象做出的那类陈述中所展现出的东西。我们真正需要的，不是去解释或理论建构，而只是"描述"而已。这些"描述"是一种"散点透视"，是为了让一切如其所是，仿佛事物本身自行产生、自行到来、自行出现。维特根斯坦坚信，通过注意到明摆在语言的用法中的东西的那些独特结构，我们才能克服哲学的困惑感，达到我们所欲寻求的理解；困难只在于，我们没有做好准备，也极不情愿承担这种"描述"的任务："事物对我们来说最重要的方面由于其简单平常而掩蔽着。（你不会注意它——因为它一直都在你眼前摆着。）"（《哲学研究》，129）

哲学探究事物之所以如此的道理，并尝试贯通这些道理；所谓贯通，是穷理尽性，是物我的贯通，是道理和实际人生之间的贯通，即用道理去解决、克服种种具体的困惑，让各种特殊道理在事中贯通，而获得一个整体的眼光，此之谓"综观"。②

综观一：不深入内容，站在个别存在之上，如同一个框架，可以将内容纳入自身中。这是僵死的存在者，掩蔽了活生生的运动。

综观二："把自己完全交付给认识对象"，"随着物质的运动而前进"；这种运动方式，"内容先把自己简单化为规定性，把自己降低为它自己的实际存在的一个方面，转化为它自己的更高的真理，然后科学认识才返回于其自身"。③

作为"有我之知"，维特根斯坦的哲学研究属于第二种综观，即"动的观点""发展的观点"的运用。维特根斯坦说："做哲学时不断变换姿势对我很

---

① 维特根斯坦：《文化和价值：维特根斯坦笔记》（修订本），第18页。
② 陈嘉映：《说理》，华夏出版社2011年版，第271页。
③ 黑格尔：《精神现象学》，第35—36页。

重要，不要单腿站立过久而僵硬。""要是我们考虑世界的未来，……它不是以直线而是以曲线行进的，它的方向不断在改变。"①因此，与之相应的研究方式决定了其述学文体必然是"断片"的、开放的。维特根斯坦曾尝试将自己的哲学札记"焊接"成一个有序的整体，但都没有获得成功，而且苦不堪言：

> 如果我只为自己思考某个论题而没有想到将它写成一本书，那我的思维就会围绕这个论题跳来跳去；对我来说这是唯一自然的思维方式。将思想强行塞进一个有序序列，这对我来说是一种折磨。②

当思想"迹化"为文字，"断片"意味着什么呢？钱锺书有言："诗家之于束缚或限制，不与之抵拒，而能与之游戏，庶造高境。""盖事物一而已，然非止一性一能，遂不限于一功一效。取譬者用心或别，着眼因殊，指同而旨则异；故一事物之象可以孑立应多，守常处变。"③"断片"挣脱了体系的桎梏，其随物赋形、伸缩自如的开放性，有效消除了"言"与"思"的不协调状态，让思想始终保持动态，既无开始，又无结束，真理就腾跃于活的创造之中，与永远处于变化中的思维相汇合。断片式思想犹如依山而建的建筑群落，大布局的起落有序，不影响小院落的独立存在。借助宏观的视野，方知其在整体中的位置；这些断片各自独立，却是细针密缕，卷帘通顺，彼此勾连呼应；这是一种没有体系的体系，比起一般学术论著，更见结构的用心与功力。

无独有偶，钱锺书的述学文体也是"断片"式的。在《读〈拉奥孔〉》一文，钱锺书有段名言：

> 零星琐屑的东西易被忽视和遗忘，就愈需要收拾和爱惜；自发

---

① 维特根斯坦：《文化和价值：维特根斯坦笔记》(修订本)，第61页，第9页。
② 维特根斯坦：《文化和价值：维特根斯坦笔记》(修订本)，第63—64页。
③ 钱锺书：《管锥编》第2册，第440页；第1册，第39页。

的孤单见解是自觉的周密理论的根苗。……许多严密周全的思想和
哲学系统经不起时间的推排销蚀，在整体上都垮塌了，但是它们的
一些个别见解还为后世所采取而未失去时效。好比庞大的建筑物已
遭破坏，住不得人，也唬不得人了，而构成它的一些木石砖瓦仍然
不失为可资利用的好材料。往往整个理论系统剩下来的有价值东西
只是一些片段思想。脱离了系统而遗留下来的片段思想和萌发而未
构成系统的片段思想，两者同样是零碎的。眼里只有长篇大论，瞧
不起片言只语，甚至陶醉于数量，重视废话一吨，轻视微言一克，
那是浅薄庸俗的看法——假使不是懒惰粗浮的借口。①

《汉译第一首英语诗〈人生颂〉及有关二三事》里的一段名言可与之并读：

> 历史上很多——现在就也不少——这种不很合理的事例。更确
> 切地说，很不合学者们的理想和理论的事例。这些都显示休谟所指
> 出的，是这样（is）和应该怎样（ought）两者老合不拢。在历史过
> 程里，事物的发生和发展往往跟我们闹别扭，恶作剧，推翻了我们
> 定下的铁案，涂抹了我们画出的蓝图，给我们的不透风、不漏水的
> 严密理论系统搠上大大小小的窟窿。②

谈到"微言一克"，钱锺书举了一例，即民间七字谚语"先学无情后学
戏"，并将它与狄德罗《关于戏剧演员的诡论》一文对读，发现这句中国老话
意蕴深厚，其价值不下于狄德罗的文章；三言两语，道出精辟见解，有如禅
宗一句，可含华严境界。钱锺书指出："这种回过头来另眼相看，正是黑格尔
一再讲的认识过程的重要转折点：对习惯事物增进了理解，由'识'转而为

① 钱锺书：《七缀集》（修订本），第 33—34 页。
② 钱锺书：《七缀集》（修订本），第 159 页。

'知'，从旧相识进而成真相知。"对于黑格尔的这种"从旧相识进而成真相知"的认识，钱锺书做了一比较长的注解，注明可参阅"《精神现象学》，霍夫迈斯德校订本28页，又《逻辑学》，雷克拉姆《万有丛书》版第1册21页"等书。①

所谓"许多严密周全的思想和哲学系统经不起时间的推排销蚀，在整体上都垮塌了"，因为它们属于《逻辑学》所描述的第一种思维——"由反思发掘出来，并且被反思固定下来，作为外在于质料和内容的主观形式"，因为外在，所以"可以随意拉进科学之内或放在科学之外"，一旦我们真正去考察它们本身，"所出现的，便只能是它们的应有的自为的有限性和非真理性，以及作为它们的真理的概念"。②这是一种人为的、外在的、不贴切的思维规定。由于它的外在性、人为的构架性使其不能与时俱进，加上僵死的外壳，其在历史的流变中只能遭受淘汰的命运。不过，淘汰的是体系的外在的形式，中间的内容仍有自己的存在性；"它们的一些个别见解还为后世所采取而未失去时效"，"仍然不失为可资利用的好材料"，即是对那内容的说明。

此外，还有另一种思维，"乃是概念的规定性"，它是"实体性的统一性的一种形式规定，是作为整体的形式的一个环节，亦即概念本身的一个环节，这个概念本身乃是有了规定的诸概念的基础。这个概念本身是不能以感性来直观或表象的；它只是思维的对象、产物和内容，是自在自为的事情，是'逻各斯'（Logos），是存在着的东西的理性，是戴着事物之名的真理"。从这种概念的规定性出发，内容成为我们考察的对象，"内容不如说是在自身那里就有着形式，甚至可以说唯有通过形式，它才有生气和实质；而且，那仅仅转化为一个内容的显现的，就是形式本身，因而也就如同转化为一个外在于显现的东西的显现一样"；"随着内容这样被引入逻辑的考察之中，成为对象的，将不是事物，而是事情，是事物的概念"。③

---

① 钱锺书：《七缀集》（修订本），第35页，第56页。
② 黑格尔：《逻辑学》，杨一之译，商务印书馆1982年版，第16页。
③ 黑格尔：《逻辑学》，第16—17页。

　　所谓"构成它的一些木石砖瓦仍然不失为可资利用的好材料",其中"木石砖瓦"所比喻的片断,是内容性的存在,"内容……是在自身那里就有着形式",意指片断从来都是整体中的片断,"唯有通过形式,它才有生气和实质",只有在整体中,片断才得以确认,获得其存在性的根基。"随着内容这样被引入逻辑的考察之中",内容就具有了自己的历史,在历史的变动生成中获得自己的存在。这种随着逻各斯而运动的"具体的概念",即上述《精神现象学》所谓的第二种综观,即"内容先把自己简单化为规定性",规定性"把自己完全交付给认识对象的生命",于是,内容就是形式,形式就是内容。这打破了第一种综观的外在性、框架性、强迫性、静止性,总是在变动中生成着自己的根基①。

　　钱锺书说过:"我一贯的兴趣是所谓的现象学。"②基于上述与维特根斯坦相类似的思考,钱锺书不屑于构建那种人为构架、外在性的"体系",而特别重视随着事物的运动存在着、有生气之物的理性:"研究美学的人也许可分两类。第一类人主要对理论有兴趣,也发生了对美的事物的兴趣;第二类人主要对美的事物有兴趣,也发生了对理论的兴趣。我的原始兴趣所在是文学作品。具体作品引起了一些问题,导使我去探讨文艺理论和文艺史。"③"我有兴趣的是具体的文艺鉴赏和评判。"此语出自《中国诗与中国画》,不同版本里表述略有变化:《开明书店二十周年纪念文集》为"我们并不想辩证艺术理论的异同是非,我们要讨论的是最具体的艺术判断",《旧文四篇》为"我有兴趣的是具体的文艺鉴赏与评判",《七缀集》为"我想探讨的,只是历史上具体的文艺鉴赏和评判"。语气愈加谦和,立场则一贯坚定。

　　所谓"具体的鉴赏与评判",意味着某种理论在具体的情境、时间、地

① 参见黎兰:《钱锺书的述学文体——以〈管锥编·老子王弼注〉为个案的研究》,三晋出版社2015年版,第231—234页。

② 1983年7月23日,钱锺书给朱晓龙的复信,转引自胡范畴:《钱锺书学术思想研究》,华东师范大学出版社1993年版,第21页。

③ 钱锺书:《写在人生边上的边上》,生活·读书·新知三联书店2002年版,第204页。

点所起的作用，是时机化的艺术；任何具体的现象，背后皆有使其显现的背景（理论），此潜在背景是鉴赏、评判的主导性力量，是一次次具体的判断所构成的历史。在"具体的鉴赏与评判"中，"理"在历史的具体的判断中产生（"理因事著"），积淀成整部作品的潜势力；具体的判断又依据"理"而进行（"事托理成"），事例成为"具体的概念"的一个个驿站。①

恢复事物自在自持的存在，用现象学批评家阿·贝甘的说法，就是要恢复事物的"纯洁性"，恢复"惊奇的观照和事物最初在场的完整性"②。这是现代艺术和现代思想的一个共同要求。现象学是这一要求的最集中表达。钱锺书所运用的，实即海德格尔所描述的现象学方法：

> 现象的科学等于说：以这样的方法来把捉它的对象——关于这些对象所要讨论的一切都必须以直接展示和直接指示的方式加以描述。"描述性的现象学"具有同样的意义，这个用语其实是同语反复。……只有从被"描写"的东西（有待依照与现象相遇的方式加以科学规定的东西）的"实是"（Sachheit）出发，才能够把描述性本身确立起来。无论现象概念的形式意义还是其流俗意义，都使我们有道理这样从形式上界定现象学：凡是如存在者就其本身所显现的那样展示存在着，我们都称之为现象学。③

第四节 "毕达哥拉斯文体"

后期维特根斯坦与钱锺书的述学文体可谓现象学方法的生动演示。

早期维特根斯坦的《逻辑哲学论》写得"像水晶一样清晰"，形式也很特

---

① 参见黎兰：《钱锺书的述学文体——以〈管锥编·老子王弼注〉为个案的研究》，第 225 页。
② 转引自乔治·布莱：《批评意识》，郭宏安译，百花洲文艺出版社 1993 年版，第 126 页。
③ 海德格尔：《存在与时间》（修订译本），第 41 页。

别：每一章有一个总题，然后给出一系列扩充和论证；一句句格言式语句用号码排列，表示各个命题的主从关系；所有词项都像是术语。《逻辑哲学论》的段落以各个层次的阿拉伯字母编号，似乎象征着它是一个严密的逻辑结构，文句的口气也颇为独断。

后期维特根斯坦的《哲学研究》关注两个主要论题，即语言哲学和哲学心理学。维特根斯坦处理这些论题的方式，完全不同于其他哲学家。首先，形式上没有通常用于指明论题的章节标题，只分为两个部分：第一部分由693条独立标号的评论组成，篇幅由一行到数段参差不齐；第二部分共14节，每一小节由未做编号的分散评论构成，有的半页，有的长达36页。其次，这些评论没有给出论证和清晰的结论，涉及广泛的论题（其中许多论题反复出现），却没有对任何论题做出清晰的、最终的陈述；许多评论包含具体事例，有实际的事例，有虚构的事例，而维特根斯坦似乎从未想过以它们作为概括的基础。

维特根斯坦带领我们，返回到了人类语言和经验的熟悉的方面。维特根斯坦往往从思考一个术语或概念的意义转变为提问："这是如何习得的？"或"你是如何教这个的？"。在他的著作里，我们经常读到要求我们"想象"的开场白。如，"让我们设想一下语言……"，"假设……"或"想一想……"或"询问一下你们自己……"。这种内心对话的句子结构形式，目的是触发思想的转变而不是演示证明，是展示而不是言语，是提示而不是指导。

维特根斯坦所采用的是"口头讨论的技术"，一个又一个给出具体细节的例子，以切切实实的日常语言来描述与记录。维特根斯坦发展了一种展示哲学观点的新形式——简洁短小、格言式的哲学札记（remarks），其中的思想依照一种自然的序列，从一个对象推进到另一个对象，彼此松散，又相互连接——成功地在其文本的文学形式和哲学内容之间创建了一种和谐，表达了自己多年积淀的思想。

维特根斯坦鄙视闲扯，其心灵明晰、有力、充盈，其言辞电光石火一般，极具穿透力。维特根斯坦做哲学的方式是质疑、询问的对话模式，但不是苏格拉底所确定意义上的对话。在维特根斯坦看来，苏格拉底的对话者，尽是些没有自己想法的笨蛋；苏格拉底承认自己的无知，不过是谋求纠正其他人的错误信念，让人沿着特定的推理路径以得到一个确定的结论。维特根斯坦说："写你自己，你不能写出比你本人更真实的东西。……你从自身的高度写你自己。你不是站在高跷或梯子上，而是光着脚站立。""我几乎自始至终都是在书写和我自己对话。我和我自己面对面交谈的东西。""无人能够说出真理，假如他还没有战胜自己。他无法说出真理——但并不是由于他还不够聪明。"[1]维特根斯坦利用想象中的对话者、思想实验、图解、图画、例子、格言或比喻，使读者参与这样的过程：使自己的疑问、自己的问题、自己的思维过程具体化。

维特根斯坦明辨一切，不仅关心论据的提出，还关心论据的并列，以吸引读者进入他自己所感到的最困惑的情境之中；其哲学目的在他所致力于解决的问题中，以"怎么"的形式表明、显现出来；维特根斯坦的哲学风格就是他的方法，他的著作谋求做出示范。[2]这种以生动的方式把抽象观念视觉化的能力，无与伦比，让人印象深刻。

维特根斯坦格言式地写下诸多富有智慧趣味的判断，它们的力量与其说在于形而上学的诉求，不如说在于让所有事物都如其所是而获得了思想上的安宁平和。钱锺书的《管锥编》亦如是。《管锥编》由781则札记组成，分成10卷，分别评论10部中国古典要籍；每卷第一则为总论，是著者对这部书的总体认识，第二则以下对该书中具体段落进行相关的考订和评论。

钱锺书"夫子自道"："端赖贤者于义则引而申之，于例则推而益之。"[3]《管锥编》每则文字大致可分为"义"和"例"两部分。所谓"义"的"引而申之"，即从表面的归纳，到"抉髓究理"，这是"具体的概念"由表及里的

---

① 维特根斯坦：《文化和价值：维特根斯坦笔记》（修订本），第75页，第169页，第83页。

② 参见乔伊·帕尔默主编：《教育究竟是什么？》，任钟印、诸惠芳译，北京大学出版社2008年版，第349页。

③ 臧克和：《问学琐记》，牟晓朋等编：《记钱锺书先生》，大连出版社1995年版，第100页。

轨迹运动，也就是一个个小论点的转换。对"义"之论证，则举若干事例、事实作为论据；钱锺书总是按照概念的流变的秩序或运行的轨迹，把相关的事实例证编排到相应的位置。《管锥编》中随处可见的"增订"文字，绝大多数都是对"例"的"推而益之"。

一般以为，钱锺书的述学文体是札记体，是其读书摘要、心得体会的记录，或读书笔记的延展、充实与发挥；或认为，钱锺书的高明在于博闻强记，以古今中外的一堆例子唬人，到了互联网时代，其价值自然贬值。此论与札记体的立足点是一样的，把《管锥编》视作资料"类编"，不过是"自发的孤单的见解"的典型样本：这些都是严重的误解。

在钱锺书看来，"自发的孤单的见解是自觉的理论的根苗"，"根苗"意味着基因的难得，但其离成长为大树，尚有漫长的距离要跨越；其中关键在于，"一克"的"微言"有没有人来加以"演绎"。可是，多数人"懒惰粗浮"，"浅薄庸俗"，在他们"眼里只有长篇大论，瞧不起片言只语，甚至陶醉于数量，重视废话一吨，轻视微言一克"。

钱锺书《管锥编》对"微言"的演绎，都有"阐释的循环"在后面起作用：发现现象，连类现象，从现象中直观其本质，然后从本质中出发，再回头寻绎现象与现象之间的细微的变化，而这变化本身，即成了概念的运行轨迹。钱锺书感受到、把握了这种流变本身，便形诸笔端，故而一次次"具体的鉴赏与评判"，是对那流变中的具体概念的把握，使得那不可握住的流变中的规律在一次次的定格中生成，这正如法国思想家埃德加·莫兰所言，"一个理论只是随着主体的思想活动的充分展开而完成它的认识作用，而获得它的生命"[1]。或如钱锺书自己所言，"好比从飞沙、麦浪、波纹里看出了风的姿态"[2]。

后期的维特根斯坦在论理时竭力避免自造术语，几乎只用普通语言写作。

---

① 埃德加·莫兰：《复杂思想：自觉的科学》，陈一壮译，北京大学出版社 2001 年版，第 270 页。
② 钱锺书：《七缀集》（修订本），第 2 页。

在他的文字里，思想以鲜明纯净的方式结晶，交映而发出立体的光辉，让人瞥见语言里精微的层次感，有如曲径通幽而不期然或发现别有洞天，或与其他路径勾连契合。其著述结构貌似松散，实则整饬；层层递进，环环相扣；相互衔接，彼此融贯。

钱锺书认为："形之浑简完备者，无过于圆。"对于"圆"的理解，必须与"时"偕行，即根据不同的环境、时间、地点才能获得具体的含义（"时义"）；由此，圆成了一种"活的终极、生成中的终极""活的圆"。用钱锺书的话说，就是"圆活"，即表现了纯粹思想的整全性的"一"。与"时"偕行的"圆"，如何落实为具体的文章做法呢？钱锺书说了"圆之时义大矣哉"之后，接着即说："推之谈艺，正尔同符。"钱锺书引用了一系列关于行文当"圆"的论述。如，毕达哥拉斯曾说过："立体中最美者为球，平面中最美者为圆。"帕斯卡说："其中心无所不在，其外缘不知所在。"德国评论家蒂克称，圆形之无起止是大学问、大艺术。《易经》云"圆而神"，朱子说"无极而太极"，皇侃言"小而圆通，有如明珠"，佛典说"圆通""圆觉"，等等，可见，"圆之时义大矣哉"。最后，钱锺书一言以蔽之："乃知'圆'者。词意周妥，完善无缺之谓。"[①]

《管锥编》是一部"未完成"的著作，已论述的十部书还只是初步的纲要，十部书之外还有续辑，它们是"《全唐文》《少陵》《玉溪》《昌黎》《简斋》《庄子》《礼记》等十部"[②]。而且，在其中每一则文字里，"具体的概念"总处于变动之中，"中心"在不断生成之中，可谓"无处不在"之"圆活"的域性存在。无论是"义"的"引而申之"，还是"例"的"推而益之"，不会因圆融完满而止步，而是永远没有完成。为此，钱锺书总是不断增订自己的

---

① 参见钱锺书：《谈艺录》，第111—114页。
② 郑朝宗：《海滨感旧集》，厦门大学出版社1988年版，第124页。

著作①，其苦心孤诣地追寻那变动不居之"具体的概念"，实即围绕"中心"而"盘旋"的证明。散落《管锥编》"一夏即止"的断片里，后面都有潜在的理论背景，有一以贯之的气韵脉动，可谓钱锺书"行所当行止当止，错乱之中有条理"②之"圆活"思维的体现。跟维特根斯坦一样，钱锺书的文字也经不起编排，任何企图方便读者的"读本"，都会使其气脉受损，文气断裂，使人产生疏凿混沌而混沌死之憾。

维特根斯坦的《哲学研究》里没有严格定义的术语，一系列思想断片直接面对问题，在看似只能各说各话的事情里，总能发现可深入问题的端绪，却不容易读懂这本书。对于这种"断片"，我们只能慢慢读、慢慢体悟：

> 有时候句子只要按照恰当的速度读就可以读懂。我的句子都应该慢慢地读。
>
> 我确实想用频繁的标点符号减缓阅读速度。因为我想要被慢慢地阅读。（像我自己阅读的那样。）
>
> 在哲学中，竞赛优胜者是能够跑得最慢的人。或者说是最后一个到达终点的人。获胜者是跑得最慢的人，或者说，是最后达到终点的人。
>
> 哲学家就应该这样相互致意："悠着点！"③

《管锥编》是一部凝聚了钱锺书30年心血、总结一生所学的巨著。这部百余万字的著作是一座庞大复杂的迷宫，迥异于常见的论点突出、纲举目张、逻辑严密的论著；钱锺书通过"断片"式的述学文体，以动的观点代替静的

---

① 1978年8月初版的《管锥编》第一、二卷末就有数页"增订"，1982年出版8万余字的《管锥编增订》专册，1986年6月《管锥编》校正字句，出了第二版。此后，钱锺书又撰写《管锥编增订》之二。中华书局将两个《增订》合为第5册，1991年6月出了第三版。

② 钱锺书：《管锥编》第3册，第1194页。

③ 维特根斯坦：《文化和价值：维特根斯坦笔记》（修订本），第129页，第150页，第81页，第174页。

观点，其"中心"在不断生成之中，极不易把握。读者只能亦步亦趋，不能有丝毫松懈；一旦松懈，或是读得仓促，则可能误读。阅读《管锥编》，须慢慢品读才有可能得其思想之精髓。

罗素把维特根斯坦视作"天才人物的最完满的范例"。按照陈嘉映的说法，维特根斯坦不是一个学者型人物，但他具有极为深厚的文化素养，并以最本真的方式继承了西方哲学爱智慧、爱真理的精神；他对人类生存本质的深刻感知，以及他在理智上的特殊天赋，使他在哲学上的造诣达到了其他哲学家难以企及的深度。①

维特根斯坦的著作旁征博引，广泛比较，是"万花筒"式的，涉及了文学、数学、伦理学、哲学、美学、社会学、人类学以及绘画、雕塑、建筑、音乐、电影、舞蹈等不同艺术门类。与之相应的，目前国际维特根斯坦研究遍及语言哲学、数学哲学、伦理学、政治哲学、宗教、美学、社会学、艺术学等诸多领域。

维特根斯坦是一位遗世独立的思想者，他那与众不同、鲜明强烈的声音，是根本无法被模仿的，否则思想便蜕变成行话隐语。他说："是只有我才不能创立学派，还是哲学家永远都不会这么做？我不能创立学派，因为我真的不想被人效仿。无论如何都不想被那些在哲学期刊上发表文章的人效仿。"②

钱锺书曾在一封给友人的信中说："弟之方法并非比较文学，而是求打通，以打通拈出新意。"钱锺书治学方法独标高格，主要是"打通"和"参互"："打通"分三个层次，即打通古今、打通中西、打通人文各学科；"参互"就是在文学研究中，以社会科学的多种方法交替推挽、相互经纬。钱锺书说："要自己的作品能够收列在图书馆的书里，就得先把图书馆的书安放在自己的作品里。"③"吾辈穷气尽力，欲使小说、诗歌、戏剧，与哲学、历史、

---

① 参见陈嘉映：《语言哲学》，北京大学出版社 2003 年版，第 138—139 页。
② 维特根斯坦：《文化和价值：维特根斯坦笔记》（修订本），第 137 页。
③ 钱锺书：《宋诗选注》，"序"，人民文学出版社 1989 年版，第 19 页。

社会学等为一家。"①又说:"博览群书而匠心独运,融化百花以自成一味,皆有来历而别具面目。"②

钱锺书的《管锥编》依托经史子集的十部书,征引古今中外典籍近万种,涉及西方学者、作家千人左右;钱锺书在中西文化互证互校中,对中国文化做了细致入微的梳理和批判。《管锥编》思虑深沉,文辞粹美,"思"与"言"已密不可分,如引席勒诗所谓艺术高境内容尽化为形式,或如引19世纪德国诗人莫里克《赋灯》名篇所谓"物之美者,发光自得"。钱锺书说自己"但开风气不为师"③,并标明可参观《谈艺录》论"学派之弊"云云。为此,钱锺书闭门谢客,不事应酬,淡泊名利,对各种宣传、研究始终不予介入,真正做到了"桃李不言,下自成蹊"。

真正的学者都具有开阔的胸襟,从不停留、局限于某家某派,而是以平等心态对待不同文化传统,汲取各自有益的营养,予以融会贯通,超越和发展自己。由此,学问方可进入更新一层的境界,开启一代新风——这是颇为可贵的见识。

维特根斯坦、钱锺书的述学文体可借用乔治·斯坦纳的"毕达哥拉斯文体"一说予以概括,乔治·斯坦纳曾如此展望未来的文体:

> 如果我们完全综合考虑这些因素——使特定的时刻具有特定风格和文体的决心,作家的语言媒介与音乐和数学的近缘性,以及直接从语言产生、我们接近沉默(魔力核心)的弦外之音——一个名字或一个隐喻就会自动浮现,将不同的书籍聚集在一起。只有认识到事物所属的类别,才能完全把握事物之间的关系。因此,在布莱克和克尔恺郭尔开创、一直延续到维特根斯坦的创作领域中,那种

① 转引自陆文虎:《钱学》,见程裕祯主编:《中国学术通览》,北京语言学院出版社1995年版,第575页。

② 钱锺书:《管锥编》第4册,第1251页。

③ 臧克和:《问学琐记》,见牟晓朋等编:《记钱锺书先生》,第100页。

看上去断裂的、各具特色的系列，或许逐渐被我们视为新文体的一部分。我将这种新文体称为"毕达哥拉斯文体"。

不仅仅因为这种新文体中有音乐和数学，有关于沉默和死亡的永恒沉思和哲学，而且因为前苏格拉底派哲学（或者我们从那些一直模糊却具有强力秩序的片断中获得的东西），提醒我们想起文体仍然是具有驱逐亘古混乱的巫术的时代。在那个时代，哲学和矿物学用的是诗歌语言，语词有催人起舞的力量。①

维特根斯坦、钱锺书接上了"知行合一"的古老传统，以数十年的生命历程去体悟生活世界，并将毕生的修行与修为，通过"断片"形式予以呈现；维特根斯坦、钱锺书都是以"毕达哥拉斯文体"写作的典范，这一文体的"根苗"，在中国的先秦诸子、希腊的哲学、印度的奥义书和佛陀、伊朗的琐罗亚斯德和巴勒斯坦的犹太先知等"轴心时代"思想家的著述之中，便已赫然可见。

在《人生之体验·导言》里，唐君毅坦言：愈是现代的人生哲学之著作，愈是让人喜欢不起来。为什么呢？这些著作不能予人以启示，透露不出著者心灵深处的消息，且足以窒息读者之精神的呼吸；反之，中国先秦诸子典籍，希伯来之新旧约，印度之吠陀，还有古希腊哲学家"断片"式箴言，其中自有著者的心境与精神、气象与胸襟，并以其天纵之慧，抉发人生价值，示人以正路——

那些人，生于混沌凿破未久的时代，洪荒太古之气息，还保留于他们之精神中。他们在天苍苍、野茫茫之世界中，忽然灵光闪动，放出智慧之火花，留下千古名言。他们在才凿破的混沌中，建立精神的根基；他们开始面对宇宙人生，发出声音。在前不见古人、后

---

① 乔治·斯坦纳：《语言与沉默——论语言、文学与非人道》，第105页。

不见来者之心境下，自然有一种莽莽苍苍的气象，高远博大的胸襟。他们之留下语言文字，都出于心所不容已，自然真率厚重，力引千钧。他们以智慧之光，去开始照耀混沌，如黑夜电光之初在云际闪动，曲折参差，似不遵照逻辑秩序。然雷随电起，隆隆之声，震动全宇，使人梦中惊醒，对天际而肃然，神为之凝，思为之深。①

千祀之后，读者诸君遥念圣哲，诵其诗，读其书，不能不怀想其为人，直接感应其精神气象及著作方式，而景仰企慕，有以自奋，祈望向往，继发其潜德幽光。唯有学贯中西，融会百家，称心而谈，开拓万古之心胸，才能做到出才情、出见地、出思想、出断制。维特根斯坦说得妙极——"传统不是谁都学得会的东西，不是某个人只要什么时候愿意就那捡起来的一根线，正如你不能选择自己的祖先。""没有传统而想要拥有传统的人，就像是那种不幸的恋人。"② 这或许就是我们不时回望传统的缘故吧。

刊于《清华大学学报》（哲学社会科学版）2017 年第 3 期

---

① 唐君毅：《人生之体验》，广西师范大学出版社 2005 年版，"导言"，第 4 页。
② 维特根斯坦：《文化和价值：维特根斯坦笔记》（修订本），第 166 页，第 167 页。

| 第九章 |

从"论证"到"证悟"
——创构"毕达哥拉斯文体"的内在机制

> 自发的碎片构成某种因素，通过这个因
> 素或在这个因素的间隔中，人们达到对自然
> 与历史最伟大的凝视与充满智慧的聆听。
>
> ——德勒兹[1]

文学研究的重要任务之一，便是屏息凝听时代的脉动，努力揭示人性中最生动的东西，打开曾经沉默的生活，显现这个世界内在的根本秩序，一种不可触犯事物的存在。问题在于，很多研究者在这方面无能为力或无所作为，"毕达哥拉斯文体"所提示的路径何在？其内在的创造机制是什么呢？

第一节　"永恒的绽放"

著名乐评家田艺苗在《日出时请将悲伤终结》一文讲述了一个脍炙人口的音乐故事——

---

① 德勒兹：《批评与临床》，刘云虹、曹丹红译，南京大学出版社 2012 年版，第 124 页。

音乐家科伦布的爱妻亡故，他从此带着两个女儿隐居深林，整日在一个小木屋里独自研习古大提琴。在绵延不止的乐声中，他看见深爱的亡妻，此刻就坐在他对面聆听；之后，一起祷告，一起乘坐马车，一起并肩走过茂密的森林，一起来到河岸渡口，直到她独自坐上小船离去。怕她再次消失，他不忍停下手中乐曲。为了让她一遍一遍重现，他用余生不断拉奏心爱的大提琴，记下心里的悲伤乐曲，想看看爱将延续到哪里。

这是一个清静的世界。老房子旧得幽静、坦然，乐句绵延无休、难以捉摸，家中的器皿也都散发出乐器的光泽。科伦布在森林小屋里拉琴、作曲，在他眼里，王宫没有自己的木屋大，他拒绝宫廷表演的邀请，拒绝各种矫饰，只为灵感而作曲，只是记下心灵瞬间的颤抖。他的演奏闻名遐迩，在传说中更是达到出神入化。

有一天，17岁的红衣少年，一个鞋匠的儿子，敲响了音乐家的门。他自我介绍曾在国王的唱诗班唱了9年，还是中提琴演奏者，他立志成为伟大音乐家，而慕名前来学艺。红衣少年即兴演奏了《西班牙的罪恶》，科伦布听了十分生气："为了取悦国王的音乐，不是用感觉演奏的音乐，只是让人快乐的装饰，不是真正的音乐！"红衣少年又演奏了自己作的一支曲，科伦布的心略有所动："痛苦的声音才让我感动，而不是你的技巧。除了悲伤和眼泪，你在音乐中寻找什么呢？一个月后回来吧，那时我再决定收不收你！"

后来，红衣少年成了音乐家的学生。再后来，红衣少年背着老师受聘为皇家乐队的演奏家，从而被逐出师门："你在宫廷和市场演奏，就像去马戏团买一匹马取悦自己！"这时，音乐家的大女儿爱上了红衣少年，偷偷将父亲传授的一切都教给了他。后来，为了一个"有利的位置"，红衣少年遗弃了她。再后来，红衣少年成了宫廷乐长，生活富足。音乐给他带来了华丽的马车，镶嵌珠宝的假发衣饰，显贵的地位与指挥权杖，但不再让他有17岁时眉宇间那明亮、澄静的眼神。然而，宫廷乐长深觉自己始终未得音乐的要领。他清楚地记得，年少的那个午后，在森林里听到科伦布的琴曲，那种庄重、静穆、悠远而哀伤的，才是真正的音乐。

老人弥留之际，宫廷乐长深夜赶赴森林小屋，去上最后一堂音乐课。当他一身显阔地走进那简朴肃穆的木屋，发现自己不过是个臃肿的丑角。他问老人："音乐是什么？为了供奉上帝？为了取悦国王？为了金钱？为了荣誉？是爱情的忧伤？或是自暴自弃地放纵？"

都不是。

宫廷乐长终于领悟，自己的疑问便是答案："是不是给死者的礼物？是给那些不能说话的人低声的安慰？给那些消逝了的童年？是为了让鞋匠的锤声变得柔和，是为了那我们出生之前就已存在过的时间，在我们呼吸之前，或者看见光亮之前……"

最后，老人与学生合奏自己久未示人的作品，彼此碰撞，彼此融合，彼此感应，彼此绽放，用爱感知音符——仿佛一起站在世界的高处，领略美的巅峰的光彩，并肩凝望一次宛若新生的日出……

——这是电影《尘世里的每一个清晨》（*Tous Les Martins du Monde*）所讲述的 300 多年前的故事，它让我们重温一种艺术人格全面熏染的师徒关系，影片里爱情与音乐相互阐释，其中的一切缓慢与静默，把我们带回到了音乐的黄金时代。[1]

是的，倘若音乐真有魂魄的话，那就是它的毫无用处，它的"无用之用"。用音乐家科伦布的话说，"音乐的存在是为了说出语言所无法说出的事物"。当我们像红衣少年一样，总为现实中的财富、地位、成败、名誉等所左右，怎能不陷入孤单、惶恐和空虚之中呢？世界又怎么可能会生动起来呢？为诸色（物色、财色、器色、女色）为功名而艺术是可笑的，但从这些世俗的羁绊中挣脱出来，为自身的自由解放则完全是另一码事。音乐是爱，是诗，是虔诚，是恩慈，是馈赠，是内心孤独的吟唱，是出神的一瞬，是颤抖的瞬间，是人类关于光明、自由和宁静的力量的梦想。真正的音乐，是一种专注、耐心的修为，能将人变成一个内心强大而平和的人，生活由于此般

---

[1] 参见田艺苗：《温柔的战曲》，上海书店出版社 2010 年版，第 105—107 页。

修炼，清明透亮而获得了尊严。

因此，罗曼·罗兰说："一个民族的政治生活只是它存在的浅层部分；为了了解其内在的生命——其行动的源泉，我们必须通过它的文学、哲学以及艺术这些反映该民族理念、情感和梦想的东西，来深入探索它的灵魂。""音乐展示给我们的是在表面的死亡之下生命的延续，是在世界的废墟之中一种永恒精神的绽放。"①

文学难道不也是这样吗？

是的，文学的权重正在不断下降，或许一直就不在社会生活的中心。作为"废黜之王"，文学早已被资讯与娱乐世界边缘化。但是，文学从未远离人类的灵魂，它透视平滑肤浅或纷繁复杂的生活，敏感、细腻地表现生命的困惑与激情、悲伤与希望；它信守那独一无二的东西，令不可见之物成为可见的。易言之，文学总是在历史理性与人文关怀之间保持一定的张力，以其抵达生命本质的诗意，照亮人心深处为人所忽略的褶皱，陪伴、温暖、鼓舞所有被历史遗弃的生命……

在《批评与临床》一书里，法国哲学家吉尔·德勒兹有个著名的论断：文学是一项健康的事业——文学展现了存在的所有可能性或能量，令一个深不可测的世界骤然浮现，其最终目标在于引出对健康的创建，或是创造一个"缺席的民族"。为此，每一部作品都是一次旅行，一个生命在构成理念的言语活动中的旅程；作为一个生成事件，写作永远没有结束，永远正在进行中……②

时光交汇、交错，因之波澜荡起，因之梦想掀开，因之骨骼血肉顿生。对于一个内心有自己的领地、不想匍匐前行的人而言，盛装的青春、无谓的盛名甚至至高的权力，都算不了什么。即便世俗的风将人撞得踉踉跄跄，文学仍让人感觉风骨卓然。罗曼·罗兰在《米开朗琪罗传》的结尾写道：

---

① 罗曼·罗兰：《音乐散文集》，冷杉、代红译，中国文联出版社 1999 年版，第 1 页，第 7 页。
② 德勒兹：《批评与临床》，第 3—10 页。

伟大的心魂有如崇山峻岭，风雨吹荡它，云翳包围它，但人们在那里呼吸时，比别处更自由更有力。纯洁的大气可以洗涤心灵的秽浊；而当云翳破散的时候，他威临着人类了。

…………

我不说普通的人类都能在高峰上生存。但一年一度他们应上去顶礼。在那里，他们可以变换一下肺中的呼吸，与脉管中的血流。在那里，他们将感到更迫近永恒。以后，他们再回到人生的广原，心中充满了日常战斗的勇气。[1]

意大利小说家卡尔维诺道出了大家的肺腑之言："我对文学的未来的信心，包含在这样一个认识中，也即有些东西是只有文学通过它独特的方式才能够给予我们的。"[2]

真正优秀的文学艺术作品，都出示这种"永不出场的空间"，一种"形而上学质"（英伽登语）；它是"无"中"生"出的灵地，一个借助语言"创造"出来的幻象，一个让我们心灵归家的"天地境界"。在通往永恒的路上，东方的幽玄境界与西方的形上境界，总是殊途同归。"正是通过美的这种超然性，所有伟大的诗作才以种种方式在我们心中唤起神秘的同一之感而把我们引向存在之源。"[3]这是所有伟大的艺术作品不可或缺的质地。

生活总是这样：复杂、混乱、夸张、喧闹、荒谬。面对那些令我们不适，使我们困惑，让我们恐惧，挑战我们经验的东西，多数人只有接受和接受得习以为常，不知道自己身处思想和精神的废墟。这犹如沃尔科特的诗句所描写的："暮色中划船回家的渔民，/ 意识不到他们穿越的静寂。"或如 T. S. 艾略特所言："而你所在的地方也正是你所不在的地方。"

---

① 罗曼·罗兰：《巨人三传》，傅雷译，安徽文艺出版社 1989 年版，第 303—304 页。

② 伊塔洛·卡尔维诺：《新千年文学备忘录》，"导语"，黄灿然译，译林出版社 2009 年版。

③ 马利坦：《艺术与诗中的创造性直觉》，刘有元、罗选民等译，生活·读书·新知三联书店 1991 年版，第 139 页。

第二节　"语言的瘟疫"

三十多年前，卡尔维诺曾有一个预感："有时候我似乎觉得，一场瘟疫已传染了人类最独特的天赋——对文字的使用。这是一场祸害语言的瘟疫，它体现于丧失认知能力和直接性；变成某种自动性，往往把一切的表达都简化为最通用、划一和最抽象的陈套，把意义稀释，把表达力的棱角抹去，把文字与新环境碰撞所引发的火花熄掉。"[1]

卡尔维诺还指出：这场"瘟疫"不仅限于语言或影像，而是存在于世界本身，还祸害了人们的生活和各民族的历史，使历史变得无形、随意、混乱，既无始又无终；这场流行病的可能根源，或是政治、意识形态、官腔、媒体的垄断，或是学校散播庸俗文化的方式。世界愈来愈沉重，愈来愈晦暗，卡尔维诺说："有些时刻，我真感到整个世界都快变成石头了：一种缓慢的石化，视乎不同的人和不同的地方，进度有所不同，但生活的方方面面都无一幸免。"在他看来，"文学，也许只有文学，才能创造抗体，去抑制这场语言瘟疫"。因为，在文学的语言符号里，潜藏着灵可通慧、秀可洗心的意蕴或心象，它们联结着肉体与精神、尘世与神圣。卡尔维诺的工作方法就是消除重量，以轻盈、活泼、游戏的笔触驾驭、呈现、穿透沉重的世界："有时是消除人的重量，有时是消除天体的重量，有时是消除城市的重量；我尤其努力消除故事结构的重量和语言的重量。"[2]

为了捕捉表达能力所无法捕捉的东西，作家必须与语言搏斗。作家将语言拽出惯常的路径，创生一种陌生的语言，一种类似"外语"的语言，一根逃离支配体系的魔线；通过新生的"词语"，在"不断放线"的文学畅想中，作家创造了某种视觉和听觉，展现了存在的所有可能性或能量，令隐遁于现实之中的某个深不可测的世界骤然浮现。因此，法国作家普鲁斯特在《与斯

---

[1] 伊塔洛·卡尔维诺：《新千年文学备忘录》，第58—59页。
[2] 伊塔洛·卡尔维诺：《新千年文学备忘录》，第2页，第59页，第1页。

特劳斯夫人的通信》的第四十七封信里说，捍卫语言的唯一方式就是攻击它，每个作家都必须创造属于他自己的语言。

正如苏珊·桑塔格所言，"艺术作品是一种展现、记录或者见证，它赋予意识以可感的形式；它的目的是使某物独一无二地呈现"；而艺术作品的研究和评论则是"显示它如何是这样，甚至是它本来就是这样，而不是显示它意味着什么"。①

1981年，著名作家王蒙提出一个重要的观点：正像作家善于感受（感觉、体验、认识）生活一样，评论家也应善于感受（感觉、体验、认识）作品，同样需要敏锐的知觉、丰富的情感、大胆的想象；创作是创造性的，评论也应该是创造性的；创作是对于生活的探索和发现，评论是对于作品所提供的形象、情绪、语言的一种探索和发现，也是对于作家、读者灵魂的探索；作家需要形象思维，评论家也需要运用自己的形象思维，见作家、读者所未见，感作家、读者所未感；作家有风格，评论家也应该有风格，也要寻找自己。②因此，真正意义上的文学研究和评论，必然充盈着敏锐的生命体验、真切的审美体验以及"悟稀赏独"的灼见；其语言既有思想的密度，又有情感的浓度。这样，才能发幽洞隐、衡文具眼，点醒、开启人的思想与智慧。作为一种精神产品，文学研究者的论著与作家创作的作品是等值的；作为文本的话语方式，学者的述学文体与作家的创作文体也是不分轩轾的。

三十七年前，王蒙疾声呼吁必须解放文学评论的文体："不要一写评论文章就摆出那么一副规范化的架势。评而论之，大而化之，褒之贬之，真实之倾向之固然可以是评论，思而念之，悲而叹之，谐而谑之，联而想之，或借题发挥，小题大做，或别出心裁，别有高见，又何尝不是评论？""或气魄宏大、高瞻远瞩，或旁敲侧击、机智奇警，或广征博引、浮想联翩，或婉约深沉、寓理于情，或纠缠执着、穷究其理，或从容点化、含而不露，或淋漓尽

---

① 苏珊·桑塔格：《反对阐释》，程巍译，上海译文出版社2011年版，第31页，第15页。
② 参见王蒙：《漫话小说创作》，上海文艺出版社1983年版，第254—256页。

致，或游刃有余。写出来的文章，可以接近于散文，可以接近于杂文，可以接近于笔记、书信，可以接近于诗、散文诗乃至小说、故事……"①

现如今，卡尔维诺所预言的"语言瘟疫"正肆虐着中国文学研究和评论界，王蒙当年对于评论文体多样化的呼吁言犹在耳，发人深省！

文学创作所提供的诸多图景或经验，总是溢出已有的理论谱系或话语体系。而且，如钱锺书所言，"文学如天童舍利，五色无定，随人见性"②。然而，大多数研究者却是从普遍原则到特殊对象，从一般到特殊，即先确认普遍的、一般的原则，再按照某种一般原理和某种程式进行推导，去解析、开掘研究对象的文艺思想、美学思想。不少论著不能说写得不好——它们逻辑严密、密不透风，理性得不能再理性，规范得不能再规范，论点、论据、论证都装配得利利索索——但这个好是没有意义的：这种好跟生命没关系，跟人对世界的理解，跟人对自我的理解没有太大的关系；它们不过是纯粹逻辑分析与修辞的产物，从中辨识不出研究者的个性，感觉不到来自研究者生命深处的呼喊，或是呼吸的气息——这些作者的名字几乎可以全部取消！

学者们总是习惯于用学究式行话写作，他们已然忘了，最伟大的真理是最简单的，最伟大的训诫是易于理解的；它们一旦被赘语遮盖，便无法让最需要它们的人了解。许多文学研究者没有对于文字和语言的深切感受，没有对于文字和语言的敏感；在他们笔下，文字和语言就只能成了一种冰冷、僵硬的代码和符号——这是汉语的腐败，而不是汉语的葳蕤。在诸多文学论著里，大多是语言的"空转"，言不及物，一锥子扎不出"血"来。这颇有些类似京剧《三岔口》中的情景，打了半天，热闹固然是热闹，却压根就没有接上火。

日本著名作家大江健三郎坦言："如果不能透过具体的语言、人物，从文学中读解观察到现实世界、同时代以及未来人性的概念和表现，就失去了文

---

① 王蒙：《漫话小说创作》，第254页，第255页。
② 钱锺书：《写在人生边上 人生边上的边上 石语》，生活·读书·新知三联书店2002年版，第92页。

学研究和评论的意义，作者和思维活跃的读者们也不会从中受益。"①在这意义上，诸多同质化、言不及物的论著其实是大可不必写的，写出来或不写差别并不大。

述学文体问题绝不是小问题。有什么样的语言，就有什么样的思想；语言坏朽了，思想亦愚不可及，更遑论提出"古人之所未及就，后世之所不可无"的创见！鉴于中国学界普遍缺乏述学文体的意识，笔者通过对维特根斯坦、钱锺书的"互文"式研读，构想未来的述学文体——"毕达哥拉斯文体"，即由对象化之思转为有我之思，由"知性智慧"转为"诗性智慧"，由线性的、封闭式结构转为圆形的、开放式结构；在"断片"写作中，打通古今中西，打通人文学科，动态呈现个人化创见与风格——而创构"毕达哥拉斯文体"的内在机制，则在于如何"走出语言"。

20世纪西方哲学的"语言学转向"曾统领一切，盛极一时；语言是人的家园或人的根本，几成人们"共识"。然而，"语言瘟疫"的肆虐，当下述学文体的单一、粗鄙，却表明文学研究者陷入了"语言的牢笼"：唯有"走出语言"才能摆脱目前的困局。

第三节 "走出语言"

人的一切活动都离不开语言，用以"走出语言"的也还是"语言"。卡尔维诺说："文学是'应许之地'，在那里语言必须成为它真正应当成为的。"那文学的语言应当是怎样的呢？首先，卡尔维诺否定语言工具论："有些人认为文字是获取世界的实质的方式，那终极、独特和绝对的实质。文字不是表现这实质，而是等同于这实质（因此仅仅把文字视为达到某个目的的手段是错误的）：文字只知道它自身，其他关于世界的知识都是不可能的。"其次，卡尔维诺也不赞同激进的语言观："尚有另一些人，他们把使用文字视作孜孜

---

① 大江健三郎：《小说的方法》，王成译，金城出版社2012年版，第41页。

不倦地探索事物，不是要接近事物的实质，而是要接近事物的无限多样性，触摸事物那永不枯竭的多种多样的表面。一如霍夫曼斯塔尔所言：'深度隐藏起来。在哪里？在表面。维特根斯坦则进一步：'至于隐藏着的事物……我不感兴趣。'"①

卡尔维诺说："我不会这么激烈。我想，我们总是在寻找某些隐藏的事物，或仅仅是潜在或假想的事物，一旦它们浮出表面，我们就追踪它们。……文字把可见的痕迹与那不可见的事物，那不在场的事物，那被渴望或被害怕的事物联系起来，像一座用于紧急事故的摇摇欲坠的搭桥，架在深渊上。""因此，在我个人看来，恰如其分地使用语言，可使我们小心翼翼、集中精神、谨小慎微地接近在场或不在场的事物，敬重在场或不在场的事物所无言传达的东西。"②

卡尔维诺至少给了我们两点重要启示：其一，语言不是表现思想的工具，语言与思想之间是同一的、非此不可的关系；其二，语言不是世界的根本，"在场或不在场的事物"，才是比语言更为根本的东西。如此对待语言，我们才能"走出语言"，而不至于被语言的牢笼给框死了。

思想家李泽厚从思想史的层面指出，中西哲学传统对语言的态度是不一样的，其间的差异可归结为"太初有言"与"天行健"（即"太初有为"）；前者是《圣经》、希腊哲学的 Logos，后者是中国的《周易》和巫史传统；此即逻辑—理性—语言—"两个世界"，与行动（"天行健"）—生命—情理—"一个世界"的区别。③

文艺理论家童庆炳指出，文学创作是通过语言传达出审美体验和艺术构思，审美体验不同于一般的认识，它"是主体与客体、感性与理性、直觉与思维、本能与理智、意识与无意识的统一，它的发生深入到了人的本能、直觉、无意识这些幽深的心理领域，它与个体的、本源的生命相连，这样具有

---

① 卡尔维诺：《新千年文学备忘录》，第 58 页，第 77 页，第 77 页。

② 卡尔维诺：《新千年文学备忘录》，第 78 页。

③ 参见李泽厚：《论语今读》，生活·读书·新知三联书店 2008 年版，第 142 页。

一般性的性格的语言往往不能与它相匹配,'言不尽意'的困境就在这种语言与审美体验的疏离与矛盾中产生了"。面对这一困境,中国古人提出了"超越语言"的思想,即寄意于言外,追求"文外之重旨""义立文外""言外之意",其语言的策略是:将语言的表现功能提到了主要的地位,把语言感觉化、心理化,而突破了其一般化的缺陷,表现了只可意会不可言传的情意,收到了"含不尽之意见于言外"的效果。①

文学研究和评论也必须"恰如其分地使用语言",才能真正进入文学的世界,使其世界成为可理解的,其中关键便是"走出语言"。李泽厚关于"走出语言"的思想及其实践可资借鉴。与童庆炳一样,李泽厚也认识到了创作中的非自觉性,发现许多"无意为佳""宛如天授"的艺术创造,是多年积累沉淀后的突发性成果,不是语言也不是所谓的方法论所能界定或规范的。

事实也是如此。作家、艺术家每完成一个作品,每每如梦初醒,一种惊诧降临自己身上:"这是我写出来的吗?"巴赫的儿子曾在传记里写到,他父亲的即兴演奏多么激动人心,是所有流传于后世的乐谱都不可企及的。英国小说家 E. M. 福斯特有一次在哈佛音乐研讨会上发表演讲,谈到自己怎么也无法填平创作与批评之间的鸿沟。他引述了近代诗人戴·刘易斯的话:批评对于一个诗人有时无关紧要,让人觉得不着边际;诗人写了一首诗,然后进入新的体验中,酝酿、完成了下一首诗;当批评家还对他的上一首诗喋喋不休、指手画脚时,对于他已觉得无所谓了。难怪梁实秋不失风趣地说:"凡是靠自己的感受而享受一件艺术品,其结果我叫作'鉴赏'。凡是根据一个固定标准而判断一件艺术品的价值,其结果我叫作'批评'。"②

李泽厚指出,中国传统是心理主义、审美主义,康德是所谓的"先验心理学",而将它们自然联结在一起,一再地提出要"回到康德";其要旨是从黑格尔的总体、理性、必然,回到个体、感性、偶然;强调恢复美感,反对

---

① 童庆炳:《中国古代心理诗学与美学》,中华书局 2013 年版,第 86 页,第 89 页。
② 梁实秋:《梁实秋文集》第 1 册,鹭江出版社 2002 年版,第 66 页。

用概念取代审美；"回到康德"不是回到康德的先验哲学，而是把康德翻过身来，以马克思（工具本体）来作康德（心理本体）的物质基础，此基础又是以物质生存—生活—生命亦即中国传统的"天行健""太初有为"为核心的——这样，才能突破由逻辑—理性—语言为核心的西方哲学，成为"走出语言"的新世纪的重大转折。[①]

李泽厚的"回到康德"与苏珊·桑塔格的"反对阐释"可谓异曲同工。苏珊·桑塔格强烈反对把文学作品当作可任意肢解的材料而在文本中抽取可用材料的做法，认为这种"侵犯性的、不虔敬的"的"挖掘"式阐释，"使世界贫瘠，使世界枯竭——为的是另建一个'意义'的影子世界。阐释是把世界转换成这个世界（'这个世界'！倒好像还有另一个世界）"。苏珊·桑塔格的灼见是：批评家的任务"不是在艺术作品中去发现最大量的内容"，而是"削弱内容，从而使我们能够看到作品本身"；被削弱了内容的"作品本身"，"是一种体验，不是一个声明或对某个问题的一个回答"。只有放弃静态归纳、抽象硬套的思维模式，跳出逻辑的藩篱，直接进入解脱的悟性空间，才能真正体悟到真理的终极意义。[②]

钱锺书在谈到诗歌创作时，举例说李贺好用"啼""泣"等字，戏称其"强草木使偿泪债"；他认为，这种"挟成见而执情强物"之作，"先入为主，吾心一执，不见物态万殊"，导致"物遂失真"，以致"春非我春，秋非我秋"。反之，倘主体情感与自然万物互动互通，则"物我情契"："要须流连光景，即物见我，如我寓物，体异性通。物我之相未泯，而物我之情已契。相未泯，故物仍在我身外，可对而赏观；情已契，故物如同我衷怀，可与之融会。"叙事性作品亦然："小说、戏剧，巧构形似，必设身处地，入情入理，方尽态逼真，惟妙惟肖。"概言之，破除执心以显物境，将物我本真生命性情浑然合一，方能营造出"有我有物，而非我非物"的艺术妙境。钱锺书由文

---

① 参见李泽厚、刘绪源：《中国哲学如何登场？——李泽厚 2011 年谈话录》，上海译文出版社 2012 年版，第 6—7 页。

② 苏珊·桑塔格：《反对阐释》，第 8 页，第 15 页，第 22 页。

学创作引申言之："求学之先，不著成见，则破我矣；治学之际，摄心专揖，则忘我矣"；"除妄得真，寂而忽照，此即神来之候。艺术家之会心，科学家之格物，哲学家之悟道，道家之因虚生白，佛家之因定发慧，莫不由此"。也就是说，具体学问的研究，首先得破一切"执"，化一切"旧套"，克除"情障""理障"等主观成见，方可悟道、言道；由"破我"到"忘我"，破除重重界障，心无异缘，澄明虚静，主客融合，即心与心之所专注的对象融会无间、相互契合，便能全面地把握对象；"及乎求治有得，合人心之同然，发物理之必然；虽由我见，而非徒己见；虽由我获，而非可自私。放诸四海，俟诸百世"。① 倘若将鲜活的文本生硬套进预设的理论框架，落入了"语言的牢笼"，则不可能有理事无碍的"识见"。

禅宗对事物的判断和感知方式，是拒绝、排斥概念、范畴、逻辑的介入与参与，而直接地把握生命的当下存在；它只是体会人的内心深处的经验，把事物的本体意义视作一种体验。南禅主张"顿悟"，"直指人心，见性成佛"。慧能凭借"涅槃妙心"为大众讲经说法，其教义之一是"不立文字"，即不在思辨推理中去做"知解宗徒"。"不立文字"却仍需要依靠文字（语言），于是，讲经布道之外，有了许多"公案"，故意用概念语言的尖锐矛盾和直接冲突，来破除对任何语言、思辨、概念、推理的执着，以体会、领悟真实的绝对本体，把握"无"的真谛。② 北禅则主张"渐悟"，注重"积学""渐修"即修行的次第，将种种源于自我的意识转化为面对宇宙人生的智慧，从而得到最终的解脱。龚鹏程指出，无论南禅、北禅，都必须要经过重关、初关和牢关这三关；在外止住诸缘、熄灭妄念，进而远离一切境之攀援，心如墙壁，最终达到境智融通、色空无碍，获得大自在。诗人之参诗，就像禅客之参公案，未悟时遍参诸方，悟后一齐放下；"在人境交融中，作者无心以应物，而见物如实相，万法森然，活活泼泼展现于眼前。这，就是参禅或

---

① 钱锺书：《谈艺录》，第 52 页，第 56 页，第 53 页，第 1189 页，第 280 页，第 281 页。
② 参见李泽厚：《新版中国古代思想史论》，天津社会科学院出版社 2008 年版，第 158—161 页。

参诗的最后境界"①。

禅宗的"悟证"反形式逻辑，代之以心灵逻辑、情感逻辑，它与庄子哲学有许多相通、相似之处，如破对待、空物我、反认知、重解悟、寻超脱等。不仅庄禅相通，禅宗与儒家精神也大有关系。从先秦孔孟至濂洛关闽以迄清初诸儒，形成了一以贯之的治学传统：自孔子始，孟子主求"放心"，周敦颐主"无欲"，程颢主"识仁"，程颐主涵养须"用敬"、进学在"致知"，张载主"变化气质"，谢良佐主"去矜"，杨时主"体验未发"，朱子主"格物致知"，陆象山主"先立乎其大"，至明代陈献章之"静中养出端倪"，湛若水之"随处体认天理"，王阳明之"致良知""知行合一"等，都主张反躬自省，切实践履，以圣人之心证己之心，做得一分功夫，自有一分效验。在强调直觉、体验、悟证等方面，禅宗与儒道走到了一起。正如李泽厚所言："随着历史推移，禅最终又回到和消失溶解在儒道之中，禅的产生和归宿都依据于儒道。"②

丹尼尔·贝尔指出："西方意识里一直存在着理性与非理性、理智与意志、理智与本能间的冲突，……理性判断一直被认为是思维的高级形式，而且这种理性至上的秩序统治了西方文化将近两千年。"③与西方传统哲学这种主客二分模式的、对象性和概念形而上学的思维方式不同，中国古代学术呈现为一种心物交融、物我一体的，直觉性、类比性的"体认认知"，而与西方传统哲学之"认识"或"认知"大异其趣。在述学文体上，中国古代文学批评的话语形态，则是重视情感、直觉、想象、体验、悟证、诗性的"隐喻型文体"（如《文赋》《二十四诗品》《沧浪诗话》《论诗三十首》《人间词话》等），而与西方文学批评的话语形态，即那种强调逻辑、推理、实证、经验、论证、知性的"演绎型文体"（如亚里士多德《诗学》、康德《判断力批判》、黑格尔

---

① 龚鹏程：《佛学新解》，北京大学出版社 2009 年版，第 158 页。
② 李泽厚：《新版中国古代思想史论》，第 171 页。
③ 丹尼尔·贝尔：《资本主义文化矛盾》，赵一凡、蒲隆、任晓晋译，生活·读书·新知三联书店 1989 年版，第 97 页。

《美学》、巴赫金《陀思妥耶夫斯基诗学问题》等）判然有别。①

马一浮在乐山主持复性书院时，张某寄来著作《我的儒家观》，用所谓"科学"的方法研究儒学，欲建立大同文化体系。马一浮在复信中指出，张君为学，错在方法：

> 今时科学哲学之方法，大致由于经验推想、观察事相而加以分析，虽其浅深广狭所就各有短长，其同为比量而知则一。或因苦思力索如鼹鼠之食郊牛，或则影响揣摩如猿狙之求水月。其较胜者，理论组织饶有思致可观，然力假安排，不由自得，以视中土圣人"始条理""终条理"之事，虽霄壤未足以为喻。盖类族辨物必资于玄悟，穷神知化乃根于圣证，非可以袭而取之也。②

在马一浮看来，用西方科学与哲学的"比量"的"推想"方法苦思力索、影响揣摩，只能如鼹鼠之食郊牛，劳而少功，如猿狙之求水月，系风捕影；唯有以"现量"的"圣证"方法为学，方可类族辨物，穷神知化。引申言之，中国传统的"隐喻型文体"体现的是"现量智"，西方传统的"演绎型文体"体现的则是"比量智"。

作为一代儒宗，马一浮明确抵制20世纪以来以西方哲学的概念框架、问题意识、逻辑分析来整理、阐释中国传统学问的学术主流，其教学与治学方法，体验重于思索，涵养重于察识，践履重于知解，悟证重于论说。在他看来，悟证之知，才是真知，而悟证所得，只能自得，非见闻所及，更非思量能致；只有悟证，才能真正体贴古来圣贤用心，才能化腐朽为神奇。在20世纪中国学术史上，马一浮的为学之道卓尔不群，是作为"另类"的"支流"，而以冯友兰为代表的才是所谓的"主流"。

---

① 参见蒋原伦、潘凯雄：《历史描述与逻辑演绎——文学批评文体论》第二、三章，云南人民出版社1994年版。

② 马一浮：《马一浮集》第1册，浙江古籍出版社2013年版，第418页。

在构建新理学的哲学体系时，冯友兰提出，哲学方法应包括两种：一是"正的方法"，一是"负的方法"。一个完全的形上学系统，应当始于"正的方法"，而终于"负的方法"。如果不始于"正的方法"，就缺少作为哲学的实质的清晰思想；如果不终于"负的方法"，就不能达到哲学的最后顶点。①

所谓"正的方法"，就是"逻辑分析的方法"或"形式主义的方法"，即用名词、概念对于形上学命题、范畴进行判断、推理而得出结论，从正面阐释形上学，由肯定达于肯定的方法。冯友兰认为，"西方哲学对中国哲学的持久贡献在于它的逻辑分析方法"，逻辑分析方法进入中国以后，"不仅使中国人有一种新的思维方法，还改变了中国人的心态"。冯友兰还将逻辑分析方法比喻为近现代中国人向西方求得的思维"点金术"，"中国学术的时代精神可以说就是用分析方法对中国古代思想重新加以解释"②。

所谓"负的方法"，就是由否定而达于肯定的直觉主义（感悟）的方法，佛家、道家都用这种方法。"负的方法"以体悟的方式直接契合形而上学的对象，体悟就是体天道、明人德，而后达到"天地境界"，实现"游心太玄""与物冥通""与道同机"。"负的方法致力于消泯差别，告诉人：它的对象不是什么；而正的方法则致力于突出区别，使人知道它的对象是什么。"③

冯友兰在两卷本《中国哲学史》之首篇"子学时代"的第一章"绪论"里，一开始就界定说："今欲讲中国哲学史，其主要工作之一，即就中国历史上各种学问中，将其可以西洋所谓哲学名之者选出而叙述之。"④冯友兰讲得极清楚明白，就是以西方哲学为模子，将中国学问中所谓相关内容套入其中，"选出而叙述之"；"选"材料的标准，就是"可以西洋所谓哲学名之者"。

牟宗三严厉批评了冯友兰以西方哲学为范式的研究路数，指出冯氏在《中国哲学史》的自序里自诩其主要观点为正统派，其实根本不足以言"正

---

① 冯友兰：《三松堂全集》第 6 卷，河南人民出版社 2001 年版，第 288 页。
② 冯友兰：《中国哲学简史》，第 287 页，第 289 页。
③ 冯友兰：《中国哲学简史》，第 287 页。
④ 冯友兰：《冯友兰文集》第 3 卷，长春出版社 2017 年版，第 5 页。

统"：首先，冯氏以西方的新实在论的思想解析朱子，并述及陆、王的思想都是错的，他"对于宋明儒者的问题根本不能入，对于佛学尤其外行"。另一个致命缺点，则是以西方哲学之分期方式套在中国哲学上，以为"子学时代"类似西方古希腊时代，"经学时代"类似西方的中世纪；又特别提出并且注重名学，其实先秦名学只是昙花一现，并未发展成严整的逻辑与科学方法，根本就不是中国哲学的重点，不可从此来了解中国之传统思想。"冯氏不但未曾探得骊珠，而且其言十九与中国传统学术不相应"；"以西方哲学为标准，来在中国哲学里选择合乎西方哲学的题材和问题，……是莫大的愚蠢与最大的不敬"。[1] 牟宗三斩钉截铁地说："凡以西方那种外在的、观解的思考路数，以及其所派生的一切，来解析中国学问，甚至整个道德宗教的，俱是差谬不相应。"[2]

比较而言，李泽厚对冯友兰的批评相对温和些。他肯定冯氏用西方哲学的框架、概念、思想来整理自家家藏的功劳，"至少把传统那种缺条理、颇模糊、极笼统的思想（不说'哲学'也罢）梳理得中规中矩，让人知晓"；同时也指出这种整理爬梳也带来了问题和缺陷，即"很难保持中国本来的思维特征，丧失了中国一些不同于西方却是真正原创的东西"，"冯友兰讲的就是'哲学在中国'，他没有提出和解决'中国的哲学'这个大问题"。对于"天地境界"——冯友兰整个新理学哲学体系的最终归宿与逻辑终点——李泽厚指出，"冯友兰误把天地境界归结为理性论证的认知，它其实是认识到这种不可认识而生发的情感"，冯氏将"情感"与"认知"混同起来了。中国的许多概念不能用西学的词汇来解释，那么，马一浮的"中国哲学"之路就行得通吗？李泽厚借用中国思想史专家陈来的评价，说马氏坚决拒绝用西方的名词、概念、模式讲中国的东西，而用传统的一套词汇来谈"六经"，只是把宋明理学重复了一遍；李泽厚认为，马氏所谓"六艺"即"六经"，违背了孔学

---

[1] 牟宗三：《中国哲学的特质》，第 2—3 页，第 6 页。
[2] 牟宗三：《生命的学问》，第 25 页。

原意，虽然汉代就有此论，到了现代还说"六艺该摄一切学术"，试图以"六经"概括统摄中外古今和现代科技，"将本来清楚的问题，在佛家神秘迷雾中，议论成了一片空泛的超时空的前现代的抽象混沌"，简直不可思议。①

第四节 "以美启真"

真正的发现都是由个体的人去体验，去领悟，去创造的。早在 1985 年，李泽厚就指出："中国思维更着重于在特殊、具体的直观领悟中去把握真理"，庄玄禅宗"在打断钻牛角尖的逻辑束缚，否定认识和知识的固定化方面，……使人们在某种似乎是逻辑上不可能的地方，注意到有某种重要的真实性和可能性。而所有这些，又与中国从孔学开始重视心理整体（如情感原则），而把思维仅当作推理机器的基本精神，是一脉相通的，即不只是依靠逻辑而是依靠整个心灵的各种功能去认识、发现、把握世界，其中特别重视个体性的独特体验与领悟"。②

在个体的创造中，中国偏于"现实的可能性"的"生存智慧"，与西方偏于"逻辑的可能性"的"思辨智慧"，都是人类的智慧；它们各有优长缺失，彼此可以相互补充，相互融合。中国"素乏幽眇之思"（陈寅恪语），中国之生存智慧的优长，需经由思辨理性的处理，才可能得到真正的发展。③但正如陈寅恪在冯氏《中国哲学史》的"审查报告"里所云："即使能忠实输入北美或东欧之思想，其结局当亦等于玄奘唯识之学，在吾国思想史上既不能居最高之地位，且亦终归于歇绝者。"④玄奘把印度佛学中概念密集、复杂、烦琐的唯识宗带回中土，但其借助宫廷的力量，只流行了短短几十年，便消失了。

---

① 李泽厚、刘绪源：《中国哲学如何登场？——李泽厚 2011 年谈话录》，第 90 页，第 62 页，第 91—92 页。

② 李泽厚：《漫述庄禅》，《中国社会科学》1985 年第 1 期。

③ 参见李泽厚、刘绪源：《中国哲学如何登场？——李泽厚 2011 年谈话录》，第 48 页。

④ 冯友兰：《冯友兰文集》第 3 卷，第 356 页。

中国自创的天台、华严，理论简明得多，传播影响却非常久远。冯友兰始于"正的方法"（逻辑分析）、终于"负的方法"（直觉感悟）的为学之法，水土不服，不足为训。

爱因斯坦说过，创造既不是逻辑的演绎，也不是经验的归纳，而是一种直观的自由想象，想象力是科学研究的实在因素；其中，有灵感，有联想，有顿悟，带有审美的特征。狄拉克、杨振宁也都说过美感的重要，想象（非逻辑）推理中也有美感。科学家有时感受、想象到一点东西，紧紧抓住，然后进行大量的想象推理、概念思索、逻辑论证，做经验性的实验，就取得了成功——这就是"以美启真"。钱锺书在《致胡乔木》中指出："哲学思想往往先露头角于文艺作品，形象思维导逻辑思维之先路"；"盖文艺与哲学思想交煽互发，转辗因果"。① 李泽厚说："'以美启真'，也就是'启'一下而已，它会启示你真理的方向，但达到真理的道路，还是要真正的理论思维来把握，并要有经验来证明。"②

20世纪80年代初，杨振宁在中国招收留美博士生时，有一个非常年轻、聪明的考生前来面试，杨振宁问了他几个量子力学的问题，他都能回答。当杨振宁问他："这些量子力学问题，哪一个你觉得是妙的？"这名考生却讲不出来。杨振宁认为他的发展前途不太乐观，最终没有将他录取。杨振宁对他的看法是：

> 尽管他吸收了很多东西，开始他没有发展成一个 taste。……学一个东西不止是要学到一些知识，学到一些技术上面的特别的方法，而是更要对它的意义有一些了解，有一些欣赏。假如一个人在学了量子力学以后，他不觉得其中有的东西是重要的，有的东西是美妙的，有的东西是值得跟人辩论得面红耳赤而不放手的，那我觉得他

---

① 钱锺书：《钱锺书散文》，浙江文艺出版社1997年版，第423页，第424页。
② 参见李泽厚、刘绪源：《中国哲学如何登场？——李泽厚2011年谈话录》，第45—46页。

对这个东西并没有学进去。他只是学了很多可以参加考试得好分数的知识，这不是真正做学问的精神。他没有把问题里面基本的价值掌握住。学一个学科，不止是物理学，不但要掌握住它们里面的知识、定理和公理，更要掌握这些知识、定理和公理的意义、精神及其重要性，等到你觉得这些东西重要到一个程度时，你才是真正把这些东西吸收进去了。①

钱学森酷爱音乐、绘画、摄影等，他多次谈到自己的很多灵感就是从艺术中悟出来的，是形象（直感）思维甚至灵感（顿悟）思维帮助自己解决了许多疑难问题。钱学森一语道破："科学上的创新光靠严密的逻辑思维不行，创新的思想往往开始于形象思维，从大跨度的联想中得到启迪，然后再用严密的逻辑加以验证。"②自然科学的创造尚且需要审美、鉴赏、判断的能力，需要"以美启真"，更何况是人文社会科学。

刘再复指出，人文社会科学中有两种真理：一是仰仗逻辑分析的实在性真理，一是非逻辑非分析的启示性真理；前者可以"实证"，后者只能"悟证"。文学蕴含的多半是感性的启示性真理，其无穷意味难以考证、实证甚至是论证；而且，真正的天才的创造，都是从特殊到一般。如，《红楼梦》通过写特殊的贵族之家，呈现出了人类普遍的人性状态、生存状态。审美判断、文学批评也应从特殊到一般，从审美感觉出发，从特殊出发，而不是从某种标准出发，从概念或原则出发。因此，文学的研究方法应是转"负"为"正"的"证悟"，即先直觉、感悟再逻辑辨析，也就是用"悟证"的方法去阅读作品、研究问题，再运用逻辑、辨析、论证的方法发展之。③在如何"走出语言"的问题上，刘再复与李泽厚走到了一起。

与"走出语言"的思想相呼应，李泽厚特别强调个体融知性于感性之中

---

① 杨振宁：《杨振宁演讲集》，南开大学出版社1989年版，第90—91页。
② 钱学森：《钱学森文集》第6卷，国防科技出版社2011年版，第420页。
③ 参见刘再复：《两度人生——刘再复自述》，河南文艺出版社2016年版，第29页。

的"以美启真"，其述学文体别具一格。其《说巫史传统》开篇即云："二十年前（1978）我议论写思想史可以有两种方式（历史的或哲学的，'我注六经'式或'六经注我'式）……我今天仍然只能是'六经注我'式的写法：制造概念，提供视角，以省察现象。因之所说多为假说式的断定；史料的编排，逻辑的论证，均颇疏阔。但如果能揭示某种关键，使人获得某种启示，便将是这种话语的理想效果。"①

确实，李泽厚的哲学表达平易、鲜活、精简，他拿出了许多"提纲"或"纲要"，提出了很多哲学观点，却往往没有相应分量的细密论证；他明确反对执着于固定性概念、线性因果、非此即彼的抽象思维，表述中有不少中国元素，如《历史本体论》用了不少诗词，通篇都是散文、随笔式的语言。刘再复称李泽厚用的是中医里的"点穴法"，捕住一个精神之核，点到为止，要言不烦；至于细节论证，则留待他人或自己的论文。其实，刘再复用的也同样是"点穴法"，一种类似卡尔维诺"以轻驭重"式的智慧写作。

1995年之后，刘再复在其思想与学术路向上做了一次反向努力，"从后现代返回古典"。他反思了自己以往因崇尚康德而热衷于建构体系的研究方法，倡导以"悟证"（心会神通之法）取代"实证"（考证与论证），以"心性论"取代"认识论"来研读"四大名著"，自觉打通生命与学术的血脉，把学术与生命衔接起来。"悟证"法"不是把《红楼梦》作为学问对象，而是作为审美对象，特别是作为生命感悟和精神开掘的对象"②；"取出《红楼梦》这一瓢独自饮啜，全生命、全灵魂都受到泽溉"③。在撰写《红楼梦悟》《红楼哲学笔记》共600则"悟语"后，刘再复又撰写了《共悟红楼》《红楼人三十种解读》两部书。

此前，《红楼梦》的研究形态或为"论"（逻辑、分析、论证），或为"辨"（注疏、考证、探佚、辨析），刘再复则开辟了第三条道路，即以"悟"

---

① 李泽厚：《说巫史传统》，上海译文出版社2012年版，第5页。

② 刘再复：《红楼梦悟》，自序（一），生活·读书·新知三联书店2006年版，第2页。

③ 刘再复：《红楼梦悟》，自序（二），第2页。

作为阅读、探讨和写作的主要形态："悟的方式乃是禅的方式，即明心见性、直逼要害、道破文眼的方式，也可以说是抽离概念、范畴的审美方式"①；"悟证"之法，"既不同于知识考证与家世考证，也不同于逻辑论证，虽近乎禅的通过直觉把握本体的方式，但我却在'悟'中加上证，即不是凭虚而悟，而是阅读而悟，参悟时有对小说文本阅读的基础，悟证过程虽与'学'不同，却又有'学'的底蕴与根据"②。刘再复的"红楼四书"追寻每个人物心灵的奥秘，求证其中蕴含的哲学之谜与文化之谜，抵达了人物心灵存在的深渊，包括潜意识深渊。刘再复在归纳、判断文本提供信息的基础上"心证意证"，把《红楼梦》研究从历史学、考古学的地盘拉回到文学、美学、心性学的地盘，呈现出了全新的学术意境。2009 年，刘再复出版了《双典批判》，同样用了"证悟"法，对《三国演义》《水浒传》做了批判性解读，发出了内心真实而自由的声音，真正感受到了"那种学术与生命紧密相连的至乐，那种头脑与心灵相融相契的至乐"③。

李泽厚有一个发现：汉文字不是口头语言的复写，不是语言控制文字，而是文字控制语言；中国的实用理性太注重"现实的可能性"，太忽视"逻辑的可能性"，使得中国人的心智和语言长期沉溺在人事经验和现实成败上。他主张："理论家应该和实践家分开，哲学家、思想家应该和革命家、政治家分开，这二者不能混为一谈，集于一身。哲学家不能去做什么'哲学王'，也不应追求成为'帝王师'，这样，理论才可能独立发展。"譬如，"西方自希腊始对'Being'的寻求，对'What is'的追问，实际是对某种确定性的寻求，它通过逻辑可能性的充分展开，对万物本源的抽象思辨，一层深似一层地穷天地之奥妙，为现代科技、社会人生打下了坚实基础，使人获得'超人'的力量"。④

回顾自己的写作史，刘再复说自己经历了从"有目的"到"无目的"的

---

① 刘再复：《红楼梦悟》，自序（二），第 3 页。

② 刘再复：《红楼哲学笔记》，生活·读书·新知三联书店 2009 年版，第 3 页。

③ 刘再复：《两度人生——刘再复自述》，第 156 页。

④ 参见李泽厚、刘绪源：《中国哲学如何登场？——李泽厚 2011 年谈话录》，第 49—53 页。

变化：起初写书急于"问世"，或为了立功立德，或为了立言立名；接着，是作为"自救"而写作，只有内在的生命需求特别是心灵需求，而无外在目的，"每部书都像生命的船只，不断地负载着自己前行"；最后，是作为"消失"而写作——

> 林黛玉的《葬花词》，是最感人的伤逝之诗。她写这首诗，就是为了消失，为了给生命的消失留下一声感慨，一份见证，一种纪念。曾有一个生命如花似叶存在过，她也将如花凋残，如叶消失，为了纪念这一存在的消失，她才写作。消失的歌，唱过了，消失的方式，准备好了，那是简朴干净的还原："质本洁来还洁去"，没有奢望，没有遗嘱，只留下一个曾经发生过的高洁的梦。"为了忘却的记念"（鲁迅语）是痛，"为了消失的纪念"是更深的痛。消失不是目的，不是世俗的有，但它合更高的目的——澄明充盈的无。曹雪芹著写《红楼梦》也是为了消失，为那些已消失的生命留下挽歌，为将消失的生命（他自己）留下悲歌。①

天地无言，最美丽的宇宙天体，不仅"无言"而且"无名"；不仅伟大的天体存在"无名"，好些卓越的语言创造也"无名"。譬如《山海经》譬如《易经》，至今又有谁知道这两部"天书"的作者呢？无目的的写作，为艺术而艺术，为学术而学术，守持这种写作态度，是一种大彻大悟，是大智慧。②刘再复的"证悟"让人想起了美国著名批评家哈罗德·布鲁姆说的一句话："最好的批评文字是一种智慧文学，也就是对生活的参悟。"③

有人称，刘再复很像《一千零一夜》里那个萨珊王国宰相的女儿谢赫拉

---

① 刘再复：《红楼梦悟》（增订本），生活·读书·新知三联书店 2009 年版，第 110—111 页。
② 参见刘再复：《两度人生——刘再复自述》，第 174—177 页。
③ 哈罗德·布鲁姆：《影响的剖析——文学作为生活方式》，金雯译，译林出版社 2016 年版，第 5 页。

查德，讲述只是拯救生命的前提和延续生命的必要条件，不讲述就没有明天，除此之外别无目的。刘再复对此说极为认同："不讲述《红楼梦》，生命就没劲，生活就没趣，呼吸就不顺畅，心思就不安宁，讲述完全是为了确认自己、救援自己。"①刘再复与李泽厚一样，在时光深海里探寻，用类似文学创作的方式从事哲学、文学研究，他们的问题和语言都来自内心的痛楚，来自修正或赞美生活的渴望；他们通过"以美启真"，以轻驭重，完成了美的创造，让不可见的成为可见的。

电影《尘世里的每一个清晨》所讲述的不就是这同样的道理吗？然而，从古到今，在现实生活中，更多的人如同那位红衣少年一样，把艺术（学问）当作政治工具和夤缘求进的阶梯：他们时刻想着"学成文武艺，货与帝王家"，为了荣华富贵沽名钓誉，不惜卖身卖文卖艺，心地变得猥琐、僵硬、黑暗、卑鄙；他们对于文学艺术，不再有爱与虔诚，不再有出神与颤抖一瞬，不再有关于光明、自由和宁静之力量的遐想。没有了独立人格，没有了超越精神，何来"以美启真"？谈什么美的"创造"？又怎么可能作为"消失"而写作呢？他们只能炮制些虚假概念、命题，批量生产些思想贫乏的文字，使这个世界愈加沉重、晦暗；对他们而言，"毕达哥拉斯文体"，不过是镜中花、水中月……

当代德国"文学教皇"马塞尔·赖希－拉尼茨基有一句箴言："我们可以不厌其烦地重复：没有对文学的热爱就没有对文学的批评。"②

是的，就是这样，必须这样！

刊于《清华大学学报》（哲学社会科学版）2018 年第 5 期

---

① 刘再复：《红楼哲学笔记》，第 2 页。
② 拉尼茨基：《我的一生》，余匡复译，上海译文出版社 2003 年版，第 323 页。

| 第十章 |

"投入智慧女神的怀抱"

——"毕达哥拉斯文体"的哲思路径

> 为了攻击形而上学而不使用形而上学的
> 概念，这样做是毫无意义的。我们没有任何
> 与这一历史毫无联系的语言、句法和语汇，
> 我们无法说出一个解构性命题而这个命题又
> 没有滑入这个命题想要驳斥的那种形式、逻
> 辑和隐含的假定之中。
>
> ——德里达[①]

真正意义上的写作，能让人感受到某种创造的冲动和喜悦，给人一种钻木取火般的瞬间启示和发现。作为面向未来的创构，"毕达哥拉斯文体"拒斥浅陋的技术主义，而以其独特的哲思路径，讲述无法讲述的生命与世界的秘密；这种充盈着思想与美的言语活动，指向一种最为纯粹、最为本质的成熟的心智生活和学术创造。

---

① A. 内哈马斯：《真理与后果——怎样理解 J. 德里达》，涂军译，《哲学译丛》1989 年第 2 期。

第一节　"对文学的犯罪"

　　杰夫·戴尔，1958 年出生于英国切尔滕纳姆，《每日电讯》称之为"很可能是在世的最好的英国作家"。每个作家都至少有一个让他（或她）想成为作家的作家，杰夫·戴尔也不例外。对他而言，D. H. 劳伦斯是父亲式的作家，彼此之间有一种类似血缘关系的亲近、继承和延续；杰夫·戴尔一再声称："多年前我就决心将来要写一本关于 D. H. 劳伦斯的书，向这位让我想成为作家的作家致敬。"他最终呈现给我们的却是传记、小说、游记、回忆录……众多文体互渗融合、满溢后现代与嬉皮气质的超文体之作——《一怒之下——与 D. H. 劳伦斯搏斗》。在这部小说里，杰夫·戴尔坦承："小说会让我更接近自我，而劳伦斯——一本关于劳伦斯的严肃的学术著作——则相反，将会带领我摆脱自我。"[①]他毫不掩饰地痛斥那些糟糕的学者：他们根本不理解文学，而"在忙着杀戮他们所接触的一切"；成千上万学者所写的书，简直是"对文学的犯罪"。

　　可不是这样？在英国的文学系课程里，从《贝奥武夫》到贝克特的作品，已然被特里·伊格尔顿等人所推行的各种"理论"所取代，"理论"成了正统学说而并非它努力颠覆的研究方法；任何一位合格的讲师论述起来都很流利，能够无限期地阐述下去。听说"我"在"研究劳伦斯"，熟人借给"我"一本书，一本关于劳伦斯的"权威书籍"——由彼得·威多森编辑的《朗文文学评论读本》；该书卷首语题为"激进的不确定性：后现代的劳伦斯"，全书收入了包括伊格尔顿在内的所谓"理论家"撰写的评论。如：在"性别，性，女性"一章里，有莉迪亚·布兰卡德的《劳伦斯，福柯与性语言》；在关于"后结构主义的备选"的章节里，有丹尼尔·J. 施耐德的《从 D. H. 劳伦斯看逻各斯中心主义的替代品》……翻阅这些文章，"我"怒火中烧：这些毫

[①]　杰夫·戴尔：《一怒之下——与 D. H. 劳伦斯搏斗》，叶芽译，浙江文艺出版社 2016 年版，第 4 页，第 6 页。

无文学感的人怎么最终还能教授文学，评论文学？这群小人蜷成一团，背对着世界，好让世人看不到他们的相互撕扯——太过分了，太愚蠢了！成千上万的学者就是这样杀死所接触到的一切——这就是所谓"学术评判"的特点。"我"把书狠狠地扔出去，然后试图撕烂它，可是它太有韧性了，最终冒着伤到自己的危险，划去一盒火柴成功地肢解了它！

在小说里，杰夫·戴尔引用了乔治·斯坦纳的话："对艺术最好的解读是艺术。"他接着说，伟大的书籍被默认为是"规范的评论教学大纲"。这一点从诗人写出关于某部伟大艺术作品的诗歌可以得到明确的验证，比如奥登致叶芝的哀歌，布罗茨基致奥登的哀歌，希尼致布罗茨基的哀歌，还有劳伦斯的评论《托马斯·哈代研究》《经典美国文学研究》或"他的画作介绍"……在这些例子中，富有想象力的创作与写评论之间的区别消失了。没错，这些想象性评论本身就是一个艺术品，一个令人赞叹和欣赏的对象，把我们带向了另一个更加美妙的世界。除此以外当然都是废话。

此时此刻，牛津是一座"笨蛋之城"，正被愚蠢、极度精神疲劳的乌云笼罩着，因为这些笨蛋学者都在他们的文学研究上挥动着铁锹，自掘坟墓。从"我"开着的窗户传进来敲击键盘声，也许就是有人在写一本书或一篇论文，也可能正在准备演讲稿……实际上，"你不可能在牛津写出一本像样的关于劳伦斯的书，不可能写出任何一本关于劳伦斯的书而不对他彻底背叛。这么做的话就立刻取消了你自身的资格。无异于朝着他的墓碑吐唾沫"[1]。"我"不能接受任何事情，特别是那些"我"无力去改变的事情；"我"只能接受那些自己有能力去改变的事情。"我"扪心自问：绞尽脑汁要写并没有人要看的劳伦斯研究有什么用呢？事实上，自从搬到这"笨蛋之城"后，"我"的劳伦斯研究没有取得任何进展！

跟所有的写作者一样，"我"受尽了各种焦虑、疲倦、绝望的折磨；最后，"我"决定逃离牛津，循着劳伦斯的足迹展开一场文学朝圣，走到他的

---

[1] 杰夫·戴尔：《一怒之下——与 D. H. 劳伦斯搏斗》，第 137 页。

世界的尽头；在追寻（写出）劳伦斯实则寻找自己（另一个自我）的过程中，"我"最终变成了自己所追寻的东西，与劳伦斯合而为一。"我"写出了这部关于劳伦斯的书，也彻底耗尽了"我"对于劳伦斯的"兴趣"，而感到一种筋疲力尽之后的超脱。杰夫·戴尔曾引用威廉·哈兹里特的话描述一种当作家的方式："无所事事地闲逛，读书，欣赏画作，看戏，聆听，思考，写让自己感到最愉悦的东西。""还有什么生活比这更好吗？"杰夫·戴尔感叹说，"这种生活最关键的一点就是闲逛，在学院派的门外闲逛——不想进去——不被专业研究的条条框框捆死。"①

《一怒之下——与 D. H. 劳伦斯搏斗》便是这种"闲逛"的产物，里面有漫游般的视角，恣意生长的闲笔，对生活瞬间细微而惊艳的描绘，生机勃勃的野趣与活力，还有香料般遍撒的对劳伦斯作品的摘录、描述、点评……与其说它是研究的结果，毋宁说是感受的结果，我们从中得到的不是劳伦斯干瘪的木乃伊，而是他留给这个世界的一种感觉，一种精神——一阵裹挟着劳伦斯灵魂的风；它与其说源于学术上的需要，毋宁说源于"兴趣"，源于情感上的需要——爱，源于对愉悦、欢乐——对极乐——顽强而孜孜不倦的渴求。在作品的扉页，杰夫·戴尔不无自嘲地写上两则题记，生动说明了书名的由来，写作的手法与结构：

> 一怒之下，我开始写关于托马斯·哈代的书。这本书将无所不谈，但恐怕唯独不提哈代——一本怪书，但很不错。
>
> ——D. H. 劳伦斯，1914 年 9 月 5 日
>
> 对无关紧要的细节进行无休无止的说明，长篇大论却毫不切题。
>
> ——福楼拜评价雨果的《悲惨世界》

显而易见，这是一种"趣味型"的写作，一项自由的个体性工作：不从

---

① 杰夫·戴尔：《一怒之下——与 D.H. 劳伦斯搏斗》，第 9 页。

俗，不慕虚荣，为性简素，避喧兰若，踽踽独行，自苦自适，心定气闲；任天而动，触事兴感，见微知著；因文为题，纵谈古今，纡徐不迫，讲论自乐；有细密处，有奔放处，豁朗深邃，不拘一格，极具创造性和生命力。这种"趣味型"写作不忮不求，机心全息，力究本来，风神蕴藉，总是竭尽了心力，绝不模糊敷衍；这是一种类似爱情的工作，知之深，爱之切，多按各自的趣味发而为文，触处生春，若俯若偃，俱从其情，天趣盎然，启人心扉。因为完全按照个人的喜好摸索而得，总是有一种体系之外的率性与轻盈、清淡与准确，而在萧散随意之中，蕴藏着个人化的发现与创见，读者唯有"以心会心"方有所得；这是世间锦心绣口的绝世妙文，只对与自己处于同一层次的读者拈花微笑，让人想起林语堂先生所言"我们精神上的屋前空地"……

1926 年春天，劳伦斯对布鲁斯特说，他"确信每个人在生命中都需要一棵某种意义上的菩提树。让我们痛苦的是，我们已经砍掉了所有的菩提树……但是，在世界的某个地方一定还有一棵菩提树矗立着……"。劳伦斯想要坐在菩提树下，如同佛祖一般参悟禅机，或如同里尔克在《杜伊诺哀歌》开篇所形容的，仅仅满足于短暂一瞥所带来的沉思——

> ……我们并不非常可靠地安居于
> 被解释的世界。或许为我们停留的
> 是坡上的某一棵树……[①]

读着《一怒之下——与 D. H. 劳伦斯搏斗》，总是让人不断地想笑，随后掩卷沉思：我们怎样才能摒弃杰夫·戴尔所言"学术评判的特点"——杀死所接触的一切，克服当下各种各样的写作障碍，不再对文学"犯罪"呢？易言之，大部分时候都陷于学术瓶颈的学者，在自己的学术生命里，怎样才能真正拥有一棵某种意义上的菩提树？

---

① 里尔克：《里尔克全集》第 3 册，陈宁译，商务印书馆 2016 年版，第 849 页。

第二节 "我知道什么?"

"我知道什么?"四百多年前,蒙田(1533—1592)漫步在庄园一角的僻静圆塔下,这样问自己。蒙田是谦卑的:"我们不能肯定知道了什么,我们只能知道我们什么都不知道,其中包括我们什么什么都不知道。"蒙田是清醒的:许多知识都只是片面的,必须返回到自然之中才能恢复事物的真理,真理有时不是人的理智所能达到的。

蒙田一方面博览群书,另一方面则不断反省、自思、内观。他在《致读者》里夫子自道:"读者啊,这是一部真诚的书。……我愿意大家看到的是处于日常自然状态的蒙田,朴实无华,不耍心计:因为我要讲述的是我。我的缺点,还有我幼稚的表现,让人看来一目了然,尽量做到不冒犯公众的原则。……读者啊,我自己是这部书的素材。"[1]这是跟着自己的心写作,而不是从一套既有的逻辑或确定性的知识乃至道德框架出发,因此,蒙田相信并尊重生命之树的复杂、暧昧、模糊和不可化约,而真正看清楚事物的实质。蒙田以个人为起点,写到时代,写到人的本性与共性。他用一种内省法来描述自己、评价自己,也以自己的经验来对证古代哲人的思想与言论。这样的写作难度极高,因为判定者与被判定者处于不断变动与摇摆之中。

蒙田把自己的文章称为"Essai"。这个词在本质上具有"验证"和"试图验证"的规定性,譬如,试验性能、试尝食品。蒙田使用这个词意在表明:他不妄图以自己的看法、观点作为定论,只是试论而已。蒙田随笔夹叙夹议,信马由缰,结构自如,语言简净、明澈、活泼、轻盈,极具个人色彩,竟使"Essai"倒成了一种文体,对培根、兰姆、卢梭等产生了巨大影响。我们一般将它译为"随笔"或"小品文",因为其形式的非严整性与中国传统的性灵小品文有异曲同工之妙。蒙田随笔的写作闪耀着"修辞立其诚""认识你自己"两句中西古老名言的智慧之光,他把自己作为例子不是把自己当作导师,而

---

[1] 蒙田:《蒙田随笔全集》第1卷,马振骋译,上海书店出版社2009年版,第38页。

是"认为认识自己、控制自己、保持内心自由，通过独立判断与情欲节制，人明智地实现自己的本质，那时才会使自己成为'伟大光荣的杰作'"[①]。

伽达默尔认为，语词就是认识过程本身，是认识得以完成的场所，也是使事物得以完全思考的场所："语言就是理解本身得以进行的普遍媒介。理解的进行方式就是解释，……一切理解都是解释，而一切解释都是通过语言的媒介而进行的，这种语言媒介既要把对象表述出来，同时又是解释者自己的语言。"[②]寻觅到一种最适于自己表现自己的语言，也就等于理解、把握了自我与世界。歌德这样称赞蒙田：这位思想家最出色的成功之处，是研究了可研究的事物，同时冷静地尊重不可研究的事物。我们应像蒙田一样不时回心式地问问自己"我知道什么？"，与此同时，效法蒙田探索、创造各种崭新的哲思、言说与写作的方式。

在杰夫·戴尔笔下"笨蛋之城"——其实我们也置身其中——有众多学院派学者，他们服膺所谓"伟大人物"的思想体系，多被他人的理论学说、逻辑形式所控制、征服或奴役，而拘囿于各种逻辑、知识、道德的取景框；他们没有意识到创造性思想所到之处，就是智慧之花绽放之处，也是语言之花绚烂之处；他们声称遵循"学理"，可"学理"只是一种逻辑性和逻辑的清晰性，其实并没有纯粹的逻辑准确性，因为逻辑不完全可靠，不可能一劳永逸地还原、复制、反映世界（包括情感、心灵、心智）。其结果，或胶柱鼓瑟，佶屈聱牙；或雕肝琢肾，故弄玄虚，言不及物。杰夫·戴尔说："到任何一所大学的书店你都能看到一堆堆学者写的关于劳伦斯的书。这些书构成了大学的基础文学研究而没有一本与文学有任何关系。"[③]

难怪杰夫·戴尔会毫不客气地痛斥时下学院派学者为"狗屁理论家"。他们从不考察心灵、心智的可靠性与障碍，更不关心个体乃至群体心智在知识、逻辑运行中的堕落，还常以"天堂的把门人"自居！他们"皓首穷经"，

---

① 蒙田：《蒙田随笔全集》第 1 卷，第 13—14 页。
② 伽达默尔：《真理与方法》下卷，洪汉鼎译，上海译文出版社 1999 年版，第 502—503 页。
③ 杰夫·戴尔：《一怒之下——与 D. H. 劳伦斯搏斗》，第 111 页。

习惯于"高空作业""闭门造车",而千人一面、千篇一律:从概念到概念,从教条到教条,从谎言到谎言;既没有文体意义上的语言之美,更没有如履薄冰、如临深渊的智慧运动之美;既不能"通作者之意",又不能"开览者之心";这种知识、逻辑和语言的滥用,只是贩卖知识、教条一类"美学谎言"的游戏,唯独不见才情、识见、思想和断制——文字即垃圾!如维特根斯坦所言,它们不过是运用逻辑的骗术,除了骗自己之外不能骗任何人。

自20世纪迄今,各种理论学说竞相涌现,纷至沓来,给我们提供了无比丰富的知识资源,但是我们却没能"生产"出太多原创性的"中国思想";各种理论学说(尤其是西方的)似乎成了学术创造的"理障"或"知识障",反省并祛除此"障"显得刻不容缓。"知识"的生产问题值得我们深究。

古代圣贤或"伟大人物"的思想学说,在唯识学里别称"圣教量";"圣教量"的形成,究其本则亦源于"现量"与"比量"。"现量"是不依赖语言文字,通过感性直观、反观自照的体认获取的知识;"比量"则是依赖语言文字,通过比较、分析、综合、逻辑推理等方式获取的知识。作为"文化之王",哲学居于元科学或元叙说的地位,是"一切学问之归墟,评判一切知识而复为一切知识之总汇"[1]。比较而言,中国哲学传统偏于"性智"(反观自己本心的认识),西方哲学传统偏于"量智"(依赖思辨推度向外求知的认识)。

"现量"可分两种:一为感觉现量,通过感性直观获得;二为内知觉现量,通过反省直观、反观自照的"体认"即"证量"——一种"心会"与"神通",曹雪芹说的,"唯心会而不可言传,可神通而不可语达"——获得。以禅宗为例,其修证便是一种自性上的直觉、直观、直悟和直证。"禅的现量境有两大内核,一是本来现成,一是一切现成。本来现成即每个人都有纯真的佛性……一切现成是现量之境,即万物未受逻辑知性干预而原真地呈显。"[2]"本来现成"是对自身佛性的体验、观照,"一切现成"是对佛性真如妙

---

① 熊十力:《十力语要》,上海书店出版社2007年版,第159页。
② 吴言生:《禅宗思想渊源》,中华书局2007年版,第409—410页。

用的揭示、发现。禅宗将佛性、真如置于活泼泼的生活中，在每一次真实的宗教体悟中获得其现实性。换言之，理解佛法，就是在本有的世界中发现真理，而不是抛弃自己的世界关联去重建一个新的世界。正如钱穆所言："禅宗的精神，完全要在现实人生之日常生活中认取，……中国此后文学艺术一切活泼自然空灵洒脱的境界，认其意趣理致，几乎完全与禅宗的精神发生内在而很深微的关系。所以唐代的禅宗，是中国史上的一段'宗教革命'与'文艺复兴'。"①

西学东渐，旧学邃密且新知深沉的学者，如现代哲学家熊十力认识到"吾国学术，夙尚体认而轻辨智，其所长在是，而短亦伏焉"。在他看来，冥然自证语系"证量"境界，理智思辨语系"比量"境界，二者不可偏废；"玄学绝不可反对理智，而必由理智的走到超理智的境地"，熊十力主张治学应"性智"与"量智"兼赅："此书（《量论》）实有作之必要。所欲论者，即西洋人理智与思辨的路子，印人之止观，及中国人之从实践中彻悟。……《量论》于中、印、西洋三方，当兼综博究。"职是之故，熊十力一方面强调反求自证，以"性智"为主，从"证量"入门："通古人之意理者，必非徒在文字上着功，要自有所致力于文字之外者。唯其平日仰观俯察近取远观之余，反己以浚其源，即事而致其知，既已洞见本源，明察物理，是故读古人文字，能以睿照而迎取古人意思。古人真解实践处，吾可遥会其所以；若其出于意计之私而陷于偏陋浮妄者，吾亦即得推其错误之由来，而以吾之经验正之。以故于古人之意理无不尽也。"②"我之有得于孔学，也不是由读书而得的，却是自家体认所至，始觉得和他的书上所说，堪为印证。"③另一方面，熊十力又要求"量智"为辅，以"比量"开示："玄学亦名哲学，是固始于思，极于证，证而仍不废思；亦可以说资于理智思辨而必本之修养以达于智体呈露，即超

---

① 钱穆：《中国文化史导论》（修订本），商务印书馆1994年版，第166—167页。
② 熊十力：《十力语要》，第171页、第118页、第242页、第41页。
③ 熊十力：《新唯识论》（语体文本），岳麓书社2010年版，第93—94页。

过理智思辨境界而终亦不遗理智思辨。"[①] "哲学不仅是理智与思辨的学问,尤在修养纯笃,以超越理智而归乎证量。"[②]

晚年熊十力更是提出了"思修交尽,二智圆融"说:"夫哲学以上达天德为究竟(自注:达者犹云证会,天德犹云本体,非谓天帝,此用《中庸》语),其工夫要在思修交尽。专尚思辨者,可以睿理智(自注:理智以思辨之功而益深锐博通也,故云睿),而以缺乏修为故(自注:修为亦云修养,孔门求仁、思诚与存养、笃行等工夫是),则理智终离其本(自注:本谓性智,理智是性智之发用。然既发,则交于物、杂于习而易于丧失性智炯然无系之真。故唯修养淳笃,性智无亏蔽,而后其发为理智者,却不足语此),无可语上达(自注:理智离其本,即唯逐物而不可语上达天德也)。专重修为者,可以养性智,而以不务思辨故,则性智将遗其用(自注:理智是性智之用,思辨废即理智绝,则是孤守性智而遗弃其周通万物之大用也),无可成全德也(自注:全体大用俱彰,方是全德,今遗用故,全德不成)。是故思修交尽,二智圆融,而后可以为至人之学。"[③]

维特根斯坦有言:"大师的作品是我们身边升降的星辰。因此,对每一部正在下降的伟大作品来说,那个时辰又将到来。"[④] 然而,众多学院派学者止步于服膺"圣教量",殊不知其本亦源自"现量"与"比量",更不知还有重要的"证量"或"悟证"。中国古人思想的言说喜欢"征圣""宗经","依经立义",贯穿其中的则是对"圣教量"的"证量"或"悟证",即将自己的生命与书中的生命相互对证,"读书得间","直指本原";最终,在"述旧"中"创新",在"论古"中"标今",或"公认定说",或"自圆其说",或"自成一说"。学院派学者对此漠然不识,没有意识到"哲学家,即便是康德,也是创作家。他有他的人物、他的象征和他隐秘的情节"(加缪语);他们既

---

① 熊十力:《十力语要初续》,岳麓书社 2013 年版,第 9 页。
② 熊十力:《十力语要》,第 307 页。
③ 熊十力:《新唯识论》(壬辰删订本),中国人民大学出版社 2006 年版,第 28 页。
④ 维特根斯坦:《文化和价值:维特根斯坦笔记》(修订本),第 35 页。

没有蒙田式的反省、自思、内观，即以自己生命与书中的生命相互对证，又匮乏杰夫·戴尔笔下"我"之于劳伦斯的文学朝圣，或像20世纪七八十年代萧涤非先生以逾古稀之年亲率《杜甫全集》校注组"访古学诗万里行"，两次赴山东、河南、陕西、甘肃、四川、湖南等地，循着杜甫遗迹实地考察，亲历、亲证作家作品创作的语境，在实地考察中盘活文本与文献资料。

黄侃云："中国学问有二类，自物理而来者，尽人可通。自心理而来者，终属难通。"①与之相应，世间有两种文字，一是用墨水写的，一是用心血写的。当今学者迷失"性智"之本，多以"比量"开示，止于明白"事物之理"而不通"心理"，又怎能透过作品与著者钟鸣磬应、相得于心，提出真知灼见并"金针度人"呢？

现代文学批评家李健吾的体悟是："蒙田指示我们，我们对于人世就不会具有正确的知识，一切全在变易，事物和智慧，心灵和对象，全在永恒的变动之中进行。被研究的对象一改变，研究它的心灵一改变，心灵所依据的观点一改变，我们的批评就随时有了不同。一个批评家应当记住蒙田的警告：'我知道什么？'唯其所知道的东西有限，他才不得不放弃布雷地耶式的野心，客客气气，走回自己的巢穴，检点一下自己究竟得到了多少，和其他作家一样，他往批评里放进自己，放进他的气质，他的人生观。"②这真是极好的建议！

第三节 "深入历史语境"

王国维云："余谓中西二学，盛则俱盛，衰则俱衰，风气既开，互相推助。且居今日之世，讲今日之学。未有西学不兴，而中学能兴者；亦未有

---

① 张晖编：《量守庐学记续编》，生活·读书·新知三联书店2006年版，第1页。
② 李健吾：《李健吾文学评论选》，宁夏人民出版社1983年版，第214—215页。

中学不兴，而西学能兴之者。"①梁启超亦云："舍西学而言中学者，其中学必为无用；舍中学而言西学者，其西学必为无本。"②熊十力痛心疾首地说："清季迄今，学人尽弃固有宝藏不屑探究，而于西学亦不穷其根柢，徒以涉猎所得若干肤浅知解妄自矜炫，凭其浅衷而逞臆想，何关理道？集其浮词而名著作，有甚意义？以此率天下而同为无本之学，思想失自主，精神失独立，生心害政，而欲国之不依于人、种之不奴于人，奚可得哉？"③

20世纪被称作"批评的世纪"或"理论的世纪"，无数、无量的学说蜂拥而来，可是许多理论不仅从未真正推动批评实践的发展，而且导致了名副其实的批评活动销声匿迹。怎样对付这些无穷无尽的"理论"，而不至于囫囵吞枣、人云亦云，成了大问题。看来这一问题还是没能得到很好的解决。体现于中国文艺研究领域，其时弊在于"尽弃固有宝藏不屑探究，而于西学亦不穷其根柢"，过分依赖西方哲学认识论和方法论，表现在大部分研究只注重概念的判断、逻辑的推衍，学术研究成了概念、术语的游戏，不关心现实，也不关心历史。"无本之学"不仅未见歇停，反有愈演愈烈之势。

杰夫·戴尔在《一怒之下——与D. H. 劳伦斯搏斗》里，戏拟了一段文学评论家炫技式的表演："我"——一位"在研究D. H. 劳伦斯自传"的"知名教授"——受邀到丹麦做一场关于劳伦斯和英格兰风格的演讲，演讲厅里听众稀少，"我"先来了一段绕口的开场白："戴维·赫伯特·劳伦斯，又称伯特·劳伦斯，他声称自己从来不是'我们的伯特'，是位英国作家。一句很简单的表述。但让我们来思考一下者，呃，这个表述的两个部分。我们是指他是个作家，同时是个英国人吗？或他是个英国人，是作家，还是两者都是？即使当我们把注意力集中在其中一个上，我们发现那也是由两部分组成

---

① 王国维：《国学丛刊序》，胡道静编：《国学大师论国学》，东方出版中心1998年版，第42—43页。
② 梁启超：《读西学书法》，见李华兴、吴嘉勋编：《梁启超选集》，上海人民出版社1984年版，第38页。
③ 熊十力：《十力语要初续》，第21页。

的：英国和人。"是的，劳伦斯依稀说过关于作为一个英国人的话，"我"在记忆里急速搜寻。"因此，呃，我们有了三个词：英国，作家和人。""我"抬起头："这三个词相互定义、阐述和解释了彼此。我想逐个分析，然后看它们是如何联合，结合到一起并在 D. H. 劳伦斯身上体现出一个英国人，一个作家的……"接着四十来分钟就这样继续下去，基本涵盖了"我"关于劳伦斯和英格兰风格主题的全部内容……"那么，总而言之，"最后"我"总结道，"我们可以看出不仅是这句简单的表述——劳伦斯是位英国作家——有问题，而且这两个词——经过仔细推敲实际上是三个词——中的每一个相应地都有问题。但正是由于这些含糊不清、相互矛盾……诸如此类的背景，这三个词语中内在的问题才得到了解决——在这个英国人作家，D. H. 劳伦斯人物身上得到了解决。谢谢。"底下一阵沉默，继而传来几声窃笑和微弱的掌声……①

我们时常被这种虚张声势实则愚蠢至极的表演所逗乐，对于此般场景也近乎麻木不仁了，对吧？当今所谓的文学理论已不再与文学相关，评论家不过是先把各种"理论"装进头脑，然后再把它应用到各个作品之上，评论界不过是"理论家"卖弄学问、掉书袋的竞技场。早在 1960 年，西班牙文学评论家夏皮罗在《捍卫天真》一文中就坦言：文学批评几乎已经不存在了，有的只是挂羊头卖狗肉的文化神学；他们以"学者"的身份西装革履地穿梭于一个又一个研讨会，只需阅读某部作品的内容介绍或翻阅其中若干章节，便可以口若悬河，除了蛊惑人心、招摇撞骗，没有丝毫的价值。这实际陷入了海德格尔在《存在与时间》中所说的"闲言"的处境："人们在闲言之际自以为达到了对谈及的东西的领会，这就加剧了封闭。由于这种自以为是，一切新的诘问和一切分析工作就被束之高阁，并以某种特殊的方式压制延宕下来。"②

这种"闲言"式研究或评论，用文艺理论家童庆炳的话说，"很难切入

① 杰夫·戴尔：《一怒之下——与 D. H. 劳伦斯搏斗》，第 223—227 页。
② 海德格尔：《存在与时间》（修订译本），第 197 页。

到文学艺术和美的细微问题，很难解决艺术与美的复杂问题"。童庆炳指出，摆脱此般困局的出路有二：其一，文学研究特别是文艺理论研究要与现实的文学创作、文学现象和文艺思潮保持密切的生动的联系；其二，文学研究应"深入历史语境"，追求深厚的历史感。前者不言而喻，姑置勿论；后者至为重要，其义大焉。何谓"历史语境"？通过与"历史背景"相比较，童庆炳对"历史语境"做了比较清晰的界定："历史背景"讲的是外在的形势，即某个历史时期一般的政治、经济、文化状况，历史的发展趋势和特点，最多讲述某个历史时期的主要事件和人物，展示某段历史与文学发展的趋势、特点大体对应，其着力点在"一般性"；"历史语境"则除了包含"历史背景"的一般性情况，把握一般的历史发展趋势、特点之外，还要进一步揭示作家、作品所产生的具体的"情景语境"和"文化语境"，包括历史契机、文化变化、情境转换、遭遇凸显、心理状态等，具体深入探讨作家、作品的特色、风貌，对作家、作品做出具有历史具体性和深刻性的分析，其着力点在"特殊性"。①

《潘雨廷先生谈话录》第一则云："回向思想出于佛教，将无始以来的习气全回向完，唯此中国尚无相等的概念。《华严经》十信（信为道源功德母）、十住、十行，积德甚多，于是十回向，全发挥掉。回向之后，才可以谈十地了。回向的目的，是要成功一个大圆镜智，是转识成智的步骤。""众生有烦恼障，菩萨无烦恼障，有知识障，回向可去除知识障。回向的方法是哪里来的就回向哪里，如写邵康节就回向邵康节，写熊先生（十力）就回向熊先生。"潘雨廷打比方说："镜子照东西无遁形，但照后一样不留，清清楚楚（但实际仍全在）。……故前日杜之韦认为不要读书，读书转增障碍是不对的。"②

《实用佛学辞典》云："回者转也，向者趣也；回转自己所修之功德而趣

---

① 参见童庆炳：《文化诗学：理论与实践》，北京大学出版社 2015 年版，第 126—128 页，第 133—134 页。

② 张文江记述：《潘雨廷先生谈话录》，复旦大学出版社 2012 年版，第 1 页。

向于所期，谓之回向。"有十种回向："一回向他，二回少向多，三回自之因行向他之因行，四回因而向果，五回劣而向胜，六（原缺），七回事而向理，八回差别之行而向圆融之行，九回世而向出世，十回顺理之事行而向理所成之事。"前三种是"众生回向，愿回己之功德而施于一切众生也"；次三种是"菩提回向，回己之功德而趣求菩提也"；次二种是"实际回向，以己之功德趣求无为之涅槃"；又次二种"通于菩提及实际"①。

潘雨廷所谓的"回向"，是一种"深入历史语境"的"处境分析"。龚鹏程对此有极好的阐释："所谓处境分析，不是说我们必须以同情的心境重复古人原初的经验，是指研究者对于历史上那些行动者，他们所身处的环境行为，找出试验性或推测性的解释。这样的历史解释，必须解说一个观念的某种结构是如何形成、为何形成的。即使创造性的活动本不可能有完满的解释，但仍然可以用推测的方式提出解释，尝试重建行动者身处的问题环境，并使这个行动，达到'可予了解'的地步……告诉我们文学批评家提出一个理论、一个观念、一个术语，为的是要解决什么样的难题，他们遇到生命文化的、历史的，抑或美学的、创作经验的困难？想要如何面对它、处理它？为何如此处理？有什么特殊的好处，使得他们采用了这样的观点或理论？"②这一"处境分析"实为徐复观所言"追体验"③，即"尚友古人"，感会诗心；它调动文学研究者的审美体验，接通作家的精神体验，向作品"生成的真实"做无限的还原式探究，实现古人与今人、作家与读者、研究者与研究对象精神之融通，以古人、作家、研究对象的精神境界提升今人、读者、研究者的精神境界。

"回向"一方面追溯了某个术语、观念、理论、作品背后具体作者的生命整体，深入了解其意义，真切体会其价值；另一方面则将人带入精神生活的维度，达成了本体性的理解，在精神上找到一条上出之路，以更好地认识自

① 参阅佛学书局编纂：《实用佛学辞典》，上海古籍出版社 2013 年版，第 287 页。
② 龚鹏程：《诗史本色与妙悟》，台湾学生书局 1986 年版，第 12 页。
③ 徐复观：《中国文学论集续篇》，"自序"，九州出版社 2014 年版，第 3 页。

己、他人乃至世界，将精神广博的知识——化作清明健朗的智慧，并作用于千差万别的事物。"回向"祛除了"知识障"或"理障"，抛弃了一切成见和奢望，"神游冥想，与立说之人，处于同一境界"，达到"了解之同情"，能受用一分就是一分，并将所得的受用当作"学"与"思"之新触机。

在生命的涤荡轮回里，确如萨义德所言，真正的创造者是一个自觉的流亡者，需要行走，不断离开，不断求索，审视固有的风格，离开浮华年代所谓的主流，以便更清醒地看待自己的传统。这就像一个远离故乡的人，行走，远离，劳攘岁月，山河入梦，心迹俱在，尘俗顿消，最后发现，所有的道路，所有未来的日子，所有来自他乡的经验，都不过是为了更深刻地理解它。

"回向"由"终属难通"的"心理"而入，所得为中国传统学术的"体验之知"或"体知"；它既是求知的过程，也是思想陶炼的过程；既成就知识，也成就道德。在作家、作品、研究者的多重智慧生命的对证中，各种知识交相辉映、联动贯通，精神脉络不断生成、伸展，以此之明启彼之暗，颖悟深思，会通多端，直指心源，见性悟道，融贯综赅，疏决江河，凿通龙门，创化新知。

文学研究是一个非常复杂的过程，童庆炳将之高度概括为"进"—"出"—"进"三个阶段：

一"进"，是通过读书、调查，搜集资料，梳理资料，进入到研究对象，务使研究对象烂熟于心。"在搜集材料的过程中，要采取'无我'的态度，如果是观念先行，合我观念者取，不合我观念者舍，那么你掌握的对象是片面的，最后的研究结论也必然是片面的。"①这个"进"完成于对于资料的梳理，从中发现研究的"空白"点，继而提出自己的问题，寻找到亟待开拓的学术空间。

二"出"，是拉开一段距离，走"出"来审视业已掌握的资料，这样，研究对象的面目方能呈现出来。在这个过程中必须注意两点：一是语境化，即

---

① 童庆炳：《美学与当代文化讲演录》，广西师范大学出版社 2007 年版，第 303 页。

不是抽象地进行逻辑推理，而是把研究对象放回到原有历史文化语境予以考察、理解，这是一种'出'，它不是就事论事，而是力图在整体联系中理解部分的意义。二是研究问题的视点，即立足一定的角度形成观察对象的视野，提出某种新的理论与学术假设。①这是一个"有我"的过程，它考验一个人的全部才能与功力。

三"进"，是再一次"进"到研究对象中去，对材料加以处理，去粗取精、去伪存真，全力求证自己提出的假设，即"摆事实，讲道理"。"摆事实"从逻辑上讲叫作归纳论证，就是用个别的事实去支持一般性命题或观点；"讲道理"从逻辑上讲叫作演绎论证，就是使用大家公认的道理来推衍出个别的或特殊的结论。"摆事实"与"讲道理"必须结合起来，这是一个"证我"的过程，即证实"我"所提出的理论假设的论证过程。

"进"—"出"—"进"，即"能入—能出—能入"，或"具体—抽象—具体"，在这反复往返的过程中，研究主体心理的诸多矛盾——主观与客观、感性与理性、物质与精神、认识与意志、直觉与逻辑、信仰与智慧、个性与共性等——平衡协调，融化无碍。这样，才能体会比较复杂的情感，洞察光暗交错、善恶并列的现实人生。

童庆炳认为，一个研究者只有走完这全过程，才能拿出真正有见地的研究成果；否则，只能是东拼西凑，论点泛化，沦为"无根之学"。因此，他将"深入历史语境"作为"文化诗学"（其文艺思想之集大成）的"支点"。童庆炳说："要是我们文学研究都能进入历史语境，在具体的历史语境中揭示作家和作品的产生，文学现象的出现，文学问题的提出，文学思潮的更替，那么文学研究首先就会取得'真实'的效果，在求真的基础上，才能进一步求善求美。如果我们长期这样做下去，我们的文学研究，文学理论的研究，就会落到实处，真正地提出和解决一些问题，理论说服力会加强，也必然会

---

① 童庆炳：《美学与当代文化讲演录》，第303—305页。

更具有学理性，更具有专业化的品格。"①

诚哉斯言！

第四节 "没有体系的体系"

研究是一门艺术，是研究者的存在方式，是生命对生命的体验与感悟，是生命的一种存在方式。这与概念、术语、推理无关，与僵硬的、灰色的理论无关。学术话语系统之于思想的意义，在于其是否与研究者的生命同构，是否经受得住历史、现实和逻辑的检核，而获得某种知识、价值上的合法性。

"思即言。言与行或做，只是一种衍变了的活动。"②语言的述说与生活形式相关，生活形式的多样性决定了语言的多样性。只有在思想、生命之流中，语句才获得了意义。"我们应该努力取得由多种多样情境构成的最广阔图像，我们就是在这些情境中使用我们关心其意义的表达式。"③

与生命的两条路向相应，沿着语言的方向思考，也有两条不同路径：一是"转喻"，属于语言的连接轴（依据外部的类同或类似），遵循语义的"取代"原则，是语言横向组合、水平方向的展开；一是"隐喻"，属于语言的选择轴（依据内部的对应或接近），遵循语义的"逼近"原则，是语言纵向组合、垂直方向的呈现。"转喻"以其邻近性不断拓宽我们的视野，"隐喻"则以其相似性深化、升华我们的认识，凸显以腾飞感为背景的自由创造精神。

比较中西哲学文化，存在两种不同的思维模式——美学的与逻辑的，或者说是关联性的与因果性的。郝大维、安乐哲认为：第一问题框架思维是类比的、关联性思维，是传统中国文化占支配地位的思维方式，它承认变化或过程要优于静止和不变性，而以关联过程说明事物的状态，通过非形式化的

---

① 童庆炳：《文化诗学：理论与实践》，第 134 页。
② 刘小枫编：《夜颂中的革命和宗教——诺瓦利斯选集卷一》，第 162 页。
③ 施太格缪勒：《当代哲学主流》上卷，王炳文、燕宏运、张金言等译，商务印书馆 1986 年版，第 595 页。

类比来寻求理解——这是一种非逻辑的程序；第二问题框架思维则是建立在逻辑秩序的概念基础之上的因果性思维，是古典西方文化占支配地位的思维方式，它断言静止比变化和运动更具优先地位，相信宇宙秩序是某个解释性的作用者，如心灵、造物主、第一推动者、上帝意志等造成的结果。①

在郝大维、安乐哲看来，这两种思维模式在中国与西方何者居先的不同选择，有助于说明各自社会的精神差异："西方追求的声誉是科学的合理性（这是一种因果思维模式，部分来自要求采用分析思维的动力，而分析思维又是必须面对种族和语言的多样性的局面所造成的），而中国的追求是延续了两千年的社会与文化的稳定。这种稳定可以部分地解释为能够维持自发的、自动的相互作用的结果，这种相互作用是建立在极其关注语言和社会习俗的、关联的组织模式基础之上的。"②在西方，"转喻"作用占主导地位，并以理性的、因果的抽象思维形式表现出来，述学文体多为"演绎"型；而"隐喻"活动则支配了中国的关联方式，并以诗性的、类推的非形式化方式表现出来，述学文体多为"隐喻"型。

美国现代主义诗人史蒂文斯说："诗歌是学者的艺术。"③诗歌运用的是"隐喻"性的语言，它重构了人的世界经验，使人置身于世界之中，并用另一种眼光来看待世界。在许多富于原创性的学者、思想家那里，往往心比赋心，光隐喻光，其学识洞见和文学表达是一体的，能让人体验到一种智性与修辞的双重愉悦。如，庄子为了表达自己的哲学观念和人生理想，用他那"芒乎昧乎，未之尽者"的葱茏、奇肆之想象，创造出波谲云诡、姿态万千的意象与寓言，见证了人与世界的某种相遇。用闻一多评论的话说："庄子是从哲学又跨进了一步，到了文学的封域"，"他的思想本身便是一首绝妙的诗"；"他的文字不仅是表现思想的工具，似乎也是一种目的"；"那思想与文字，外型

---

① 参见郝大维、安乐哲：《期望中国——对中西文化的哲学思考》，"导言"，第6—7页。
② 郝大维、安乐哲：《期望中国——对中西文化的哲学思考》，第160页，第163页。
③ 史蒂文斯：《最高虚构笔记——史蒂文斯诗文集》，张枣译，华东师范大学出版社2009年版，第258页。

与本质的极端的调和，那种不可捉摸的浑圆的机体，便是文章家的极致"。①

然而，随着西学东渐，中国传统的隐喻式言说被置换为西方式的注重逻辑思维的归纳性、演绎性言说，即从某种外在的、现成的、一般的观念入手来理解生命和艺术，这是对生命与艺术之独特性的双重漠视。历史并非某种现成模式的演绎，现实总是溢出理论谱系的覆盖范围——写在纸上的语言与活动着的思想之间往往不相适应。思想者、写作者只能忠于自己对世界的内心感受与感悟，只能遵从作为一个个体对于人生、社会的理解，而不是将自己的思想束缚于既有的思想学说之上。

德国诗人哲学家诺瓦利斯主张："尚不完美的思想作为断片发表才最好忍受——所以这种表达形式适合推荐给这种人：在整体上还不完备，但有些零零散散、值得注意的观点需要发表。""制作残缺的断片并证明：日常世界的一切有益的观点和思想的发掘物都是断片。"②施勒格尔提出"断念"说："断念（Ideen）是无限的、自主的、表达自身内活动的、神圣的思想（Gedanken）。""断念"不同于"概念"，它拒斥任何确定性的定义，其内涵里孕育着无限的"期待"；真理的火花闪烁其间，有待读者的想象力去捕捉；"断念"既是开始，又是结束，实则既无开始，又没有结束，它有利于尚未被正名的崭新事物的生存。"许多古代人的作品已成为断片。许多现代人的作品则刚刚开始成为断片。"③

为此，19世纪末和20世纪初，"预言家、诗人和哲学家周期性地返归直接经验，由此形成各种各样神秘的、怀疑论的、浪漫的观点，它们构成了社会所习见的反话语，以其信守的（和软弱的）对立身份，长期来支撑理性的支配地位"。克尔凯郭尔、柏格森、詹姆斯、杜威和怀特海等人"企图通过直接诉诸经验恢复对于过程和变易的直觉"，尼采、海德格尔、后期的维特根

---

① 闻一多：《古典新义》，商务印书馆2011年版，第249页，第251页，第252页。

② 刘小枫编：《夜颂中的革命和宗教——诺瓦利斯选集卷一》，第122页。

③ 施勒格尔：《雅典娜神殿断片集》，李伯杰译，生活·读书·新知三联书店1996年版，第154页、第55页。

斯坦、福柯、德里达和罗蒂等人则"想要发现意识和语言的悖论，由此迫使我们返归'逝境之流'之中"。无论如何，他们的共同使命是"挑战客观事实的终极性，向第一问题框架的语言回归"。①

乔治·布莱分析了艺术性的文学批评与科学性的文学批评之间的差异："批评家所使用的语言媒介可以使他无限地接近或远离他所考察的作品。如果他愿意，他可以最紧密地逼近所谈的作品，他依仗的是一种风格的模仿，这可以将被批评的作品的感性主题转移到批评家的语言中去。或者，他可以使语言具有一种纯粹的结晶化效能，一种绝对的半透明性，它不容许主体和客体之间有任何模糊存在，因此而有利于认识能力在主体中的运用，同时又在客体中加强了明显突出其对主体无限疏远的那些特性。在这些情况的第一种之中，批评思维能够与它所处理的模糊现实建立一种令人赞叹的默契关系；而在另外一种情况中，它会导致最全面的分裂。此时它具有最大限度的清醒，其结果是完成一种分裂，而不是联合。""批评这样就摇摆于两种可能性之间，一种是未经理智化的联合，一种是未经联合的理智化。"乔治·布莱认为，不能同时采用两种批评形式而削除它们之间的对立，但可能"在一种交替的运动中"将它们结合起来。②

在英语里，论说文和散文随笔都称为"Essay"，科学性论文称为"Paper"，学位论文、毕业论文称为"Thesis"；在哲学语境中，"Essay"一般译为"论说文"，它由尼采、西美尔、青年卢卡奇、本雅明和阿多诺等人发扬光大，在西方形成了一个文体传统。

周作人很早就发现："外国文学里有一种所谓论文，其中大约可以分作两类。一批评的，是学术性的。二记述的，是艺术性的，又称作美文，这里边又可以分出叙事与抒情，但也很多两者夹杂的。……读好的论文，如读散文诗，因为他实在是诗与散文中间的桥。中国古文里的序、记与说等，也可以

---

① 郝大维、安乐哲：《期望中国——对中西文化的哲学思考》，第125—126页，第127页，第128页，第126页。

② 乔治·布莱：《批评意识》，第249页。

说是美文的一类。"① 周作人称论说性的文章为"美文",强调其中"诗化的性质",意在倡导一种"能代表作者的作风","意思好文章好"且"不论长短"的文风,也就是"有我"的文字。这就需要切己的体悟,不能仅是运用概念做简单的推导。

作为未来的述学文体,"毕达哥拉斯文体"——如郝大维、安乐哲所言——"向第一问题框架的语言回归":由对象化之思转为有我之思,由"知性智慧"转为"诗性智慧",由线性的、封闭式结构转为圆形的、开放式结构;在"断片"写作中,打通古今中西,打通人文学科,动态呈现个人化创见与风格;而创构这一述学文体的内在机制,则是"以美启真",即始于"负的方法"("悟证"或"体认"),终于"正的方法"("逻辑分析的方法"或"形式主义的方法"),从"论证"走向"证悟"(运用逻辑、辨析、论证的方法诠释、发展"悟证"之所得),最终走出"语言的牢笼"。

施勒格尔说得好:"对于精神,有体系与没有体系同样是致命的。也许精神必须下决心把二者统一起来。""一个断片必须像一部小型艺术作品一样与周围的世界隔绝,必须像刺猬一样自身内部完善。"② "毕达哥拉斯文体"由无数的"断片"合成,若干"断片"构成主旨相对集中的"意群",各"意群"之间的延展与联结——借助于互为中介的联想而非逻辑的力量——则一道生成了思想集群。"在一种交替的运动中","毕达哥拉斯文体"融合"隐喻"型与"演绎"型两种中西述学文体,构建一种"没有体系的体系",展示了"体系"之外的活力。

"毕达哥拉斯文体"挣脱了封闭式逻辑体系的桎梏,与永远处于变化之中的思维汇合;它在精神气质上十分接近"Essay"——"论说文"或"美文"——与阿多诺瞬息万变的"星丛"十分相似:从所要讨论的事物或现象开始言说,言说在那个具体语境中发生在它身上的事情,并随着事情的结束而结束;在

---

① 周作人:《谈虎集》,北京十月文艺出版社 2011 年版,第 31 页。
② 施勒格尔:《雅典娜神殿断片集》,第 60 页,第 86 页。

精心设置的架构里，自主理性的假设被搁置，研究者不断地进行思想实验，尽其可能地渗透、进入事物，形成一个具有流动性和内在对抗性的"力场"，让事物自身非同一性的真理得以崭露；在这"力场"中，每一颗星都是一个"契机"，一个"契机"照亮了另一个"契机"，彼此互为中介，相互关联。[①]这种不靠体系而把论证结合起来的思维模式，摒弃主观、封闭、僵硬的"严整"形式，显现为一种跨越多个领域，由各种不同概念、模式和观念组成的不断生成的"断片"式结构，而"唤起了理智的自由"[②]。

"毕达哥拉斯文体"的思维模式又颇类似于德勒兹、加塔利的"块茎"，具有一种无中心，无等级，不断增生、铺开、延展的特质："块茎"通过变化、拓张、征服、捕获、旁生而运作，没有任何固定的模式或路线，仅是"球茎"和"突起"而已；作为一种流变、开放的系统，"块茎"强调了知识和生活的游牧特征，其中概念之间不存在内在的等级秩序，彼此的关系取决于它们的条件，所有的因素都处于相互作用之中，因果的线性定律不复存在；"块茎"善于在事物之间运动，建立一种"和"的逻辑——其本身拥有无数的线条和路径，通过无数的节点、线条而连为一体，如同一粒草籽发展成了一片草地。概言之，"它不是由单位，而是由维度（或确切地说是变动的方向）所构成。它没有开端也没有终结，而是始终处于中间，由此它生长并漫溢。它形成了 n 维的、线性的多元体，既没有主体也没有客体，可以被展开于一个容贯的平面之上——在其上'一'始终是被减去的 n − 1"[③]。

诺瓦利斯写道："断片就是文学种子。其中难免有些空壳：但只要有几粒发芽！"创构"毕达哥拉斯文体"的学者，如诺瓦利斯所言，其"所做、所说、所言、所听、所忍受的一切，必须是一个艺术的、技术的、科学的产品，

---

① 马丁·杰：《法兰克福学派史（1923—1950）》，单世联译，广东人民出版社 1996 年版，第65—66 页。

② Adorno, *Notes to Literature*,Vol.1,Translated by Shierry Weber Nicholsen and edited by Rolf Tiedemann. New York: Continuum, 1985.

③ 德勒兹、加塔利：《资本主义与精神分裂（卷 2）：千高原》，姜宇辉译，上海书店出版社 2010年版，第 27 页。

或是这样一种活动。他道出箴言，他演一出戏，他是对话者，他宣读论文并演示科学——他叙述逸闻、历史、童话、小说，他诗意地感受；若是刻画什么，他便作为艺术家去刻画，作为音乐家；他的生命是一部小说——他也这样看一切，这样听一切……真正的学者乃是全面发展的人——对他所涉猎和所做的一切，他皆赋予一种科学的、合乎理想的、综合批评的形式"①。

当代文体学家刘绪源研究发现：五四后最有才华最有学问的文人，如胡适、吕澂、赵紫宸、周作人、鲁迅、钱锺书、杨绛、朱光潜、梁实秋、任鸿隽、梁思成、林徽因、陶行知、林汉达、江绍原、钟敬文、陈原、赵元任、马寅初、孙冶方、顾准……他们是"真正的学者"，是"全面发展的人"，内心高傲而天趣盎然；他们都在自己的研究和思索中度日，并按各自的趣味发而为文——世间顶好顶尖的"妙文"；他们的文章平白清浅，又耐咀嚼，大多可当作上乘的散文来读，可谓广义的"美文"。可惜，这种以趣味为主，自由的心态和作为近乎绝迹了，灵动滋润的气息几乎荡然无存。本来属于人类精神生活的各个有机组成部分，都被人为划分成一个个专业而尽失其味。著名学者刘绪源颇带感伤地写道："缺了什么呢？缺的就是'文人'！是那些洒脱地游走在各种学问之间的、素养深厚而心态自由的文化人，没有他们各具个性而又总能启人深想的声音，没有他们种种有益复有趣的看似随意的发挥，没有他们从悠长的文化之水中汲取营养并对今日社会人生的即时感应，整个文化生活竟真的变得机械干枯起来了。"②

半个多世纪前，陈寅恪为陈垣《敦煌劫余录》一书作序云："一时代之学术，必有其新材料与新问题。取用此材料，以研求问题，则为此时代学术之新潮流。治学之士，得预于此潮流者，谓之预流（借用佛教初果之名）。其未得预者，谓之未入流。此古今学术史之通义，非彼闭门造车之徒，所能同喻者也。"③

---

① 刘小枫编：《夜颂中的革命和宗教——诺瓦利斯选集卷一》，第 102 页，第 162 页。
② 参见刘绪源：《今文渊源——近百年中国文章之变》，青岛出版社 2016 年版，第 22 页。
③ 陈寅恪：《金明馆丛稿二编》，第 266 页。

作为未来的述学文体，"毕达哥拉斯文体"的哲学路径如上所论大致有二：其一，返回中国文化之"本源"，通过"回向"即"深入历史语境"的"处境分析"，祛除"理障"或"知识障"，在"进"—"出"—"进"反复往返的研究过程中，既明"事理"又通"心理"；其二，"思即言"，在"证悟"过程中，一方面接续中国古代悠远的述学传统，包括五四文人之"文脉"，另一方面汲取西方"Essay"的创造性文体实践成果（如"星丛"和"块茎"等），融通"隐喻"型与"演绎"型两种述学文体，以灵动的"断片"合成"没有体系的体系"，恢复事物自在自持的存在，与永远处于变化之中的思维相汇合。"毕达哥拉斯文体"的创构，基于未来学术之"预流"，"投入智慧女神的怀抱"（蒙田语），让自己成为一件"作品"；与此同时，力图站到精神领域的最前沿，回答时代提出的问题，提升学术研究的境界，乃至开启一代新风，切实推动具有中国特色之学术话语系统的建构。

或许，我们真应像德勒兹、加塔利所呼吁的——

　　在 n 次幂上写作，n-1 次幂，遵循着这些口号来写作；创造块茎而不是根，不要种植！不要播种，而要引出旁支！既不是——也不是多，而是多元体！形成线，决不要形成点！速度将化点为线！要迅如脱兔，即便原地不动！偶然之线，臀部之线，逃逸之线。不要在你身上造出一个将军！不要形成一个恰当的观念，恰恰只需形成一个观念。拥有短时的观念。创造图样，而不是照片或图画。成为粉色豹，令你们的爱恋就像是黄蜂与兰花，猫与狒狒。[1]

刊于《清华大学学报》（哲学社会科学版）2019 年第 5 期

---

[1] 德勒兹、加塔利：《资本主义与精神分裂（卷 2）：千高原》，第 32—33 页。

| 第十一章 |

"回到莫扎特"

——"毕达哥拉斯文体"的特质与旨趣

> 我忍不住梦想一种批评，这种批评不会努力去评判，而是给一部作品、一本书、一个句子、一种思想带来生命；它把火点燃，观察青草的生长，聆听风的声音，在微风中接住海面的泡沫，再把它揉碎。它增加存在的符号，而不是去评判；它召唤这些存在的符号，把它们从沉睡中唤醒。……
>
> ——福柯[①]

　　作为未来述学文体之"预流"，"毕达哥拉斯文体"的主要语体特征在于众多的"断片"及其连缀组合，这些"断片"的写作方式有何特异之处？"断片"之间的连缀组合如何具体展开？在中西思想／理论资源的整合过程中，"毕达哥拉斯文体"怎样化解或平衡、协调创造主体心理的诸多矛盾？生命的

---

① 福柯：《权力的眼睛——福柯访谈录》（修订译本），严锋译，上海人民出版社 2021 年版，第 89—90 页。

理解力与思想的解释力何以重铸？"毕达哥拉斯文体"的旨趣何在？本章试图破解这些理论难题。

第一节 "莫扎特洒下的一道阴影"

台湾著名乐评家焦元溥在《乐之本事：古典音乐聆赏入门》一书的开篇讲述了一个有趣的故事——

英国作曲家葛尔（Alexander Goehr，1932—）是"二战"后英国乐坛举足轻重的代表人物，当年他到巴黎向作曲大师梅里安(Olivier Messiaen，1908—1992）学习，不仅眼界大开，回国后更成为领导潮流的前卫派。

对葛尔而言，"花都"学习那一年让他印象最深的，是一次音乐分析的课堂报告。

"刚到巴黎时，我觉得这里既然是新音乐中心，一切都该前卫，而且要求严谨理论。有次轮到我报告一首莫扎特作品，我仔仔细细把曲子从头到尾整理一遍，乐句、节奏、和声、曲式等全都完整分析。"葛尔自信满满，在老师和同学面前讲解，"没想到当我说'在这个小节，乐曲转入下属小调和弦'，教授居然毫不客气地立刻说：'错！'"

被当堂指出错误，葛尔自然觉得很没面子。他一边继续做报告，一边再把那个和弦看了一次——没错呀！那明明就是下属小调和弦嘛！难道是老师错了？葛尔"巧妙"地将话题转回，又提了一次；没等他说完，教授居然还是说："错！"

同一个地方被教授纠正两次，委实让人难堪。无论自己如何确定那就是下属小调和弦，葛尔也没有勇气再提一次。"如果不是下属小调，那个和弦又会是什么呢？"好不容易挨到下课，葛尔马上向教授请教。

"那个小节，"教授淡淡地说，"是莫扎特在音乐中洒下的一道阴影。"

葛尔在一次演讲中说到此处，全场听众都笑了。有人问他感想如何，他答："荒谬透顶呀！我大老远跑到巴黎，居然来学这个！"

听他这样说，大家笑得更大声了。

"可是，各位，我现在却不觉得荒谬了……"这次，轮到葛尔淡淡地说，"因为当莫扎特写到那个小节时，他心里想的绝对不会是什么进入下属小调，而是要在音乐里洒下一道阴影啊！"

一瞬间，大家从哄笑转为默然。

音乐，究竟该如何理解，如何讨论，如何分析？伟大的作曲家、指挥家马勒（Gustav Mahler，1860—1911）再三强调："音乐中，最重要的并不在音符里。"音乐真正要表现的不只是音符，而是音与音之间的东西，是音乐家的内在灵魂。理解音乐，想象力和文化素养比起乐理和技术更重要得多。①欣赏音乐，要让音乐自然地进入你的心中，吸引你，跟你讲话……

莫扎特的作品意境明朗清澈，至情至性，抓住了内心世界最隐秘的起伏，而自然地流淌心声，没有丝毫滞碍。莫扎特洞察人间万象，对人的理解非常深透，非常细微，揭示了"最隐秘的体验"。莫扎特的性格充满矛盾，感情非常丰富，其音乐既是尘世的声音，又是"上界的语言"；聆赏莫扎特的《安魂曲》，我们能自然而强烈地感受到阳光如瀑布般倾泻而下的温暖、自在与醇厚的欢乐。演奏莫扎特音乐的难度不在技巧，而在于如何表达出其中的"滋味"！

"钢琴诗人"傅聪说："莫扎特作品在所有作曲家中可说是最完美，境界也最高的。莫扎特音乐不是表面的庞大，而是内在感觉的无限。一辈子搞音乐的人，无论哪一个，到最后自然能体会到。"②旅美艺术家、作家木心（1927—2011）也发现："在莫扎特的音乐里，常常触及一种……一种灵智上……灵智上的性感——只能用自身的灵智上的性感去适应。如果不作出这样的适应，莫扎特就不神奇了。"③唯有内心生活丰富而深刻的人才能体悟："……在莫扎特音乐中……弦外的感觉太细微，音外的境界太玄妙。似乎一切

---

① 参见焦元溥：《乐之本事——古典乐聆赏入门》，第14—17页。

② 傅敏编：《走出家书——与傅聪对谈》，天津社会科学院出版社2005年版，第145—146页。

③ 木心：《素履之往》，广西师范大学出版社2013年版，第65页。

都简单明了，但又难以企及。有时不带有超脱的心境难以体会个中三昧。他的音乐是语言难以捕捉的声音和情感的艺术。"①

据说，音乐的 20 世纪是演奏与诠释的时代。谈到当今莫扎特作品的诠释，音乐家列文说："我觉得大多数人诠释的莫扎特都太平面化，他们没有演奏出音乐中该有的歌唱性，也没有充分表现出情感。莫扎特的作品并不中性，而是非常生动，充满戏剧性和对比。……莫扎特该听起来更性感、更刺激、更无法预测才是。"②我们唯有用心聆听、体悟类似莫扎特洒下的"一道阴影"或"天国的阳光"，才能真正理解音乐，否则它只不过是一堆音符，一个无生气的标本而已。

徐复观说得好："学术，很粗略地说，可分为两大部类：一是成就知识，一是成就人格。知识以概念来表示，人格以性情来表示。任何概念，不能表示实体之全；对人生而论，更不能表示人生之全。所以概念性的学问，不一定便是成就人格的学问。假定能够，也一定要在人生的内部有意无意地转一趟火，通过性情以融合于其人生之全。……人格表现为动机、气象、局量、风采，这四者是表现一种人生价值之全的，所以不仅可以提挈政治，而且也是提挈人生一切的活动，包括学术的活动，而予一切活动以活力，并端正一切活动的方向的。"③为此，先秦道家分疏了"为学"与"为道"，宋明理学区分了"见闻之知"与"德性之知"，古希腊赫拉克里特说"博学并不能使人智慧"，印度佛学则提出"转识成智"说……

知识论的症结在于"理论主义"或"理性主义"，即"逻辑至上"。对此，歌德有极为生动的描述："对于知识我曾有过这样的体验：好像一个人早早就起床，黑暗中焦急地等待天明和太阳；可是太阳升起时却刺得他眼睛什么

---

① 萧韶编：《德奥古典音乐大师经典指南》，江苏人民出版社 1996 年版，第 91—92 页。
② 焦元溥：《游艺黑白——世界钢琴家访谈录（下）》，生活·读书·新知三联书店 2010 年版，第 234—235 页。
③ 徐复观：《学术与政治之间》，华东师范大学出版社 2009 年版，第 66 页。

也看不见了。"①囿于知识论的学术只能"成就知识",未能"成就人格",其结果视野狭隘,沉溺计算,观念寂寂,以致精神困顿。明代心学家王阳明对智识主义的批评可谓切中要害:"记诵之广,适以长其敖也;知识之多,适以行其恶也;闻见之博,适以肆其辨也;辞章之富,适以饰其伪也。"②智识主义使"成就知识"与"成就人格"处于一种紧张关系,"为学日益,为道日损"(《老子》第 48 章)。

美国哲学家威廉·詹姆士(斯)认为,理性主义的最大特点是追求高尚纯洁,妄图剥落生活和事实的丰富多彩,主张概念的纯洁、推理的严密、逻辑的精细、结论的高尚、体系的完整,最后将之统一于超越的、绝对的、自在的理念、上帝或绝对。事实上,实在、经验、生命、具体性、直接性远超过逻辑,不是逻辑所能容纳的,理性主义所追求的"绝对仍旧无疑地是无理性的","使人发疯的唯一的东西就是逻辑"③。从某种外在的、现成的、一般性的观念入手来理解生命和艺术,是对生命和艺术之独特性的漠视,是通过虚假的非个人化来抹杀真正的个性与创造。

在《论道》里,金岳霖区分了知识论的态度和元学的态度,他说:"研究知识论我可以站在知识论的对象范围之外,我可以暂时忘记我是人,凡问题之直接牵扯到人者我可以用冷静的态度去研究它,片面地忘记我是人适所以冷静我的态度。研究元学则不然,我虽可以忘记我是人,而我不能忘记'天地与我并生,万物与我为一',我不仅在研究对象上求理智的了解,而且在研究的结果上求情感的满足。""知识论的裁判者是理智,而元学的裁判者是整个的人。"④金岳霖极力诟病近代知识系统论的"理智"论者,嗟叹苏格拉底式"元学"哲学家的不复存在。在那些"元学"哲学家那里,哲学绝不单纯是"一个提供人们理解的观念模式,它同时是哲学家内心中的一个信条体系",

---

① 歌德:《歌德的格言和感想集》,陈代熙、张惠民译,中国社会科学出版社 1982 年版,第 43 页。
② 王守仁:《王阳明全集》第 1 册,吴光等编校,上海古籍出版社 1992 年版,第 56 页。
③ 威廉·詹姆士:《多元的宇宙》,吴棠译,商务印书馆 1999 年版,第 69 页,第 110 页。
④ 金岳霖:《论道》,《金岳霖文集》第 2 卷,第 156—157 页。

而自柏拉图以降的近现代哲学家自身与其所信奉的哲学之间分离的特点改变了哲学的价值，这种改变"使世界失去了绚丽的色彩"①。

用知识和学术概念来演绎文学艺术，属于西方逻各斯中心主义知识论的话语体系，是工具理性主义对诗意审美领域的强硬渗透，它使美的探究沦落为一种"智力体操"。因此，当葛尔按照通行的分析套路解剖作品，一再认定莫扎特写下的那小节为下属小调和弦时，梅里安斩钉截铁地说："错！"梅里安那"起死回生"般的"棒喝"，惊醒了沉迷于技术主义的葛尔，点化其智慧而顿悟音乐艺术之堂奥。

20世纪以降，西学研究范式具有了典范性的意义，引导、规约着传统学术的现代转化，并笼罩了整个中国人文学界。传统人文科学的研究模式（诗文评、札记、注疏等）发生转变，愈益注重"逻辑分析""理论系统""历史系统"的建构，强调逻辑关联性和总体相关性的价值取向蔚然成风。刘永济在《十四朝文学要略》卷首"叙论"中曾批评道："今代学制，仿自泰西，文学一科，辄立专史，大都杂撮陈篇，补苴琐屑，其下焉者，且稗贩异国之作，绝无心得之言，求其视通万里，心契千载，网罗放失，董理旧闻，确然可信者，尚无其人。……是则文学史者，直轮扁所谓古人之糟粕已矣。"②时至今日，仍有不少人认为近代西方创立的学问与方法是唯一可能与合理的，我们的大部分学术研究仍未脱此窠臼。

"我们时刻处于可见与不可见两个世界中的张力地带。"（荣格语）知识主要指向经验领域的某一方面或层面，处理的是有限的领域；智慧追问的是作为整体的存在，规范着对存在的认知与作用，是对无限、永恒之道的把握。在一次与郭宇宽的对谈中，傅聪说："世界上所有的文明，在根子上，在最高点上都是通的。只不过是生在不同的土壤，那么发展的过程，可能不一样，可是基本上来讲，人类的智慧，全人类的智慧是通的。我觉得莫扎特、萧邦、

---

① 参见金岳霖：《金岳霖学术论文选》，中国社会科学出版社1990年版，第360—362页。
② 刘永济：《十四朝文学要略》，黑龙江人民出版社1984年版，第1页。

德彪西，再比如说海顿，……他们的世界，跟中国传统的最优秀文化人的世界，并没有一点点的隔阂，完全相通。只不过用的语言不一样，可精神本质是通的，都是全人类所追求的一种最高的境界。"①傅聪闻见既广，研精一体，默契于心，而将知识上溯、提升为以道观之、超越名言之域的智慧，再将自己的智慧与历史上的智慧高峰相互接通、相互对话，故能把学问与生命衔接起来，神遇于千古，打通中西文化的血脉，抵达艺术的深处与高处，演奏出了"莫扎特的灵魂"。

第二节 "以识为主"

为克服西方知识论的诸多弊端，作为当下述学文体的革命，"毕达哥拉斯文体"应运而生。迥别于当下通行的述学文体，"毕达哥拉斯文体"否弃理论及其体系的普世意义，对抗浅陋的技术主义或形式主义，而指向一种广袤、强健的"心智生活"。

严羽《沧浪诗话·诗辨》有云："夫学诗者以识为主。"②宋代诗论家也注意到了诗者之"识"的重要性，如范温说："学者先以识为主，禅家所谓正法眼；直须具此眼目，方可入道。"（《潜溪诗眼》）清代诗论家叶燮提出："诗之基，其人之胸襟是也。"诗人的胸襟又体现为诗人之"才""胆""识""力"，其中"识"又最为重要，"文章之能事，实始乎此"。叶燮说："四者无缓急，而要在先之以识；使无识，则三者俱无所托。""识为体而才为用，若不足于才，当先研精推求乎其识。人惟中藏无识，则理、事、情错陈于前，而浑然茫然，是非可否，妍媸黑白，悉眩惑而不能辨，安望其敷而出之为才乎？""胸中无识之人，即终日勤于学，而亦无益，俗谚谓为

---

① 傅敏编：《走出家书——与傅聪对谈》，第44页。
② 严羽：《沧浪诗话》，何文焕辑：《历代诗话 下》，中华书局1981年版，第687页。

'两脚书橱'。"①

　　郭绍虞据《诗人玉屑》本所编选条目次序，深入研究了严羽的"以识为主"，指出其论诗的关键就在一个"识"字上：

> 　　是书论诗，关键在一"识"字。《诗辨》开端第一句，"夫学诗者以识为主"，开宗明义，已极明显。书中慨叹"正法眼之无传久矣"，又谓"看诗须著金刚眼睛"，"如此见方许具一只眼"，他如"识太白真处""识真味"云云，亦均从"识"字上生发。至其《答吴景仙书》所谓"至识则自谓有一日之长"，其以识自负如此。故今论是书亦应以其所谓"识"为主。②

　　这里，作为名词的"识"，是指诗者本然具有的"真识"，佛家谓之"阿赖耶识"。印度传统佛教以人为中心，将能够发生认识功能的"六根"，作为认识对象的"六境"，以及二者相触而生的"六识"，统称"十八界"；又将"识"与"心"相联系，所谓"识"，即明辨认识，又称"心"或"意"：一种破除妄念、了悟万法性空的先验存在的神秘能力。丁福保编纂《佛学大辞典》释"识"云："心对于境而了别，名为识"；"识者乃是神知之别名"③。具有这种"真识"的人，被严羽称为"宏识"或"识者"。

　　《沧浪诗话·诗辨》提出"熟参"各家诗之后，接着说："倘犹于此而无见焉，则是野狐外道蒙蔽其真识，不可救药，终不悟也。"作为动词的"识"，是指学诗、评诗者对诗歌进行审美鉴赏或审美判断。如《沧浪诗话·诗法》云："学诗有三节：其初不识好恶，连篇累牍，肆笔而成；既识羞愧，始生畏缩，成之极难；及其透彻，则七纵八横，信手拈来，头头是道矣。"此"识"

---

① 叶燮：《原诗》，蒋寅笺注，上海古籍出版社 2014 年版，第 96 页，第 153 页，第 189 页，第 153 页，第 165 页。
② 郭绍虞：《沧浪诗话校释》，人民文学出版社 1961 年版，第 105 页。
③ 丁福保编：《佛学大辞典》，上海书店出版社 2015 年版，第 2859 页。

不是逻辑概念体系里的分析与判断，而是以反复涵泳、再三体味的感性形式进行的审美判断，即"熟参"以焕发"真识"。如《沧浪诗话·诗评》云："读《骚》之久，方识真味，须歌之抑扬，涕泪满襟，然后为识《离骚》。否则为戛釜撞瓮耳。"在严羽诗论里，与"识"紧密相关的是"辨"，皆为明辨、识别之意，故二者常连用或混用。分别在于："辨"不具有名词性质的"真识"之意，不过，具有"真识"的诗家无疑能"辨"。诗家能"识"诗或"辨"诗，则得益于其"见诗""参诗"后提炼、积淀、铸就的与审美反应、审美判断相联系的审美能力或称审美力："大抵禅道唯在妙悟，诗道亦在妙悟。……惟悟乃为当行，乃为本色。"严羽以"妙悟"论诗："诗有别才，非关书也；诗有别趣，非关理也。"但紧接着说："然非多读书，多穷理，则不能极其至。"具言之，"工夫须从上做下，不可从下做上；先须熟读楚辞，朝夕讽咏以为之本；及读古诗十九首，乐府四篇，李陵苏武汉魏五言，皆须熟读，即以李、杜二集枕藉观之，如今人之治经，然后博取盛唐名家，酝酿胸中，久之自然悟入。虽学之不至，亦不失正路。此乃从顶上做来，谓之向上一路，谓之直截根源，谓之顿门，谓之单刀直入也"[1]。严羽这里借用了5个禅门术语比喻诗道悟入的顿悟法门，强调它们正是"妙悟"之最佳取径。对于"识"与"悟"之间的关系，郭绍虞做了精要概括：

> 综其所谓"识"，不外禅与悟二者。因识得悟，又因悟而通于禅。故禅悟之说，虽为时人习见之论，但经沧浪加以组织，加以发挥，使之系统化、理论化，此则沧浪诗论之长，亦即其识力之长。[2]

王渔洋追随严氏，主张"神韵"，也说"诗本性情，不可不根于学"。《师友诗传录》载郎廷槐问道："作诗，学力与性情必兼具而后愉快，愚以为

---

[1] 严羽：《沧浪诗话》，何文焕辑：《历代诗话 下》，第687页，第694页，第698页，第688页，第687页。

[2] 郭绍虞：《沧浪诗话校释》，第106页。

学力深始能见性情。若不多读书，多贯穿，而遽言性情，则开后学油腔滑调、信口成章之恶习矣。"王氏答曰："性情学问，二者相辅而行，不可偏废。学力深始能见性情一语，是造微破的之论。"张笃庆（历友）亦答曰："非才无以广学，非学无以运才，两者均不可废。有才而无学，是绝代佳人唱莲花落也；有学而无才，是长安乞儿着宫锦袍也。"张实居（萧亭）的回答更有意思："'诗有别才，非关书也；诗有别趣，非关理也。'为读书者言之，非为不读书者言之也。"单有天才而无学问，作不出好诗；即或不然，才华终有竭尽之日；深厚的学力与禀赋的才情，相得益彰，不可偏废。游国恩说："可见诗之为道，不可以'才情'二字尽之。"①

近代诗家陈伯严论诗云："兹事无穷垠，辛勤归自赏。万流互腾跃，真宰终昭朗。要向心地初，灵苗从长养。杂糅物与我，亲切相摩荡。天诱力所到，过取增惝恍。极览廓神照，专气护儿褓。"（《散原精舍诗续集》上《赠胡梓方索题新篇》）游国恩分析道：

> "杂糅"二句是说要把外物和自己打成一片，就是情景交融、言中有物的意思。"天诱力所到"是说灵感所及，必须要你的学力到了那种境地……如果学力没有到某种境地，无论如何，你的灵感也就想不到某种意思。而这点灵感又只限于当前的一刹那间，事后便模糊了，所以说"过取增惝恍"。"极览"句是说要以学问为基础，博极群书，以助长性灵的发展，神明的光大。"专气"句用《道德经》"专气致柔能婴孩乎"的意思，是说要一心一意保持这颗赤子的心。也就是说不要因为学问太博，而致令妨碍你的天真——性情。

文学艺术的核心是审美而非知识，是美的创造而非自我封闭的符号系统。世界内在于心灵，心灵所及，即世界的边界。美的创造是直觉、经验和

---

① 游国恩：《游国恩文史丛谈》，第19—20页。

精神的最为隐秘的语言漂移、情感律动。所有的知识应增进美的创造及其理解，而不是削弱美的感受与领悟，用刘勰的话说，即"文不灭志，博不溺心"（《文心雕龙·情采》）。①

对于理智或理性在艺术创造中的作用，现代佛学家、因明家虞愚说得十分透彻："理智科学何尝不是一种智识的美？不经过一种艰苦的训练还不能领略，往往概念的训练愈深，而知觉的领悟也愈进，把自己的好欲的感情完全客观化，还不合于艺术物我同一的境界吗？复杂无比的自然现象、社会现象乃至思维现象，看出它们的对称、秩序、关系，难道还不够美么？……科学训练实在陶铸更深刻一层的感情，这种经过训练的感情，自有一种朴素之美。至于艺术上达到最高的境界，……又何尝没有科学所具的精密和确实？佛罗贝尔（Flaubert）说得好：'文体中主要之目的，须绝对准确。其中可以代表你的意念，只有一个名词；可用来说明那意念的动态，只有一个动词；而那个名词最适当的区别字，也只有形容词。'不是很好的说明吗？"②

近现代著名诗人、书法家、学者陈祥耀在《中国古典诗歌丛话》一书论及黄庭坚云：

> 其人之才学，并不特见雄富；其诗之意境，并不特见高妙，所以独享盛名，几欲匹配苏轼者，特以具有独到之功力技法。功力技法，要在炼气与炼句二者，盖能合杜诗律句之拗调，绝句之横放，后期古体之朴老；韩诗之排奡与险硬；义山之琢句与用典，而一炉烹炼之。多使逆笔，多用峭起、猛转、硬煞法，气内敛而横出，调拗折而涩硬，奥衍劲峭之中，时复有妩丽晶莹之韵，故常语能抑遏为艰辛，现语或不失乎情致。此其所擅，已足为后人立一法门，资其继续开拓，亦独有千古也。

---

① 参见游国恩：《游国恩文史丛谈》，第 25—26 页。
② 刘培育编：《虞愚文集》第 2 卷，甘肃人民出版社 1995 年版，第 1011 页。

这段文字寥寥数语，信手拈来，简练亲切，既穷其隐微，又尽其豪忽；思想挺拔，骨立嶙峋，气足神完，可谓出见解，出思想，出断制，出才情。林继中的评点一语中的："这种批评无异徒手相搏，来不得什么花拳绣腿。如果不是于诗歌创作甘苦有得的大力者，是写不出这样贴切、实打实的批评来的。其中，'峭起、猛转、硬煞'诸语又使人想起祥老那手过硬的书法来。如果能将此著作与祥老手书《喆盦诗集》合读，更能见祥老痛快沉着的风格。"①

《因明入正理论》开篇总括一颂云："能立与能破，及似、唯悟他。现量与比量，及似、唯自悟。"其中，"能立与能破"是就"语言"层面而言，"现量与比量"是就"思维"层面而言。朱光潜说"思想与使用语言乃是同时发生的同一事情"②，思维的行为就是内隐的语言运动。"思即言。言与行或做，只是一种衍变了的活动。"③何谓因明？虞愚解释说："因也者，言生因谓立论者建本宗之鸿绪也。明也者，智了因谓敌证者智照义言之嘉由也。非言无以显宗，含智义而标因称。非智无以洞妙，苟言义而举明者。……立论者必先明其所立之理，是曰'自悟'（Useful for self-understanding）。使敌者同喻斯理，是曰'悟他'（Useful in arguing with others）。"④

值得一提的是，"唯识"之"识"不是"认识"义，而是"显现"义；唯识把佛学经部学中作为自我意识的"心"的概念转变为语言意识，在语言的视界内恢复对于"自我"与世界的源始同一性的领悟。"唯识"在存在论意义上将语言与世界关联起来，认为人类经验在理解活动中形成，经验的产生与概念的构成是同一过程；经验须有所"道说"，要通过词语表达自身；经验寻找词语，即发现直观可融入之整体性，也就是概念的意义。因此，语言之"道说"即世界之"缘起"，经验世界即语言世界，故有学者称唯识学为一种

---

① 林继中：《林继中文艺随笔选》，中国华侨出版社 2018 年版，第 148 页。
② 朱光潜：《朱光潜全集》第 4 卷，第 600 页。
③ 刘小枫编：《夜颂中的革命和宗教——诺瓦利斯选集卷一》，第 162 页。
④ 刘培育编：《虞愚文集》第 1 卷，第 9 页。

"语言哲学"。①

"美好的书都是用一种奇特的语言写就的。"（普鲁斯特语）"毕达哥拉斯文体"否弃了传统的语言工具论，主张语言与思想之间是同一的、非此不可的关系。"毕达哥拉斯文体"的言说是"我"与"你"的倾听与对话、理解与交流，是对世界图景的真实描述。在思维、语言之流中，思想的言说乃"自悟"与"悟他"的同一。唯有通过"转识成智"，实现由"成就知识"到"成就人格"的转化，才能做到"心与理合""辞共心密"（《文心雕龙·论说》），拥有与自己生命同构的语言，使言说或书写成为一种生命的形式，而识见卓出、兴味充沛地超越置身其中的世界的潜在结构。

"转识成智"一语出自佛教瑜伽行派和唯识宗，指人可以通过修行达到佛教的最高境界——涅槃境界。唯识宗认为，通过修行可以将有漏的"八识"转为无漏的"八识"，从而得到"四智"，"转识成智"即由"业识"到"智慧"的转化过程。"转识成智"虽原是佛家用语，却也是人类普遍的理念形式。当代哲学家冯契将"转识成智"做了唯物主义的改造，意指由关于外界事物的客观性"知识"跃升为存在的"智慧"，造就自由的德性，体验到相对中的绝对、有限中的无限。套用儒家的语言，即如何将"知见之识"化为"心体之知"。

在冯契看来，"知识"重分析和抽象，注重的是分别的领域，是对事物各个方面性质和属性的把握；"智慧"是关于天道、人道根本原理的把握，要求究通，达到物我两忘、天人合一境界；"知识"通过理性的直觉、辩证的综合、德性的自证实现飞跃，即化为人的行为准则与思维方式，内化为人认知、做事、为人的人格修养，而"顿然地全面、具体把握关于整体的认识"，随即转化为"智慧"。冯契指出，理性的直觉、辩证的综合、德性的自证，有助于把握天道，有助于"转识成智"的实现。"哲学理论，一方面要化为思想方法，贯彻于自己的活动，自己的研究领域；另一方面又要通过身体力行，化

---

① 参见吴学国：《境界与言诠》，上海人民出版社 2003 年版，第 401 页。

为自己的德性，具体化为有血有肉的人格。只有这样，哲学才有生命力，才能够真正说服人。"①冯契的"转识成智"说，成功复合了先哲的"为学"与"为人"，既成就知识又成就人格，即"道问学"与"尊德性"相统一。

第三节　"本质直观"

1954 年，在致傅聪的信里，傅雷说："我个人认为中国有史以来，《人间词话》是最好的文学批评。开发性灵，此书等于一把金钥匙。一个人没有性灵，光谈理论，其不成为现代学究、当世腐儒、八股专家也鲜矣！为学最重要的是'通'，通才能不拘泥，不迂腐，不酸，不八股；'通'才能培养气节、胸襟、目光；'通'才能成为'大'，不大不博，便有坐井观天的危险。"②为学尚"通"是中国传统学术的一个基本观念。何谓"通"？章学诚《文史通义》对此有所申论：

> 通人之名，不可以概拟也，有专门之精，有兼览之博。各有其不可易，易则不能为良；各有其不相谋，谋则不能为益。然通之为名，盖取譬于道路，四冲八达，无不可至，谓之通也。亦取心之所识，虽有高下、偏全、大小、广狭之不同，而皆可以达于大道，故曰通也。然亦有不可四冲八达，不可达于大道，而亦不得不谓之通，是谓横通。横通之与通人，同而异，近而远，合而离。③

对一个学者而言，"博闻强记"或堆砌知识尚不足以登堂入室，还必须在多重智慧生命的对证中，让各学科知识交互辉映、联动贯通，精神脉络不断生成、伸展，以此之明启彼之暗，取彼之长补此之短，深造熟思，直指心源，

---

① 冯契：《冯契文集》第 1 卷，华东师范大学出版社 1996 年版，第 419 页，第 20 页。
② 傅敏编：《傅雷家书》，《傅雷文集》，江苏文艺出版社 2010 年版，第 78 页。
③ 叶瑛：《文史通义校注》，中华书局 1985 年版，第 389 页。

见性悟道，才能抵达"化书卷见闻作吾性灵，与古今中外为无町畦"①的学境，而融贯综赅，疏决江河，创化新知，发现那些"隐于针锋粟颗，放而成山河大地"②的普遍性。

真正的学者不会只专事一门，对于其他领域的深入了解，能给他一种健康的距离，令他谦逊地了解自己的价值，并走向"全面发展的人"，以完整的个人对应较为完整的文化，将精神广博的知识——化作健康的智慧，并作用于千差万别的生命，更好地认识自己、他人乃至世界，故学殖日富、堂庑愈广、识见益深。谈到文学美术的学习对于自己音乐学习的帮助，傅聪说：

> 最显著的是加强我的感受力，扩大我的感受的范围。往往在乐曲中遇到一个境界，一种情调，仿佛是相熟的；事后一想，原来是此前读的某一首诗，或是喜欢的某一幅画，就有这个境界，这种情调。也许文学和美术替我在心中多装置了几根弦，使我能够对更多的音乐发生共鸣。③

王国维《人间词话》第六十则云："诗人对宇宙人生，须入乎其内，又须出乎其外。入乎其内，故能写之。出乎其外，故能观之。入乎其内，故有生气。出乎其外，故有高致。"人类的各种创造活动，无论是艺术的创造，还是思想的言说，归根结蒂，都是"能入""能出"的问题。艺术史家、批评家傅雷深刻指出，"感性认识→理性认识→感情深入"是一切艺术创造的基本法则，它解决了"能入""能出"的问题，而使"感受""心灵""学问"真正合而为一。

第一是"能入"，艺术家对事物应有感性的真切认识，以强烈、饱满的感情去深入、拥抱所要表现的客观世界，把自己的或爱或憎交织其中。艺术家

---

① 钱锺书：《写在人生边上 人生边上的边上 石语》，第 229 页。
② 钱锺书：《管锥编》第 2 册，第 496 页。
③ 傅雷：《傅雷谈艺术》，《傅雷文集》，第 309 页。

亲身体验了现实，才能从现实中提取人性的精髓，创造出真实自然的人物形象。在《论张爱玲的小说》中，傅雷劝诫道：

> 小说家最大的秘密，在能跟着创造的人物同时演化。生活经验是无穷的。……现实世界所有的不过是片段的材料，片断的暗示；经小说家用心理学家的眼光，科学家的耐心，宗教家的热诚，依照严密的逻辑推索下去，忘记了自我，化身为故事中的角色（还要走多少回头路，白花多少心力），陪着他们做身心的探险，陪他们笑，陪他们哭，才能获得作者实际未曾经历的经历。[①]

傅雷所谓的"演化"，即先要分门别类地研究人物，"依照严密的逻辑推索下去"，然后在形成文字的过程中生发出人物的情感。"演化"所恪守的逻辑依据，是人的社会属性，即人性的现实因素，包括所属的社会阶层、扮演的社会角色等。小说的创作如此，文学作品的批评也是如此。傅雷说："文学的对象既然以人为主，人生经验不丰富，就不能充分体会一部作品的妙处。而人情世故是没有具体知识可学的。所以我们除了专业修养，广泛涉猎以外，还得训练我们观察、感受、想象的能力；平时要深入生活，了解人，关心人，关心一切，才能亦步亦趋地跟在伟大的作家后面，把他的心曲诉说给读者听。因为文学家是解剖社会的医生，挖掘灵魂的探险家，悲天悯人的宗教家，……要做他的代言人，也得像宗教家一般的虔诚，像科学家一般的精密，像革命志士一般的刻苦顽强。"[②]

音乐的理解与表达亦然。傅雷说："自己没有强烈的感情，如何教看的人被你的作品引起强烈的感情？自己胸中的境界倘若不美，人家看了你的作品怎么会觉得美？"很多演奏家都缺少人文主义的广度和深度，原因就在这里。

---

① 傅敏编：《傅雷谈文学》，《傅雷文集》，第149页。
② 傅敏编：《傅雷谈文学》，《傅雷文集》，第215页。

因此，傅雷告诫傅聪："艺术若是最美的花朵，生活就是开花的树木。……你最好少沉浸在自己内心的理想及幻想中，多生活在外在的世界里。"当然，过分拘泥于生活，艺术也不会高明。正确的做法应该是："经常与社会接触而仍然能保持头脑冷静，心情和平，同时能保持对艺术的新鲜感与专一的注意。"这样，"精神更愉快、更平衡，……你的音乐表达也会更丰富、更有生命力、更有新面目出现"。①

第二是"能出"。理智、理性不仅能沉稳、准确把握、洞察某一具体对象，也由于它具有宏观的机制而能连类及物，引向广阔的宇宙和人生。傅雷对傅聪说："关于莫扎特的话，例如说他天真、可爱、清新等等，似乎很多人懂得；但弹起来还是没有那天真、可爱、清新的味儿。这道理，我觉得是'理性认识'与'感情深入'的分别。感性认识固然是初步印象，是大概的认识；理性认识是深一步，了解到本质。"又说："你得时时刻刻记住：你对音乐的理解，十分之九是凭你的审美直觉，虽则靠了你的天赋与民族传统，这直觉大半是准确的，但究竟那是西洋的东西，除了直觉以外，仍需要理论方面的、逻辑方面的、史地方面的知识来充实，即使是你的直觉，也还要那些学识来加以证实，自己才能放心。""弹琴不能徒恃 sensations〔感觉〕，sensibility〔感受，敏感〕。那些心理作用太容易变。从这两方面得来的，必要经过理性的整理、归纳，才能深深地化入自己的心灵，成为你个性的一部分，人格的一部分。"②

高级、完美的艺术所充盈的感情是在之下涌流的，必须发挥理智、理性在艺术创造中的引导、统率作用。"假如你能掀动听众的感情，使他们如醉如狂，哭笑无常，而你自己屹如泰山，像调度千军万马的大将军一样不动声色，那才是你最大的成功，才是到了艺术与人生的最高境界。""理想的艺术总是如行云流水一般自然，即使是慷慨激昂也像夏日的疾风猛雨，好像是天地中

---

① 傅敏编：《傅雷家书》，《傅雷文集》，第57页，第273页，第274页，第285页，第286页。
② 傅敏编：《傅雷家书》，《傅雷文集》，第159页，第128—129页，第39页。

必然有的也是势所必然的境界。""情感与理性平衡所以最美，因为是最上乘的人生哲学，生活艺术。"①

针对傅聪富于热情而不够理智，傅雷特别嘱咐说："你早已是'能入'了，现在需要努力的是'能出'！""自己弹的曲子，不宜尽弹，而常常要停下来想想，想曲子的 picture，追问自己究竟要求的是怎样一个境界，这使你明白 what you want，而且要先在脑子里推敲曲子的结构、章法、起伏、高潮、低潮等等。"②

其三，在"能出"之后，倘再次"能入"，做到"感情深入"和"心灵化"，达到"高远绝俗而又不失人间情味"，"一切都近了，同时一切也都远了"的思想与艺术的化境。傅雷说："艺术不但不能限于感性认识，还不能限于理性认识，必须要进行第三步的感情深入。换言之，艺术家最需要的，除了理智以外，还有一个'爱'字！所谓赤子之心，不但指纯洁无邪，指清新，而且还指爱！法文里有句话叫作'伟大的心'，意思就是'爱'，这'伟大的心'几个字，真有意义。而且这个爱绝不是庸俗的，婆婆妈妈的感情，而是热烈的、真诚的、洁白的、高尚的、如火如荼的、忘我的爱"；"必须再深入进去，把理性所认识的，用心灵去体会，才能使原作者的悲欢喜怒化为你自己的悲欢喜怒，使原作者每一根神经的震颤都在你的神经上引起反响"。③

演奏者对待作品应从"感情深入"上面下功夫，这是傅雷所坚持的"诊释者"的立场之根本。1963 年 1 月 6 日，在致罗新璋的信函中，傅雷强调指出："无敏感之心灵，无热烈之同情，无适当之鉴赏能力，无相当之社会经验，无充分之常识（即所谓杂学），势难彻底理解原作，即或理解，亦未必能深切领悟。"④唯有经过理智、理性不断地相互作用，实现了"感情净化，人格

---

① 傅敏编：《傅雷家书》，《傅雷文集》，第 71 页，第 266 页，第 334 页。
② 傅敏编：《傅雷家书》，《傅雷文集》，第 126 页，第 125 页。
③ 傅敏编：《傅雷家书》，《傅雷文集》，第 419 页，第 159 页。
④ 傅敏编：《傅雷致友人书信》，《傅雷文集》，第 274 页。

升华，从dramatic［起伏激越］进到contemplative［凝神沉思］的时候"①，才可望有真正的艺术创造。

傅雷反复提醒傅聪必须"在心理上，精神上，多多修养，做到能入能出的程度"，以平衡理智与情感。傅雷非常赞赏的"能入能出"悲剧演员："刻画人物惟妙惟肖，也有大起大落的激情，同时又处处有一个恰如其分的节度，从来不流于'狂易'之境。"借助"出"与"入"的关系，傅雷还找到了"超越"的限度，即"高远绝俗而不失人间性人情味"。他指出："并非每一个音乐家，甚至杰出的音乐家，都能进入这样一个理想的精神境界，这样浑然忘我，感到与现实世界既遥远又接近。这不仅要靠高尚的品格，对艺术的热爱，对人类的无限同情，也有赖于艺术家的个性与气质。"②"若不能在理论→实践，实践→理论，具体→抽象，抽象→具体中不断来回，任何学问都难以入门。"③

傅雷所谓理解作品的"感情深入"方式，颇具东方民族的文化色彩，与后期维特根斯坦的"描述"颇为相似。维特根斯坦批评说，西方人的心智是无诗意的心灵径直走向具体，其实哲学"不解释也不推论"（《哲学研究》，126），我们"必须丢开一切解释而只用描述来取代之"（《哲学研究》，109），把抽象命题（没有血肉的骨头架子）"上升到"具体、丰富的真实世界里去。"我所反对的是那种似乎被认为是先验给定的理想的正确性的概念。……我所运用的最重要的一个方法，是为我们的思想设想出一种和现实发展过程不同的历史发展过程。假如我们这么做，问题就会向我们展示全新的侧面。"④

傅雷说的"感情深入"是创造主体一种内在的证悟或彻悟。熊十力说："大凡穷理，不论自己直下发悟或读书引发，但使一理觉得之后，总要随处体认，直教在在证实，然后欢忻鼓舞，俨然此理现前，如亲扑着相似。"⑤"穷理

① 傅敏编：《傅雷家书》，《傅雷文集》，第419页。
② 傅敏编：《傅雷家书》，《傅雷文集》，第126页，第334页，第421页。
③ 傅敏编：《傅雷家书》，《傅雷文集》，第339—340页。
④ 维特根斯坦：《文化和价值：维特根斯坦笔记》（修订本），第86页。
⑤ 熊十力：《熊十力全集》第4卷，湖北教育出版社2001年版，第73页。

到极至的地方，是要超脱思议，而归趣证会。"① 此处"证会"即"性智"的作用，亦称"证量"。熊十力说："吾人唯于性智内证时，内自证知，曰内证。……默然自了，是谓证量。吾人须有证理之境，方可于小体而识大体。"又说："证量，止息思维，扫除概念，只是精神内敛，默然返照。默然者，寂定貌；照者，澄明之极；返照者，自明自了之谓。孔子默识即此境界。人生惟于证量中浑然与天道合一。"②

对于文学研究这样一个复杂的过程，童庆炳晚年提出"深入历史语境"的理论主张，把这种"处境分析"细化为"进→出→进"三个阶段，在这反复往返的"回向"的过程中，主体心理的诸多矛盾一一化解或平衡协调，祛除"理障"或"知识障"，既明"物理"又通"心理"，将文学理论事件化、历史化，凸显文学理论的历史具体性和差异性，又抵达了熊十力所谓"性智"与"量智"二者"圆融"之境。③ 这与傅雷的"感性认识→理性认识→感情深入"即"能入→能出→能入"有异曲同工之妙。经由"感性认识→理性认识→感情深入"或"进→出→进"，创造主体便能在个别中直接看到普遍，在现象中直接把握到本质。在胡塞尔那里，这被当作"本质直观"或"观念直观"。"这个广义无非是指自身经验，具有自己看见的事物并且在这个自身的看的基础上注意到相似性，尔后进行那种精神上的递推……任意多的、个别地被看到的事例所具有的共同之物、一般之物可以直接地作为其本身而为我们所拥有，就像一个个体的个别之物在感性知觉中为我们所拥有一样。"④ "本质直观"类似于维特根斯坦所言："理解是一个自然的、直接的、无中介的过程。当然，有时需要解释，需要中介，但最终要来到直接理解。"⑤

"本质直观"何以可能呢？朱光潜说："依心理学的分析，人类心思的运

---

① 熊十力：《熊十力全集》第 3 卷，第 145 页。

② 熊十力：《原儒》，中国人民大学出版社 2009 年版，第 8 页。

③ 参见童庆炳：《美学与当代文化讲演录》，第 303—305 页。

④ 胡塞尔：《现象学的方法》，倪梁康译，上海译文出版社 2005 年版，第 120 页，第 241 页。

⑤ 参见陈嘉映：《语言哲学》，第 209 页。

用大约取两种方式：一是推证的，分析的，循逻辑的方式，由事实归纳成原理，或是由原理演绎成个别结论，如剥茧抽丝，如堆砖架屋，层次线索，井井有条；一是直悟的，对于人生世相涵泳已深，不劳推理而一旦豁然有所彻悟，如灵光一现，如伏泉暴涌，虽不必有逻辑的层次线索，而厘然有当于人心，使人不能否认为真理。这分别相当于印度因明家所说的比量与现量，也相当于科学与艺术。"①贺麟进一步指出："真正的哲学的直觉方法，不是简便省事的捷径，而是精密谨严，须兼有先天的天才与后天的训练，须积理多，学识富，涵养醇，方可逐渐使成完善的方法或艺术。"②"本质直观"或"观念直观"正是运用"感性认识→理性认识→感情深入"形成的理性的直觉，直接透视自然世界、精神世界之最深邃的本质。

第四节　"回到莫扎特"

莫扎特融合了拉丁精神与日耳曼精神，追求人类最高理想的"人间性"。傅雷说："在整部艺术史上，不仅仅在音乐史上，莫扎特是独一无二的人物。"莫扎特一生共完成了大小 622 部作品，还有 130 部没有完成。"没有一种体裁没有他登峰造极的作品，没有一种乐器没有他的经典之文献。……没有一个作曲家的音乐比莫扎特的更近于'天籁'了。"③

莫扎特所处的是一个难得遇到的精神平衡的时代，这位"用音乐播撒爱的使者"，是魔法与奇迹的化身。莫扎特把音乐带入了人类音乐史中最为灿烂的时刻：各个对立面都一致了，所有的紧张关系都消除了，各种异质、对立的因素和谐统一，精神与形式达到完全统一。莫扎特还把我们带入了与宇宙的一切星系与行星，以及地球的每一个存在连为一体的关系之中。当然，和谐均衡、流畅自如、开朗乐观、悦耳动听的旋律、节奏、和声和织体，都不

① 朱光潜：《朱光潜全集》第 8 卷，第 176 页。
② 贺麟：《哲学和哲学史论文集》，商务印书馆 1990 年版，第 179 页。
③ 参见傅敏编：《傅雷谈艺术》，《傅雷文集》，第 301 页，第 305 页。

过是莫扎特音乐的迷人外表，构成其内核的是音符之间的情感与意志，是深邃的人性内容、真挚的人性温暖。莫扎特音乐包含着超越外在音乐概念的世界解释，并以摇曳多姿的手法直指人心，抵达人类灵魂的最深处，呈现了一个无限复杂的宇宙；其所代表的远不只是一个时代或一种艺术，而是一个人类向往光明与自由的理想。

"返回是创新历程表中必须经过的一站和一段时间。"（德里达语）

莫扎特之后，由于完全失去对真正的音乐美和有机形式的理解，激情的骚动侵入了一切艺术领域，一种由诗情画意转向肤浅和堕落的运动风行于音乐世界；诸多最时髦的音乐变得歇斯底里，拒绝给予我们所渴望的东西。我们被惊醒，但不满意；被刺激，但不热情；我们对时髦音乐着迷，但并不为之振奋。于是，19世纪末以降，出于对时髦音乐美学倾向的不信任，表示对于音乐文化现状的深深不满，人们掀起了一场"回到莫扎特"的运动，希望音乐重新健康起来。

1891年，评论家罗伯特·希区弗尔德称莫扎特是给音乐领域带来光明的人，这是莫扎特音乐特性的隐喻；莫扎特之音乐史，如同柏拉图之于哲学；莫扎特的使命是"对联合统一的一个调和"，其精神气质是"智慧、美丽和力量"的理想综合体。1906年，评论家奎多·阿德勒认为，重返莫扎特更多的是健康的音乐美学的需要。20世纪上半叶最负盛名的奥地利指挥家、作曲家费利克斯·魏因加特纳一直响应着这场运动。他在1912年发表文章批评说，一种甚至比新瓦格纳主义更新的现代主义形式在20世纪头十年便已形成，它培养出了显而易见的平庸、丑陋和武断，即马勒和勋伯格的音乐。作为一种理想模式和灵感源泉，"莫扎特精神"成了一味针对时髦音乐美学的"解毒剂"，反映了人们对纯美的音乐和古典平和的真正艺术作品的崇高愉悦享受的渴望。因此，响起了一个口号："回到莫扎特！"如果我们真正深入体味莫扎特音乐中那种犹如孩童的眼眸一般奇妙的清纯透明，我们还能说"回到"吗？

可能更真实的回答应该是"渴望莫扎特"。①

傅雷在中国文化传统中植根非常深，又希望把中华民族的最高智慧与西方文化的科学理性精神完美统一起来，"把感情的东西融合到理性里去"，在东方文化和西方文化间取长补短，创造出一种新的更灿烂的全人类的文化。因此，感性与理性的平衡，感情与认识的统一，并在更高的境界中做到"感情深入"和"心灵化"，这种完整和谐的审美心理成了傅雷一生的追求，并被傅雷视为艺术主体的最佳、最高的境界。

傅雷在致傅聪的信中说："高远绝俗而不失人间性人情味"的境界，"正是莫扎特晚年和舒伯特的作品达到的境界"，并且"古往今来的最优秀的中国人多半是这个气息，尽管 sublime［崇高］，可不是 mystic［神秘］（西方式的）；尽管超脱，仍是 warm, intimate, human［温馨，亲切，有人情味］到极点！你不但深切了解这些，你的性格也有这种倾向，那就是你的艺术的 safe-guard［保障］"②。傅聪说得更明确："中国人灵魂里本来就是莫扎特。""莫扎特的音乐注重客观与主观的平衡，在平衡中灌注了丰富、深刻的内容。莫扎特的音乐中每一个重音都要求是圆的，不能直接打上去，要求有所约束，莫扎特的音乐中的音阶和琶音充满了虚和实的变化。"③傅聪把莫扎特当作自己想要达到的一个境界，在与白岩松对谈时，他说："我想假如每个人都把莫扎特作为一个想要达到的境界，那这个世界会变得更好。"④事实上，许多伟大的钢琴家与指挥家到晚年都回到了莫扎特。

艺术创造必须"回到莫扎特"。作为思想创造的艺术，我们的学术研究同样必须"回到莫扎特"。

学境与艺境相通相接。真正的学术思想是从生命的深处涌现出来的，艺

---

① 参见 L. 波茨廷：《莫扎特美学思想对后世的影响》，李玫译，《交响·西安音乐学院学报》1995年第 2 期。

② 傅敏编：《傅雷家书》，《傅雷文集》，第 419 页。

③ 傅雷：《与傅聪谈音乐》，生活·读书·新知三联书店 1984 年版，第 37—38 页。

④ 傅敏编：《走出家书——与傅聪对谈》，第 116 页。

术创造亦然；学术研究解决的是世界为何的问题，艺术解决的是人应何为的问题，骨子里它们相贯通：都是通过创造能见、能闻、能触、具有穿透力的话语，揭示生活世界内在关联及其意义的"情节"，表现切近生活的本质，以及精神"还乡"的沉醉或欣悦。

康定斯基认为，音乐摆脱了客观对象的束缚，在表现自然情感与揭示事物的抽象或精神本质上达到了最佳的平衡，音乐是各种艺术最好的老师。叔本华与瓦尔特·佩特也同样预言，一切艺术都会趋于音乐的情态。学术研究是一项个性化的事业，是一门创造性的艺术。述学文体不仅关涉学术的表达形式，而且关涉学术思想的戛戛独造。

汤用彤曾总结说，佛教在中国传播的历史可以分为三个阶段：（1）"格义"的"佛道"阶段，即汉代用儒、道等中国思想学说去解释、评价、理解印度佛教的调和过程；（2）"得意忘言"的"佛玄"阶段，佛教讲了什么并不重要，重要的是抓住它最关键的东西，而顺应玄学清流、依附玄理，为魏晋南北朝时期士大夫所激赏；（3）"明心见性"的独立发展阶段，隋唐的宗派佛教自悟自度，自家体贴，自家见性，自立门户，自成体系，落地生根，被彻底同化为中国佛教，而融入本土文化之中；它不仅抓住了佛教的意思，而且还能用自己的语言表达自己的理解，把佛教的道理讲得更加透彻。[①]"格义→得意忘言→明心见性"同样是学术研究、思想言说之通则。古人做学问便主张要能"心知其意"，而"述其大意"，以至"发明其意"。"积学以储宝，酌理以富才，研阅以穷照，驯致以绎辞。"（《文心雕龙·神思》）扪肝切肺，津津搜讨，相逐沉冥，真积力久，到了"明心见性"（"心会神通"即"悟证"）的境界，学识、事理、生活、文心是一体的，"思"与"言"皆莫逆于心。

国际知名的黑格尔研究专家克劳斯·费维克指出："在黑格尔看来，亚里士多德对精神和认识的思考，特别是其研究灵魂的著作，'作为对灵魂思辨的兴趣的成果，时至今日仍然一直是最为杰出且独到的'。与此相应，将概念

---

① 参见汤用彤：《汉魏两晋南北朝佛教史》，商务印书馆 2015 年版，第 185—191 页。

再次引入有关精神的知识应当是一门精神哲学的唯一的和最终的完成。从当下知识理论的视角来看，黑格尔鼓吹逻各斯（Logos）这一具有 2000 多年历史的概念，并顽强固守'知识的逻各斯'（Logos des Wissens）、'认识论中的逻辑'（Logik des Epistemischen），这可能显得非常不合时宜。"①

"理性判断一直被认为是思维的高级形式，而且这种理性至上的秩序统治了西方文化近两千年。"② 然而，在尼采之后，人们不再把黑格尔所确立的理解事物的方式作为唯一可能与合理的方式，再通过概念来构筑"统一性"的"语言牢笼"，已经不合时宜了。由于概念、知识、逻辑钳制了人的审美心灵，人们更倾向于从具体的诗意创造出发，追寻一种"感性哲学"的诗意审美。文学艺术极力拓展生命体验的边界，是生活与经验最为精妙的凝聚；美的感知、享受可以浸润人心，在一个人的生命里发出光芒。1926 年，英国哲学家 A. N. 怀特海说过：人性的具体外貌唯有在文学中才能体现出来，如果要理解一个世纪的内在思想，就必须谈文学。③为此，20 世纪的理论大师们质疑、挑战各种既有的理性秩序，通常从感性的文学艺术作品的鉴赏判断向理性的哲学思考趋近，在具体的美学观照中活跃着抽象的理念。

美国当代艺术理论家、批评家格罗伊斯观察当代艺术，提出了"艺术项目"的概念，即指艺术不再是作品，而是时间和实践，是一个个"项目"，只能被记录，被叙述，而无法被直接呈现。格罗伊斯讨论了"项目的孤独"问题，认为"艺术项目"已成为近年来艺术界的焦点：每个项目都需要先写项目计划，详细阐述项目的内容、目标、过程和未来的结果，以获得审批得到资金；每一个艺术项目都有一个时间表和目标，于是，人们的注意力就从创造作品转移到了项目的过程、项目中的生活，而"该生活并不是一个生产过程，不要求制造一个产品，也不以结果为导向"，如此，"艺术不再是为了创

---

① 费维克：《黑格尔的艺术哲学》，徐贤樑等译，商务印书馆 2018 年版，第 31 页。

② 丹尼尔·贝尔：《资本主义文化矛盾》，第 97 页。

③ 参见 A. N. 怀特海：《科学与近代世界》，何钦译，商务印书馆 1989 年版，第 73 页。

造出艺术作品，而是为了记录项目生活"。①

　　当下中国年轻一代学者多为科班毕业（不乏留洋博士），所受训练多为西方学院派论文的论证方式，风行于世的是美国式学院派的套路：首先"资料见底"，即穷搜冥索，收集、整理、甄别、归纳所有材料；其次借助一定的理论把材料重新装置、分配、知识化；最后在材料和理论的配置中提出些所谓观点和看法——其实多为陋见、定见、曲见。这种"职业"型学术生产与学术立项相结合，跟美国的"艺术项目"极其相似，何异于商业招标？它大批量制作"应制"式的命题作文，其中充斥着套话、行话、废话，或抽象空洞、晦涩难懂，或肤浅混乱、言不及物，或千文一面、气味枯索，何异于八股文？其实，每个人都应根据自己的兴趣及潜力进行研究，确立研究者自身及其所在文化的主体性，找到一种最适合自己表现自己的形式。

　　不时听到人们的自嘲："我们不生产知识，我们只是知识的搬运工。"现如今，人文社会科学研究领域几乎都形式化了，这种形式主义倾向体现在研究的动机、态度和方法等各个方面。学术不过是贪缘求进、牟取实利的阶梯，极少有人怀着敬畏之心和纯粹的趣味谈论美与真理，人们只是好像在追求真理而已。概念、命题、逻辑归纳、演绎程式一旦成为文化心灵模式，便成了语言的刀锋、铁锤和锁链；它在创造文明形态的同时，也形成一股钳制人的心灵、心智的力量。人们相信通过它们能通向艺术真理，其实不过是一种妄想，其终局只是与历史或现实无关的语言游戏；一味的概念判断、逻辑推演、技术主义分析，使语言、言语系统自成实体，自己制造了"心灵"，且饲养了这个"心灵"中的"怪兽"。只有清除形式主义的障碍，才可能有思想的真正创造。

　　"毕达哥拉斯文体"以灵动的"断片"剪断封闭的"逻辑之线"，它不是彻底否定理性的反逻辑，而是力图用逻辑之外的因素弥补其缺陷与不足，这些因素包括混沌与无知，偶然与奇迹，感性与感悟，直觉与想象、激情与诗

---

① 格罗伊斯：《走向公众》，苏伟、李同良译，金城出版社 2012 年版，第 93 页。

性……它们和逻辑之间不是靠削弱对方而存在，而是相互发明，相互增强，相互激活，帮助我们劈开包裹灵魂的厚茧，心蕴优雅，瞬绽光华。构成"毕达哥拉斯文体"的各个"断片"，是"本质直观"的产物，它们仍需理性思辨的论证予以发展、完善。因此，"毕达哥拉斯文体"的创构一方面告别"逻辑至上"，而"以识为主""以美启真"，即始于"负的方法"（"悟证"或"体认"），另一方面则终于"正的方法"（"逻辑分析的方法"或"形式主义的方法"），从"论证"走向"证悟"（运用逻辑、辨析、论证的方法诠释、发展"悟证"之所得），以轻驭重，走出"语言的牢笼"。

"毕达哥拉斯文体"的"证悟"，具现于诸多"碎金"状态之"断片"的连缀组合，亦即"两两相关""两两相连""两两相接"的"连贯"过程。刘熙载《艺概·文概》云："有道理之家，有义理之家，有事理之家，有情理之家；……文之本领，只此四者尽之……"① 与之相应的，作为"明理"之文，"毕达哥拉斯文体"的"断片"之间有语脉、情脉、意脉和理脉等各种"连贯"方式，而"点""点"接合，联结成线成片成篇。这里，"连贯"是弹性的"规范"（norm）而非刚性的"规则"（rule），它通过语言形式开显出来，但不由语言形式所决定；既是谋篇布局的操作模式，又是浑然天成的致思方式。"断片"之间的贯通，既可在语言形式之内，又可在语言形式之外，直接关涉知识、纯粹经验、理性、交往理性、他心感知、意向立场等。② 语言与生活之间存在某种同一，想象一种语言就是想象一种生活形式。"毕达哥拉斯文体"的创造者是语言世界的拓荒者，在符合规则的情况下，完全可以不断突破既有规范，寻求新的言说方式，不断扩大语言世界，建构新的规范；其话语作为世界，为世界而开启世界。

《论语·先进》云："不践迹，亦不入于室。""有我"并非狂妄自大，前无古人；作为未来述学文体之"预流"，"毕达哥拉斯文体"是"有渊源"的，

---

① 刘熙载：《艺概》，浙江人民美术出版社 2017 年版，第 1 页。
② 参见杜世洪：《脉络与连贯——话语理解的语言哲学研究》，人民出版社 2012 年版，第 136—149 页。

它追溯述学文体的中国传统文化渊源，汲取传统中国文化的思想理论资源，并赓续了五四"文人"传统之"文脉"。"文明新旧能相益，道理东西本自同。"（陈宝琛语）"毕达哥拉斯文体"的创构还虚心理会，切己体察，充分汲取了西方文化的思想理论资源，包括蒙田、卢卡奇、阿多诺、德勒兹等人对于"Essay"的创造性文体实践成果，在古今中西语言的对应、连接中，通过"断片"之间的连缀组合，成功融通中国"存在的智慧"（"具体的解悟"）与西方"思辨的智慧"（"抽象的解悟"），将中国的"隐喻"型与西方的"演绎"型两种述学文体融为一体，形成了一种"没有体系的体系"。

　　毕达哥拉斯学派有言，和谐起于差异的对立，和谐是杂多的统一，即不协调因素的协调；"断片"的连缀组合构成了一个平面图形中最美的"圆形"结构，一个无始无终、无穷无极的整体。"断片"之间有一以贯之的气韵脉动，体现了钱锺书所谓"行所当行止当止，错乱之中有条理"的"圆活"思维。① 这种意义创生与自行运作的行文逻辑近似于音乐，在前后呼应、左右勾连中，以一种严格而又非概念化的艺术转换，纵横交错联结了在逻辑分析与论证中无处容身的诸多元素，而见直觉、猜想、性灵、机趣、玄悟、兴会……用钱学森的话说，这种具有无限可能性的组合，属于有序与无序交替往复的"耗散逻辑"。在这"耗散逻辑"多次递进的螺旋式思维运动中，"多个自我，脑子里的不同部分在起作用，忽然接通，问题就解决了"②。

　　"毕达哥拉斯文体"寻求主观与客观、偶然与必然、感性与理性、物质与精神、认识与意志、直觉与逻辑、信仰与智慧、个性与共性等诸要素之间的平衡，轻灵明快，温婉蕴藉，清明高远，一如"莫扎特之魂"。"毕达哥拉斯文体"让我们"回到莫扎特"，回到内在的明镜灵台，侧耳倾听世界发出的声响，与纯真的生命对谈，从易逝的事物中捕捉、把握永恒的事物，动态呈现个人化创见与风格。体悟和思辨互补，原创和系统互动，"毕达哥拉斯文体"

① 钱锺书：《管锥编》，第 1194 页。
② 参见钱学森：《科学的艺术与艺术的科学》，人民文学出版社 1994 年版，第 61 页。

的创构重铸了生命的理解力与思想的解释力，重塑了一个既有个人内在经验，又致力于理解人类精神的人，使一切如其所是。"毕达哥拉斯文体"的魅力就在于此。

刊于《上海大学学报》（人文社科版）2020 年第 4 期

第四辑 | 汉语写作的世纪难题

| 第十二章 |

"在汉语中出生入死"

——"毕达哥拉斯文体"的语言阐释

静静地，我们拥抱在

用言语所能照明的世界里，

而那未成形的黑暗是可怕的，

那可能和不可能的使我们沉迷。

——穆旦[①]

语言是精神存在之所，是生命的血脉；思想的有效性，取决于语言的有效性。语言最为纤细的根茎生长在民族精神力量之中，以民族精神力量为出发点，才可能解答那些最富有内在生命力的语言构造的相关问题。写作者能否在汉语思想的世界立足，首先取决于他能否发挥汉语的人文特性，创造属于自己的述学文体。"毕达哥拉斯文体"孜孜于汉语思想的创造，"在汉语中出生入死"，走向了未来之境。

---

① 穆旦：《诗八首》，《穆旦诗精编》，长江文艺出版社 2014 年版，第 45—46 页。

第一节　"弹出自己耳朵听到的"

美国"现代管理学之父"德鲁克在其回忆录《旁观者》里讲了一个真实的故事——

12 岁那年，德鲁克误打误撞地听了一次美国著名的钢琴家、教师和作曲家施纳贝尔（1882—1951）的教学课，受教的是一个叫利齐的 14 岁女孩（当时她已以技巧娴熟闻名维也纳）。坚称自己音乐鉴赏力不够好的德鲁克，也听出那女孩的技巧已非常娴熟。施纳贝尔也称许她的技巧。然而，女孩弹完两首曲子之后，施纳贝尔却对她说："利齐，你知道吗，这两首曲子你都弹得好极了，但是你并没有把耳朵真正听到的弹出来。你弹的是你'自以为'听到的。但是，那是假的。对这一点我听得出来，听众也听得出来。"利齐一脸困惑地看着施纳贝尔。

"我告诉你，我会怎么做。我会把我自己亲耳听到的舒伯特慢板弹出来。我无法弹你听到的东西，我不会照你的方式弹，因为没有人能听到你所听到的。你听听我所听到的舒伯特吧，或许你能听出其中的奥妙。"

施纳贝尔随即坐在钢琴前，弹他听到的舒伯特。利齐突然开窍了，露出恍然大悟的微笑。施纳贝尔停了下来，说道："现在换你弹了。"这次她表现的技巧并不像之前那样令人炫目，而像一个 14 岁的孩子弹的那般，有天真的味道，一种更为准确的美展现了出来，而且更令人动容。施纳贝尔转过身对德鲁克说："你听到了吧！这次好极了！只要你能弹出自己耳朵听到的，就是把音乐弹出来了。"

技巧娴熟的演奏者和真正的高手之间的距离，不完全是关于技术的，而是与一个人的整体身心姿态有关。经过高手的调教，每一处都妥妥帖帖地对准了，一个境界便明明朗朗地被呈现出来，弹出了自己内心深处听到的音乐。

德鲁克说："我对音乐的鉴赏力还是不够好，因此不足以成为一个音乐家。但是，我突然发觉，我可以从成功的表现学习。我恍然大悟，至少对我而言，所谓正确的方法就是找出有效的方法，并寻求可以做到的人。"

多年后，德鲁克仍不能忘怀施纳贝尔的这次教学课。他在德国犹太哲学家布伯（Martin Buber）早期的一本著作里，读到一位 1 世纪犹太智者所言："上帝造出来的人都会犯下各式各样的错误。不要从别人的错误中学习，看看别人是怎么做对的。"德鲁克说，他这才明了自己当年无意中已经发现了这一方法。①

与音乐的表达一样，小说创作也存在类似的难题：技艺高超的写作者本人，或是由其设定的叙事者，会因其自身局限而对作品中的人物削足适履，自觉或不自觉地把他们框范在写作者本人的道德或情感辖区，语言不过是被驾驭利用的表达工具，故事则为呈现不言而喻的道理甚至是所有道理而存在：小说叙事充满道德训诫或处处人为的痕迹，缺乏一种浑然之美——这是一条逐渐失去自己的道路。小说家应如何摆脱"匠气"，开启激动人心的语言之旅，把一双能倾听、辨别纷繁声音的"耳朵"所听到的"弹"出来呢？

"言语亦心学也。"（刘熙载《艺概》）话语交流是心的交流，其间有感觉、感情、信念、情感等相通的心灵活动。《美国现代七大小说家》的编者威廉·范·俄康纳在该书序言里说，一个小说家"能帮助我们发现这世界上有些东西是我们以前所不知道的，或者不是这样知道的；使我们发现一些我们相信是真实的东西，而这些东西又与我们的行为和态度有密切关联"；一个小说家应当找到隐藏在动作里的主题，使这些主题成为活的东西，像一股强烈的电流，"他不应当预先知道他的题材的意义。他必须等待故事开展，逐渐发现他的主题。如果这本书写完以后，主题极清晰地出现，那么作者大概是隐匿了一些证据，写出来的是一套教训或是宣传品"②。

高明的小说家或叙事者能充分意识到自己的局限，扎根在他的智识无法穷尽的现实领域，刺穿一个个自欺欺人之观念的钟形罩，以按其内在节律、

---

① 德鲁克：《旁观者——管理大师德鲁克回忆录》，廖月娟译，机械工业出版社 2018 年版，第69—70 页。

② 威廉·范·俄康纳编：《美国现代七大小说家》，张爱玲等译，生活·读书·新知三联书店1988 年版，第 1 页。

自行其是的语言，唤醒或识别自己身上所拖带的世界，产生一种全景式的恢宏视野和如临其境的现场感。具备了随时转化、调整已知的一切的能力，现代小说家体验他所体验的一切，以其完整的、抵达某种极限的想象力，将零星、偶然、杂乱的日常生活编织或整理成有序的"一次经验"（杜威语），让叙事在一个完整的世界里进行，赋予人物强有力的生命，从庸常生活之流中萃取那永恒不朽之物，或指向一些值得敬畏的、比自己更高的东西。

语言先于文学，正如声音先于音乐，风景先于绘画。语言的形态，不断消亡而嬗变；生命的样貌，脆弱而难以确定。虚构从语言开始，言语活动事关自我的追寻与创造。置身小说丛林，仿佛有一束来自高处的光照亮整座森林，照亮之前被人忽略或盲视的一切。

1961 年 9 月，在接受乔治·威克斯的访谈时，亨利·米勒说："我努力保持开放和灵活，随时准备让风带走我，让思绪带走我。那就是我的状态、我的技巧"；"写作的过程中，一个人是在拼命地把未知的那部分自己掏出来"。[1] 写完或读完一部小说后，我们的生命和周遭的现实，都得到了不可逆的改变和拓展。

德勒兹在晚年的杰作《批评与临床》中也说："写作是一个生成事件，永远没有结束，永远正在进行中，超越任何可能经历或已经经历的内容"；"文学的目标在于：生命在构成理念的言语活动中的旅程"。[2] 这样的写作根源于写作者对自我生命的认识，包括对容纳、形成自我生命的精神潮流的认识。对于忠实内心、用心灵写作的作家，我们总是心存感激并由衷赞美。正是有了他们的创造与引领，我们才真切感受到生活之丰饶，深刻领略到生命之意味，而更为有力地折返生活之深海。

优秀的古典作家也是这样做的。荷马为什么要用一百多行辉煌的诗句精细地描写阿喀琉斯的盾牌呢？莱辛解释说："荷马画这面盾，不是把它作为一

---

[1] 美国《巴黎评论》编辑部编：《巴黎评论·作家访谈 1》，黄昱宁等译，人民文学出版社 2012 年版，第 47 页，第 48 页。

[2] 德勒兹：《批评与临床》，第 1 页，第 12 页。

件已经完成的完整的作品，而是把它作为正在完成过程中的作品。在这里，他还是运用那种被人赞美的技巧，把题材中同时并列的东西转化为先后承续的东西，因而把物体的枯燥描绘转化为行动的生动图画。我们看到的不是盾，而是制造盾的那位神明的艺术大师在进行工作。……我们无时无刻不看到他，一直到他完工。盾做成了，我们对着那件作品惊赞，但是作为制作过程的见证人而惊赞。"[1]语词的意义，通过此时此地的使用者或承担者来显现。"生物之以息相吹也"（《庄子·逍遥游》），随着语言的自然延展，我们跟人、物、事有所兴动，有所感应，便有了生命，有了人世之思，一个广袤的心灵世界便呼之欲出。

"视境"是诗人基于其与事物之间不同的关系，形成不同的美的感应形态，进而抵达不同的境域。具有"视境"的人，能分辨、呈现"视境"内的事物。视境即语言：不同视境中的词语，与现实、幻想、境况中的情感，有理不清的复杂关系；在词语浮现的踪迹中，可确定某种生命的真实。语言即视境：一个人的词语能延伸到哪里，一个人的视境也就能扩展到哪里，语言的种种限制即视境的种种限制。著名诗人、理论家叶维廉将诗人的"视境"与"表达"划分为三种类型：

其一，置身现象之外，把现象切分成许多单位，再用许多现成的或人为的秩序（如以因果律为依据的时间观念），加诸片面现象之中的事物之上，通过逻辑思维、语言分析等澄清、建立事物之间的关系。这种知性的活动的行为，自然产生叙述性、演绎性的表现，有所谓的"逻辑的结构"可循；此类作品往往容易接受科学性的分析，而无极大的损害。

其二，将自己移情或投射入事物之内，将事物转化为书写者的心情、意念或是某种玄理的体现。这样，在表现时自然会抽去一些联结的媒介，而依赖事物之间一种潜在的应和，无须在语言的表面建立逻辑关系。这种感应形态比第一种表现形式诡奇丰富得多，但仍是一种知性的活动。

---

① 莱辛：《拉奥孔》，朱光潜译，人民文学出版社1997年版，第101—102页。

其三，书写或创作前变为事物本身，从事物本身出发观照事物，即邵雍所谓"以物观物"。这一个换位或融入，不再持守人为的秩序，而是依循自然现象本身的秩序，任由事物在不沾知性之瑕疵的自然现象里纯然倾出，而脱尽了分析性、演绎性。在这种表现形式里，作者不介入对于事物的解说，读者也自然地参与对美感经验直接的创造。

叶维廉发现，西方诗歌多为介于第一、二类视境的产物，中国诗歌则多属第三类视境的产物，最多介于第二、三类观物的感应形态之间；而且，西方现代诗有趋同于中国视境的特色：诗人们极力融入事物之中（如里尔克），或打破英文里分析性语法，求取水银灯技巧的意象并发（如庞德）；或排斥说教、演绎成分，以表里贯通的物象为依归（如伯格林、休尔默等）；或以"心理的连锁"代替"语言的连锁"（如超现实主义）……这些意图达到"具体经验"的努力，愈来愈与中国观物的感应形态相息相通。中国现代诗则在中国的视境和西方现代诗转化后的感应形态之中求取一种均衡："表现上达到超然的纯粹的倾出，经验的幅度兼及转化自现代梦魇生活的'形而上的焦虑'。"如何消除或弱化分析性、演绎性的元素及其表现，在"形而上的焦虑"的迷惑下获致纯然的倾出，是我们正面对的最大课题。①

叶维廉认为，诗不是分析网中的猎物，根植于诗人的意识里的美感视境，是不容分析、解说的程序；"自然"是中国诗歌的最高理想，就好比一览群山，感到的是自然而成的全景的气象，而不是注意到构成该气象的每一个独立山头；在这一"出神"状态中，观者与自然事物之间的对话用的是一种特别的语言，事物内在的活动融入他的神思里，或个人的感受、内心的挣扎融入外在事物的弧线里；体现于诗歌创作（如杜甫《秋兴八首》等），其表现则既依着外在气象的弧线直接倾出，又与内在气象的弧线相互应和……②

通过细密的比较分析，叶维廉得出了令人信服的结论："现代诗人以至小

---

① 参见叶维廉：《中国诗学》（增订版），人民文学出版社 2006 年版，第 345—350 页。

② 参见叶维廉：《中国诗学》（增订版），第 372—374 页。

说家都企图冲破文字的基本性能，利用题旨的复叠、逆转、变化，并用先潜藏，后应和的方法，以动速（tempo）推助，时拉紧，时放松，时跳跃，时滑溜的节奏，达成近乎音乐中纯然的境界，冥冥中应了 Walter Pater 的话：一切艺术都意欲进入音乐的状态。"①

洪堡特有言："语言绝不是产品，而是一种活动。"②那么，哲学家是如何言说的呢？在《哲学家和他的假面具》一文里，法国当代哲学家雅克·施兰格深究了人们熟视无睹的现象：哲学家习惯于藏匿在公共话语的后面，戴着假面具出场，像一副面具而不再像一个人似的说话；他所说的一切仿佛不是个人的事，而是公众的事。这些哲学家往往是这样产生的：一个人以征服了的某种真理的名义、以他试图征服的某种真理的名义预卜未来。这些哲学家那种不容置疑、客观的语调表明，真理在通过他们的嘴在说话，真理的声音压过了个人的声音，使之成为失去一切个人特点的"传声筒"。

"观赏哲学风景的方式支配着人们展示这种风景的方式。"③雅克·施兰格指出，开辟了新的思考路径的大哲学家在孤寂中沉思，从个人的思想经历出发，向我们推出创造性的"最高虚构"；他使之概念化、一般化并转变为著作的，正是个人的"血与肉"，而不是纯粹的逻辑推演。换言之，大哲学家通过其著作表达的，是自己的思想、文化、天才和梦想：不是真理，而是个人的真理——由于不能直接进入超验性，所以人们永远不能超出这种真理。

大哲学家从自己出发对我们说话的同时，也对我们谈到我们自己，使我们看到一个可能是我们的世界。大哲学家在思想上触动我们，在我们的存在姿态与思想状况之间的关系方面触动我们，引起我们的注意，使我们看到由于他我们自己才能发现的东西。将整个过去和传统放在自己的心里面，在其中寻到属于自己的过去和传统，这是一切创造的前提。与我们一样，大哲学

---

① 叶维廉：《中国诗学》（增订版），第 376 页。
② 转引自姚小平：《洪堡特——人文研究和语言研究》，第 121 页。
③ 雅克·施兰格等：《哲学家和他的假面具》，徐友渔编选，社会科学文献出版社 1999 年版，第 14 页。

家也需要探索、体会前人的生活、思想、文化，需要从过去时代的真实样貌汲取能量，让前人来校正自己，从前人处得到助益。否则，一切都只是无本之木、无源之水。

在《逻辑哲学论》里，维特根斯坦似乎处于"明确的真理中"，以其表达方式的准确性和不容置疑的肯定性，把每个题目分解成非常具体的元素，抽丝剥茧，层层深入，强行地把他的思想引向一定的方向。在《哲学研究》里，维特根斯坦则服从他的本性，以及在他身上发生的变化。后期维特根斯坦实现了对早期维特根斯坦沟通的反拨，他充分和真诚地认识自己、承认自己，不强迫自己服从不再是他的方向和风格，而是在力所能及的范围尽力而为，从各个方面探索一个广阔的思想领域，呈现了"个人的真理"；其才情、学问、见识、欢喜、忧虑，在字里行间与我们觌面，每个话题也都枝叶饱满，读起来充满魅惑。这是诚实面对内心和认识自我的结果。维特根斯坦第一变成了维特根斯坦第二，理论的繁殖力、解释能力和开放程度比所谓的真理性更为重要。

爱因斯坦看到他的计算和未经解释的天文观测一致时，他就感到身上有什么东西"响一下"了。"响一下"，可能是发现，可能是感动，是身体的"化学反应"。同属指向自我心智生活的言语行为，小说、诗歌、哲学的写作与音乐的表达可谓不谋而合：那些成功的写作或表达，抛弃粗鄙的技术主义，让一个思维进程在个人头脑里运行起来，走近那些局外人难以理解之事，体认而非解释或改变它们，并依从自己的内心节奏。于是，作品在自己的身上体验着自己，甚至思考着自己，申明着自己。这种"上手的东西"的言说，其佳境进入了类似音乐的状态。每一个人都有一种内在节奏，每一个人要去寻觅自己的节奏；这种执着于内心生命感受的语词之"演奏"，用施纳贝尔的话说，即"把耳朵真正听到的弹出来"！

第二节　"外围的工作"

美国著名诗人、意象派运动的主要发起人埃兹拉·庞德写了一本诗学论著《阅读ABC》，并将它题献给"那些乐于学习的人"，他试图搭建通往帕纳索斯山的一个阶梯。在庞德看来，"好的作家是那些使语言保持有效的作家。就是说，使它保持精确，使它保持清晰"，这是写作的首要伦理所在。文字是一个民族文化生活的坚实基础，也是使语言发挥效用的特殊形式，使用这一语言的民族的思维特征隐身其中。

文字的产生是一个非常复杂的问题，人们对此有诸多的推想和猜测。如关于汉字的起源就有"八卦"说、结绳和契刻说、仓颉造字说、图画说等，不一而足。从文字的使用角度看，在某种意义上，可以说"文字是在庙宇里开始的"[①]。人类历史上最早的文字使用者主要是祭司阶层，他们沟通神灵、传达神意，是神圣信息——文字的创造者和书写者，也是经卷的守护者和诠释者。甲骨文是中国迄今所能看到的最早的文字，相当部分的内容为卜辞，与占卜有较为密切的关系。作为记录甲骨纹（裂痕之纹，也就是神的语言）含义的甲骨文，是沟通神、人之间的系统符号，具有统治权力、预言等神圣性力量。神的时代式微后，甲骨文逐渐转变为人与人之间日常的交际符号，走出了庙宇，不过其血脉里仍存留某些神圣性因子，让人敬畏。如，孔子曰："一贯三为王。"董仲舒释"王"曰："古之造文者三画而连其中谓之王，三者天、地、人。而参通之者，王也。"[②]

"上古结绳而治，后世圣人易之以书契。"（《易·系辞下》）自然物象的形构是文字的根据，文字则是大自然物象的缩影；文字与绘画同源，甲骨文、金文都是象形，"六书"皆象形之变。汉字的形构系统与发音系统是一分为二的，其"音化"始终以形象为底线，没有简化为字母，没有将偏旁定为发音

[①] 赫·乔·韦尔杰：《世界史纲》，吴文藻等译，人民出版社1982年版，第220页。
[②] 许慎：《说文解字》，徐铉校定，中华书局2013年版，第3页。

符号，只是以"六书"中的假借法"音化"。此外，还用音译法对待一些外来词（如"逻辑""幽默"等）。"音化"敌不过汉字"形象"的力量。

公元前 3000 年，苏美尔人（米诺斯人）创造了两种楔形文字：楔形文字 A 有 137 个符号，在克里特文化全盛时期通用；楔形文字 B 有 100 个符号，比楔形文字 A 更为抽象，包含类似字母的符号——后来，腓尼基人给它配上了一套有规则的发音。楔形文字都从象形文字发展而来，其由"画"到"线"这种"音化"的衍变，预示了不同于中国的文字、文化发展之路。

公元前 13 世纪后，多利亚人进犯伯罗奔尼撒，楔形文字 B 在战乱中毁灭，希腊人堕入几百年没有文字的"黑暗时代"。公元前 8 世纪左右，希腊人引进了腓尼基字母，在此基础上创建了自己的文字，形成了世界上最早、最完整的字母书写体系。公元 7 世纪，罗马人在希腊字母的基础上形成了拉丁字母。公元 9 世纪，形成斯拉夫字母。在拉丁字母、斯拉夫字母的基础上改造，便产生了现今欧美各国使用的文字，希腊字母成了西方各国文字的母体。

文字与思维互为表里。汉字基本属于字形与字音"分裂"的语言，"形状思维"几乎渗透到汉字的骨髓。作为表意文字，汉字保留着图画的空间品性，其书写、排列不受线性的限制，属于"空间文字"。汉字中绝大部分都是形声字，从汉字的字形释义与从汉字的字音释义并存，甚至"互不干涉"或"各自为政"，彼此关系比较微妙。[①]汉字包容了不同方向理解的冲突，人们可在意会中自由玄想。汉语自由舒展、意在言外的意会性，训练了汉民族的非形式逻辑。汉语的"意会"性造就了注重生命情调，以及主体之道德性自觉的"生命的学问"。

空间性的汉字比时间性的字母文字更具信息的密度。汉字凭借其形貌及彼此之间的体悟，相互叠加、放大。著名文史学家、书法家启功说："一次开

---

① 黄侃说："小学分形、音、意三部……案三者虽分，其实同依一体……三者之中，又以声音为最先，意次之，形为最后。"（黄侃：《黄侃论学杂著》，上海古籍出版社 1980 年版，第 7 页）这里，黄侃实际谈的是语言产生的时间顺序，语音第一，含义第二，文字最后，类似于一种"声音释义学"。

会休息时，和友人刘宗汉先生谈起句中词与词的关系问题，他说：'总是上管下。'这轻松的一句话，使我觉得顿时开窍。……这里所谓的'管'，不只是管辖、限制，也包括贯注、影响、作用等意思和性质。……不但词与词之间是这样，句与句之间也是这样……"①著名翻译家杨绛谈到翻译时指出："西方语言多复句，可以很长；汉语多单句，往往很短。"②这些都与中西语言句法结构的差异密切相关。

汉语以"字"为最小的句法结构单位，"字"在句法结构上是独立的个体，不受一种统一的形式规则的支配。作为个体的汉字即信息单位，存留着灵与肉、感性与理性尚未分离时的本初状态；思想的联系产生于字与字、句与句之间关系的领会，上下语脉、文脉、意脉的考察，以及特定语境的重构。汉语在组合上则往往化整为零，用大量散句、流水句、无主句、名词句以表达思想。汉语重意会轻言传，通过内心领悟把握事物之间的联系，形成了具象的、整体性的、意向性的、内省性的直觉思维：从运动、变化的角度去认识永恒世界，由相似、相对到绝对。

作为表音文字，希腊文字则只能在线形中远行，属于"时间文字"。希腊文字"以音载义"，故可"见符知音"，再"由音导义"。希腊语与拼音文字建构方式一致，作为个体意义的各种词，都得在语法的链条中运行而构成句子，句子才是文章的意义单位。这种"句本位"的语言，其句子结构具有一定的封闭性，句子内部的各种成分受一种统一的形式规则的支配。时间性的字母文字犹如一堆代码，意义则犹如一个汪洋大海，为规范代码与意义之间的对应关系，要求每个代码有准确、固定的意义，建立一套稳定状态的概念、术语、定义，它们的展开、延伸、演绎产生了发达的逻辑学，形成概念分析的、一分为二的、认知性的、外倾性的逻辑思维；从静止不变的角度去认识变化的世界，由绝对到相似、相对，形成了以客观知识为对象，注重抽

---

① 启功：《汉语现象论丛》，第 31 页。
② 杨绛：《杂忆与杂写》，花城出版社 1992 年版，第 158 页。

象分析的学问。

法国结构主义语言学家将神话视为"超语言"，即语言上的语言，从中可发现人类文化最基本的思维模式、表现方式，也就是文化的原型。中西文字发展、思维模式的分野，深刻影响了中西神话的表现形态。古代中国神话的字化文本多为片言只语，散见于各个时代、各种观念的文献之中；先秦典籍亦极少鸿篇巨制，多为"断片"式的感悟书写。古希腊神话的字化文本则正好相反，《荷马史诗》长达 48 卷，近 2.8 万行，寄寓了一个内容充沛、体系完整的神话谱系；古希腊的思想文本起初也是"残篇断简"，随后则出现了亚里士多德《形而上学》《诗学》等体系完备、逻辑严密的系列著作。浦安迪将希腊神话归于"叙述性"的原型，中国神话为"非叙述性"的神话；前者以时间性（temporal）为架构和原则，后者以空间化（spatial）为经营的中心；中国神话与其说是在讲述一个事件，还不如说是在罗列一个事件；空间感优于时间感，这导致中西几千年叙事传统的各自分流。①

与神话相似，与西方哲学那种系统完备、体大思精的思想言说判然有别，金岳霖说："中国哲学非常简洁，很不分明，观念彼此联结，因此它的暗示性几乎无边无涯，结果是千百年来人们不断地加以注解，加以诠释。"② 逻辑的演绎是从已知到已知、从观念到观念的滑行，难免以偏概全、狭隘独断。事实上，在逻辑、论证之外，还有非形式逻辑的存在。不关心形式逻辑的规则，不一定就是非理性主义。没有逻辑学，并不意味着无法思想。中国的形而上学的形成既不是建立在对思维中逻辑命题分析的基础之上，也不是肇始于对语言的分析，而是形成于非形式逻辑、非语言分析的"悟道"。

叶维廉的学识洞见和文学表达是一体的，他一方面对中国诗的美学做了寻根式的研究，另一方面则试图会通中西两种语言、两种诗学。叶维廉总结了中国古典诗歌与英美现代诗一些共有的风格特色：（一）用非分析性、非演

---

① 参阅浦安迪：《中国叙事学》，北京大学出版社 2018 年版，第 41—67 页。
② 金岳霖：《金岳霖全集》第 6 卷，人民出版社 2013 年版，第 379 页。

绎性的表达方式求取事物直接具体的演出；（二）空间的时间化和时间的空间化导致视觉事件的同时呈现，突出了空间的张力、绘画性和雕塑性；（三）灵活语法和意义不限定性带来多重暗示性；（四）不求直线追寻，不依因果律而偏向多重发展多重透视和并时性行进；（五）通过减少甚至切断连接媒介，提升事象的独立性、具体性和视觉性；（六）都设法将说话人的位置让给读者，让读者参与美感经验的完成；（七）以物观物；（八）以蒙太奇的应用来构成叠象美；（九）自我的隐退，呈现未经界分整体千变万化的生命世界（在西方较少但也有尝试）。①

叶维廉还发现，1917 年之后的中国白话诗在美学策略上与西方现代诗几乎完全互换位置："中国的诗人，在五四时期，不但没有继续发展这些共通的指标，反而疏离它们，而追求西方现代主义诗人企图消散甚至消灭的严谨制限性的语法，鼓励演绎性说明性，采纳了西方文法中僵化的架构，包括标点符号，作为语法的规范和引导。"②从"文言"转换到"白话"，从综合性语言形式发展到分析性语言形式，现代诗人之"视境"与运用语言之嬗变是自然的。

甘阳发现了同样耐人寻味的现象："当代欧陆人文学哲学孜孜以求的这种理想目标——把语言（从而也就是思维形式和生存形式）从逻辑和语法中解放出来，在中国恰恰是一种早已存在的客观现实。……在与西方文化相遇以前，具有数千年悠久历史的中国传统文化恰恰是一种没有逻辑，没有语法的文化。……中国传统文化发展道路的最基本特征，确实就在于它从来不注重发展语言的逻辑功能和形式化特征，而且有意无意地总在淡化它、弱化它……从而形成了一种极为深厚的人文文化系统。……近百年来我们一直是把中国传统文化无逻辑、无语法这些基本特点当作我们的最大弱点和不足而力图加以克服的（文言之改造为白话，主要即是加强了汉语的逻辑功能），而与此同时，欧陆人文学哲学却恰恰在反向而行，把西方文化重逻辑、重语法

① 参见叶维廉：《叶维廉文集》第 1 卷，安徽教育出版社 2002 年版，第 118—124 页。
② 叶维廉：《中国诗学》（增订版），第 277 页。

的特点看作他们的最大束缚和弊端而力图加以克服。"①

　　叶维廉、甘阳殊途同归的洞见，使当下的文化比较与反思有了更为复杂的性质；汉语之于思想言说的"有效性"问题，不能不细加探究。正如卡尔维诺所言，"恰如其分地使用语言，可使我们小心翼翼、集中精神、谨小慎微地接近在场或不在场的事物，敬重在场或不在场的事物所无言传达的东西"②。

　　在《思想的出现》一文，法国思想家埃德加·莫兰颇具穿透力地写道："从某种意义上说，思想是作为人类命运中最有认知力、最高尚和最无私的东西出现的。……思想本身也具有自我纠正和自我批判的天赋，这种天赋使思想能够自我验证和进行某种与人类精神同时产生的探索，以便尽力不仅设想和理解世界、生命和人类的伟大命运，而且设想和理解思想本身。"③

　　在量子力学里，一个粒子可以在某种概率上既在此处又不在此处。维特根斯坦听了布劳威尔（数学直觉主义学派的创始人）一个关于数学基础的讲座后，对自己在《逻辑哲学论》中的论证产生了怀疑："在何种意义上逻辑是崇高的东西？"维特根斯坦说："……它（逻辑）产生出来，不是因为对自然事实有兴趣，也不是由于把捉因果关系的需要；而是出自要理解一切经验事物的基础或本质的热望。但并非我们仿佛要为此寻觅新的事实；而是，不要通过它学习任何新的东西正是我们这种探究的要点。"逻辑之外，还有更为广阔的天地、更加重要的东西，且与使用的语言相关。维特根斯坦说："当我用语言思想，语词表述之外并不再有'含义'向我浮现；而语言本身就是思想的载体。"（《哲学研究》，329）

　　谈到 18 世纪的法国思想家约瑟夫·德·迈斯特，以赛亚·伯林援引一位哲学家的话说："为了真正理解一个原创性的思想家的核心学说，首先应该把握其思想核心的特殊宇宙观，而不是关注其论证的逻辑。"在他看来，"论证，

① 甘阳：《代序：从"理性的批判"到"文化批判"》，见卡西尔：《语言与神话》，于晓等译，生活·读书·新知三联书店 2017 年版，第 26—28 页。
② 卡尔维诺：《新千年文学备忘录》，第 78 页。
③ 雅克·施兰格等：《哲学家和他的假面具》，第 290 页。

无论有多么令人信服，无论给人留下多么深刻的思想印象，通常只不过是外围的工作，是抵御那些现实的和潜在的批评者和敌手已经提出的和有可能提出的反对意见的武器"。生命的热烈与荒凉、丰盛与芜杂、模糊与暧昧，任何知识、逻辑乃至道德的"取景框"都是无法捕获的。比论证和说服更有效的，是感受和行动，是改变我们自己，是对未知世界的探索和创造，使尚未书写的世界通过我们来表达自己。"论证，既不能表明思想家提问并得出结论的心理过程，甚至也不能表明，想要理解和接受思想家所提出的观念就必须要把握的，思想家为传达和证明其意欲阐明的那些核心概念而采用的那些重要方法。"以赛亚·伯林接着说：

> 像柏拉图、贝克莱、黑格尔、马克思等人，……他们的影响在好的和坏的两方面都远远超出了学术的樊篱……他们的好与坏，或是应得的评价，依据的都不是这些论证（无论是否有效）。因为他们的关键目的，是要详细阐明一种笼罩一切的世界观，以及人在其中的位置和经验；他们所追求的，并不是说服那些他们对之发言的对象，而是要改变其信仰，转变其视域；因此，他们对待事实，用的是"一种新的眼光"，"从一个新的角度"，按照一种新的模式，在此模式之下，过去被看作各种因素偶然聚合的东西现在呈现为一个系统的、相互关联的整体。逻辑的推理或许有助于削弱某些现存的学说，或者是反驳个别的信念，不过，它只是一种辅助性的武器，不能作为根本性的征服手段，亦即它不是那种新的模式，可以将其情感的、智识的或精神的符咒施之于人，使其皈依。[1]

以赛亚·伯林认为：逻辑论证并非重要之物，它只是"外围的工作"，顶多不过是一种方法，一种"辅助性的武器"；最为关键的是作为思想核心的特

[1] 参见以赛亚·伯林：《扭曲的人性之材》，岳秀坤译，译林出版社2009年版，第163—164页。

殊"宇宙观"，它给我们提供了"一种新的眼光"或"一个新的角度"，决定或深刻影响着具体的语言形式，并由此形成一种渗透、融合和统一之力，将"过去被看作各种因素偶然聚合的东西现在呈现为一个系统的、相互关联的整体"，而这一切又显得自然而然。语言形式与思维方式，总是相互对应或并行发展。小说家的叙事"视角"，诗人的"视境"，以及思想家的"宇宙观"，都跟语言存在一种共生或同构的关系，而"使语言保持有效"。

第三节　"使语言保持有效"

著名美学家宗白华一语中的："中国人的最根本的宇宙观是《易经》上所说的'一阴一阳之谓道'"；"俯仰往还，远近取与，是中国哲人的观照法，也是诗人的观照法"。[①] 上述叶维廉对于中国诗人"视境"的分析，很好地阐释了这一点。可惜，当代中国作家似乎早已遗忘了与空间性汉字相关的文化遗产与思想传统。

1942 年，美国诗人、批评家 T. S. 艾略特曾提出一个问题：一旦古典文学和当代文学之间的联系完全中断，我们的语言和文学可能会受到什么影响呢？他说，人们或许欢迎这种变革，或许会哀叹并视之为文学的没落，"但至少你会同意我们期望这种变革将标志着过去的文学和未来的文学之间出现某种巨大的区别——区别或许会如此巨大，以至于标志着从一个旧语言变成一个新语言的过渡阶段"[②]。艾略特当年面对的问题，也正是我们当下所要面对的问题。

20 世纪初，五四前后，白话文运动中，人们力图克服"文"与"言"的分离，"白话"取代"文言"，成了新文学最为普遍的表达的媒介。此外，人们发现理性、逻辑文化在中国严重阙如，而将西方语言的词法、句法生搬硬

---

① 宗白华：《美学散步》，上海人民出版社 1981 年版，第 92 页，第 93 页。
② T. S. 艾略特：《批评批评家》，李赋宁、杨自伍等译，上海译文出版社 2012 年版，第 185—186 页。

套入汉语，产生了"欧化"或"现代化"的语言。这虽然增强了汉语的表现力，但同时造成语言的芜杂混乱，破坏了汉语原有的内在情韵。著名诗人、学者郑敏批评道："经过近一个世纪的自我语言自卑与诋毁，祖先对汉字的审美智慧意被改革掉了，中国人在一种文字不稳定、语言审美受摧残的历史过程中已对面前的汉字全失心灵、感受的交谈，纯属以之为工具的麻木心态，因此原来绝非抽象符号的汉字至今很少人在使用它时对每个字的感性质地、神情、意态有多少时间去体会，只把它粗笨地搬来搬去以传播自己所要表达的信息了。"[1] 传统是一个消化系统，没有了这个东西，就只能生吞活剥地从西方拿点这个、弄点那个；任何创新都只能在对传统的批判继承中展开，为此，郑敏极力呼吁：我们应当找回自己的语言与文化传统！

"白话"与"文言"之界分，使新诗与旧诗判然有别。废名这样区别旧诗与新诗："旧诗的内容是散文的，而其文字则是诗的文字"；新诗则"一定要这个诗是诗的内容，而写这个诗的文字要用散文的文字"。[2] 这很接近奥登对于古今诗歌的分辨："原始的诗歌用迂回的方式述说简单的事情，现代诗歌则试图以直截了当的方式言说复杂的事情。"[3] 从综合性语言形式发展到分析性语言形式，中西皆然；废名、奥登又都是于诗歌创作甘苦有得之大力者，他们没有闷死在纷至沓来的理论术语之中，其扎在生命深处的慧根，在某一瞬间推动生命达到了对诗艺的本真观照和特殊发现，故寥寥数语表达出英雄略同之洞见。这印证了钱锺书的判断："文人慧悟逾于学士穷研。"[4] 当然，这样的洞见给人一种智性与修辞的双重愉悦。

20 世纪以降，近代西方（康德、黑格尔等人）创立或确立的理解事物的方式，及其话语系统，传入中国后便以其"条理明晰""义界分明"等"现代性"特征，取代了中国传统"逻辑匮乏""义界不清"的话语系统，甚至成了

---

① 郑敏：《思维·文化·诗学》，河南人民出版社 2004 年版，第 17 页。
② 废名：《论新诗及其他》，辽宁教育出版社 1998 年版，第 22 页。
③ 奥登：《序跋集》，黄星烨译，上海译文出版社 2015 年版，第 5 页。
④ 钱锺书：《管锥编》第 2 册，第 496 页。

中国知识人心智内部的某种原型结构。中国传统那种直观、形象、多义的诗性话语系统，则被打入了冷宫而几乎无人问津。置身无限过去和无限未来的裂隙之中，欢迎或哀叹既有传统的断裂，很多时候是在为自己的不学无术寻找借口。

德国语言哲学家洪堡特指出，"审美力"（Geschmack）是人类不可或缺的一种能力，"没有它，任何精神文化都会黯然失色，趋于灭亡；没有它，科学研究即使尚能保持敏锐的洞察力和深在的思想，也会失去精微、优雅和应用上的有效性"[1]。对于文学研究者而言，"如果人对作品的语言没有一定的敏感度，那么他既提不出政治问题，也提不出理论问题"[2]。然而，绝大多数文学研究者是站在文学之外的，他们对于语言没有独到的感受力和智性想象，哪知道美之所在？不信？那你随意翻开一本学术期刊或学术著作，大多随意、粗率、马虎地使用语言，少有清清爽爽的文字，简直令人不堪卒读。

1933 年，钱锺书曾批评某些治文学史的"开宗立派"者"浪盗虚名"，"作史者亦不得激于表微阐幽之一念，而轻重颠倒"。"夫文学固非尽为雅言，而俗语亦未必尽为文学，贤者好奇之过，往往搜旧日民间之俗语读物，不顾美丑，一切谓为文学，此则骨董先生之余习耳，非所望于谭艺之士！"钱锺书的讥讽让人忍俊不禁："好多文学研究者，对于诗文的美丑高低，竟毫无欣赏和鉴别。……看文学书而不懂鉴赏，恰等于帝皇时代，看守后宫，成日价在女人堆里厮混的偏偏是个太监，虽有机会，却无能力！"[3]

1954 年，吴小如也批评某些治中国文学史的权威，说他们"说起来是研究'文学'，其实却始终不曾接触到'文学'本身……他们的历史考据癖好像很深……至于作品本身的思想艺术如何简直很少谈到……既然以考据代替了研究，就很容易形成材料第一的'研究'方式……如果把精力全集中在研究这些东西上面，就真有点'珠买椟还'，甚至把捕鱼用的'筌'看作是'鱼'，

---

① 转引自姚小平：《洪堡特——人文研究和语言研究》，第 31 页。

② 伊格尔顿：《文学阅读指南》，范浩译，河南大学出版社 2015 年版，第 2 页。

③ 钱锺书：《写在人生边上 人生边上的边上 石语》，第 93 页，第 106—107 页，第 48 页。

弄成'得筌忘鱼'了"①。

钱锺书、吴小如所批评的学者可不在少数。多数思维定了型的学者，心思只停留在经验层、知识层，不知"直下直觉""直下肯定"的"审美力"为何物。"成千上万的学者在忙着杀戮他们所接触的一切"（杰夫·戴尔语），这真让人痛苦得难以忍受。难怪有人揶揄说：只有糟糕的庸常学者才被冠以学院派的标签，就像只有生产不出好作品的作者才被称为文艺青年一样。

思想是生命孕育的海底珠蚌。语言的表达并非无关或滞后于意义的产生；相反，思想在语言中生成，语言在思想中展开，彼此相互刺激、相互接替、相互依赖，语言表达与意义产生是同步的。我们不是在言说已有的语言，而是在言说自身、在言说过程中创造的新的意义，从语言中获取的可能比放入其中的要多得多。

庞德的针砭振聋发聩："一个逐渐习惯于马马虎虎的写作的民族，是一个对它的王国和它本身逐渐失去掌握的民族。""如果一个民族的文学堕落下去，这个民族就会退化和腐败。"②俄国诗人曼德施塔姆同样指出，一个民族一旦"失语"，是一种危险，拯救母语的表达，其实是恢复民族的智性。③如果我们听任汉语的腐败，无异于毁灭自己的文化，也无益于创造新的人类文化。我们不能不关注汉语的当代处境及其命运，因为，这事关汉语思想的戞戞独造。

真正关心文化的生存、延伸和发展的人，为了"使语言保持有效"，应如艾略特一样去重新创造一个传统，让自身成为一种弥补断裂的创造物。钱锺书及其著作便是这样的创造物，其《管锥编》的文体选择是自觉的。钱锺书坚持使用文言文与古往今来的智者对话，不仅是验证他40年前所谓"白话至高甚美之作，亦断非可家喻户晓，为道听途说之资。往往钩深索隐，难有倍于文言者。……白话之流行，无形中是文言文增进弹性（elasticity）不

① 吴小如：《我所看到的目前古典文学研究工作中的一些问题》，《文艺报》1954年第23、24期。
② 庞德：《阅读ABC》，陈东飙译，译林出版社2014年版，第20页，第18页。
③ 参见曼德施塔姆：《第二本书》，陈方译，广西师范大学出版社2016年版，第17页。

少"①，也是想远避时代的语言潮流而有所抵抗，曲折传达他对当时形势的高度敏感。1993 年，在给德国学者莫芝宜佳（Monika Motsch）著作的序言里，钱锺书写道："'三十年为一世'，四十多年前真如隔了几世。那时候，对比较文学有些兴趣的人属于苏联日丹诺夫钦定的范畴：'没有国籍护照的文化流浪汉'。……《管锥编》就是一种'私货'，它采用了典雅的文言，也正是迂回隐晦的'伊索式语言'。"②所谓"伊索式语言"，即俄罗斯作家谢德林说的"奴隶的语言"，也是被压迫者巧妙反抗压迫的语言，它体现了一种语言的反抗策略。刘再复说得好："钱先生大约知道，能进入之人无须防，未能进入之人必须防。能进入的人一定会高山仰止，当然也一定不忍加害于造山之人；不能进入的人，或无知，或偏见，或傲慢，或嫉妒，干脆就在他们面前筑一堵墙，一道壕堑，由他们说去吧。"③事实上，钱锺书这种述学文体确实设置了一个不低的门槛：要进入《管锥编》的世界，每个人首先都要经受语言的考验，或者说，要经受一个文明的考验。

奥登认为，衡量一种文明的高度，在于"它所达到的多样性的程度和它保持的统一的程度"的融合。野蛮人是混沌的统一却不加区分，现代人虽有划分但缺乏核心的统一。在奥登看来，公元前 5 世纪的雅典人是迄今存在过的最文明的人，"他们拥有自觉的辨别能力的证明……他们有能力保持一种对事物之间普遍的相互关联的感觉"；"是他们教会我们，不是去思考——那是全人类已然在做的——而是去思考我们的想法"。④疏隔传统甚远的现代人，已然丧失了这种"感觉"，包括对于思想的思想的能力。

《管锥编》的魅力正在于此。作为一位智者，钱锺书是献身学术事业的典范。在他的笔下，不仅有取之不竭的知识宝库，还有如日如月的心灵光芒。

---

① 钱锺书：《钱锺书散文》，第 409—410 页。

② 参见艾朗诺：《钱锺书写〈管锥编〉的动机与心情》，http://bj.wenming.cn/wmwx/201504/t20150403_2541812.html.

③ 刘再复：《钱锺书先生纪事》，《读海文存》，辽宁人民出版社 2013 年版，第 114 页。

④ 奥登：《序跋集》，第 9 页，第 36 页。

钱锺书寻觅隐伏于迷茫历史中的那根扯不断的线，唤醒了一切沉睡之物，并与现代诸多思想生动可感地一一对话；贯穿其中的是中国文化的内在大动脉，其思想光芒直通社会现实与世道人心，自成一个可理解的整体。在某种意义上说，钱锺书《管锥编》里的文字也是一种叙述，"管窥锥指"，诸多"断片"组接了智性的"通天塔"。正如艾柯所言，这些文字引领我们通往外在世界的"无限清单"，不仅与其他高贵的心灵彼此纠缠，还与一个更为广袤坚实的天地彼此贯通——

> 一部叙述文字的成形和宇宙起源、天体演化不无相似之处。作为叙述文字的作者，你扮演的角色就好比是一个造物主，你创造的是一个世界，而这个世界一定要尽可能的精细、周密，这样你才能在其中天马行空，游刃有余。[①]

语言与思维之间不是决定与被决定，而是相互渗透、相互作用的同构关系；仅把语言视作思维的外在表现形式是片面的，它们都生成并受制于特定的文化系统。人类的语言结构在一定程度上反映了世界的结构、思维的结构，包括逻辑的结构。不同的语言产生不同的世界图像。洪堡特认为，每一种语言都包含着一种独特的世界观，"语言的差异不是声音和符号的差异，而是世界观本身的差异"；"每一种语言都为其操持者的精神设下某些界限，在指定某一方向的同时，排斥另一方向"；[②] "每种语言都包含着属于某个人类群体的概念和想象方式的完整体系"[③]。

洪堡特很早就关注、研究汉语，发现汉语中几乎没有语法形式，汉语借助语序、语助词建构句子；汉语中词无定类，词无定品，没有确定的语法属

---

① 艾柯：《一位年轻小说家的自白——艾柯现代文学演讲集》，李灵译，广西师范大学出版社2014年版，第18页。

② 威廉·冯·洪堡特：《洪堡特语言哲学文集》，第32页，第5页。

③ 威廉·冯·洪堡特：《论人类语言结构的差异及其对人类精神发展的影响》，第71页。

性。"汉语之所以满足于这样一种语法，是因为其句子的特殊形式。汉语的句子绝大多数很短，即使看起来较长的句子也可以进一步分为短句。"汉语独特的长处在于，它比任何其他语言都更突出思想内容，将词与词的联系几乎完全建立在思想的序列和概念的相互关系上；汉语比其他语言形式更好地突出了纯思维的力量，使得心灵能更全面、有力地把握纯粹的思想。①

古代汉语缺乏语法上的形态学，主谓分别不分明，"主语与谓语既是同等，则在思想上便不产生主从的分别，而一律是平等的"②。美国汉学家陈汉生指出，主谓相待而生，汉语中的句子像一组"名词串"，这意味着中国哲学对语词而非句子感兴趣，而真理观以句子为基础，这说明汉语思想中没有西方意义的真理概念。③命题知识以主谓结构为表达方式，古代汉语中主谓结构不发达，故命题知识不发达。古代汉语没有命题，与之相对的是"名词串"或"辞"。

法国汉学家谢和耐也注意到了汉语中的"名词串"，在他看来，"名词串"容易产生"相辅相成"的思想："汉文中缺乏任何词形变化，而借助于数目很有限的一批词缀来证明词义相近术语的相似性、意义相反的术语的对立性、节奏和平行'词'的位置或语义单位以及关系类别，借助于这一切来驾驭句子。但两个语义单位的无限结合便提供了取之不竭的词义库。在各种层次上，句子的意义均出自词汇的组合。"以及注重发展变化："中国的思想仅仅懂得功能特征的分类和对立。它不论述是与非、有和无，而是论述互相联结、互相结合和互相补充的反义；它不是论述永久的实体，而是论述发展和衰退的潜在性、倾向与阶段；它更喜欢的是发展模式的概念，而不是作为不变规律的法则概念。"此外，没有追求超越的兴趣，汉语思想"特别表现在拒绝把现象与

---

① 参见威廉·冯·洪堡特：《洪堡特语言哲学文集》，第119—137页。
② 张东荪：《理性与良知——张东荪文选》，第337页。
③ 参见 C. Hansen. *Chinese Philosophy, and "Truth" in The Journal of Asian Studies*, Vol.44, No.3, 1985, pp.491–519. 参见刘梁剑：《汉语言哲学发凡》，高等教育出版社2015年版，第91—92页。

一种稳定的和与色界相分隔的真谛区别开来，把理性与感性相分开"。①

在汉语思想中，"阴阳""乾坤"等表达相辅相成思想的"名词串"，扮演着非常重要的角色。按照赵元任的观察，从音节和语音的节奏的角度看，这还要归因于汉字的单音节性。汉字是单音节词，容易组合成两个、三个、四个等富有节奏感的音节模式，成为方便的思维单位。汉字的单音节性，是汉语中"字"与英语中"word"的根本区别，这又影响了中国人的思维方式："语言中有意义的单位的简练和整齐有助于把结构词和词组做成两个、三个、四个、五个乃至更多音节的方便好用的模式。……两个以上的音节虽然不像表对立两端的两个音节那样扮演无所不包的角色，但它们也形成一种易于抓在一个思维跨度中的方便的单位。"②古代汉语写作产生的"节奏"，就如同心脏跳动、血液流淌，其情绪节律汩汩而生，就如舒缓流畅的生命的呼吸。

殷商甲骨文约有 4500 字，《说文解字》收 9353 字，《康熙字典》收 47035 字。上海辞书出版社 1984 年出版了刘正埮、高名凯等人编的《汉语外来词词典》，收了 10000 余条古今汉语中的外来词，包括某些外来词的异体或略体。其中，以"形而上学"对译"metaphysics"，始于日本。日本近代学者井上哲次郎、有贺长雄于 19 世纪末编译《哲学字汇》（1881 年初版）即收录此条，并加了按语注明出典："按，《易·系辞》：'形而上者谓之道，形而下者谓之器。'"这貌似形神兼备的"妙译"，其实遮蔽了"形而上者谓之道"这一古义所蕴含的智慧。

梁漱溟较早洞察到了这点："中国形而上学的问题与西洋、印度全然不同，西洋古代和印度古代所问的问题在中国实是没有的。……中国自极古的时候流传下来的形而上学，作一切大小高低学术之根本思想的是一套完全讲变化的——绝非静体的。他们只讲些变化上抽象的道理，很没有去过问具体

① 谢和耐：《中国与基督教——中西文化的首次撞击》，耿昇译，商务印书馆 2013 年版，第 310 页，第 311 页，第 306 页。

② 赵元任：《赵元任语言学论文集》下册，吴宗济、赵新那编，商务印书馆 2002 年版，第 906—907 页。

的问题。"①西方几千年来的"metaphysics"往往流于抽象："从追求存在的始基，到以观念为存在的本原，从预设终极的大全，到建构语言层面的世界图景，形而上学呈现传统形态与现代形态实质与形式等区分，但上述意义上的形而上学同时存在着某种共同的趋向，即对世界的抽象理解。"②

西方的"metaphysics"撇开人的存在本身脱离人的知行过程来谈论存在，这是中国传统的"形而上"所没有的，"形而上"不离乎"形"。虚词"而"巧妙地表达了这点，王夫之指出："形而上者，非无形之谓也。既有形矣，有形而后有形而上。无形之上，亘古今，通万变，穷天穷地，穷人穷物，皆所未有者也。"王夫之还提醒我们注意"形而上谓之道"中"谓之"的深刻含义："谓之者，从其谓而立之名也。"③在先秦，"道"往往与人的行动联系在一起。《庄子·齐物论》云："道行之上者谓之道。"王夫之说："行而后知有道。道犹路也。"④中国之"形而上"，乃从人的知行过程出发的存在之学；认识与体悟的具体性，便已包含在"形而上"这个表达之中了。

第四节　"在汉语中出生入死"

语言系统是社会结构和社会价值系统的深层的基础。一种语言中的基本词反映了一个民族特殊的存在样态，是很难转译成另一种语言的。像"形而上学"这样从其他国家输入的语词，在现代汉语里比比皆是。西方文化的术语、概念和范畴大量翻译过来，事实上构成了现代汉语的思想主体。在这样的语词意义中生存，现代汉语大有"弱丧而不知归"之势。

陈嘉映从现代汉语学术词汇如何与日常语言贯通的角度，阐发了现代汉语的困境："语言是给定的，但不是超验的给定而是历史的给定。……我们

---

① 梁漱溟：《东西文化及其哲学》，商务印书馆1999年版，第121页。
② 杨国荣：《存在之维》，人民出版社2005年版，第74页。
③ 王夫之：《船山全书》第1册，岳麓书社1996年版，第1028页，第1027页。
④ 王夫之：《船山全书》第12册，第402页。

既要了解这些语词背后的西文概念史，又要了解中文译名的由来；如果这些中文语词有日常用法（但愿如此！），我们就还得考虑术语和日常用法的关系。"[1] 如果没有日常生活的土壤，如果学术词汇不能进入日常生活，那么通过移植而来的西文概念将是无根的。

现代汉语思想的无根性，还体现在传统词汇失去了曾有的意味，这是现代汉语思想语汇的另一种危机。金岳霖区分了"意义"与"意味"，指出每一文化区有它的中坚思想，其中又有它最崇高的概念，最基本的原动力；"中国思想中最崇高的概念似乎是道。所谓行道修道得道，都是以道为最终的目标。思想与情感两方面的最基本的原动力似乎也是道"[2]；除了"道"之外，还有"仁义礼义"，这些概念不仅有理智可以理解的意义，还有打动人心的意味。金岳霖写下了一段极为动人的文字：

> 中国人对于道德仁义礼义廉耻，英国人对于 Lord，God 大都有各自相应的情感。……因为宗教，因为历史，因为先圣遗说深中于人心，人们对于它们总有景仰之心。这种情感隐微地或强烈地动于中，其结果或者是怡然自得，或者是推己及人以世道人心为己任。……世果衰道果微，至少有一情形，而这情形就是人们对于这些字减少了景仰之心。[3]

"隐微"意味着习焉不察，有弥漫性的渗透力；"怡然自得"，意味着精神上的受用，文化上的在家感；"推己及人以世道人心为己任"，意味着哲思的、宗教式的、精神的情感，可转化为行动的推动力或原动力。可是，由于现代汉语对于古代汉语的隔阂，对于"道德""仁义""礼义""廉耻"等中国文化基本词，今天我们几乎不再有任何的感觉；"世衰道微"，文化沦陷，继续斯

---

① 陈嘉映：《思远道》，第 319 页。
② 金岳霖：《论道》，中国人民大学出版社 2005 年版，第 14 页。
③ 金岳霖：《知识论》，商务印书馆 2011 年版，第 830 页。

文的使命感从何谈起呢?

语言的断裂与文化的断裂几乎是同步的。这是不争的事实。近现代以来,现代思想关键词渗入了大量的外来观念与外来词,其中相当一部分未经细细咀嚼,未能与传统思想、语言融会贯通,结果,现代思想的关键词蜕化为一种苍白而没有思想深度的东西。运用无根的现代汉语写作,其结果是整个汉语文化界思想原创力的急剧衰退,述学文体的机械、呆板、单一不过是其表征而已。这正如王国维当年所言,"夫言语者,代表国民之思想者也,思想之精粗广狭,视言语之精粗广狭以为准,观其言语,而其国民之思想知矣"①。

在过去的百余年里,我们见证了现代汉语的诞生和发展,我们也探索了现代汉语在表达、认知和想象等方面的某些可能性,这种探索至今方兴未艾。在"与语言搏斗"这点上,先驱者给我们树立了意味深长的榜样。恰如德鲁克所言,我们"可以从成功的表现学习",使语言成为它真正应当成为的,使一切如其所是。

当代作家汪曾祺视"语言"为文学的本体,甚至是唯一的实在:"语言不只是一种形式,一种手段,应该提到内容的高度来认识。……语言是小说的本体……写小说就是写语言。……小说的语言是浸透了内容的,浸透了作者的思想的。……语言的粗糙就是内容的粗糙。"②汪曾祺从辞章、语体、章法等层面,重返母语世界,汲取笔记小说语言形式的优点,在打通古今中恢复汉语的纯净,存留汉语文学特有的"肌理"。汪曾祺夫子自道:"我的语言一般是流畅自然的,但时时会跳出一两个奇句、古句、拗句,甚至有点像外国作家写出来的带洋味儿的句子。……在叙述方法上有时简直有点像旧小说,但是有时忽然来点现代派的手法、意象、比喻,都是从外国移来的。"③汪曾祺将这种中西古今语言的融通形象地比作"揉面":"面要揉到了,才软熟,筋道,有劲儿。水和面粉本来是两不相干的,多揉揉,水和面的分子就发生了变化。

---

① 王国维:《王国维文集》第 3 卷,中国文史出版社 1997 年版,第 40 页。
② 汪曾祺:《汪曾祺文集·文论卷》,江苏文艺出版社 1993 年版,第 1—2 页。
③ 汪曾祺:《汪曾祺全集》第 3 卷,北京师范大学出版社 1998 年版,第 326 页。

写作也是这样，下笔之前，要把语言在手里反复拎弄。"①

孙郁概括得极好：汪曾祺视语言如生命，特别强调语言的文化性、暗示性、流动性，以"化大境界为小景"为自己的追求，在悠远里觅出世间的一种亲昵，见之者无不心动——于是吹动了语言之风，沉闷的空间为之一变。孙郁的评论颇有诗意：

> 语言不都是迎合什么，摄取那些逝去的遗存，揉进现实的经验，或可柳暗花明，辟出新径。他在诗的语言，散文语言，小说语言和绘画语言里，完成了对于母语的重塑。中断的气脉，因了他而获得生命。……在词语表达变得单调的时代，先生辟出自己的园地，将光引来，将风引来，将天地之魂引来。②

在接受学者、批评家王尧的访谈时，莫言认为，今天汉语写作的最大问题就是"一种不谋而合的趋同化。……写出来的作品雷同，作家的个性也就比较模糊了。……重要的不是写作，而是通过写作把自己跟别人区别开来"，"对语言个性的追求是一种悲壮的奋斗"。莫言引用了自己恩师徐怀中的一句话："作家的语言是作家的一种内分泌。"③

谈到现代汉语写作，小说家李锐认为，语言是作家身体的一部分，就和作家的内脏、四肢、听力、视力、智力一起组成一个完整的人；用汉语表达别人没有表达出来的、没有表达过的东西，这才是一个中国当代作家对于文学的贡献；然而，新文化运动以来，用白话文对抗文言文，采取的是全盘西化的立场，我们不仅没有深刻的理性反省、批判，也没有语言和文化的自觉，更谈不上文化的自信心。由于汉语主体性没有建立，自我全部取消了，语言腔调、生命感觉、叙述节奏、论述主题与方法，全照外国的东西来，或者变

---

① 汪曾祺：《晚翠文谈》，上海三联书店 2018 年版，第 87 页。
② 孙郁：《汪曾祺的语言之风》，《新文学史料》2020 年第 1 期。
③ 王尧：《在汉语中出生入死：关于汉语写作的高端访谈》，春风文艺出版社 2005 年版，第 46 页。

成历史的渣滓，或者变成别人的翻版。李锐提出了汉语主体性的确立问题："在这种时代，在这种共存的全球时代，从事文学创作更需要一种语言的自觉，这个自觉，第一要坚持语言的主体性，第二这个主体性不是一个封闭的主体性，它应当是开放的，它才可能保持活力。"①

问及"语言"与"血统"之间的关系，余华回答王尧说："西方的语言——无论是英语法语都是靠后缀来完成的，汉语句式的精华是排比句，为什么我们最早读的文言文没有标点符号的，它不需要，它的节奏断了，句子也就断了，它是靠节奏，而西方语言是靠旋律……西方语言它是充满旋律感。……翻译体引进以后，我觉得增加了汉语里的旋律感，以节奏为基础，就是'以节奏为基础，以旋律为准则'了……从文言文向现代白话文转化过程中，有很多民间的语汇，在民歌民谣里面，旋律感已经出来了，已经出现了很多旋律感的东西。所以我觉得这两种语言现在已经结合得越来越完美。"②其实，这些都还只是在进行之中，即"未完成"。无法把握语言的确是一种语言的盲目，王尧将中国作家"与语言的搏斗"形象地称为"在汉语中出生入死"。

近现代以来，在西方强势话语系统的影响之下，滋生了一种"不真实"的"拼音文字化"，即呆板的形式逻辑语法化的"汉语"，其通常的表演形式是：由一个坚强有力的、象征着说话权力的主体引导（或以主语的形式出现，或以条件句的形式出现，或隐于暗处不现身），经过类型不一的宣传与鼓动的谓语，作为实现某种或真或假的意图的桥梁，然后，去实现这个所谓的语言对象，也就是宾语。这种"汉语"实际上是在糟蹋汉语，是一种严重异化了的汉语，因为汉语从本性上说不是以实现所指对象为目的的语言。改变了汉语的天性，破坏了其"文化生态"或"文化风水"，使我们难以掌握汉语的精髓；汉语本性的迷失，使汉语写作显得十分拘谨，失去了灵气乃至生命力。③

---

① 王尧：《在汉语中出生入死：关于汉语写作的高端访谈》，第 92—98 页。
② 王尧：《在汉语中出生入死：关于汉语写作的高端访谈》，第 151 页。
③ 参见尚杰：《中西：语言与思想制度》，第 74—75 页。

一种"新文言"或"洋八股",大量见诸各种体裁的文字作品中,汉语的典雅与创造性丧失殆尽。

中国现代学术之建立,基本上是仿傍西方,语法研究是如此,文学批评是如此,逻辑学是如此,哲学亦是如此。当下汉语写作使用的是"重影般的语言",即古代汉语、现代汉语、外来语言等"杂语共生",借用张东荪的话说,仿佛"穿了一套西服",大多埋没了中国言语文字的特性,偏离了汉语的精神方法。汉语写作的困境,就是现代汉语的困境。

对于现代汉语写作,叶维廉有独到的体悟。他发现,白话取代文言后,受西方语法结构的影响,口语化的白话有了人称代词、指示时间的文字、分析性的文字,原先蒙太奇的显现效果直接消失了,叙述性、演绎性的作品,意象化的作品日益增多。那么,写作者应如何避过白话的陷阱而回到现象本身呢?叶维廉指出,诗人具有另一种听觉,另一种视境,诗人可以"融入外物,让它们的内在生命根据它们自己的自然律动生长、变化、展姿,但同时又保有其某种程度的主观性";诗人"把生命和节奏敲进经验、行动、情境的每一片断里,让这些力化的片段'演出'自己的秩序",其叙述"用一种'假叙述'的程序(用以联结每一片段),不断地从一个经验面急转到另一个经验面,形成张力与爆炸性";"唯有如此,面对着焦虑的存在的现代中国诗人始可以产生一种无所不包的动态的诗,以别于传统诗中单一的瞬间的情绪之静态美"。①

任何话语系统都生成于特定的文化系统。从上下、左右、前后、里外、表层、内涵、本质等方面,将一个事物条分缕析,似乎说得明白透彻、严整周全;其实,这种逻辑统一性涵盖不了可见、可触、可觉知的日常生活。事实上,关于"状态"的描述比基于"逻辑"的描述更为可靠,盘旋于诸多疑问而蔓生的"思想枝丫",实难聚拢、囊括在既有的"自给自足"的思维框架之中。中西语言各有短长,瑕瑜互见,如前哲所示体现出一种惊人的互补性。

---

① 参见叶维廉:《中国诗学》(增订版),第329—345页。

在彼此对话中，进行必要的自我调整，实现传统话语的现代转型，势在必行。汪曾祺、叶维廉、余华等作家融通中西语言的写作，恰如让·斯塔洛宾斯基与让·鲁多谈话时所言："它应该同时是对他者语言的理解和它自己的语言的创造，是对传达的意义的倾听和存在于现实深处的意外联系的建立。"①这再次印证了钱锺书的判断："文人慧悟逾于学士穷研。"

在语言的源头处，有语言原初的呼声，以及它真正要道说的东西，这些东西很容易落入被遗忘状态。为此，海德格尔尝试着回到苏格拉底的"残篇断简"倾听语词最初的道说，让传统哲学的一切范畴都动起来，其目的是"保护此在借以道出自身的那些最基本词汇的力量，免受平庸的理解之害，这归根结底就是哲学的事业。因为平庸的理解把这些词汇救平为不可理解的东西，而这种不可理解的状态复又作为伪问题的源泉发生作用"②。

细读钱锺书的《管锥编》，其中有不少类似汉语语源考察的工作。钱锺书总是将古代典籍里关键词所包含的内涵释放到现代汉语（包括西方语言）之中，而让我们在中西古今的思想激荡中清晰地倾听到了沉淀在古代汉语里的原始呼声。钱锺书自述《管锥编》为"忧患之作"，此言委实不虚。这皇皇巨著，表现了一个知识人"眷恋宗邦，生死以之，与为逋客，宁作累臣"③的风范，凝聚着对悠远传统文化的深厚情怀，其意在恢复民族的智性。语言以自我揭示为目的，正确的语言只是沉默的回声。在沉默的音符里谛听生命的回声，在每一个瞬间与泰初的东西相遇合——这不正是"哲学的事业"吗？

第五节　"绕不可说而盘旋"

胡兰成的文章以《山河岁月》为标志，分为两个时期。1944 年，胡兰成

---

① 转引自郭宏安：《从阅读到批评——"日内瓦学派"的批评方法论初探》，商务印书馆 2007 年版，第 299 页。

② 海德格尔：《存在与时间》（修订译本），第 253 页。

③ 钱锺书：《管锥编》第 2 册，第 597 页。

结识张爱玲。"我给爱玲看我的论文，她却说这样体系严密，不如解散的好，我亦果然把来解散了，驱使万物如军队，原来不如让万物解甲归田，一路有言笑。"此后，胡兰成"尽弃以前的文笔从新学起"，其文字由原来的整饬拘谨一变而为摇曳多姿。胡兰成自认，从张爱玲这个"九天玄女娘娘"那里得了"无字天书"，就自己会得"用兵布阵"，他说："我知文章是四十岁后"，"我若没有她，后来亦写不成《山河岁月》"；"中国文明就是能直见性命，所以不隔"。①胡兰成的《山河岁月》《今生今世》两本书，可谓对于张爱玲的文字回响。

1977 年，胡兰成大声疾呼一种"讲思想理论的文学"，他说："今天最贫乏的就是理论。今天文学上最不足的是知性。……你看文艺作品，看一件已经创造好了的作品，但理论文则是教你自己去开出世界，自己去创造作品，不限于文艺。是这个缘故，所以史上凡新时代开始，皆是理论文当先。……好的理论文必是叫人读了兴发的……兴发则是知性的"；"今人以为理论文不可是文学，这个观念先要改变"。②

若不因人废文、因人废言，平心而论，胡兰成之论可谓切中肯綮。钱锺书的《管锥编》征引诸多笺注家、批点家、评论家、考订家的文字，须"调停他们的争执，折中他们的分歧，综括他们的智慧，或者反驳他们的错误"③；可谓"博览群书而匠心独运，融化百花以自成一味，皆有来历而别具面目"④。其中，处处可见小说家的手眼，即以小说家的眼光阐发典籍；灵心慧眼，明辨深思，"直见性命"，其创作之愉悦隐约可见。钱锺书在《管锥编·老子王弼注》第十七节中用了整节文字证明：盖修词机趣，是处皆有；说者见经、子古籍，便端肃庄敬，鞠躬屏息，浑不省其亦有文字游戏三昧耳。⑤走在语言

---

① 胡兰成：《今生今世》，中国长安出版社 2013 年版，第 143 页，第 151 页，第 155 页。
② 胡兰成：《中国文学史话》，中国长安出版社 2013 年版，第 163 页，第 164 页。
③ 钱锺书：《写在人生边上 人生边上的边上 石语》，第 349 页。
④ 钱锺书：《管锥编》第 4 册，第 1251 页。
⑤ 参见黎兰：《钱锺书的述学文体——以〈管锥编·老子王弼注〉为个案的研究》，第 169—188 页。

之途，不知"理论文"亦可是"文学的"，缺乏有意为文的"兴味"，"道"将不可"道"。

汉唐儒学多通过经典"注疏"的形式予以言说。我们知道，汉语的语法关系主要靠语序得以体现，句子的构成与理解，主要依靠语义。只要把词的意思以及意思之间的关系弄清楚，一个句子的意思就明白了。"注疏"形式体现了汉语的这一语义句法精神。作为随文释义的一种解经方式，"注疏"覆盖了儒释道的典籍，其目的是通过训释疏通古语文字的难解之处，以助于学者寻求圣贤之义。"注疏"体式有训诂、传记、说、微、章句等，它或重视训诂（汉儒），或重视义理（宋儒）。作为经典的注经者，受文本主题的限制，只能对古代圣人言语做逐句式的回应，即在文本所允许的意义空间里阐发自己的理解，而无法游弋于概念与概念、文本与文本、文本与时代之间的多种联系之中，自由地反思文本。

宋明儒学除了传统文体形式，新增了"语录"体。宋代理学是对先秦儒家思孟传统的复兴。思孟学派强调道德的内在主体，在思理上有较强的"拟圣"色彩，其形式或为简约、灵活的"语录"，或为类似札记、篇制精练短小的"集义"。刘宁指出："从思想的内在格局上看，思孟一派，高自树立，立足内在的道德主体，对儒家精神做深度的探求，其重心在于超越性的发明与感悟，以及心灵间的直接感染与启发，因此，语录与札记的简约、直接，就很好地适应了表达主体体认，实现心灵启发的需要。"宋人追求主体树立，立足深刻的道德主体精神，而自然继承了思孟一派的这种表达方式。①

以"语录"体著述，在宋代是一种时尚。人们"以俗语为书"，撰有大量"口义"的著述。如《周易口义》《洪范口义》《春秋口义》《易口义》等。"语录"体的出现可远溯到《论语》，不过孔门之语录以雅言为主。宋代"语录"体的兴起与重视口传的禅宗有密切关系。10世纪中叶，禅宗开始出现语录形式，如《祖堂集》《景德传灯录》等，颠覆了六朝以来佛教注经的传统。宋明

---

① 刘宁：《汉语思想的文体形式》，华东师范大学出版社2012年版，第124—125页。

儒佛相互渗透，理学家的"语录"体沿袭宗门，多用委巷语。此外，有宋一代出版业的兴盛，也为"语录"体的流行提供了有力支持。

"语录"是师生之间围绕儒家生命智慧展开对话，是修道、证道、体道过程中机缘问答的记录；这种口传、面授式教学，因材施教、因事发明，现场感、当下性让对话的双方始终保持着有效的互动，能更为准确地把握先贤们是如何对他和他同时代人所面临的问题作答的。评注式的传统注释，让位于"语录"里的"创造性的诠释"。又，"语录"体具有当场点化、见机施教、当下取效的行为话语特征，示人以矩矱，导人以轨辙，而通达经典世界。这种意义兑现的方式，是传统"注疏"体所没有的。儒学是生命的学问，是为己之学，"语录"体更能切己、自由、有效地表述、传递理学家的思想。

"语录"是宋明理学家更为切己的标识性文体，影响比较大的有《张子语录》《朱子语录》《朱子语类》《程氏遗书》《程氏外书》《传习录》等。在实际流行过程中，通达经典之"阶梯"的"语录"，往往成了"终点"。人们或因"语录"而废"经典"，束书不观，经史不讲，游谈无根；或因"语录"而废"文章"，不善修辞，不尚辞华，借理学以文饰其陋。加上记录者禀赋修为不一，所记"语录"不无讹误冗复、杂而未理，且易招致歧解。故学人多主张以《四书》为主，以"语录"辅翼之。[①]

据现存典籍，"学案"的雏形，肇始于南宋初朱熹《伊洛渊源录》；作为论著名，"学案"可溯及王阳明《朱子晚年定论》之"定论"。明中叶出现"学案"体著述。万历初，有刘元卿《诸儒学案》；万历末，有刘宗周《论语学案》。它们或聚宋明理学大师于一堂，或集孔子并诸弟子于一编，皆为入案者"语录"之汇编。"学案"的完善定型，则是黄宗羲《明儒学案》。此后，全祖望《宋元学案》、徐世昌《清儒学案》等先后而起，在中国传统历史编纂中别张一军。

"学案"源于传统的纪传体史籍，系变通《儒林传》兼取佛家灯录体史籍

[①] 参见田浩编：《宋代思想史论》，杨立华等译，社会科学文献出版社2003年版，第394—425页。

之所长，经长期酝酿演化而成。"学案"系"学术公案"的简称，"公案"本佛门禅宗语，可释作"档案""资料"，又有"立案""按断"（案、按字通）即考察论定之意。"顾名思义，学案体史籍以学者论学资料的辑录为主体，合其生平传略及学术总评为一堂，据以反映一个学者、一个学派，乃至一个时代的学术风貌，从而具备了晚近所谓学术史的意义。"①

"经学"注疏后延伸为"文学"注疏（如"选学"的笺释等），再由一般性注释、材料征引，向着欣赏、评论的方向发展，便有了后世的"诗话""词话""文话""小说评点"等。从"注疏"到"语录"再到"公案"（包括"学术公案"），从"经学"到"文学"，释义活动未曾断绝，延续至今。

无论是"注疏""语录""公案"，还是"诗话""词话""文话""小说评点"，其文体形式皆为"断片"：或随意点染，秘响旁通；或收视反听，玄谈简远；或随物赋形，与心徘徊；或直接演示，弹指即现；或追本溯源，真积力久；或含英咀华，逸兴遄飞；或臧否人物，妍媸攸分；或捃拾古今，莫逆于心；或游移散现，若即若离；或凝神聚思，深邃精致。运动／中止、离散／聚合、逃逸／折返，是这些"断片"生成的本状；它们介于言语与沉默、连续与省略之间，瞬息不定；其空白未决处，可延伸发展，又戛然而止；这些吉光片羽，对象即世界，庄生梦蝶一般，与汉语的质性隐隐相应。"断片"是自由的谈片，是散点的间续，是咀嚼生命之果，是美的闪现与绽出！

春秋战国是大变革的时代，旧"名"未去而新"实"已生，新"名"已立而旧"实"仍存，名实混乱，"名实相怨"（《管子·宙合》），人们"不顾其实，务以相毁，务以相誉，毁誉成党，众口熏天"（《吕氏春秋·离谓》，加剧了社会的无序状态。"名""实"关系，成了先秦诸子关注的焦点问题之一。孔子的"正名"、墨子的"取名以实"、老子的"名"与"常名"之辨、庄子的"辩无胜"等，既是语言学的问题，也是语言哲学的基本问题，都是对这一时代问题的理论回应。

---

① 陈祖武：《中国学案史》，东方出版中心 2008 年版，第 259 页。

儒家的"正名"思想提出慎言重辩，是为了正人心、息邪说，是为了重建政治、伦理秩序，规范混乱的社会现实，而把语言当作实实在在的工具。墨家语言观主张立言要有历史根据，符合经验事实，有益国家百姓之利，同样有功利主义的一面；墨子的"取名以实"隐含承认现实合理性之意，故孟子力拒之。道家的道言观从语言批判开始的，它区分了指谓本体世界和现象世界的"常名"与"名"，认为本体世界有难以把握的一面，对"可说的""不可说的"做了哲学的划界；道家对语言的态度是"即言即不言""即辩即不辩""即言即道"，以言泯言，以辩去辩，超越是与非、然与不然、可与不可的僵硬对立，通过"得其环中"的"大言"找到通往"道"的坦途，这种超语言学的态度富于形而上学的意味，较之于儒家、墨家正是一种哲学的态度。

围绕《老子》第一章，钱锺书《管锥编·老子王弼注》首先将"道"与"逻各斯"并举，确立了二者的联系："'道可道，非常道'；第一、三两个'道'字为道理之'道'，第二个'道'字为道白之'道'，……即文字语言。古希腊文'道'（logos）兼'理'（ratio）与'言'（oratio）两义，可以相参，近世且有谓相传'人乃具理性之动物'本意为'人乃能言语之动物'。"[1]张隆溪翻译了钱锺书所注明的乌尔曼原文："（逻各斯）具有两个主要的意思，一个相当于拉丁文 oratio，即内在思想借以获得表达的东西，另一个相当于拉丁文 ratio，即内在的思想本身。"[2]显而易见，钱锺书关心的语言不是传统工具论的语言，而是存在论意义上的语言，是与"道"紧密相关的"道言"。这表明词章之道即思维之途，或"思"即"言"。钱锺书写道：

> "名可名，非常名"；"名"如《书·大禹谟》"名言兹在兹"之"名"，两句申说"可道"。第二五章云"吾不知其名，字之曰

---

① 钱锺书：《管锥编》第 2 册，第 408 页。
② 张隆溪：《道与逻各斯》，四川人民出版社 1998 年版，第 73 页。

'道'",第三二章云"道常无名",第四一章云"道隐无名",可以移解。"名",名道也;"非常名",不能常以某名名之也;"无名,天地之始",复初守静,则道体浑然而莫可名也;"有名,万物之母",显迹赋形,则道用粲然而各具名也。首以道理之"道",双关而起道白之"道",继转而以"名"释道白之"道",道理之见于道白者,即"名"也,遂以"有名""无名"双承之。由道白之"道"引入"名",如波之折,由"名"分为"有名""无名",如云之展,而始终贯注者,道理之"道"。①

孔安国注"名言兹在兹"云:"名言此事,必在此义;信出此心,亦在此义。"也就是说,"名"即"义"。钱锺书指出,"道可道,非常道;名可名,非常名"这两句反复申说的都是"道"如何"可道"的主题;接着,他以老解老,分说"名"对"道"的言说方式——不可对象化者,道以"无名"为其名;此种非对象者落实为符号,字之曰"道";不可命名之"道",不能以有固定意义之"常名"相待。"无名"是对"复初守静"之"道体"的呼唤,"有名"是"显迹赋形"之"道用"的描述,此即所谓"道用粲然而各具名"。《谈艺录》有云:"有形之外,无兆可求,不落迹象,难着文字;表现冥漠冲虚者结为风云变态,缩虚入实,即小见大。"②二者可相参。

"首以……继以……"句,将"道理""道白"的连接处清晰呈现,并与"无名天地之始,有名万物之母"环环相扣,揭示了道与言、道与逻各斯之间"亲密的区分"。再以"波之折"的下贯,"云之展"的生成,体现由混沌一团到云舒云展的秩序;最后总提"而始终贯注者,道理之'道'"一句,凸显有无相生、体用不二的关系。钱锺书如此细密地析解,将"道可道,非常道"玄妙的琢磨,落实为"名可名,非常名"的语言辨析,这正是典型的语

---

① 钱锺书:《管锥编》第 2 册,第 408—409 页。
② 钱锺书:《谈艺录》,中华书局 1984 年版,第 229 页。

言批判的方法；如论者所言，这转换了一个哲学分析的角度，去探究不可说之"道"在什么意义上在何种系统中成为我们可以言说之"道"。①

在接下来的篇幅里，《管锥编·老子王弼注》以辩证观、语言批判、身体批判为三个主线，分解"可名"如何传达"常名""常名"如何落实为"可名"，展开对"无言"（不说、不可说、不必说、不应说、不想说、不用说、说不出等）诸象的分析，又从神秘主义角度研究"正反依待"，深入阐释了"知者不言""法自然""正言若反"等老子的"立言"之方。钱锺书在研究老子的过程中，发现中国语言具有文字的多义现象，而导致这一现象的哲学根源则在于：中国哲学传统以对立统一规律作为把握世界意义的哲学方法，即"赅众理而约为一字，并行或歧出之分训得以同时合训焉，使不倍者交协、相反者互成"②。

钱锺书在诸多作品里找到了例证，并将这类现象称为"情感辩证法"，如"'哀'亦训爱悦，'望'亦训怨恨，颇征情感分而不隔，反而相成；所谓情感中自具辩证，较观念中之辩证愈为纯粹著明。《老子》四十章：'反者道之动'，'反亦情之动'也"③。钱锺书将"心肠或情感的辩证法"区分于"头脑或思想的辩证法"，并将神秘主义归入前一类。因为，在西方文化传统中有"观念的"与"情感的"辩证之别，而在东方文化传统中似乎仅有"心肠或情感的辩证法"。《周易》没有黑格尔式的总结概念运动之发展变化规律的企图，更不存在与逻辑、认识论、辩证法一致的思想。就认知方式论，《周易》的辩证法仍属于神秘主义的范围。④

作为形而上学的最高本体，不可说的"道"是难以用语言表达出来的。维特根斯坦说："的确有不可说的东西，它们显示自己，它们是神秘的东西。"

---

① 参见黎兰：《钱锺书的述学文体——以〈管锥编·老子王弼注〉为个案的研究》，第27—34页。

② 钱锺书：《管锥编》第1册，第2页。

③ 钱锺书：《管锥编》第3册，第1058页。

④ 参见胡河清：《胡河清文集》上册，王晓明、王海渭、张寅彭编，安徽教育出版社2014年版，第523—526页。

（《逻辑哲学论》，6.522）他一再把"说"与"显示"区别开来，为神秘主义的直观领悟和内省体验留了一条后路。如钱锺书所揭示的那样，中国古代也有一种悖论式的解决方式，即由"无可名"走向神秘主义意义上的"多名"。胡河清指出："不可名是从逻辑实证的角度得出的结论，而多名则由此而转向了另一种性质完全不同的思维方式——卡西尔谓之'神话思维'或'隐喻思维'，海德格尔谓之'诗的思'，维特根斯坦谓之'显示'，冯友兰谓之'负的方法讲形而上学者'，都差近之。"①

自先秦起，确立了一个重"象"、重直觉、重体验、重体悟的隐喻思维，这种始源性的思维模式影响了中国文化几千年，它有别于西方文化中借助符号化的概念语言，在判断、推理、归纳等系统中进行的"逻辑思维"。"象"是中国思维乃至语言形式的隐喻性特质的总概括。钱锺书指出，"理赜义玄"，逻辑思辨难以穷尽之，只能"假象于实"，托隐喻类比以为"研几探微"的途径，故可用各种不同的"象"即"多名"来隐喻同一所指对象——"变其象也可"；"及道之既喻而理之既明，亦不恋着于象，舍象也可"。②理论文中的比喻只是用来说明道理，道理说明了比喻就可放弃；而且，"取象喻道"采取类推的方法而无法采用逻辑论证的方法，这虽可能产生某种卓越的洞见，洞见的产生仅属于或然率的范围，"所以喻道，而非道也"（《淮南子·说山训》）。

钱锺书心细如发，指出在审美创造中"隐喻思维"发挥了独特的作用："诗也者，有象之言，依象以成言；舍象忘言，是无诗矣，变象易言，是别为一诗甚且非诗矣。"③在审美创造活动中，比喻往往成为诗的形象，隐喻思维本身就代表了诗的逻辑，诗的意义也附丽于隐喻得以显现。故中国传统思维模式在审美创造的领域中的价值较其在哲学认识论上的价值为大。④真正的诗人，

---

① 胡河清：《胡河清文集》，第 528 页。
② 参见钱锺书：《管锥编》第 1 册，第 11—12 页。
③ 钱锺书：《管锥编》第 1 册，第 12 页。
④ 参见胡河清：《胡河清文集》，第 528—530 页。

是卓越超拔的隐喻创造者。隐喻是一种富有想象力、创造性的理性，是一种类似触觉、听觉的人类赖以生存的机能，它使我们有可能通过一种熟悉的经验去理解另外一种陌生的经验，从而将世界的不同方面联系在一起，形成一个可以认知的整体。创造出什么样的新的隐喻，意味着开启什么样的世界，创造出焕然一新的现实。

钱锺书提出了"两柄多边"的隐喻理论。所谓"两柄"，指的是取譬时同一喻体具有两面性，两意兼收，相克相成："同此事物，援为比喻，或以褒，或以贬，或示喜，或示恶，词气迥异；修词之学，亟宜拈示。斯多噶派哲人尝曰：'万物各有二柄'（Everything has two handles.），人手当择所执。刺取其意，合采慎到，韩非'二柄'之称，聊明吾旨。命之'比喻之两柄'可也。"钱锺书举例说，如同是"月"这个喻体，可有"月"之"玄妙"和"虚妄"两个不同的喻义。所谓"多边"，指的是取譬时所取事物之间的相似性是"多边"的，有多种不同的意义。钱锺书说："比喻有两柄而复具多边。盖事物一而已，然非止一性一能，遂不限于一功一效。取譬者用心或别，着眼因殊，指（denotation）同而旨（significatum）则异；故一事物之象可以孑立应多，守常处变。"①一般情况下，比喻的"多边"大多分见于各处，但也有用在同一篇作品里的。如艾青的名诗《礁石》便可做多重阐释，文艺理论家、批评家童庆炳有很好的分析②，此不赘述。

"毕达哥拉斯学派"认为，"和谐"起于"差异"的对立，是杂多的统一、不协调因素的协调，即达到后来柏拉图所说的"杂于一"的境界。钱锺书指出，隐喻的构成本质在于"辩证法"之"相反相成"，而与毕达哥拉斯学派的思想相通："'有无相生，难易相成'等'六门'，犹毕达哥拉斯所立'奇偶、一多、动静'等'十门'，即正反依待之理。"③钱锺书举了《管子·宙

---

① 钱锺书：《管锥编》第 1 册，第 37 页，第 39 页。
② 参见吴子林编：《教育，整个生命投入的事业——童庆炳教育思想文萃》，华东师范大学出版社 2016 年版，第 26—27 页。
③ 钱锺书：《管锥编》第 2 册，第 414 页。

合》《庄子·齐物论》《维摩诘所说经·入不二法门品》等例子，说明"六门"之相生、相成，详细阐述了"难易相成""有无相生""长短相较""高下相倾""音声相和""前后相随"等"六门"。①钱锺书一眼觑见，领会了比喻所包含的辩证关系，他在《读〈拉奥孔〉》中说："比喻体现了相反相成的道理。所比的事物有相同之处，否则彼此无法合拢；它们又有不同之处，否则彼此无法分辨。两者全不合，不能相比；两者全不分，无须相比。所以佛经里讲'分喻'，相比的东西只有'多分'或'少分'相类……不同处愈多愈大，则相同处愈有烘托；分得愈远，则合得愈出人意表，比喻就愈新颖。"②故钱锺书有言："取譬有行媒之称（参见《史记》卷论《樗里子、甘茂列传》），杂物成文，撮合语言眷属。"③

钱锺书总结说："我们对于世界的认识，不过是一种比喻、象征的、像煞有介事的、诗意的认识。……人类最初把自己沁透了世界，把心钻进了物，建设了范畴概念；这许多概念慢慢地变硬变定，失掉本来的人性，仿佛鱼化了石。到自然科学发达，思想家把初民的认识方法翻了过来，把物来统制心，把鱼化石的科学概念来压塞养鱼的活水。"④也就是说，人类在认识世界的各种事物和构建各种概念、范畴时，切切实实地借用了以己度物的隐喻方式。无疑，"理论文"可以是"文学的"，逻辑思维可与隐喻思维互补融合，发挥出隐喻思维的独特作用：

> ……道不可说、无能名，固须卷舌缄口，不著一字，顾又滋生横说竖说、千名万号，虽知其不能尽道而犹求亿或偶中、抑各有所当焉。谈艺时每萌此感。听乐、读画，睹好色胜景，神会魂与，而

---

① 参见黎兰：《钱锺书的述学文体——以〈管锥编·老子王弼注〉为个案的研究》，第100—117页。

② 钱锺书：《七缀集》（修订本），第43页。

③ 钱锺书：《管锥编》第3册，第930页。

④ 钱锺书：《写在人生边上　人生边上的边上　石语》，第131页。

欲明何故，则已大难，即欲道何如，亦类贾生赋中鹏鸟之有臆无词。巧构形似，广设譬喻，有如司空图以还撰《诗品》者之所为，纵极描摹刻画之功，仅收影响模糊之效，终不获使他人闻见亲切。是以或云诗文品藻只是绕不可言传者而盘旋。亦差同"不知其名"，而"强为之名"矣！①

这里，钱锺书以身说法，"神会魂与"，即进入我非我的"道境"；"口不能言，心下快活自省"（黄庭坚《品令·茶词》），"此中有真意，欲辨已忘言"（陶渊明《饮酒》）；"巧构形似，广设譬喻"乃知难而上，横说竖说，千名万号。"纵极描摹刻画之功，仅收影响模糊之效，终不获使他人闻见亲切"，也仍如推着石头上山的西西弗斯，"绕不可言传者而盘旋"，"不知其名"，而"强为之名"；在不懈"争执"中，"常名"许能在世界中获得澄明！

通过研究原始词义的两歧性、"虚实互变"的变易观、"一多互摄"的全息性等，钱锺书把握了汉语"一字多义且可同时使用"的精义，揭示出汉语现象的心理学依据及其潜在优势，其对于汉语特性与传统思维模式的分析，具有某种意义上的现代性。钱锺书的著述尽收"语录"中语、汉赋中板重字法、魏晋六朝人藻丽俳语、南北史佻巧语、诗歌中隽语，乃至市井俚语，现代白话和西方故实于笔端，充分发挥中国语言与文化的固有特性，表现了现代意味的心绪和创造性思想。钱锺书的研究表明，发挥汉语之人文特性的优势，把传统隐喻思维——冯友兰所谓"负的方法"——与西方逻辑思维相融通而实现创造性转化，将有助于我们更好地表现人类复杂的心灵世界。如艾略特所言，隐喻不是一种写作技巧，而是一种思维方式，"这种思维方式提高到某一高度就能产生大诗人、大圣人和神秘主义者"②。

---

① 钱锺书：《管锥编》第 2 册，第 410 页。
② T. S. 艾略特：《艾略特诗学文集》，王恩衷编译，国际文化出版公司 1989 年版，第 77 页。

"'我们究竟去哪里？'——'永远在还乡。'"①

诗人哲学家诺瓦利斯如是说。

作为未来学术之"预流"，"毕达哥拉斯文体"的创构，是建立在上述汉语哲学思想的根基之上的。"毕达哥拉斯文体"由"论证"走向"证悟"，即始于"负的方法"，终于"正的方法"，走出"语言牢笼"；作为思想之颗粒的"断片"，或是短的语句，或是短的段落，都是"本质直观"之"悟证"所得；"断片"的连缀组合成篇，则汲取了西方逻辑思维，发展、完善"悟证"所得之"证悟"。这种内在的机制与中国的汉语特质、书写经验、思维模式、文化范式等一脉相承，其核心实为钱锺书说的"辩证法"之相辅相成的具体运行，亦即"隐喻思维"之开显、意义之创造的过程；在此基础上，它自觉地融通西方的"逻辑思维"，思想从一个主题自然而无间断地延续或跳跃到另一个主题，构建一种"没有体系的体系"，实现"隐喻"型与"演绎"型两种述学文体的合二为一。得益于汉语的表现力以及"隐喻思维"，"毕达哥拉斯文体"化解、协调、平衡、弥合了主观与客观、偶然与必然、感性与理性、物质与精神、认识与意志、直觉与逻辑、信仰与智慧、个性与共性等诸多矛盾，与永远处于辩证运动中的思维相汇合，动态地呈现了个人化的思想创见与风格，使一切如其所是。

一种崭新的语言可重塑心灵，形塑一种"新感性"，即用一种新的方式去看、去听、去感受、去创造。1781 年，康德问："先天综合判断何以可能？"1964 年，海德格尔问："一种非对象性的思与言何以可能？"掌握一种隐喻的语言，拥有一个隐喻的心灵，在"观物取象"与"象以尽意"的体悟过程中，一旦抵达"物我两忘""天人合一"的境界，便可获得极大的精神自由，进入"生生不已"的精神创造空间。遥想一下，倘若施纳贝尔受过中国传统文化之熏染，从"知"到"知其不知"再到"不知其知"，他肯定不止

① 刘小枫编：《大革命与诗化小说——诺瓦利斯选集卷二》，林克等译，华夏出版社 2008 年版，第 152 页。

于"弹出自己耳朵听到的";其演奏所抵达的艺境，或如一代古琴宗师张子谦1938 年 11 月 9 日在《操缦琐记》中所描绘的：

> 晚归，家人均外出，四壁俱静，不可多得之时也。理琴十余曲，达两小时。身心舒泰，琴我俱忘，一年中不知几度有此境界。余尝谓弹琴与人听，固不足言；弹琴及同志小集，仅供研究，亦不足言；弹琴至我弹与我听，庶乎可言矣。然仍不如我虽弹我并不听，手挥目送，纯任自然，随气流转，不自知其然而然，斯臻化境矣，斯可言琴矣。然此亦仅可与知者道耳。①

刊于《学习与探索》2020 年第 7 期

---

① 张子谦：《操缦琐记》第 1 卷，中华书局 2005 年版，第 30 页。

| 第十三章 |

"重写中文"

——"毕达哥拉斯文体"的文化拓扑空间

> 我们的任务就是在我们自己的时代，通过我们自己的经验去做古典时代的人在他们的时代所做的那种事情，就好比塞尚的任务——按照他自己的说法——是"使印象派变成某种像陈列在美术馆中的艺术品那般垂照千古的东西"。
>
> ——莫里斯·梅洛 - 庞蒂 [1]

作为未来述学文体之"预流"，"毕达哥拉斯文体"的创构意欲从理论与实践上解决一个多世纪以来遗留的历史与现实问题，其核心任务是"重写中文"，重建汉语思想的文体。作为"毕达哥拉斯文体"的语言根基，汉语如何形构"毕达哥拉斯文体"文化拓扑空间之"点""线""面"？其文化拓扑结构彰显着怎样的汉语特质及其文化精神？"重写中文"的重任及其路径何在？这些都是亟待省思的重要问题。

---

① 莫里斯·梅洛 - 庞蒂：《知觉的世界——论哲学、文学与艺术》，第 102 页。

第一节 "重写中文"：一个世纪难题

人生是一种任务或使命的体认。每一个人来到世上都是如期而至，如同先于我们的每一代人；每一个心灵都有自己的节律，拥有一扇创造力由此而入的门。摒名利、绝尘事、释躁心、止遏思、忍屈伸，备受生活的淬炼，只是为了体验、参悟真理。"积学以储宝，酌理以富才，研阅以穷照，驯致以绎辞"（《文心雕龙·神思》），"意得则舒怀以命笔，理伏则投笔以卷怀"（《文心雕龙·养气》）。倘若一个人毫无名利之心地去践习它，甚至是毫无尽善尽美的奢望去践习它，而义无反顾地把生命投入进去，把真诚投入进去，从中得到一种餍足的快乐，那他一定是彻底地热爱这东西了。

约翰·弗里切罗的《但丁：皈依的诗学》告诉我们：爱欲与语言之间存在关联，爱欲想要达到的是凡人无法获得的东西，语言想要达到的是静默的意义；书写一直是一种爱欲的行为，是感受丰盈与贫乏的过程。人的生存是对生命的具体展开，书写则是将其折叠入语言时间的旋律之中，延展人的生存空间，升华其视界、信念与胸襟，呈现一种时空流动之美。对持守爱欲的书写者而言，乍现的一些神灵般的日子，大放异彩的若干生命节点，定然是命运的善意安排与馈赠。设立自己的标杆，完成每一个吉光片羽的瞬间，尽可能多地使身心达到饱和与壮实，使生命处于良好的状态，不失为一个智慧的书写者。"著书都为稻粱谋。"（龚自珍《咏史》）在潦草度日的年头，真诚的书写者已然不多了，使语言保持有效的书写也不多了。

语言是建构述学文体的根本所在。然而，垄断现代的是技术的语言，是可批量复制、操作的信息语言，它使包括人在内的一切都成了工具，或是物的工具，或是人的工具。我们制造而不是创造语言，贫乏语言正无限疯长：在西方理论的炫光里，中国语境残碎不全、面目全非，外来词或借用词未能融入母语的血脉，依然保持着"外来入侵者"的身份，"语言不再被经历，语言只被言说"（乔治·斯坦纳语）；在概念的迷宫里，从概念分娩概念，从教条分娩真理，从书本分娩书本，修辞代替了文采，行话替换了思想，灵活的精神活动变成机械的习惯，被概念所主宰，剩下的只有虚无；拘囿西方理论学说畏葸不前，依据确定概念与体系裁定现实，蜷缩格式化的述学文体，智识经验遭致毁灭性灾难，襞积堆垛稗贩术语，"博士书券，三纸无驴"，无异于思想自尽。这样的知识的价值何在？文化精英们可以这样浪费自己、虚掷光阴吗？

1947 年，在《纪念北京大学五十年并为林宰平祝嘏》一文里，现代哲学家熊十力曾痛斥这一学术痼疾："清季迄今，学人尽弃固有宝藏不屑探究，而于西学亦不穷其根柢。徒以涉猎所得若干肤泛知解妄自矜炫，凭其浅衷而逞臆想，何关理道？集其浮词而名著作，有甚意义？以此率天下而同为无本之学，思想失自主，精神失独立，生心害政，而欲国之不依于人、种之不奴于人，奚可得哉？"[①]

一个多世纪过去了，植根于文化沃壤的"元气"弥散之后，与古代汉语文献相比，现代汉语所书写的大多是"习作"，只是"行过"，而无所谓"完成"。特别是当下的述学文体，它们从语词的世界溃退凋谢，以一套反文学性的"行话"或"黑话"来书写，追求所谓的科学性或客观性；漂泊在无性繁殖的世界，语言不再成长，不再提供人文秩序，不再传递人性精华；陋见、佞见、定见、曲见，不绝如缕。言辞的贫瘠与思想的贫瘠共生。一个时代丧失自身的语言，所有的人都被抛在了思想荒原，"无家可归"。各种蔓生的"思想枝丫"盘旋于诸多疑问间，"重写中文"成了一个世纪难题。"毕达哥拉斯文体"的创构，意在破解这个世纪难题。

中国的甲骨、埃及的莎草、亚述和巴比伦的泥板、毕昇的活字、贝尔的印刷机、盖茨的屏幕……此时此刻，身处一个听命于数字而不是词语的时代，穆尔法则、梅特卡夫法则、盖茨法则一统天下。在这些数字宪法的统辖之下，我们还有多少词语呢？古典文化、文学绝世般断裂、隔离，我们在认识他人中苦苦寻找自己，可是，现代汉语已然与西方语言同构，丰盈的汉语性及其

① 熊十力：《十力语要初续》，第 21 页。

中国智慧在哪里呢？"一切存在都想变成语言。"（尼采语）我们为什么只有译名而不能命名？在命名他人所不能命名的东西时，我们有什么样的名词动词形容词呢？莫非真的进入了语言衰败的时代？分离、对峙、中断、反抗，人推着石头，石头推着人，身体石化了，语言石化了，思想石化了……

　　人之为人就在于对自己是谁有所领会，对世界是怎样的有所领会，而与大地、天空一体贯通。从现成的或已然摆布好的状态中出离，这样的人才可以说是真正存在着的。作为西方文化的开端，希腊思想的"认识"说的是存在者如何显现自身，说的是存在者在这个显现过程中把人吸引到它那里去。后来发展出来的"认识论"却将人作为主体站立在万物的对面，去把握、支配客体世界，而不是被存在者吸引过去。希腊人的"理性"是有"感"有"情"的认知："感"者，感觉也，师其物也，模仿自然，模仿前贤；"情"者，因"感"而生也，师其心，师其性，中得心源，任性而发，不知然而然，随其意也，对存在更加开放，道说更加自由。自由让我们思想开阔，如事物所是的样子去观照、理解事物。在认知过程中，"情"发挥着积极的作用，甚至比理性还理性些。

　　生命是一种复数形式，世界亦然。"一个人是由千百层皮组成的葱头，由无数线条组成的织物，"德国作家黑塞如是说，"没有一个人是纯粹的单体，连最天真幼稚的人也不是，每个'我'都是一个非常复杂的世界，一个小小的星空，是由无数杂乱无章的形式、阶段和状况、遗传性和可能性组成的混沌王国。"[①]生活到处都是中心，无处是周边；时而生机勃勃，时而死气沉沉；一种复数的生活，面向一个整全的生命。

　　西方逻辑思维有一个完整的推理系统，可由局部推至全体，由简单推至复杂，由细微推至宏大，由具体推至抽象，论证十分严密。我们对此奉若至宝，甚至把它当作述学规范。其实，逻辑不是产生真理的方法，而仅仅是一个思想的规则。"因果关系中的'如果……那么……'包含了时间，但逻辑关

---

① 黑塞：《荒原狼》，李世隆等译，漓江出版社 2001 年，第 55 页。

系中的'如果……那么……'则是无时间性的。由此推之，逻辑是因果的一个不完整模型。"①理论常常意味着遵从因果规律性，而"因果性"并非创造，只是重复而已。逻辑是有限度的，超出逻辑界限的东西是无法表达的，即便是逻辑本身逻辑也无法表达；命题的逻辑形式及其逻辑性质本身是不可言说的，正如我们不可能用自己的眼睛来看自己的眼睛。西方推理系统发展出来的各种"理论"总是让人疑窦丛生，不时想起卡夫卡的警语："一只笼子在找一只鸟。"

　　逻辑不可能言说一切事物。每当头脑在搜寻可资阐释的一套概念或理论时，沸沸扬扬的事实随即粉碎了逻辑玻璃，使我们停止了思维。谁也无法打破语言学的一个魔咒："每条规则都漏水。"意思是说，语言学中任何确定的观点都存在反例。罗素把逻辑分析看作哲学固有的方法，毕其一生追求知识的确定性，但在《人类的知识》一书最后一页却喟叹："人类所有的知识都是不确定的！"

　　概念的语义总网不住无常的事物，偶然控制着事物的新生及其所在的位置，只有灵活的心或亲身的体会，才能跟上自然的节奏。真正的洞察力源于知道在哪里看和看见什么的智慧，源于通过其形式把握事物运行的背景及其轨迹，这一把握使事物具有了一定的透明度。"毕达哥拉斯文体"颠覆以往讲理论的方式或态度，充分肯定偶然性、不确定性的价值，与偶然性、不确定性共存是一种智慧。

　　西方哲学在"语言转向"后，现代哲学家以一种细致入微的语言分析方法进行哲学活动，他们研究语言自身，研究被说出的东西意味着什么，研究句法通过怎样的方式产生或限制着认识的可能性，尝试阐明语词和句子的关系，包括我们的内部经验事实图式和外部经验事实图式之间的关系，等等。问题在于：语言哲学视语言为本体性存在，构造了语言的迷宫，技术精而又巧，如果与人无关，不能给人以深刻的启示、联想与智慧，则不过是"机器

---

① 贝特森：《心灵与自然：应然的合一》，钱旭鸯译，北京师范大学出版社 2019 年版，第 71 页。

的哲学"。然而，人不是机器，不是可用数字、公式来统计、分析的语言处理器。生活、实践远比语言更为根本更为重要得多，在逻辑上也在时间上先于、高于语言、交谈。"语言游戏"只是一种"生活方式"，"既是生命的一部分，又是艺术品、纪念碑"①。

"语言是存在的家"，并不意味着任何语言都是"存在"的"家"。那种理性主义、凝固僵化、质木无文的传统语言，那种工具论的、宰制人的、符合系统的"死"语言，怎么可能是"存在"的"家"呢? 只有让人领悟存在、领悟真理的"道说"，只有显示"此在"的"本质的语言"，才是"存在"的"家"。面对当今世界的晦暗不明，必须走出语言的迷宫，走出语言哲学的牢笼，回到语言的源泉，回归比语言更根本的生存、生活、生命，倾听沉埋在语言冰层下的理解的声音，倾听原初真理和可能性的声音，体味其中心契千载的确切深意。

生命就是一连串的惊奇，一切都在不断更新、发芽、生长。只有那种调节、运转我们的生命，并正在超越或努力超越的事物，才真正值得我们予以关注。所以，维特根斯坦呼吁回到可见、可触、可觉知的日常生活来探究与追寻语言。书写语言的肌肉和神经，是我们的思想形式和精神状态。一个人如何言说，标示其自身之位格，以及对于世界、自我的理解与态度。"毕达哥拉斯文体"的创构，筑基于语言与思维同一的存在论观念；其思想的表达不是转达或传递已经构设好的东西，而是思想在各种表达的活动中得以实现；表达是一种意义的创生和自行运作，是我们朝向世界去存在的实存本身。

如艾柯说的那样，我们是带着一些"背景书"到这个世界云游和探索的。科学哲学家普兰尼提出，一个人在治学过程中，其意图与关怀有一个明晰的集中点，即"集中意识"，其背后的根据则是"支援意识"，这是通过长期接触学术史上那些伟大"典范"，在潜移默化中形成的一种知的能力或丰厚的文化素养。"支援意识"可意会不可言传，与"集中意识"一道共同推动了思想

---

① 蓬热:《采取事物的立场》，徐爽译，上海人民出版社 2009 年版，第 47 页。

的创造；其中，"支援意识"的"无声"作用更为关键，它让人以开放的心灵肯定某种价值，在深刻理解不同文化交互影响的过程中，产生与某个价值系统的辩证的连续性，创造出既衔接传统又前所未有的理论学说。①

　　无论情愿与否，我们总绕不开古典文化持续不断的影响，尽管古典文化可能是一个有待推考的目标，或是一个理想化的境界。由于时间的销蚀，古典文化的生命之源往往模糊不清，却总让人不断重温、激赏、尊崇、憧憬其绝妙之处，进而不断予以重新建构，试图逐步拉近彼此的距离，以便重新回归自我，回归一个经由这个过程改变了的自我。古典文化播种着生命，因为它本身即生成自我完备的生命。文艺复兴的方式是可以普遍化的，因为一切创造的前提是把整个过去与传统放在心里，并在其中找到属于自己的过去与传统。传统需要的是疏浚后为创新所用，而不是断流后移植西方。在先进文化意识的指引下，对于传统文化的深刻体认，会让我们加速吸纳新的事物；这种新旧之间振幅的宽度，创生了优雅的文化空间，这才有了蓬勃的文化创造。

　　世界文化绝不是文化的"同一化"，而是"星丛化"。语言系统如"帕涅罗珀之网"，具有一种自我修复的生命力，可以不停地自我创造或销毁。哲学家叶秀山的切身体验是，哲学要求有更具体、更实在的语言，即与存在同在的语言；要真正深入哲学，离不开自己的母语；只有用母语来思考问题，才能使自己的思想深入到哲学的层次；坚守自己的母语，丰富自己的母语，意味着丰富、扩大自己的"存在方式"。②创构"毕达哥拉斯文体"的要旨在于：中国思想必须是在中文里表述的思想；思想的创造，就是述学文体的创造，就是语言的创造，就是汉语的复兴。

　　我们既要以现代来批判传统，也要以传统来批判现代。语言是生命形式，自有其风情风华、风姿风采，话语如光如电、如影如魅，灵魂相抚，心智裸

① 参见林毓生：《中国传统的创造性转化》（修订本），第65—66页。
② 叶秀山：《语言、存在与哲学家园》，《文史哲》1999年第2期。

呈，窈兮冥兮，原色如斯；在语言中沉默，在语言中感觉，在语言中意识，在语言中思想，在语言中彻悟，在语言中旋转，自由自在自见自明；我观我思我言，世界在语言中，生命在语言中，思想在语言中，在走出／回归的循环中，深描出创造的圆形轨迹。

第二节 "汉语本位"：中国文化拓扑空间的语言根基

区分中西文明或文化差异，不是作茧自缚，而是为了彼此会通；会通绝不是知识的堆砌，而是人文诸学科、文艺诸形式的打通；以此之明启彼之暗，取彼之长补此之短，"化冲突为互补"——这是典型的中国哲学思想。《国语·郑语》云："和实生物，同则不继。"意思是说，只有参差不齐、各不相同的东西，才能取长补短，产生新的事物；完全相同的东西，只能停留于原有的状态，而不可能有任何发展。智慧的人总是朝向无限世界开拓新的方向，层层超脱原有的心灵约束，使截然不同的因素和谐共处，最大限度发挥其各自特点，使之成为相互促进的有益资源，和合创生出崭新的东西。

拓扑学（Topology）本是数学的一个分支学科，主要研究点和图形在连续变换或扭曲变形时保持不变的性质和不变量，强调重复、变换中的可定向性。与之相似地，在我们文化的多重表现形式中，同样存在着"常量"或"常数"。我们可用"拓扑的"眼光来看待文化的构造。文化拓扑空间是由各种自然和人类文明元素构成的变量与恒量组合而成，沿着历史轨道不断推进、变化并保持着自我特质的庞大结构体。作为人类思想、知识发展的孕育场域，文化的各个层面都或隐或显地变化，但其文化拓扑结构保持着相对的稳定性，其中包含不少具有传承、适变功能的文化因子；这些拓扑点中的"常量"或"常数"——有限的、若干"文法""公式"——是文化的语言—语义驱动力，由于它们的存在，经历种种变化、改良、革新之后，各种文化形态依然保持其最根本的文化特征。

文化往往以语言形式体现出来，文化中的"常量"或"常数"，可以是独特的语词、言语、字法、句法、主题、观念、原型、母题、形象、形式、寓言、门类、话语机制，以及丰富多样的民族历史、风格等；这些"常量"或"常数"根植于历史之中，是某一群体对整个世界进行象形和投影而得到的范本，它们的多重转变和重置可看作是拓扑的。艺术史家 E. H. 贡布里希的研究告诉我们，画家眼里有很大一部分都是先前的画作，"即便是最杰出的艺术家也需要——而且越是杰出的艺术家就越需要——从一种语汇［idiom］开始他的处理。他将发现，唯有传统能够提供给他意象的原材料，而他需要这些意象才能再现一个事件或是'自然中的一个片段'"①。

　　拓扑学是对"生成"的动态过程的研究，它把变化的运动与流动理解为具体化的、关联性的，呈现了相互交织、相互矛盾、相互协调的各种关系网络，让我们在看似截然不同的、非连续性的事物中找到连续性，深入理解多元要素参与某种意义建构的拓扑性质。拓扑学综合了前提、关联性和一致性，将我们感觉、思维器官的文化界限向外推移，展示了一个充满纹理和折叠的拓扑空间。语言是述学文体的核心元素，"毕达哥拉斯文体"可视为汉语拓扑过程的一部分。作如是观，"自由""深层结构""重写规则"这些转换生成语法提出的概念，具有广阔的意义，有助于我们对文化中语言—语义驱动力有更为清晰的认识。

　　语言与文化是一体的。语言与文化的本质联系在语言结构的内部，文化与语言的本质联系则在文化"内在的形式"，即某种文化的思维方式。语言具有一种不断生成、更新的力量，其"内在形式"的表达往往并不合乎常规，而且时常发生变异。每一种语言都潜藏一种确定的世界观，虽然没有恒常的感性标杆，却始终控制着精神活动。语言的文化积淀越深厚，语言的蕴意就越丰富。语言内部充满种种矛盾对立，又不失其统一性与整体性。

　　西方哲学通常以其"实体性"和"质相性"语言追求存在、实在、真理，中国哲学则以"事件性"和"过程性"语言追问"道在哪"，想要知道的是如

---

① 贡布里希：《木马沉思录——艺术理论文集》，第149页。

何组织社会，如何生活……中国思想既未逸入希腊人那种纯正冷静的抽象思辨，也没有循入印度人那种厌弃人世的解脱之途，很少越出经验的界限做纯逻辑的分析与纯形式的推理，而是以一种非中介的形式"在"（in）语言中而不是"用"（through）语言传达某种精神存在，淋漓酣畅地发挥出"先于逻辑"的一面，散发出一种概念光谱中所稀缺的光芒。

中国思想大多托形于述评与汇编、回响与和声，学说麇集如丛林般繁复，从不寻求精细的概念与术语，也没有精密的体系与框架，而是注重现象世界内在联系的过程与变化，重视发展一系列人与事物"互系性"的概念，将短暂事件与自然律动相联系，以领悟时序代换、万物荣枯之理。职是之故，在中国古代的典籍里，概念在喻指箴言，箴言也在喻指概念，它们都是存在的回声或应答。虽不易分辨出注评与所评所注、包裹与被包裹、能指与所指，但用语言描述现象世界的生成延续与瞬息万变，也就是去经验事物的流动衍化。文本呈现"浏然以清，湛然以明，轩然以轻，濯然以新"（金圣叹语）的形式之美，读者则"容与其间"渐次达到精神融合，领悟、品味一种"意义的盈余"。

数千年来，中国一直通行两套语言体系：一个是文言，即以先秦口语为基础，经历代规范修饰、约定俗成的传统书面语，主要被官方和知识分子使用，属于正规语言；一个是白话，即唐宋之后以北方话为基础形成的口语，主要被知识分子和百姓使用，跟现代白话比较接近。文言集中代表了中国人的思维方式和思想情感，对中国文化传统的意义和价值至为重要。汉语精神的重心不单在句法，更在字词本身的形式藻采和组句功能，而具有天生的"文言性"。古代汉语的运思方式，是自发、交互的关联模式，其词汇多为审美的具体意象，而不是预定的概念，所展现的是由各种过程、事件相互作用的场域，以及由这些场域彼此互动、生成的世界，其叙事性大于分析性。

通过创新、传播、借鉴和融合等，文化拓扑结构达成了某种拓变。语言是文化拓扑结构拓变的最丰富形式，翻译使跨文化交流得以实现，是促成语言拓扑空间拓变的最便利、最直接的途径，也是推动文化拓扑结构拓变的动力之一。狭义的翻译——通过一种语言的语符来解读另一种语言的语符——是原作的回声，是源语言/目标语言之间的对垒，是不同母语之间的较量，是不同文化语法之间的融合。变形中的恒定性关系，在一定程度上就是翻译的各种关系，文化相似性对确保拓变的不变性起着至关重要的作用。翻译一方面改变既有文化观念，充当价值现代转化的催化剂，另一方面则表达不同语言之间隐秘的亲缘关系，促进不同文化潜质彼此自然渗透。

现代白话与古代白话的最大区别在于词汇、语句、语序等方面的欧化，这种欧化是通过翻译开启、借鉴而逐步实现的。浩如烟海的译本是现代汉语自我改造、自我进化的范本，产生了不可思议的深刻影响。受印欧语言影响，现代白话有了新的语言表现形式，如标点符号、新词语、新句式等；"言文一致"的书写体系得以重新构建，促成了中国传统文化的现代转型。从五四时期到 20 世纪 40 年代，现代汉语的书面语基本形成，这是一种"重影般的语言"，主要由口语、欧化语言和各种典故等话语拼贴而成，显现为一个动态、多元、混合的拓扑空间，与现代性的某种精神方向相关。西学东渐之思想、观念、外来词、新词极大丰富了现代汉语，重塑了社会的文化理念，再造了各学科的概念范式，汉语经验的所有层面几乎都被改造或置换了。

古代汉语递嬗为现代汉语，汉语渐趋于与西语的同质化，在当时是为了准确理解西语，理解负载于西语之中的西方思想，而主动向作为世界主流的西方文化靠拢汇流。这无疑有助于中国文化生存、崛起于当今世界。然而，由于遮蔽了汉语的特质与意蕴，传统汉字及其历史文化密码遭受到重创，语词的多义性、表达的隐喻性、意义的增生性、理解的多维性、阐释的可能性，一一沦陷于逻辑陷阱。汉语原有的诗性、关联性、多义性、过程性流失了，代之以分析性、因果性、单义性、体系性，思维方式则由以"无"—"气"—"道"为核心替换为以"有"—"实体"—"本质"为核心。

古代汉语成为明日黄花，变异的白话取代了文言，制造了古代典籍的阅读障碍，阻止了自然有效的文化传承，继而引发了文心萎缩、文脉断裂、文明丧失等困局，中国文化亦随之被外来文化所宰制。德国诗人、评论家恩岑斯贝格尔一语警醒人们：当一个拓扑结构以形而上学结构的形式出现时，这个游戏就失去了它的辩证平衡，语言不过是表述观点的手段，不过是世界和社会的摹本，世界在本质上无法渗透，也不可能进行任何形式的沟通。卡尔维诺认为，这可以扩展到文学和文化领域予以理解。①当下述学文体"语言的空转"证实了恩岑斯贝格尔的判断。

早在 20 世纪 30 年代，钱锺书便辩证地提出了骈散结合、文白互补的主张。1933 年 6 月 1 日，在题为《近代散文钞》的书评里，钱锺书关注到两种文体，即"文"和"小品文"：前者被视为"载道""代人立言"的正规散文，后者则是"文"的自由变体，被看作"言志"的样板。钱锺书戏称"文"为"一品"文或"极品"文，说此"本'一品当朝''官居极品'之意，取其有'纱帽气'"。钱锺书指出："小品文也有载道说理之作，可见，'小品'和'极品'的分疆，不在题材或内容而在格调（style）或形式了，这种'小品'文的格调，——我名之曰家常体（familiar style），因为它不衫不履得妙，跟'极品'文的蟒袍玉带踱着方步的，迥乎不同。"这种"家常体"可追溯到魏晋六朝，其时"骈体已成正统文字，却又横生出一种文体来，不骈不散，亦骈亦散，不文不白，亦文亦白，不为声律对偶所拘，亦不有意求摆脱声律对偶，一种最自在，最萧闲的文体"。"家常体"介乎骈散雅俗之间，在笔记小说、书函、题跋里相沿不辍，并非唐以来不拘声韵的"古文"。②"家常体"成了多才多艺的"都来得的"一流人物的特殊领域，而明代士人最有此闲情逸致。

1934 年 6 月 10 日，钱锺书在《与张君晓峰书》里再次谈到："苟自文艺欣赏之观点论之，文言白话，骖谭比美，正未容轩轾。……将来二者未必无由分而合之。"③不同文体折射思考路径之分殊，创造性思想必出之以特定文体，以践履学术、思想的改造、创新。文章不能写得太浓太淡，或太紧太松，

---

① 参见卡尔维诺：《文学机器》，魏怡译，译林出版社 2018 年版，第 279 页。
② 参见钱锺书：《钱锺书散文》，第 105—106 页。
③ 钱锺书：《钱锺书散文》，第 409—410 页。

最好是取其"中"而用之；这个"中"不是"中间"的"中"，而是"涵括"之义，即"正反相涵"，也就是由彼此"对立"走向相互"对待"，两端相涵所以得"中"。文言太浓，白话太淡；语欲简雅，意欲明易；文言与白话，古文与今文，彼此血脉相连，互动共存，其灵光奇气引人无限遐思。木心说："今文，古文，把它焊接起来，那疤痕是很好看的。"①古文今文的"焊接"功夫，乃汉语写作一大看家本领。

钱锺书以"家常体"写作《谈艺录》《管锥编》——其原文对于现在的中、青年两代人，已经比英文还难懂了，悲乎！近代以降，特别是五四一代学者和批评家，其成功的述学文体往往文白间杂，骈散并用，自然续接上千年文脉。他们多将述学视同文学艺术的创造，如朱光潜提出批评本身是作品，李健吾把批评看作一门独立的艺术，周作人表示文艺批评是文艺作品……他们以文学之心对待述学文体，思想光芒难掩其文体之悦，其文体普遍具有强烈的审美特征和个人化风格：既繁复生动，又简洁含蓄；既有"谈话风"，又有"文人气"；既有论理家的手段，又有文章家的韵致；既有适宜的欧化语法，又不忘民族文化之根；逻辑与直觉并行，分析与超越并重，轨约与构造齐出……

创构"毕达哥拉斯文体"，亦即创构一个以汉语为本位的文化拓扑空间；可资借鉴的路径之一便是赓续五四文脉的"语文思维"：与"思"同步，"骈""散"并用，"言""文"互补，"文""白"结合，以个性化风格植入、描述生动实在、具体而微的生活世界。文言之改造为白话的欧化历程，极大加强了汉语的逻辑功能。在某种意义上，"文""白"结合正是中西两种思维与言说方式的融合。就文化拓扑学的视角而言，文化传承是一个在不同的拓扑空间被阐释、被翻译、被窜改的过程，更是文化恒量的不变流传和文化"常数"的恒定持续。文化传承不是将古典文化当成可以附庸的风雅，它始终

---

① 木心讲述，陈丹青笔录：《木心谈木心：〈文学回忆录〉补遗》，广西师范大学出版社 2015 年版，第 5 页。

要有鲜活的血肉与灵魂。在创构"毕达哥拉斯文体"的过程中，既要穿越现代性的废墟，复归传统以承扬中国风格、中国气派；与此同时，又要学到英美哲学式的清晰明畅而无其繁细琐碎，学到德国哲学式的深度力量而无其晦涩艰难——这是"重写中文"的题中应有之义。

第三节 "汉字魔方"：汉语拓扑空间之"点"

中国"语言学之父"赵元任多次强调，无论方言与方言之间，还是文言与白话之间，中国话只有一个文法。思想过程总是有语言与之相随的，"思想之伦次当依随事物之伦次，……心之同然，本乎理之当然，而理之当然，本乎物之必然，亦即合乎物之本然也"[①]。作为一个多层级的符号系统，语言的运行是不断"组合"的过程。刘勰云："因字而生句，积句而成章，积章而成篇。"（《文心雕龙·章句》）曾国藩亦云："文与文相生而为字，字与字相续而成句，句与句相续而成篇。"（《致刘孟容》）"字""句""篇"分别是汉语拓扑空间的"点""线""面"，"点"强调位置关系，"线"强调形状走向，"面"强调形状面积，它们合力形构了汉语书写的文化拓扑结构。

在希腊—希伯来之西方文化里，"语言和文字是两种不同的系统，后者唯一的存在理由在于表现前者"[②]。"logic"（逻辑）这个词源自"logos"（逻各斯），"logos"兼有"言谈"与"理性"两层基本含义；作为符号的文字，没有独立自足的意义，只是声音的表达而已。希腊人的方言、官方语言、文字三位一体，他们的求知方式主要通过"对话""辩论""逻辑""论证"，他们的书写不尚雕琢，一板一眼，直截了当。古希腊人的思想及其言语表达是浑然一体的，思维着的心智与说话的舌头本质上是连在一起的。

作为西方"逻各斯中心主义"的"对衬"，汉语的拓扑空间是"文字中心

---

① 钱锺书：《管锥编》第 1 册，第 50 页。

② 索绪尔：《普通语言学教程》，高名凯译，商务印书馆 1980 年版，第 47 页。

主义"。在汉语书写中，语言的内在形式首先是"字"的问题，文字乃"言语之体貌，而文章之宅字"（《文心雕龙·练字》）。"毕达哥拉斯文体"的汉语拓扑空间之"点"，或是单音节汉字，或是双音节、多音节词语，汉字是最小的、独立自由度最强的语言单位；汉字"形""音""义"三维一体，其构形排列有图像性，纷繁复杂，博大宏富；其声调音韵有音乐性，节奏谐和，旋律美妙；其语序表义有理据性，缜密深邃。

汉字是铸就中华文化的神奇"魔方"。相对于口头文化，文字文化具有压倒性优势，在汉语里文字左右语言，而不是语言左右文字，"语言文字浸浸分别并行，初不以文字依附语言，而语言转可收摄于文字"[①]叶秀山指出："中国文化在其深层结构上是以'字学'（Science of Words）为核心的。……'字学'似乎是中国一切传统学问的基础，中国传统式的学者，无论治经、治史、治诗，总要在'字学'上下一番工夫，才能真正站得住脚。"[②]作为中国文化最为核心的元素，汉字不是语言的复写，它深刻塑造了中国文化的重要特征；只要汉字没蜕变为拼音文字，就始终暗含指称对象及其文化信息，成为我们与传统之间的脐带。

汉字"形""音""义"之中，"形"即汉字的图画性最为关键。汉字以"指事"为根源，以"会意""象形"为方法，以"形声"与言语相连接，以"转注""假借"为发展的辅助手段。其中，"指事"强调"字"与"事"之间的联系，要求"字"朝向实在之事，做到"视而可识，察而可见"；[③]"象形"则强调汉字因物赋形，恍若图画，直接引发、产生视觉形象。"象形字"可谓前语言纷乱意象的碎片，它铭刻着生命胚胎之上的原始记忆，是最久远的神话原型。因象而取名，道法天地，人法自然，"象天法地"成为挥之不去的思维习惯与心理结构特点。

每一个汉字从自然世界物质状态转借而来，可谓自然事实的写真；依靠

① 梁漱溟:《中国文化要义》，学林出版社 1987 年版，第 312 页。
② 叶秀山:《美的哲学》，世界图书出版公司 2010 年版，第 20 页。
③ 桂馥:《说文解字义证》，齐鲁书社 1987 年版，第 1314 页。

字与字之间的配合、互映，万事万物围绕汉字互动勾连聚集。汉字的象形性，使汉字不脱自然人事，不离具体事象，记录事件，树立规范，导后世行为轨辙；象形的汉字，表现了经验世界与事实世界的完整统一，剔除了理念加之其上的种种分割变形；汉字的象形性，具有深刻哲学意味，儒家"正名"、名家"形名"都主张"定名"必须合乎象——"有天地自然之象，有人心营构之象。……是则人心营构之象，亦出天地自然之象也。"①

由"观象"而通达事物及其意义，"象思维"渗透了汉字的骨髓。寥寥数语，既不尽于言，亦不外乎言；既穷其隐微，又尽其毫忽；既指谓世界，又显示世界，思想出自人之灵府，胎息于内在生命；以心灵之眼穿透万物多重意义，心物相值，性命转借，澄怀见道；在直觉体悟、类比联想中，刹那把握事物并保全事物的气足神完。作为中国传统思维方式，"象思维"侧重整体性直观地把握事物；作为西方传统思维方式，"概念思维"热衷一枝一叶的客观分析。中国哲学是"横牵连""横通思维"，偏于"现象论"具象把握；西方哲学是"直穿入""纵贯思维"，偏于"本体论"理论建构。②中国传统哲学谈论的是"真"，以灵动的名词串（辞）求"当"；西方传统哲学则谈论"真理"，以语法严谨的句子（命题）求"真"。

由汉字之"形"养成的"观"与"悟"，成了中国人求知、求真、求道的重要方式。《老子》第十六章："万物并作，吾以观复。"所谓"观复"，就是从宇宙万物之变化"观"其"本根""始根"。蒙培元说："老子关于'道'的学说，是'观'的哲学，不是'说'与'听'的哲学。'说'与'听'的哲学一向留心于语言，'观'的哲学则关注于形象。这从中西语言文字的区别也能看得出来。"③《老子》第二十三章："故从事于道者，同于道。"所谓"从事"，即亲身体验，"体道""悟道""得道"而"同于道"。故宗白华有言：

① 叶瑛：《文史通义校注》，中华书局 1994 年版，第 18—19 页。
② 参见张汝伦编选：《理性与良知——张东荪文选》，第 368—369 页。
③ 蒙培元：《"道"的境界——老子哲学的深层意蕴》，中国社会科学出版社 1996 年版，第 1 页。

"中国哲学是就'生命本身'体悟'道'的节奏。"①

汉字表现出了独特的认知框架，维系着中国文明的自我延续性，是解码古文明的密钥；东方思维方式——具象、隐喻和体悟——被熔铸在汉字里，是中国文化传承的核心所在，是最重要的民族精神资源之一。尽管断代式汉字简化使汉字日益符号化，汉字的"指事""象形""会意"等的重要性逐步隐退，其所积淀的思维模式仍在发挥作用，文化记忆业已把生命浸入了汉字的龙血。作为一个文字系统，汉字到如今仍相对恒定，在民族文化的伟大复兴中，仍起着重大的作用。

明末来华的意大利耶稣会士利玛窦就曾注意到，汉字是用来"看"而不是用来"听"的："人们不可能靠听写中文来笔录一部书，把一本书念给听众听，他们也无法听懂书的内容，除非人人眼前都有这样一本书。发音相同的各种不同书写符号不可能用耳朵听准，但是可以用眼睛把符号的形状以及它们的意义分辨清楚。事实上常常发生这样的事：几个人在一起谈话，即使说得很清楚、很简洁，彼此也不能全部准确地理解对方的意思。有时候不得不把所说过的话重复一次或几次，或甚至把它写出来才行。"② 何以故？拼音文字用形体直接表示读音，再通过读音与它所表示的意义相联系，即"见符知音"，再"由音导义"；汉字则多以形体直接表示意义，即"见图知义"，再通过音义联系表现为一定的读音。字形是汉字的本体，字义因象形而显得直观，有较强的"写真性"，直接与世界建立了联系，而"形入心通"。

汉字对中国人思维方式的影响具现为"比兴"，这是一种"并置"，一种"比类"："比"者"附"也，"切类指事""写物附意""因物喻志"，以"喻示—韵味"的姿态向感性回归，凸显汉语的处身性与亲历性；"兴"者"起"也，"依微拟议""引譬连类""感发意志"，以"启示—妙悟"的姿态向自然还原，凸显汉语的精粹性与空灵性。"比兴"这种类比思维与言说方式与汉字

① 宗白华：《美学与意境》，人民出版社 1987 年版，第 219 页。
② 利玛窦、金尼阁：《利玛窦中国札记》，何高济等译，中华书局 2010 年版，第 28 页。

的图像性特征有关，如前所论，汉字本身就是一个充满幻想的理解力和记忆力的组合。"比兴"之比拟同构是一种自由想象和直觉把握："比类"不是线性关联，而是网状交叉；没有固定秩序，而情理交融、主客同构。

类比是独立于归纳和演绎之外的一种推理形式，其客观基础是世界上事物之间"同声相应，同气相求"的相似性，"相似公理"的存在决定了类比推理形式的存在。"自然界中的一切都是相似的。"（莱布尼兹语）归纳和演绎不可能跨越出某一事物的范围，唯有类比推理能将某类事物的知识推广到另一类事物之上，而实现人类认识上的飞跃。康德说："每当理智缺乏可靠论证的思路时，类比这个方法往往引导我们前进。"[1]在康德看来，类比不属于那种由一般到特殊的"决定"的判断力，而属于由特殊到一般的"反思"的判断力；类比是联结知性与理性的中介，具有重大的意义和价值。在一次访谈中，利奥塔指出，思想大量地利用类比思维，科学发现也需要类比思维，而且，思想的类比推理能力可培养出塞尚式的眼睛、德彪西式的耳朵，看见和听见那些对生存，甚至是文化的生存来说也是"无用"的色彩和音色。[2]

在感性世界、日常生活和人际关系中，"比兴"寻求的是理性的把握、精神的超越，是李泽厚说的"以美启真"。好文章要有"兴"，"兴"即物之始，即将起而未起之"机"，它不规定下文的内容，如清风徐来花自开落；不但起句这样，行笔中间，不时窜出貌似不相干的句子，悟了又迷，迷了又悟，仿佛使劲地把未知的那部分自己掏出来；如此反复，不断感知，不断创造；"触物圆览"，"婉而成章"，"婉"是一种大格局，是文字的容与回环、意兴扬扬，增添思维的不同向度，自由呈现一切可能。这种文章别有摇曳风姿，煞是好看。何以故？《易传·系辞传下》有言："其旨远，其辞文，其言曲而中。"孔颖达《周易正义》曰："'其言曲而中'者，变化无恒，不可为体例，其言

---

[1] 康德：《宇宙发展史概论》，上海外国自然科学哲学著作编译组译，上海人民出版社1972年版，第147页。

[2] 参见利奥塔：《后现代性与公正游戏——利奥塔访谈、书信录》，谈瀛洲译，上海人民出版社2018年版，第196页。

随物屈曲，而名中其理也。"

不可说或难以言说的东西，可以通过"显示"自身而为我们所知。"显示"不是客观化、对象化的思维，它所重视的不是现象的"内容意义"而是现象的"关联意义"和"发生意义"，且保持在"悬而未定"之中。这种"形式显示"回到了主客尚未分离、一切活泼泼的"实际生活经验"中，在其开启"本源"的意义上，颇类似于《中庸》的"致中和"，这里的"中和"是一种"已发"与"未发"未分、主客交融的状态，同时是"本"（源）也是"道"（路），其所达到的是"天地位焉，万物育焉"的效果。

跟西方语言相比，汉语更显得是一种"艺术语言""诗的语言"，而非"技术语言""工具语言"。所以，中国的哲学 / 美学往往与文学艺术有机地融合在一起，没有半点隔膜。美学家李泽厚指出："中国思维之特征与'诗'有关。它之不重逻辑推论，不重演绎、归纳，不重文法句法（语言），而重直观联想、类比关系……此种类比既有情感因素，又有经验因素，故无固定秩序，而呈模糊多义状态；非线性相联，乃网状交叉，如'云从龙，风从虎'之类；固非纯理性，乃美学形式。我之所谓'以美启真'，亦此之谓。"[1]

创构"毕达哥拉斯文体"，就是用我们的汉语来写作，激活这种"比兴""以美启真"之"艺术语言"的力量，而不是一味移植、挪用西方的"观念表示词"——那些始终保持"外来入侵者"身份的"术语"。语言是词与物、意义与存在之间无休无止的斗争，只要我们沉潜汉语内部，每一个汉字都会跟我们的生命、事实世界发生深刻的关联，"词"与"物"的互动则真实呈现了"物"的自在性。书写并非写出事先构想的念头，而是写出即刻想到的东西或尚未知晓的东西；也就是说，文字处于生成状态之中，唯一的、绝对的、无可替换的感受渐渐醒来，生长出不可复制的秩序、逻辑和意义。汉字的生命与精神随之而复活。

---

[1] 李泽厚：《论语今读》，第 249—250 页。

第四节 "声入心通"：汉语拓扑空间之"线"

汉语拓扑空间之"线"，是由"点"（字词）组合而成的句子，在拓扑空间中是一条不能回头的"射线"。在汉语的拓扑空间里，"点"（字）是"线"（句）的浓缩、凝聚形态，"面"（篇章）是"线"（句）的扩展、播散形态，它们都是"线"（句）的变体，流动的"线"（句）将时间空间化；静态或动态的线条，将变动不居的对象纳入其中，指向高度抽象化的具象空间，含蓄而深广地展布万物生成的可能性和现实性；线条有确然的规定性，又有适度的变形，在浓淡、疏密间，体现生命意志、精神力量对万物的触亮，舒卷自如地激扬创造的潜能。那么，"毕达哥拉斯文体"的汉语拓扑空间之"线"是如何打开、扩展、播散的呢？这还得从汉字谈起。

汉字既"形入心通"，又"声入心通"。"声入心通"是由来已久的观念。《礼记·乐记》《史记·乐书》都指出，声音起于人心，人心为外物感动，发而为"声"，"声"成"文"而谓之"音"。许慎《说文解字·叙》云："依类象形，故谓之文；其后形声相益，即谓之字。"形声字的意符提示其组合结构的意义范畴，声符则不仅决定读音，有的还表达了读音所含的语源义。汉字的基本语音结构是音节的声韵结构，词义的信息靠音节的声韵结构以及附于这个音节的声调来承担。

"字"是汉语语法和韵律的枢纽，汉语的组织、运行以单音节的"字"为基本单位，其遣词造句的基本手段是"并置"；字词以"并置"为本，结构关系是在线推导；语句也以"并置"为本，结构关系或"对比"或"重复"或"平行"，字词之间组合相当灵活。有外国人说，汉语是单音节语只是一个虚构的神话，赵元任反驳说，所谓的汉语单音节神话"在中国的神话里是一件最真的神话了"；他指出，中国人的思维里有"阴阳""天人"这样成对概念，跟它们是一个紧凑的节奏单位不无关系。[①]

---

① 赵元任：《赵元任语言学论文集》下册，第597页。

何谓"节奏"？唐孔颖达《礼记·乐记》疏曰："节奏，谓或作或止，作则奏之，止则节之。言声音之内，或曲或直，或繁或瘠，或廉或肉，或节或奏，随分而作，以会其宜。"[①] "节奏"赋予时间某种形式，是一种时间体验，是对时间的"赋形"；节奏不仅有行进、停顿之义，还有曲/直、繁/瘠等各种样态。"节奏"是音调、音节、字词、句法等在时间中的具体分布，"韵律"则是这些语言元素在时间中的规律性重复。

在中国人的观念里，"字"是中心主题，"词"是辅助性副题，节奏给汉语裁定了这一样式；一个汉字一个音节，即一个节奏单位，易于合成两个、三个、四个等有节奏感的音节模式；"两个以上的音节虽然不像表对立两端的两个音节那样扮演无所不包的角色，但它们也形成一种易于抓住在一个思维跨度中的方便的单位"[②]。所有语言都有自己的韵律节奏，英语里双音节构成"韵律词"，英语的节奏属于"以词为本，重音定时"，是"轻重控制紧松"或"轻重定顿挫，语调显抑扬"；汉语里单音节构成"韵律字"，汉语的节奏属于"以字为本，音节定时"，是"松紧造成轻重"或"声调显抑扬，松紧定顿挫"。[③] 韵律节奏对汉语语法的影响极大，诗人可用汉语的声律象征某种言外之意，此即"韵律象征着内容"，也就是"音中见义"。

音乐是一种普遍性的语言。音乐与人类的心灵存在契合或血缘关系，其起伏、流动的节奏、旋律舒展如生命的呼吸，不假外力而直接沁人心脾。音乐性是汉语的突出特征。汉语的韵律节奏高度的自由，汉字高度的单音调是其根本原因；单音节汉字适宜构成音节数目相等的对偶句，形成"整齐的美"；汉语同音字多，声同义近，可表现"回环的美"，能表达具体丰富的情感意绪，传达曲折精密的思想意蕴。用老子的话说，汉语的节奏是"一生二，二生三，三生万物"，即"一"（单音节）是所有变化的根本，"一生二"形成单音节和双音节的对立，最后有了双音节便产生了无穷无尽的节奏变化……

---

① 孔颖达：《礼记正义》中册，郑玄注、吕友仁整理，上海古籍出版社 2008 年版，第 1559 页。
② 赵元任：《赵元任语言学论文集》下册，第 906 页。
③ 参见沈家煊：《〈繁华〉语言札记》，二十一世纪出版社集团 2017 年版，第 69—83 页。

汉语以其特质由可见"显示"不可见，会心于"忘言"之境，在书写中建立了一个灵动的智性结构。

用语言描述世界，就是将所描述的现实结构化；建立一个概念化世界，也就是呈现精神与生命的展开方式。句子映现着现实的结构，其构型事关思维构成，事关观察世界的方式，包括体察万物之间关系的独特视角。将思想嵌入生活情境，把抽象命题上升到具体丰富的真实世界，语言结构才能实现与现实结构的内在同一。人类的精神活动和人类的语言活动是彼此创造的。

"中国文辞重在音句而不重在义句，"郭绍虞说，"试问哪一种语言能使它整齐，能使它对偶，并能于整齐对偶之外再讲究声律，讲到双声叠韵的声律，再讲到平仄四声的声律！再讲究排比，可有骈俪式的排比，也有散文式的排比。"他发现，双音节词常相联合成短语，四言词组是汉语的一个"所独"，这种形式使汉语在结构和表达上自然形成一种"对偶性"；"汉语利用单音词与双音词的组合，灵活运用而成为音句，再利用这种整齐的音句，巧为安排以成为义句，所以能在表达复杂思想之外，再感到音节铿锵之美"；语词相互组合成句，并且与音韵节奏同步，不仅可以产生相辅相成、动态发展的思想，充分表达复杂的思想与情感，还能使人同时体会到汉语音乐性的美感，以加深对于思想与感情的理解。①

中国古籍中那些语义相关、相近、相反的词语交叉或重复出现，即汉语结构和表达的"并列""从属""对偶"，这些汉语自身的形态手段，类似巴赫音乐的"对位法"：一方面内容上正反对比，"使不倍者交协，相反者互成"，发现对立因素之间的相似性，揭示看似不相关现象的关联（内在逻辑），而多角度、多层次地描述事物或阐述事理，其构型方式与现实结构保持一致，大大增强语言的表现力度与深度，充分体现了一种辩证思维；另一方面形式上整齐匀称，不同的声音彼此相合、相生，音律抑扬顿挫，叠音叠字和尾韵生成一种循环往复、不断唱和的音乐感，这种编曲、音乐一般的汉语质感，使

---

① 郭绍虞：《汉语语法修辞新探》上册，商务印书馆 1979 年版，第 17 页、第 260 页。

读者审美意识处于积极活跃状态，产生一种期待、共鸣和满足，可谓读者与作者审美体验相融合的催化剂。语言便是组织在声音物质中的思想。"故言语者，文章神明枢机，吐纳律吕，唇吻而已。"（《文心雕龙·声律》）

语词是语句的成分，语词又以汉字为依据。汉字有"形"有"音"有"义"，其复合力或构词功能较强，可构成单纯词或复合词。通过字与字、词与词之间的连接，汉语句子的组织与语音节奏同步，遵循"偶语易安，奇字难适"这一协调音韵的原则。构词构句要求语法功能、词汇意义的搭配上要合格，音节配置上要合律；也就是说，主要依靠字与字之间的相互营构，以及平仄相间、抑扬相对来构设意境、创造意义，充分展现了汉语的音乐性。所谓"句读"，是"文章音节运行中一种暂时的休止"，古人造句便按照这种"声气止息"的法则，靠语调、停顿界定句子，密排文字，不用标点符号；所谓"文气"，指的是念诵文句时与句读相关的一口气，一个句读接一个句读流转顿挫，句子组织自然"流转有韵"，行云流水一般。[①]

中国人的思想经验是跟着"韵"走的，有了"韵"就能穿行于语言之间一无滞碍；暗云怒卷，浓墨乱点，一个坐标，一个指向，便架构了自己的宇宙。文言文善以短句铺排，单字与单字的衔接机动灵活。如，石涛对"一画之法"的论述："出如截，入如揭。能圆能方，能直能曲，能上能下。左右均齐，凸凹突兀，截断横斜，如水之就深，如火之炎上，自然而不容毫发强也。用无不神而法无不贯也，理无不入而态无不尽也。"[②]这段文字几乎全用单字，简洁雅驯，整齐谐和，微婉蕴蓄，情韵深美。合而读之，音节见矣；歌而咏之，神气出矣。这种从性情中来的"思想事实"，其旋律与节奏犹如生命之呼吸，是中国古人毫不陌生的美妙感受。

西语的拼音文字以"时间性"为架构的原则，倾向于以句子为单位，句子是文章的意义单位；作为个体意义的词语，需要在线性的语法链条中运行，

---

① 参见申小龙：《中国句型文化》，东北师范大学出版社 1988 年版，第 11 页、第 140—141 页。
② 转引自吴冠中：《我读石涛画语录》，荣宝斋出版社 1997 年版，第 1 页。

其语言（语音系统）通过自身不断区分和规定，实现自身的完备性和健全性。汉语的表意文字以"空间性"为经营的中心，倾向于以汉字为单位，汉字是文章的意义单位，汉字组合偏于心理或体悟过程，句子不过是汉字的叠加。在汉语句子里，字与字之间相互营构，心理成分渗入语法极多，饱含生命的体征，信息丰满，"似语无伦次，而意若贯珠"（范温《潜溪诗眼》），其密度远大于拼音文字。

中西句法是迥然不同的：一是线性、封闭的"主语—谓语"结构，一是立体、开放的"话题—说明"结构。在汉语句子里，主语只起话题作用，并非句子的中心；造句完全取决于词义、词序和语境意义，包括主语在内的词语之间相互制约、说明、补充。①此外，中国人对音节的数目特别敏感，为维持汉语式节奏的需要，赋诗为文都凭借音节数目来构思。每一个"字"都是音和义的结合体，为了保证单音调节奏的均匀，要控制每一个句子的字数，还要讲究单音节字和双音节字的选择，以展现特定意义、情感和风格。如史学家王钟翰特别讲究行文质量，主张对文章节奏的掌握，应以四字句为基干，兼用三字五字，六七字一句偶尔用之，再长就失去汉语韵致了，一般不宜超过十字。②

从句式上看，古代汉语之构形向现代演进的路径有三：其一，由以短句为主的"线"的流动变成以长句为主的"块"的组合；其二，由以线型为特征的"动态"的"描写句"变成以组块为特征的"静态"的"判断句"；其三，非消极义被字句，特别是中性被字句大量出现，并取得了与传统消极义被字句同等的地位。③西方形而上学语言体系中大量主从句被引入汉语，从句为主句规定或限制条件，补充说明、延伸意义，以确保主句能清晰、准确地传递证明功能和证明力量。正如王力所言，现代汉语句子结构的基本要求是："主谓分明，脉络清楚，每一个词、每一个词组、每一个谓语形式、每一个句

---

① 参见李瑞华主编：《英汉语言文化对比研究》，上海外语教育出版社 1996 年版，第 448 页。
② 参见邱永君：《长忆恩师度金针》，《中国社会科学报》2016 年 8 月 12 日第 8 版。
③ 贺阳：《现代汉语欧化语法现象研究》，《世界汉语教学》2008 年第 4 期。

子形式在句中的职务和作用都经得起分析。"[①] 现代汉语成了西方语言的"复本"或"倒影","块状"组合取代了"线性"流动,汉语之"韵"整体性流失了。

刘勰所谓的"章句",可看作音句、义句的问题;它既是音句与音乐性相配合的问题,又是语法与修辞相结合的问题。郭绍虞提示我们:"假使说汉语的音乐性是汉语语法结合修辞的表现,那么汉语的顺序性就是汉语语法结合逻辑的表现。"[②] 在《文心雕龙·声律》里,刘勰将无视汉语音乐性的美质、不讲究汉语声律之弊称为"文家之吃",还提出了"外听"与"内听"两个概念。童庆炳阐释说:"刘勰的'内听'实际上就是作家的'语感','语感'是沉潜于我们无意识深处的东西,有'语感'的作家不需苦思冥想,冲口而出的语言,就会自然平仄相间,并按自己感情的表达自由地获得对应的语感变化。而那些没有语感的作家,即使拼命润饰,反复修改,所写出来的文字也很少会有美质。"[③] 这种"语感"是生活实践积累赐予的,是中国人血液里的东西,是中国文化智慧氤氲之"道"。

"毕达哥拉斯文体"的汉语拓扑空间之"线",应是一种创造性书写;在其句法里,语义学与语音学是一体的,内在精神与外在韵脚是一致的;音义相配,因内符外,思之所至,笔亦随之。然而,当下述学文体遗弃了真正的汉语经验:遗忘了"思"与"诗"的近邻关系,不知"象以尽意"而囿于"言以尽意",既无"形入心通",亦无"声入心通",汉语的音乐性已然不复存在;以作为译名得到思考与理解的"术语"书写,固守一种实体性、对象性、现成性的概念思维,把自己思想囚禁于"牢不可破"的围墙之内;不知以格言、诗歌、寓言等"简单形式"演示、呈现非实体的、动态的、生成的思想,尽写些曲里拐弯、佶屈聱牙、玄虚难懂的欧化长句;汉语"语感"大面积流失,各种论著往往体大笨拙、繁重枯涩,或浮薄粗俗、茫然无际、识

① 王力:《王力文集》第 11 卷,山东教育出版社 1990 年版,第 480 页。
② 郭绍虞:《汉语语法修辞新探》上册,第 254 页。
③ 童庆炳:《童庆炳文集》第 2 卷,新星出版社 2005 年版,第 394 页。

见低下，皮相之论，俯拾皆是。这是汉语拓扑空间之"线"被剪断之后的无根书写。

　　魂兮，归来！

第五节　"起承转合"：汉语拓扑空间之"面"

　　许多"点"（字）彼此组合而成"线"（句），"线"（句）彼此组合成各自相对独立的"断片"（句群），"断片"再彼此组合成立体、动态、意向性的"长线"，这便是"毕达哥拉斯文体"的汉语拓扑空间之"面"（篇章）。一个个汉字形同一粒粒种子，不断增殖自身："点"（字）是"线"（句）的浓缩、凝聚形态，"面"（篇章）是"线"（句）的扩展、播散形态；"断片"（句群）以一种游动的视点，呈现我们对于现实世界的认知，"断片"（句群）之间的连接如"草蛇灰线"，神化莫测。构词构句依靠意脉、语序，"断片"之间的联结贯通亦如是。若追寻其中"思维—语言"本源，乃汉字之特质及其天然的"诗性思维"所致。

　　西方语言（尤其是英语）依循原子论的语言结构，由单音组合成词，再由词构成句子，由句子构成段落，其篇章的发展一般直线式展开，各段落都有主题句，再分点阐述说明，多主从句，多焦点透视，段落之间呈现一种清晰的层次感，逻辑演绎的连贯性极强。要理解一个语篇，就是要理解语篇不同组成部分之间的联系，即语篇结构。英国语篇语言学家 Hoey 等人对英语语篇的组织模式做过较为深入的研究，认为英语中存在着许多种语篇模式，比较常见的主要模式有：（1）问题—解决模式，一般由情景、问题、反应、评价或结果四个部分组成；（2）一般—特殊模式，又称"概括—具体模式"，由概括陈述、具体陈述和总结陈述三个部分组成；（3）主张—反应模式，又称"主张—反主张模式"或"假设—真实模式"，由"情景""主张""反应"三个部分组成；（4）机会—获取模式，由情景、机会、获取、结果四个部分组成；（5）提问—回答模式，主要组成部分是提问和回答。①

汉语不重语法而重语用，每个汉字都是意义集成点，仰赖语言运用者之情感、心智，由字词衍生为章句，其篇章的发展不是线性的，而是依据主题铺排、迂回、反复、发展，多中心，多重点，多对偶句，多流水句，生成整体的序列靠语感，靠悟性，灵活圆通。汉语的语篇结构又称"章法"，其最为主要的模式是"起承转合"。作为一种民族语言规律，"起承转合"广泛应用于篇章模式构建，基本符合汉语文章写作的实际。

1966 年，Kaplan 发表题为 *Cultural Thought Patterns in Inter-cultural Education* 的论文引起了很大轰动。在这篇论文里，他收集了 600 篇学生的英语作文，这些学生分别来自不同国家，具有不同的语言文化背景。Kaplan 的研究表明，不同文化和语言背景有不同的思维模式，并在篇章模式上体现出来。如英语是"直线"型思维，而汉语是"螺旋"型思维。两年后，通过具体英汉实例分析，Kaplan 发现中国学生的英语说明文与中国古代篇章结构"八股文"在结构安排上有一一对应关系，其结论是：中国学生英语作文的"螺旋"型结构深受中国古代八股文的影响。②"起承转合"是汉语章法中典型的结构模型，它并非如 Kaplan 所言只存在于八股文之中。在跨文化交流中，语言的"深层结构"变成了文化传播的"表层结构"。

作为一种模型理论，"起承转合"大致成型于宋末。作为一种章法结构，则在先秦典籍中便已出现。钱锺书曾拈出《左传》《孟子》《中庸》中或数句，或一章，或一节，或谓其"文法起结呼应衔接，如圆之周而复始"，或谓其"回环而颠倒之，顺下而逆接焉，兼圆与义"③。"起承转合"讲究的是段与段、层次与层次之间彼此勾连，思想内容之间不断递进、相互映衬；"起承转合"

---

① Hoey, M. *On the Surface of Discourse*. London: George Allen and Unwin, 1983. McCarthy, M.&R. Carter. *Language as Discourse: Perspectives for Language Teaching*. Beijing: Peking University Press, 2004.p.54.
② Kaplan, Robert. *Cultural Thought Patterns in Inter-cultural Education*. "Language Learning" (16).
③ 钱锺书：《管锥编》第 1 册，第 229 页。

的思维／结构模型与汉语的音乐性密切相关，其章法原理结合了"重复""对比"两种赋形思维："起"是文章基本主题、立意、意思、情调的确立或开端，有"直起""陆起""引起""按题大概起""另起"等；"承"是顺接文章主题、立意、意思、情调进行写景、叙事、引证、渲染、铺陈，这是"重复"之赋形思维的运用；"转"是文章主题、立意、意思、情调的反向运行，与前二者构成强烈反差距离，这是"对比"之赋形思维的运用；"合"是落笔收结全文，有"骤落"，有"徐落"，有"呼应"，有"升华"，凸显个人的认知与审美、逻辑与判断力；"合"或"缴"或"放"，既是一种近程的"对比"，又是一种远程的"重复"。

作为创造性、生成式赋形思维，"重复""对比"之间灵活开放、组合自如，是"起承转合"结构模型的基因细胞。只要把握住这两种基本的思维操作模型，我们就可以自由思维与写作，而不受限于任何所谓"规范"的文本框架模式。所以，迥异于西语篇章中语义的句法逻辑、线性推演关系（从句到段再到篇），汉语篇章虽然也强调"起承转合"之间"主意"的贯通，却不强调外显的粘连性，而是依靠语篇内部语义和功能的内聚性；基于内聚性的"结构"与"组合"，又是多次反复结合、反复进行的："点"（字）—"线"（句）—"面"（篇章）的组合程序同时是动态的话语结构，即"点"（字）受制于"线"（句），统于"线"（句），"线"（句）又受制于"面"（篇章），统于"面"（篇章）。

因此，刘勰《文心雕龙·章句》提出，"宅情曰章"，"情者总义以包体"，"章总一义，须意穷而成体"。刘勰强调"章句在篇"，"句司数字"，"外文绮交，内义脉注"，才能做到"篇之彪炳，章无疵也；章之明靡，句无玷也，句之清英，字不妄也"，才能"振本而末从，知一而万毕矣"。朱庭珍《筱园诗话》亦云："古人诗法最密，有章法，有句法，有字法。而字法在句法中，句法在章法中，一章之法又在连章之中，特浑含不露耳。至于连章则尤难，合观之，连章若一章；分观之，各章又自成章。"①

　　"点"（字）—"线"（句）—"面"（篇章）的"结构"与"组合"除了语义关联、结构关系，还要考虑韵律节奏、风格色彩等因素，韵律节奏本身就是汉语语法的一种形态手段。韵律节奏当然有其物理的基础，但是以人的感觉为准；"天下无心外之物"（王阳明语），韵律节奏与人的生理、心理共振才有意义，而必然涉及情感、思想的理解与把握。"点"（字）、"线"（句）、"面"（篇章）环绕汉语韵律的运动而来，通过均衡交错的秩序化过程，呈现出了变化万千的"智慧形状"。用文学评点家金圣叹的话说，绝妙文章皆"胸中先有缘故"，再巧用其"珠玉锦绣之心"，在"那辗""弄引""间架"之际，"分本分末""辨声辨音"；或"重复"，或"平行"，或"对比"；可"交互而成"，可"传接而出"，可"禁树对生"；有笔致"闲处"，有笔尖"细处"，有笔法"严处"，有笔力"大处"；散点透视，集腋成裘，文文相生，联通组合，可谓"云质龙章，分外之绝笔"。②

　　受语言文化因素的制约，形式结构的凝聚性往往大于变动性。如启功所言："各民族的语言结构，都有各自的规律，其规律并不是谁给硬定的，而是若干人、若干代相沿袭而成的习惯，只有惯不惯，没有该不该。""一个民族的语言规律，凡能多摸到一条，即有一条的认识。这种规律是其内在的，而不是外加的或套上的。"③语言问题的表层是文化范式的冲突，内层则是思维／话语方式的交锋。"起承转合"不仅是文体的章法结构，更是华夏民族在对世界的感知与理解中形成的思维模式。刘熙载指出："起、承、转、合四字，起者，起下也，连合亦起在内；合者，合上也，连起亦合在内；中间用承用转，皆兼顾起、合也。"④"起承转合"乃一切事物的抽象结构，起—承—转—合循

① 郭绍虞编选：《清诗话续编》第4册，上海古籍出版社2016年版，第2227页。

② 参见吴子林：《经典再生产——金圣叹小说评点的文化透视》，北京大学出版社2009年版，第93—187页。

③ 启功：《汉语现象论丛》，第49—52页。

④ 刘熙载：《艺概》，第182页。

环往复、勾连照应："承""转"乃"承"中有"转","转"中有"承";历经"承""转"而"合"于"起"位,也不是简单的两点重合,而是创生新的质点。作为一个民族的语言规律,"起承转合"是汉语书写稳定的最深层结构,是汉语拓扑空间之"面"。语言表达的自由源于对传统的再创造性使用,"老谱不断的被袭用"(鲁迅语)着,只是我们对此浑然不察而已。

"起承转合"的审美特征是"圆满""圆融""圆活",这是师法自然的理想境界。六朝以来,谈艺论文者以"圆境"为最佳艺境可谓语不绝书,如刘勰《文心雕龙》反复谈到"事圆而音泽""理圆事密""义贵通圆""圆照之象,务先博观""圆者规体,其势也自转""切韵之动,势若转圆"等。"起承转合"对应的是一切事物发生、发展、转折、收结并循环往复的客观规律,体现的是一种节奏、韵律,即事物、事理的开始、行进、往复、高潮与结局的动态过程,既有时间的流动性,又有空间的共存性。

中国古人以农耕文明为主要生活方式,对于季节的转换特别敏感和重视;春生、夏长、秋收、冬藏,是一年四季生物的生长规律,节气递变、四季转换周而复始,启悟人们认知自身生命的运行轨迹。美学家宗白华指出:"空间与时间是不能分割的。春夏秋冬配合着东南西北。这个意识表现在秦汉的哲学思想里。时间的节奏(一岁十二月二十四节)率领着空间方位(东南西北等)以构成我们的宇宙。所以我们的空间感觉随着我们的时间感觉而节奏化了、音乐化了!"①文人取法于四时,往往以四序比喻诗文。如金圣叹云:"律诗如四时,一二须条达如春,三四须蕃畅如夏,五六须挚敛如秋,七八须肃穆如冬。"②李调元亦云:"文章亦如造化也。四序虽定而万物之生成不然,谷生于夏而收于秋,麦生于冬而成于夏,有一定之时,无一定之物也。文之起承转合亦然。"③在漫长的岁月里,人们渐渐形成一种共有的思维方式——"起承转合",并贯通于人们对自然和社会现象的思考。"起承转合"的抽象结构

---

① 宗白华:《美学散步》,第89页。
② 金圣叹:《金圣叹全集》第1册(修订版),陆林辑校整理,凤凰出版社2016年版,第113页。
③ 郭绍虞编选:《清诗话续编》第3册,第1445页。

是自然与社会的同态结构，体现了宇宙生命的自然节奏。

"起承转合"模型理论的文化渊源，是中国古代的宇宙观；自产生之日起，它便超越了文体学的范畴，泛化、上升为中华民族的文化特质，深深烙进社会生活之中。如，张英《聪训斋语》卷上云："天体至圆，万物做到极精妙者，无有不圆。圣人之至德、古今之至文、法帖，以至一艺一术，必极圆而后登峰造极。"① 故中国民族音乐有"呈示、巩固、发展、结束"的曲式结构原则，杨氏太极有"发势、接引、变换、成势"的程式化武学，等等。

"当我们回溯历史时就会发现，"美国思想家爱默生说，"语言愈早愈显得美，在它的童稚时期，它全是诗，或者说一切一切精神的事实全由自然的象征来表现。"② 人类最初的语言是共通的，词语是自然事实的符号，自然事实是精神的象征；自然物质形象给思想提供襁褓，话语各部分都是隐喻，整个世界是象征性的。素朴的语词，远古的语言，"象天下之赜"，它不是一种"功能语言"，而是属于"自然语言""本源语言""文化语言"。"起承转合"作为"文化语言"，既承载着超越性的历史经验，又能激发此时此地、生生不已的创造，重振赋予其生命的永恒动力；其中凝结、存留、传递、延续、扩展着人类的生命，最大程度地保留人类原初、健全的感觉，能够唤起一种独特感受力，具有最为丰赡的、面向未来的意义。

"毕达哥拉斯文体"从走出汉语到回到汉语，力图激活民族根系的汉语精神，其汉语拓扑空间之"面"是"起承转合"的结构模型；它超越各种理论体系所强加的各种人为界限，多层次地揭示事物的存在意义，使思维自我展开成为卢卡奇所谓的"理智诗作"：其述学所重在精神，不在形式，不在逻辑；字之精神，寄于句；句之精神，寄于篇章，以篇章为中介而主旨自明。其中，断片中的断片，如沙中之沙，不粘不滞，所有断片都是整体，所有整体都是断片，汇聚而为差异的"星丛"；断片在螺旋式变化中，各自为政，相

---

① 转引自钱锺书：《管锥编》第 3 册，第 922 页。
② 爱默生：《理性之美》，孙宜学译，湖南文艺出版社 2020 年版，第 18 页。

互独立，又在彼此间隔中凝视、聆听自然与历史，起承转合而又宛若天成；"分散"即"聚拢"，"聚拢"即"分散"，"一"即"多"，"多"即"一"，断片的繁复配合有"自然之妙"。

"毕达哥拉斯文体"的汉语拓扑空间之"面"，颇类似于巴赫《十二平均律》的曲式结构：声部间挺进、回转、分离、穿插、偶遇、对称、并流，每一个细节静稳妥帖，每一处褶皱纤毫毕见；所有乐音都安放在结构流水线中，秩序井然，内心激流饱满蓬勃，那款款深情欲说还休；主题鲜明，音色灿烂，对位精巧，规模宏大，千万种声音在轰鸣，音线织体壮美如星海、如宇宙；巴赫的秩序是生命的秩序，它带你融入一片仿佛不知所终的寥廓天地……

第六节 "天人合一"：汉语拓扑空间的文化内核

1990 年，在口授的生平最后一篇文章里，钱穆开篇即云："中国文化中，'天人合一'观，虽是我早年已屡次讲到，惟到最近始彻悟此一观念实是整个中国传统文化思想之归宿处。……我深信中国文化对世界人类未来求生存之贡献，主要亦即在此。"钱穆预言："以过去世界文化之兴衰大略言之，西方文化一衰则不易再兴，而中国文化则屡仆屡起，故能绵延数千年不断。"以"天下"为例，钱穆申言："'天下'二字，包容广大，其涵义即有，使全世界人类文化融合为一，各民族和平并存，人文自然相互调适之义。其他亦可据此推想。"①

西方的科学思维总是把万物放置到人的对面，把生活世界外化为对象化的客体，而不是深入到人与世界的丰盈本质之中。科学思维把最重要的"心灵"排除到自己眼界之外，把实在还原为喑哑的事实堆积，还原为缺乏意义的原始材料。站在事物或对象之外来追求真理，将一个个概念排列起来，殊不知一个个对象的部分相加却并不等于事物的整体。逻辑论证只得到表面的

---

① 钱穆：《中国文化对人类未来可有的贡献》，《中国文化》1991 年第 1 期。

相对知识，泥执工具性语言，在精确中牺牲创造性想象，世界不再成其为世界，不再开启为世界。

"天人合一"是中国古人描绘的特别的世界图景，其独特的论理、穷理方式有着无限的价值。人生于天地之间，人之思化于天地之间。"人"驻于"物"，"物"驻于"人"，"人"与"物"动态同构，遵循着同样的规则、节律和秩序，不存在永久绝对的"中心"。人把自然视作鲜活的、言说的生命，而不是被动的、沉寂的物质；人与自然平等对视，不是凝视／被凝视、主体／他者的关系，而是一种模仿的、主体间性的共在关系；自然对人保有一种"光环"或"光晕"，人则倾听、接受自然的语言，共享人与自然和睦共处的生存状态。在"天人合一"的观念中，天人相与，同感互动；宇宙万物，相通合一。作为整个中国传统文化思想的归宿处，"天人合一"可谓中国的"文化语言"，也是文化拓扑空间的文化内核。

语言的使用表明一个人与世界的相持方式。改变语言与改变世界是同步的，我们使用什么样的语言，我们就能说出我们是什么。"毕达哥拉斯文体"之汉语拓扑空间的"点"（字）、"线"（句）、"面"（篇章）之间，各个部分都保持着一种动态平衡的统一结构，其对称性、比例感、和谐感与宇宙存在有深刻的关联，并与对象世界具有实际存在的同一性，彰显了与宇宙同一的"天人合一"关系。

"毕达哥拉斯文体"运用的可谓"天人合一"式语言，它与西方"逻辑语言"有明显的区别：语言不是工具性的，而是存在性的，语言即内容；迄今未被客观化，却被说同一语言的人们所理解；重返被知觉世界，发现一个重新理解认识的场域；用有限数量的语言，表达不确定数量思想或事物；把我们引向事物，与此同时又从它那里解放出来；语言不是外在于事物，语言的界限即世界的界限；世间万物都有语言，都是语言，都在自我言说着；书写者是代言人，不介入解说事物，读者直接参与美感经验的创造。

"天人合一"式语言成功联结了"外部世界"与"内部世界"，作为一种微观的美学形式，其艺术性大于科学性，内容溶解于形式之中。思想／理论的言说者以之为利器，不再泥执封闭式演绎或归纳，而是把理智抛在事物本身之外；以"消弭自己"的状态嵌入事物内部，以参与者的方式理解事物的发展，从事物本身观照事物；通过"以物观物"的审美融入，让事物依循自身演进秩序，纯然倾出一种"状态内的真理"（梅洛–庞蒂语）。跳脱出任何板滞的形式规范，述学过程便成了一种艺术创造，直接关乎个人品性、情怀与境域。

　　1986 年 1 月 12 日，钱锺书在《致胡乔木》中写道："……今之文史家通病，每不知'诗人为时代之触须（antennae）。'（庞特语）故哲学思想往往先露头角于文艺作品，形象思维导逻辑思维之先路，而仅知文艺承受哲学思想，推波助澜。……盖文艺与哲学思想交煽互发，转辗因果，而今之文史家常忽略此一点。"[①]在形象思维与逻辑思维之间，有一种意气相投、先后应和的深刻关系；与其说这是"以美为真"，毋宁说是"以美启真"，视"美"为"真理"之先导。"以美启真"把人与宇宙连成了一体，将艺术思维与逻辑思维交汇于宇宙秩序的发现。"以美启真"是提示性的，而非穷尽性的；它诊治诗与哲学"分裂"的现代思想痼疾，恢复古典式的整全视野，开放个体的具体性、个别性、独特性，竭力开创出一个自由创造的天地。

　　诗人是一个命名者，他的心灵比一切疆域要广袤，那里有一条心路伸展出来，通向世间万物。诗人比一般人更接近事物，也把自己变成了每一个事物，并根据事物的外表或本质来给事物命名。诗人熟知这个世界，他讲述自己与这个世界之间的关系，为我们揭示这个世界深邃的秘密。诗人代表着完整的人，是必然性和偶然性的代言人，所有的力量都在他身上达到了协调平衡。世间万物都能作为语言，被思想所使用，被纳入到诗人的语言系统中，以传达现存现实中缄默不语的东西，使真理的涌现成为一种可能。通过诗人共通的心灵，世间万物围绕着诗人的心智整合在了一起，显示出内在的同一性和外在的多样性。诗人赋予世间万物以全新的意义，展示它们在正确的序

---

① 钱锺书：《钱锺书散文》，第 423—424 页。

列中所处的位置，生成一种映照、唤醒人之灵魂的力量。

诗人是语言的祭司，他们穿行于各种语言之间而毫无滞碍，每一个词语都从事物的存在状态中转借而来，汇聚成为最适合、最精确、最和畅的诗句。诗人用音节来说自己，向我们描述出事物的本质结构，发出这个时代振聋发聩、绝无瑕疵的声音。思想在存在之野开沟犁地，诗歌是语言的馈赠。作为思想的目击者，诗人不断创造自己的美学原则，赋予思想一种前所未有的形式，明确有力、自由直观地呈现一切事物，事物亦随之转变为精细的形式，就像一些杂乱无章的音符变成了美妙的乐曲。智慧的语言是诗的化石。以是之故，诗歌成了学者的艺术。尼采便以其"魔眼"发现：柏拉图枕头下放着的不是什么哲学坟典，而是阿里斯托芬的喜剧。

在"天人合一"的观念里，"格物致知"有其特别的内涵：对"物"能"亲"，物我冥合为一，便能"格物"，即对物有所感，有兴动，有感应，而进入生命，"各复归其根"，万物皆在，人我历然；"致知"则是"格物"之后的一大跳跃，忽然面前放出光明，恍若一面大圆镜中显现研究对象的法姿，清楚到不带一点阴影疑问，觉识照明，无远弗届，直见性命，透彻圆融，便脱离无明而进为文明，而有文明之造形。由"格物"到"致知"，始终贯通着"天人合一"的文化精神；声气相应，随物赋形，创造或发明"神物"一般静美。我们试比较、品读一下海德格尔对凡·高《农鞋》三次不同的描述——

第一次："但鞋具有什么看头的？人人都知道鞋是什么东西？如果不是木鞋或者树皮鞋的话，我们在鞋上就可以看到用麻线和钉子连在一起的牛皮鞋底和鞋帮。这种器具是用来裹脚的。鞋或用于田间劳动，或用于翩翩起舞，根据不同的有用性，它们的质料和形式也不同。"① 这是从"制作性"即"质料和形式"的角度描绘鞋，谈到鞋的用途，说明"有用性"对"质料和形式"的决定作用，归根结底是为了说明在器具中形式对质料的决定作用。这种最传统的描述只是常识的重复，只是谈出了板结僵硬的"内容意义"，丝毫不能

---

① 海德格尔：《林中路》，第19页。

给人以启发，不过是"正确的废话"。

第二次："田间农妇穿着鞋子。只有在这里，鞋才成其所是。农妇在劳动时对鞋思量越少，或者观看得越少，或者甚至感觉得越少，它们就越是真实地成其所是。农妇穿着鞋站着或者行走。鞋子就这样现实地发挥用途。必定是在这样一种器具使用过程中，我们真正遇到了器具因素。"[1] 这是从"有用性"角度描绘鞋，这种描绘从"实际生活经验"出发，鞋开始"真实地"存在。问题是，农妇只是穿这双鞋而已，既不会看它也不会说它，"器具因素"在"意识"面前遁形了。也就是说，农鞋可能的用处和归属没有透露，只是一个不确定的空间而已。这种描绘仍是失败的。

第三次："从鞋具磨损的内部那黑洞洞的敞口中，凝聚着劳动步履的艰辛。这硬邦邦、沉甸甸的破旧农鞋里，聚积着那寒风料峭中迈动在一望无际的永远单调的田垄上的步履的坚韧和滞缓。鞋皮上粘着湿润而肥沃的泥土。暮色降临，这双鞋底在田野小径上踽踽而行。在这鞋具里，回响着大地无声的召唤，显示着大地对成熟的谷物的宁静的馈赠，表征着大地在冬闲的荒芜田野里朦胧的冬冥。这器具浸透着对面包的稳靠性的无怨无艾的焦虑，以及那战胜了贫困的无言的喜悦，隐含着分娩阵痛时的哆嗦，死亡逼近时的战栗。"[2] 在这里，海德格尔避开了空洞无物的行话与空话，运用"正在描述性的文字"，把我们带到具体的场景，创造那些可能或曾经存在的秩序，呈现一个判断的过程，让我们真切体验被赋形的事物，倾听向生活发问的声音，再塑一种面对生活的情绪或态度。

海德格尔对《农鞋》的诗化描述，克服了对象化、表象化的传统语言，告别过剩的闲谈、概念分析和逻辑判断，恢复了语言对我们在世界存在的展开功能，世界在语言中作为地平线而得以显现，而具有了"构造"或"生成"的意义。我们看到，美暗示着事物与整个世界存在的某种联系，展现每一种

---

① 海德格尔：《林中路》，第 19 页。
② 海德格尔：《林中路》，第 20 页。

事物向另一种事物转化的可能性；美是智慧借以探究世界的一种方式，一种让人愉悦的方式；美激发我们透过表面，去寻找世间万物存在的自然法则。世界因美而存在。秩序感或形式感的自由开拓，可引导、启发科学去感受、发现新天地，去洞察、揭示宇宙自然中的新秘密；这种审美感受或领悟强烈地影响、塑造人的心灵，是所有发明创造的原动力，而远胜于"理性内构"的逻辑规则。

海德格尔坦承，在东亚思想与其思想尝试之间，存在一种"深深隐蔽着的亲缘关系"。我们从海德格尔的诗化描述中，瞥见了中国式的"天人合一"语言；这是一种非技术、非信息性的语言，一种在自身之中自己言说的语言，也就是纯粹的诗意语言；它在回流炫目地交织盘旋，在自身言说过程中将自己表达出来；这种有质感的语言，是生活所赐予的，是生命中偶遇、累积的独到发现与体验；这种智慧语言及其运行方式，与其说是哲学散文，毋宁说是诗歌，它所"显示"的是一种不断掘进、定时迸发为洞见的心境，一种敞开了的"道"。

海德格尔的诗化描述，是一种出神状态的文字。随着哲人的诗意笔触，我们渐渐走入那个农妇的"世界"，走入自己的"实际生活经验"，走入生于斯长于斯的大地母亲怀抱，走入终生魂牵梦萦的风雨故园；那"在田野小径上踽踽而行"的"坚韧和滞缓"的脚步，一步步仿佛踏在了我们的心坎上……我们看到了"思想"与"世界"相关联，以及这种关联建立的方式，包括这种关联通过语言保持下去的方式；我们由此重新获取了某种新鲜的眼光，对熟视无睹的世界及其中的事物，拥有了切己的全新感受，如同王阳明的"南镇观花"："你未看此花时，此花与汝心同归于寂。你来看此花时，则此花颜色一时明白起来。"[1]

这是一种怎样的"看"呢？在事物的构成中，作为意识的"晕圈"，或可能性的"活动空间"，某种意向的"视域"至关重要：只有通过它，世界上

---

[1] 王守仁：《王阳明全集》第 1 册，第 108 页。

的事物才向着我们"生成",才对我们"呈现"出来。具有"视域"的人,能够不局限于眼前的事物,看到更远的区域。"制作性"或"有用性"的眼光,所"看"到的只是事物的"内容意义";而海德格尔第三种"看"则是"在之中"或"之间",是"与……同归于……",或"共同归属于"一个"世界",即"林中空地"(澄明)或有"光"之"域",而相互"照亮""发明""作用""构成",其所"看"到的是事物的"关联意义""发生意义"。这是嵌入事物、了别事物后的"形式显示",它"悬置"了逻辑论证,"采取事物的立场",糅合其形状、色彩和运动,让事物是其所是,以音乐般的序列和谐展开。这种"质朴的观审"是可靠的,它就是"可靠性";"存在"即"显示","现象"即"本质",自明自了。

现代化进程开启了一个物化或对象化的世界,人与自然/世界的生命纽带被斩断,"生命之树"的主导地位被"知识之树"所取代,"天人合一"的本原状态被打破,完整与合一的世界不复存在。在"知识之树"的统辖之下,主观片面的知识遮挡了客观总体的真理,本雅明的语言论称这种"历史的自由落体"为语言的堕落;堕落后的语言状态表现为一个封闭、共时、平面的符号体系,语言与世界之间是任意的、人为的、分裂的关系,语言不再传达物的本质、在场和生命,只是被用来抽象、统括、归化、收编世界。一旦本源的透彻性和实存的了然性已被遗忘殆尽,话语便丧失了唤起情感与理解的能力;一个多维的、多样化的世界则成为特定认知模式派生出来的抽象对象,"天人合一"式语言几乎销声匿迹。

我们与文化之间唯一的联系就是语言。"天人合一"式语言既承载丰富的历史经验,又能激发崭新的书写方式,赋予个体面对所属文化、既有领域自我定位的可能性。创构"毕达哥拉斯文体",就是要重新研习、理解并拥有这种"文化语言",从而真正打开存在的时间维度,敞开一条通往自律、完整存在的道路;在不断创新的语言运动中,语言回归自身,回归历史,并向现在展开;秉笔而书,缔思而作,重新拥有文化语言及其自我表达的创造性力量;在自由的思想、言谈、书写中,语言由于个体的创造活动而变得富饶;以其应然的革命方式，"毕达哥拉斯文体"扬弃既有的西方述学范式，远离既定话语的思想起点及其经纬；拒斥形而上学，不盲从任何体系，充分肯定事物多样性、偶然性与矛盾性，充分实现生活与形式间的彼此沟通。

"毕达哥拉斯文体"是一种汉语本位的文化认同，一种"重写中文"的语言实验，一种思想版图的繁衍延扩；所谓"重写中文"，就是从现代性中拯救修复打碎的传统，重新连接内在的传达链，重新拥有中国文化语言；汉语拓扑空间之"点""线""面"，一一复活重塑汉语的"字""句""篇章"，彰显汉语思想的戛戛独造。

"毕达哥拉斯文体"挺进语言—存在的本体，凸显生活世界的偶然性、复杂性，恢复"言""道"不分的焕然文章之轨则。走在通往语言的路上，词与物，语言与世界，一时俱现，相互对说。"在汉语中出生入死"，"毕达哥拉斯文体"不断"聚集"汉语的自性，"语言在说话"（海德格尔语），"语言是语言的作品"（布朗肖语），语言自己"言说"或"给出"一切。

每一个时代都是创造它所需要的时代。每一个时代都需要它自己的希腊，需要它自己的中世纪，需要它自己的文艺复兴。为了真正"进入语言的说中"，创造出更多更好"语言的作品"，我们急需一批谙熟中国语言文字的汉语思想书写大师，如同莎士比亚之于英国，但丁之于意大利，歌德之于德国，雨果之于法国，爱默生之于美国，托尔斯泰之于俄罗斯……

刊于《南方文坛》2022 年第 2 期

| 参考文献 |

一、中文著作

［1］冯友兰.中国哲学史［M］.北京：中华书局，1961.

［2］郭绍虞.沧浪诗话校释［M］.北京：人民文学出版社，1961.

［3］郭绍虞.汉语语法修辞新探［M］.北京：商务印书馆，1979.

［4］何文焕.历代诗话［G］.北京：中华书局，1981.

［5］宗白华.美学散步［C］.上海：上海人民出版社，1981.

［6］钱锺书.谈艺录［M］.北京：中华书局，1984.

［7］钱锺书.管锥编［M］.北京：中华书局，1986.

［8］桂馥.说文解字义证［M］.济南：齐鲁书社，1987.

［9］王力.王力文集［G］.济南：山东教育出版社，1990.

［10］童庆炳.文体与文体的创造［M］.昆明：云南人民出版社，1994.

［11］钱锺书.七缀集［C］.修订本.上海：上海古籍出版社，1994.

［12］张汝伦.理性与良知——张东荪文选［C］.上海：上海远东出版社，
　　　1995.

［13］刘培育.虞愚文集［G］.兰州：甘肃人民出版社，1995.

［14］金岳霖.金岳霖文集：第2卷［G］.兰州：甘肃人民出版社，1995.

［15］姚小平.洪堡特——人文研究和语言研究［M］.北京：外语教学与研究
出版社，1995.

［16］冯契.冯契文集［G］.上海：华东师范大学出版社，1996.

［17］王国维.王国维文集［G］.北京：中国文史出版社，1997.

［18］启功.汉语现象论丛［M］.北京：中华书局，1997.

［19］牟宗三.中国哲学十九讲［M］.上海：上海古籍出版社，1997.

［20］钱锺书.钱锺书散文［G］.杭州：浙江文艺出版社，1997.

［21］汪曾祺.汪曾祺全集［G］.北京：北京师范大学出版社，1998.

［22］王宏志.重释"信达雅"——二十世纪中国翻译研究［M］.上海：东方
出版中心，1999.

［23］熊十力.熊十力全集［G］.武汉：湖北教育出版社，2001.

［24］钱锺书.写在人生边上 人生边上的边上 石语［G］.北京：生活·读
书·新知三联书店，2002.

［25］赵元任.赵元任语言学论文集［C］.吴宗济，赵新那，编.北京：商务
印书馆，2002.

［26］叶维廉.叶维廉文集［G］.合肥：安徽教育出版社，2002.

［27］27.冯友兰.中国哲学简史［M］.赵复三，译.北京：新世界出版社，
2004.

［28］郑敏.思维·文化·诗学［C］.郑州：河南人民出版社，2004.

［29］鲁迅.鲁迅全集［G］.北京：人民文学出版社，2005.

［30］熊十力.新唯识论［M］.壬辰删订本.北京：中国人民大学出版社，
2006.

［31］叶维廉.中国诗学［M］.增订版.北京：人民文学出版社，2006.

［32］熊十力.十力语要［M］.上海：上海书店出版社，2007.

［33］牟宗三.中国哲学的特质［M］.上海：上海古籍出版社，2007.

［34］李泽厚.新版中国古代思想史论［M］.天津：天津社会科学院出版社，
2008.

［35］刘再复.红楼哲学笔记［M］.北京：生活·读书·新知三联书店，2009.

［36］熊十力.新唯识论［M］.语体文本.长沙：岳麓书社，2010.

［37］傅敏.傅雷文集［C］.南京：江苏文艺出版社，2010.

［38］尚杰.中西：语言与思想制度［M］.北京：北京大学出版社，2010.

［39］任洪渊.汉语红移——多文体书写的汉语文化哲学［M］.北京：北京师范大学出版社，2010.

［40］钱穆.中国文学论丛［G］.北京：九州出版社，2011.

［41］林毓生.中国传统的创造性转化［C］.修订本.北京：生活·读书·新知三联书店，2011.

［42］朱光潜.朱光潜全集［G］.北京：中华书局，2012.

［43］李泽厚，刘绪源.中国哲学如何登场？——李泽厚2011年谈话录［G］.上海：上海译文出版社，2012.

［44］张世英.美在自由——中欧美学思想比较研究［M］.北京：人民出版社，2012.

［45］马一浮.马一浮集［G］.杭州：浙江古籍出版社，2013.

［46］熊十力.十力语要初续［M］.长沙：岳麓书社，2013.

［47］金岳霖.金岳霖全集［G］.北京：人民出版社，2013.

［48］木心，讲述.陈丹青，笔录.文学回忆录［G］.桂林：广西师范大学出版社，2013.

［49］徐复观.中国文学论集续篇［C］.北京：九州出版社，2014.

［50］胡河清.胡河清文集［G］.王晓明，王海渭，张寅彭，编.合肥：安徽教育出版社，2014.

［51］童庆炳.文化诗学：理论与实践［M］.北京：北京大学出版社，2015.

［52］黎兰.钱锺书的述学文体——以《管锥编·老子王弼注》为个案的研究［M］.太原：三晋出版社，2015.

［53］汤用彤.汉魏两晋南北朝佛教史［M］.北京：商务印书馆，2015.

［54］郭绍虞.清诗话续编［G］.上海：上海古籍出版社，2016.

［55］刘绪源.今文渊源——近百年中国文章之变［M］.青岛：青岛出版社，2016.

［56］朱玲玲.走出"自我之狱"——布朗肖思想研究［M］.上海：上海人民出版社，2021.

二、译著

［1］索绪尔.普通语言学教程［M］.高名凯，译.北京：商务印书馆，1980.

［2］M 怀特.分析的时代——二十世纪的哲学家［M］.杜任之，译.北京：商务印书馆，1981.

［3］恩斯特·卡西尔.人论［M］.甘阳，译.上海：上海译文出版社，1985.

［4］维柯.新科学［M］.朱光潜，译.北京：人民文学出版社，1986.

［5］文德尔班.哲学史教程［M］.罗达仁，译.北京：商务印书馆，1987.

［6］尼采.悲剧的诞生：尼采美学文选［C］.周国平，译.北京：生活·读书·新知三联书店，1987.

［7］中村元.比较思想论［M］.吴震，译.杭州：浙江人民出版社，1987.

［8］丹尼尔·贝尔.资本主义文化矛盾［M］.赵一凡，蒲隆，任晓晋，译.北京：生活·读书·新知三联书店，1989.

［9］T S 艾略特.艾略特诗学文集［C］.王恩衷，编译.北京：国际文化出版公司，1989.

［10］尼采.哲学与真理——尼采1872—1876年笔记选［M］.田立年，译.上海：上海社会科学院出版社，1993.

［11］施勒格尔.雅典娜神殿断片集［M］.李伯杰，译.北京：生活·读书·新知三联书店，1996.

［12］威廉·冯·洪堡特.论人类语言结构的差异及其对人类精神发展的影响
　　　［M］.姚小平，译.北京：商务印书馆，1997.

［13］萨丕尔.语言论［M］.陆卓元，译.北京：商务印书馆，1997.

［14］安乐哲，郝大维.汉哲学思维的文化探源［M］.施忠连，译.南京：江
　　　苏人民出版社，1999.

［15］倪梁康.面对实事本身——现象学经典文选［C］.北京：东方出版社，
　　　2000.

［16］维特根斯坦.哲学研究［M］.陈嘉映，译.上海：上海人民出版社，
　　　2001.

［17］安乐哲.和而不同：比较哲学与中西会通［M］.温海明，编，北京：北
　　　京大学出版社，2002.

［18］涂纪亮.维特根斯坦全集［G］.石家庄：河北教育出版社，2003.

［19］布朗肖.文学空间［M］.顾嘉琛，译.北京：商务印书馆，2003.

［20］罗森.诗与哲学之争——从柏拉图到尼采、海德格尔［M］.张辉，译.北
　　　京：华夏出版社，2004.

［21］郝大维，安乐哲.期望中国——对中西文化的哲学思考［M］.施连忠，
　　　等，译.上海：学林出版社，2005.

［22］郝大维，安乐哲.通过孔子而思［M］.何金俐，译.北京：北京大学出
　　　版社，2005.

［23］赫拉克利特.赫拉克利特著作残篇：希腊语、英、汉对照［M］.罗宾
　　　森，英译.楚荷，中译.桂林：广西师范大学出版社，2007.

［24］刘小枫.夜颂中的革命和宗教——诺瓦利斯选集卷一［G］.林克，等，
　　　译.北京：华夏出版社，2007.

［25］刘小枫.大革命与诗化小说——诺瓦利斯选集卷二［G］.林克，等，
　　　译.北京：华夏出版社，2008.

［26］卡尔维诺.新千年文学备忘录［G］.黄灿然，译.南京：译林出版社，
　　　2009.

［27］海德格尔.尼采［M］.孙周兴，译.北京：商务印书馆，2010.

［28］安乐哲，郝大维.切中伦常——《中庸》的新诠与新译［M］.彭国翔，译.北京：中国社会科学出版社，2011.

［29］威廉·冯·洪堡特.洪堡特语言哲学文集［C］.姚小平，译注.北京：商务印书馆，2011.

［30］瑞·蒙克.维特根斯坦传：天才之为责任［M］.王宇光，译.杭州：浙江大学出版社，2011.

［31］海德格尔.存在与时间［M］.修订译本.陈嘉映，王庆节，译.北京：生活·读书·新知三联书店，2012.

［32］海德格尔.哲学论稿：从本有而来［M］.孙周兴，译.北京：商务印书馆，2012.

［33］乔治·斯坦纳.海德格尔［M］.修订版.李河，刘继，译.杭州：浙江大学出版社，2012.

［34］乔治·斯坦纳.语言与沉默——论语言、文学与非人道［C］.李小均，译.上海：上海人民出版社，2013.

［35］尼采.查拉图斯特拉如是说［M］.详注本.钱春绮，译.北京：生活·读书·新知三联书店，2014.

［36］维特根斯坦.逻辑哲学论及其他［M］.陈启伟，译.北京：商务印书馆，2014.

［37］海德格尔.荷尔德林诗的阐释［M］.孙周兴，译.北京：商务印书馆，2014.

［38］海德格尔.面向思的事情［M］.陈小文，孙周兴，译.北京：商务印书馆，2014.

［39］乌尔里奇·哈泽，威廉·拉奇.导读布朗肖［M］.潘梦阳，译.重庆：重庆大学出版社，2014.

［40］尼采.善恶的彼岸［M］.赵千帆，译.北京：商务印书馆，2015.

［41］海德格尔.在通向语言的途中［M］.孙周兴，译.北京：商务印书馆，

2015.

［42］阿兰·巴丢.维特根斯坦的反哲学［M］.严和来，译.南宁：漓江出版
社，2015.

［43］德勒兹.尼采与哲学［M］.周颖，刘玉宇，译.开封：河南大学出版社，
2016.

［44］布朗肖.无尽的谈话［M］.尉光吉，译.南京：南京大学出版社，2016.

［45］高本汉.汉语的本质和历史［M］.聂鸿飞，译.北京：商务印书馆，
2017.

［46］卡西尔.语言与神话［M］.于晓，等，译.北京：生活·读书·新知三
联书店，2017.

［47］萨弗兰斯基.尼采思想传记［M］.修订版.卫茂平，译.北京：生活·读
书·新知三联书店，2018.

［48］卡尔·洛维特.尼采［M］.刘心舟，译.北京：中国华侨出版社，2019.

［49］莫里斯·梅洛－庞蒂.知觉的世界——论哲学、文学与艺术［M］.王士
盛，周子悦，译.南京：江苏人民出版社，2019.

［50］乔治·斯坦纳.巴别塔之后——语言与翻译面面观［M］.孟醒，译.杭
州：浙江大学出版社，2020.

［51］维特根斯坦.文化和价值：维特根斯坦笔记［M］.修订本.许志强，
译.杭州：浙江大学出版社，2020.

［52］海德格尔.演讲与论文集［C］.孙周兴，译.北京：商务印书馆，2020.

|后 记|

此时此刻，特立独行的维特根斯坦道出了我一直想说的心里话："如果说我的著作是专门为一个小圈子的人（如果这称得上是圈子的话）而写的，这倒不是说我认为这个圈子的人是人类的精英，而是说它是我要求助的圈子，因为他们构成我的文化圈，可以说是我的同胞，而其他人对我来说则是不相干的"；"你所取得的成就对他人的意义不会比对你的意义更大"[①]。

此时此刻，我想起业师童庆炳先生曾有一段美好的回忆："最重要的是上课的感觉，这是一种快感、一种美感、一种价值感、一种幸福感、一种节日感、一种自我实现感……对了，我想起了小时候。有一次，在小溪里抓鱼，抓了好半天，一无所获，我感到失望；可突然手运来了，我终于抓住一条不算大的却看起来很肥美的鳜鱼。我的一颗幼小的心剧烈地跳动起来，我永远不会忘记那一时刻。……幸运的是我经常上课，每上完一堂成功的课，都有抓住一条鳜鱼的感觉。"[②]

拙著是我这些年抓住的"一条不算大的却看起来很肥美的鳜鱼"。

感谢命运馈赠，让我此生能如己所愿潜心做自己想做的学问。

---

① 维特根斯坦：《文化和价值：维特根斯坦笔记》（修订本），第23—24页，第29页。

② 童庆炳：《我的"节日"》，《苦日子 甜日子——童庆炳美学随笔》，上海文艺出版社2000年版，第64页。

感谢师友厚爱，让这些文字得以连续刊出并且顺利结集出版。

拙著应该只是一面镜子，读者从中可看到思想的种种畸形，借此或能将它们一一予以矫正。

谨以此书敬献操劳一生而早逝的我的父亲、母亲……

是为后记。

吴子林

2022 年 1 月 29 日北京"不厌居"